DICTIONNAIRE
HISTORIQUE
ET ARCHÉOLOGIQUE
DU
DÉPARTEMENT DU PAS-DE-CALAIS

PUBLIÉ PAR LA

Commission départementale des Monuments historiques.

Arrondissement d'Arras.

TOME II

ARRAS
SUEUR-CHARRUEY, LIBRAIRE-ÉDITEUR,
PETITE-PLACE, N° 31.
1873

Offert au Comité des Travaux historiques, au nom de la Commission des Monuments historiques du Pas-de-Calais :

Le Président de cette Commission, Directeur du Dictionnaire du Pas-de-Calais

L'abbé E. VanDrival
chanoine titulaire

Arras, le 3 avril 1874.

DICTIONNAIRE

DU

PAS-DE-CALAIS

Pas de Calais. 2

E

DICTIONNAIRE
HISTORIQUE
ET ARCHÉOLOGIQUE
DU
DÉPARTEMENT DU PAS-DE-CALAIS

PUBLIÉ PAR LA

Commission départementale des Monuments historiques.

Arrondissement d'Arras.

TOME II.

ARRAS
SUEUR-CHARRUEY, LIBRAIRE-ÉDITEUR,
31, PETITE-PLACE, 31.
1874

CANTON DE CROISILLES

ABLAINZEVELLE.

ABLAINZEVELLE. — *Albini sylvula, Alba sylvula, Albainsevel, Aubainsevel, Amblainzevelle, Ablainzevelle.*

HISTOIRE. — Ce lieu figure sous le nom de *Alba sylvula*, dans la bulle de confirmation des biens de l'abbaye d'Etrun, donnée le 10 des kal. de septembre 1252, par Innocent IV. (*Arch. dép. Arch. de l'abbaye d'Etrun).*

Ce village ne faisait autrefois qu'une même commune avec Bucquoy. Ils dépendaient tous deux de la paroisse de Dierville où se trouvait alors l'église; Dierville était un prieuré de l'abbaye d'Arrouaise, et lorsque les conciles obligèrent les réguliers à se retirer dans leurs cloîtres, on érigea Bucquoy et Ablainsevelle en cure. L'abbé conserva le droit d'y nommer. Ce fut en vertu d'un diplôme de 1255, délivré par Jacques, évêque d'Arras, que Laurent, abbé d'Arrouaise, établit une paroisse à Ablainsevelle et y construisit une église avec les débris de la chapelle de Dierville qui tombait en ruines. (Gosse, *Hist. d'Arrouaise*.)

Cet endroit souffrit beaucoup pendant la guerre de la première moitié du XVIIe siècle. En 1635, la plus grande partie du village fut brûlée par les Français, presque tous les habitants abandonnèrent leurs maisons, les fermes restèrent désertes et les terres incultes pendant plusieurs années.

La seigneurie du lieu faisait partie, dès 1272, du domaine des comtes d'Artois, mais il existait aussi une seigneurie vicomtière. C'est ce qui est prouvé par une lettre très-curieuse de la veille de la Magdelaine de l'an 1326. Dans ce titre, *Hues de Chastillon* sire de *Leuse* et de *Boscoi* en partie, à la demande de la comtesse d'Artois, détache du gros de son fief, celui en relevant situé sur *Aubainsevelle*, et échu à ladite comtesse par fourfaicture de *Gilles d'Aubainsevelle* et le concède à Bauduin de *Sailli* aussi sire de *Boscoi* en partie. *(Arch. dép. cons. d'Art.)* Mahaut, ou quelqu'un de ses descendants l'a porté en dot dans la famille des comtes de Saint-Pol. Un seigneur de ce nom l'a donné à l'abbaye de Bertaucourt, diocèse d'Amiens.

La seigneurie vicomtière, en 1569, était dans les mains d'*Antoine de Marconville (centièmes de* 1569). Sa fille, *Antoinette de Marconville*, épousa *Antoine Denis*, qui fut député du roi d'Espagne, lors des négociations de la paix, anobli par lettres patentes en 1607, et président du conseil d'Artois en 1622 (*chambre des comptes de Lille. f° 270*). Leur fils *Antoine Denis*, seigneur de *Bellacourdel*, prenait la qualité de seigneur d'*Ablainzevelle*. La seigneurie cependant ne paraît lui avoir appartenu qu'en partie, car une autre fille d'*Antoine de Marconville*, *Jacqueline*, s'étant mariée à un sieur de *Hannedouche*, seigneur de *Ranquières*, un fils de ce mariage, *Jean de Hannedouche*, était aussi seigneur d'Ablainzevelle. La seigneurie passa ensuite à *Robert de Hannedouche*, fils de Jean ; parmi ses dix enfants, nous voyons une dame *Jeanne de Hannedouche*, dame d'*Ablainzevelle*, mariée en 1687 à *Michel de Gantès*. La seigneurie paraît cependant être restée dans la famille de *Hannedouche* jusqu'au XVIII° siècle. (*Collection* de M. Godin.)

En effet, le possesseur, en 1747, était un sieur de *Hannedouche*, écuyer, qui mourut subitement le 31 décembre. Il ne laissait que des neveux, et eut pour successeur, dans son fief, *Michel de Gantès*, dont le frère, alors lieutenant-colonel, commandait un corps de volontaires en Italie, et fut fait bientôt après brigadier d'infanterie. *Michel de Gantès* se fixa à *Ablainzevelle*, avec ses fils, dont l'un était capitaine dans le corps de volontaires de son oncle.

Les vingtièmes de 1757 et les centièmes de 1780, nous montrent que la seigneurie était toujours partagée entre l'abbaye de Bertaucourt et la famille de Gantès. Ces faits sont confirmés par une série d'actes d'estimation, de vente et de partage de 1772, 1777, 1780 qui prouvent que la terre et pairie d'*Ablainzevelle*, relevant en fief de la seigneurie d'Ayette, était toujours possédée par la famille de *Gantès*. (*Arch. dép. cons. d'Art.*)

Le village était de la gouvernance d'Arras ; mais comme la seigneurie du lieu appartenait à l'abbaye de Bertaucourt, diocèse d'Amiens, l'abbesse y avait sa justice et ses officiers. C'est ainsi que, par un acte du 2 février 1752, *Marie-Anne de Castellane*, abbesse de Bertaucourt institua pour bailli d'Ablainzevelle, Pierre Delegorgue, procureur au Conseil d'Artois. (*Arch. dép. Gouv. d'Arras.*)

La dîme était partagée entre l'abbaye d'Arrouaise et celle de Bertaucourt. L'abbaye d'Etrun avait aussi une terre et seigneurie à Ablainzevelle. (Acte du 18 novembre 1749). *Gouv. d'Arr. Arch. dép.*)

Une colonne prussienne forte de 2,700 hommes, 800 chevaux et 40 canons entra dans cette commune, le 26 décembre 1870, et les réquisitions se succédèrent jusqu'au 31.

Les premiers engagements de la bataille de Bapaume eurent Ablainzevelle pour théâtre et furent suivis de nombreuses escarmouches qui durèrent pendant toute la nuit de janvier 1871.

Il y avait autrefois dans cette église un pèlerinage très-renommé, on allait implorer saint Ouen, pour obtenir la guérison des maladies d'yeux.

AYETTE.

AYETTE. *Ayette* sur le Cojeul, *Haieste, Haeste, Hayette.*

HISTOIRE. — L'autel de ce lieu fut donné au Chapitre d'Arras, par le même titre que celui de Chelers. *Anselme de Candavesnes*, comte de Saint-Pol, fit remise à l'abbaye des droits seigneuriaux, dus par des terres situées sur *Haeste*. (Charte du XIIe siècle. *Archives de l'abbaye d'Etrun, arch. dép.*). *Haieste*, est aussi repris dans la bulle de confirmation des biens de l'abbaye, donnée le 10 des calendes de septembre 1252, par Innocent II. (*Arch. dép., arch. de l'abbaye d'Etrun.*)

La charte de partage de la seigneurie de Bucquoy, en 1272, mentionne parmi les arrière-fiefs celui de *Villaume de Aeste*. (*Godefroy*.)

L'an 1404, la seigneurie fut vendue conjointement avec celle d'Ablainzevelle. La terre fut confisquée sous Charles-Quint et François 1er.

Le P. Ignace rapporte que *Jean de Lattre* qui vivait à la fin du XVIe siècle et au commencement du XVIIe et qui mourut en 1636, prévôt de la cathédrale d'Arras, fournit en tout ou en partie à son frère *Adrien de Lattre* les deniers nécessaires pour l'achat de cette seigneurie. Cette assertion paraît être une erreur; en effet, les travaux si remarquables de M. Godin, sur les maisons artésiennes, nous apprennent que la terre d'*Ayette* a été possédée par la famille de *Flers*, dont un membre, *André de Flers*, mort en 1542, fut procureur général au Conseil d'Artois. Sa fille, *Isabeau de Flers*, dame d'*Ayette*, épousa *Jean Morel*, qui devint aussi procureur général par résignation de son beau-père, en 1524. Leur fille *Marie Morel* fut mariée à *Jacques de Lattre*. La famille de *Lattre* était originaire de Valenciennes, ses membres s'étaient toujours distingués par leur instruction profonde et leur connaissance du droit. Le premier est *Mathieu de Lattre*, procureur, puis vient *Etienne de Lattre*, docteur ès-lois, conseiller de la ville de Valenciennes, en 1517; *Alard de Lattre*, greffier du conseil d'Artois. Son fils, *Jacques de Lattre*, avocat à Arras, fut anobli le 7 janvier 1589, par lettres du roi d'Espagne (*deuxième registre aux commissions du conseil d'Artois.*)

Les centièmes de 1569 nous montrent qu'en effet, la terre d'*Ayette* était en la possession de *Jacques de Lattre*. Son fils *Adrien de Lattre*, premier du nom, fut lieutenant particulier de la gouvernance d'Arras. Il avait épousé *Philippotte de France*, fille d'un président du conseil d'Artois. Cet *Adrien de Lattre* donna en 1599 deux colonnes d'une chapelle dans l'église de la Madeleine, où il fut enterré avec sa femme à Arras. Les *de Lattre* n'avaient été jusqu'à cette époque qu'*écuyers*, ce fut en 1670 que *Jean-Philippe de Lattre* obtint, à Saint-Germain-en-Laye, des lettres de *chevalerie*. L'élévation de cette maison ne devait pas s'arrêter là : en mai 1719, des lettres de Louis XIV érigèrent, en comté, en faveur de *Christophe-François de Lattre*, seigneur d'*Ayette*, la terre et seigneurie de *Neuville*. (*Quinzième registre aux commissions du conseil d'Artois,*) cette seigneurie était située à *Neuville-Bourjonval*.

Le Chapitre d'Arras avait dans cette commune quelques mouvances et rentes foncières, il les vendit en 1526 à la famille de *Lattre*. Le curé d'Ayette devait au Chapitre un chapon. (*Arch. dép.*)

L'an 1732, Charles-Valentin de Lattre, comte de Neuville, seigneur d'*Ayette*, épousa dans l'abbaye d'Etrun, Marie-Anne de Champigny, petite-nièce de l'abbesse de ce nom. Il mourut subitement en janvier 1745, dans cette même abbaye où il avait été marié treize ans auparavant.

Les vingtièmes de 1757 et les centièmes de 1780, montrent que la seigneurie d'*Ayette* était toujours dans la possession des *de Lattre*, comtes de *Neuville;* la terre fut confisquée à la Révolution sur *Charles-Théodore de Lattre*, comte *de Neuville* et *d'Ayette*.

La collation de la cure et la dîme appartenaient au Chapitre d'Arras.

Envahie par 5,000 Prussiens le 26 décembre 1870, la commune eut à supporter leurs réquisitions jusqu'à la veille de la bataille de Bapaume; Ayette fut le centre de ralliement des troupes allemandes.

ARCHÉOLOGIE. — Il existe à Ayette un souterrain refuge dont l'entrée se trouve près de la porte de l'église et s'étend au loin en passant sous le château ; les paysans s'y retiraient en temps de guerre avec leurs bestiaux.

BOIRY-BECQUERELLE.

BOIRY-BECQUERELLE. — *Bourisch*, sur le Cojeul.

HISTOIRE. — En 1148, l'évêque Godescalc accorda au Chapitre d'Arras l'autel de *Bourisch*.

Ce village n'était autrefois qu'un château appelé *Belregart-Beauregard*, et dépendant de la paroisse de Boisleux-Saint-Marc, dit Liauwette; quelques maisons existaient autour du château, il y avait aussi une chapelle castrale où le curé de Boisleux venait dire trois messes par semaine. Au XIII° siècle, le propriétaire était *Adam de Milli* ou *Milly*, bailli d'Arras.

La famille de *Milly*, *de Miliaco*, remontait à *Alhode de Milly* qui fut un des principaux partisans de l'évêque Manassés de Cambrai. Plus tard cette famille s'établit en Orient. Un *Philippe de Milly* fut seigneur de *Naples en Terre-Sainte*, son frère *Henri de Milly* dit le *Buffle*, est qualifié de seigneur de l'*Arabie Pétrée*; il épousa une *Agnès de Sayette*, fille d'un seigneur de *Sayette* et de *Césarée*, et mère d'un patriarche de Jérusalem ; une sœur *Helvis de Milly* fut mariée à un comte de *Bessan en Palestine* et son fils épousa la fille d'un *maréchal de l'île de Chypre*. Enfin, une *Héloïse de Milly*, mariée à *Baillan d'Ybelin*, eut un fils nommé aussi *Baillan* et qui épousa la reine *Marie* veuve d'*Amaury*, roi de Jérusalem et nièce de *Manuel*, empereur de Constantinople. Une branche cependant était restée en Artois ; *Adam de Milly* en fut un des derniers représentants. Il habitait son château de Beauregard, sa charge ne l'obligeant pas à résider constamment à Arras. L'an 1239, il fit transférer par son crédit l'église succursale de *Becquerelle* près de son château et la fit ériger en cure. A cet effet, il se chargea lui-même de la dépense, construisit une église à ses frais, donna le terrain pour le presbytère et assigna des rentes destinées à l'entretien du curé ; enfin il rendit l'emplacement de son château mouvant du Chapitre d'Arras, aussi bien que celui de l'église et du presbytère. *Adam de Milly* fit plus, il donna son château de *Boiry*, la seigneurie du lieu et celle de *Becquerelle* au monastère de la Thieuloye-les-Arras. L'acte de cette donation est de la même année que celle de l'érection de la cure. *Adam de Milly* n'eut qu'un fils, qui lui-même n'eut qu'une fille unique qui se fit religieuse à la Thieuloye ; elle mourut en 1329, et institua la communauté pour son légataire universel. Mais comme la terre de Boiry-Becquerelle était le plus considérable des biens qu'elle avait laissés, les religieuses se firent appeler dames de Boiry-Becquerelle.

LIEUX-DITS. — *Becquerelle, Bekerel, Bekereuil.* Eustache, comte de Boulogne, dans son diplôme de dotation de l'église de Lens, en 1070, assigna à cette collégiale un moulin sur *Bekerel* (*Locrius*). Ce lieu était anciennement un hameau de la paroisse de Boisleux-Saint-Marc, dit *Liauwette*. Dans la suite on y éleva une église succursale d'où dépendait le château de *Boiry*, dit *Belregart*. Comme on vient de le voir, *Adam de Milly* obtint en 1239 la translation de l'église de *Becquerelle* près de son château de *Boiry*. *Becquerelle* était alors un gros village qui fut démembré par ce changement de la paroisse de Boisleux et fut rattaché à *Boiry*. Le P. Ignace prétend qu'*Adam de Milly* donna aux dames de la Thieuloye la seigneurie de *Becquerelle* en même temps que celle de *Boiry*, cependant on connaît une vente de la terre de *Becquerelle* faite en 1259, par *Eustache de Milly* au comte Robert d'Artois (*Miræus*).

Une maladrerie et un hôpital avaient été fondés au XIII° siècle ; ces fondations furent réunies en 1698 à l'hôpital d'Arras.

La dîme de Boiry et de Becquerelle appartenait au chapitre d'Arras, aux abbés de Ham-en-Vermandois et d'Eaucourt. Les religieuses de la Thieuloye ne la payaient pas ; en 1637, elles firent abattre des arbres qui étaient sur leurs terres, le curé en prétendit la dîme, mais la prieure lui fit voir une bulle du Pape et des lettres des Souverains-Pontifes par lesquelles ils excommuniaient tous ceux qui contraindraient la Thieuloye à payer la dîme : le curé se désista.

En 1708, ce hameau comptait encore un certain nombre de maisons, mais en 1733, par suite de la guerre, il n'y en avait plus que quatre. En 1712, trois régiments de cavalerie vinrent camper entre Boiry, Boyelles et Boisleux-Saint-Marc ; la paroisse de Boiry-Becquerelle eut la charge d'un régiment.

Les rôles des centièmes de 1569 et de 1780, ainsi que des vingtièmes de 1757 attestent que la seigneurie appartenait toujours aux dames de la Thieuloye.

Les maisons de Boiry, à droite du Cojeul, étaient du bailliage de Bapaume ; celles à gauche de la gouvernance d'Arras ; le hameau de Becquerelle était tout entier de la gouvernance d'Arras.

Cette commune fut traversée plusieurs fois, du 21 décembre 1870 au 27 janvier 1871, par les troupes prussiennes, mais elles n'y séjournèrent point.

BOISLEUX-AU-MONT.

BOISLEUX - AU - MONT..— *Bailues, Boisleux, Boilleul-au-Mont*, sur le Cojeul qui le sépare de Boisleux-Saint-Marc.

HISTOIRE. — Ce village était de la juridiction de Saint-Vaast, les droits de l'abbaye furent reconnus par des bulles de 1136 et de 1142. (*Arch. dép.*)

En 1460, *Colard*, dit *Payen de Beauffort*, chevalier, seigneur de Ransart, *Boisleux*, Monchy-au-Bois, Blairville, etc., et époux de *Jeanne d'Ollehain*, fut condamné à Arras comme *Vaudois*.

Un de ses fils, *Antoine de Beauffort*, forma la branche principale des seigneurs de *Boisleux*; il épousa *Marie de Warluzel* dont il eut onze enfants. Le fils aîné, *Jean de Beauffort*, seigneur de *Boisleux*, Couin, Blairville, etc., n'eut qu'un fils de sa première femme *Jeanne de Beauffremetz*. Ce fils Claude, seigneur de *Boisleux*, fut marié à *Jossine de Béthisy*, et n'eut qu'un fils unique Nicolas, qui vendit la terre de Boisleux à *Hector de Beauffort*, son oncle. Cette acquisition qui comprenait aussi les seigneuries de Mercatel, Liauwette, etc., eut lieu le 14 juillet 1570. (*Coll.* de M. Godin.) Cependant les centièmes de 1569 portent comme seigneur M. de Sus-Saint-Léger. Quoiqu'il en soit, *Hector de Beauffort* avait épousé *Jeanne de Lalaing*, dame de Warignies.

Leur fils *Louis de Beauffort*, seigneur de *Boisleux*, Mercatel, Liauwette, etc., servit d'abord en qualité de volontaire sous le marquis de Roubaix et d'Havreck, puis passa dans la compagnie du comte d'Egmont, dont il devint commandant. Il accompagna le prince de Parme en France, quand il vint au secours de la ligue en 1590, et cinq ans plus tard, il suivit en qualité de lieutenant général l'archiduc Albert au secours d'Amiens. Ce prince le nomma gouverneur, capitaine et prévôt de la ville et du château du Quesnoy, où il mourut à 38 ans, le 25 mars 1608. Il avait épousé en premières noces, le 30 janvier 1589, *Marguerite de Cunchy*, et en secondes noces, le 21 août 1592, *Antoinette de Gœgnies*.

De ce second mariage un fils *Antoine de Beauffort*, chevalier, seigneur de *Boisleux*, *Mercatel*, etc., dit le baron de *Beauffort*, fut mené très-jeune en Espagne par le duc de Lermes; le roi le fit chevalier de Saint-Jacques, lieutenant, puis capitaine de sa garde et gentilhomme de sa bouche. Il fut aussi colonel de 1,400 chevaux au service de l'empereur et gouverneur de Bapaume pour le roi d'Espagne; il mourut en 1642 à Melun, où il était détenu depuis longtemps comme prisonnier d'Etat. La terre de *Boisleux* fut confisquée et vendue pour la somme de 125,000 liv.; elle fut achetée par *Antoinette de Gœgnies* mère d'*Antoine*, qui la donna en mariage à *Michelle de Beauffort*, sa fille et sœur d'*Antoine*. Une autre sœur, *Marie*, avait épousé en 1624, *Philippe-Albert de Bonnières*, comte de *Souastre*.

Michelle de Beauffort, dame de *Boisleux-au-Mont* et *Boisleux-Saint-Marc*, dit *Liauvette*, fut mariée à *François-Alexandre de Blondel*, baron de *Cuincy*, qui mourut en 1631.

Leur fils *Marie-Jacques-Ignace de Blondel*, baron de Cuincy, seigneur de *Mercatel*, *Boisleux*, fut lieutenant général des armées du roi, et mourut en 1684. Il avait épousé 1° *Justine-Hélène Dubosq*; 2° *Marie de Verweken*, il n'eut point d'enfants du premier mariage, du second naquirent deux enfants qui moururent sans alliance.

La terre de *Boisleux* fut possédée alors par *Philippe-Albert de Bonnières*, chevalier, seigneur de *Nieuwerlet*, gouverneur de Binch en Hainaut, qui avait épousé le 18 janvier 1624, *Marie de Beauffort*, fille aînée de *Louis*, seigneur de *Boisleux* et d'*Antoinette de Gœgnies* et sœur d'*Antoine de Beauffort* et de *Michelle de Beauffort*, mariée à *Jacques de Blondel*. (Bibliot de M. Godin.)

Le Père Ignace rapporte que *Jacques de Blondel*, mourut chargé de dettes, et que le domaine de cette terre fut vendu au comte de *Bonnières de Nieuwerlet*.

Les vingtièmes de 1757 montrent que le seigneur était alors M. *de Corsvarent* baron de *Loos*.

Dès 1776, la seigneurie appartenait à la demoiselle *Rosalie*

Leroux, dame de *Boisleux*. (Transaction reçue le 10 janvier 1776 par les notaires royaux). Cette demoiselle en était encore propriétaire en 1780. (Centièmes ; mémoire imprimé à Arras en 1780, et intitulé Précis sur la demoiselle Rosalie Leroux ; bibliot. de M. Godin). Mais en 1781, elle la vendit à messire *Charles Ignace de Brandt*, seigneur de *Loos*; la terre relevait alors du prince d'Hénin à cause de son fief et baronnie de Beaumetz, situé sur la place d'Arras. La famille de Brandt de Loos possédait encore cette terre il y a quelques années.

Le collateur de la cure était le personat du lieu ; la dime était partagée entre le personat et les chapelains de la cathédrale d'Arras. Le personat était à la collation de l'évêque d'Arras, la chapelle à celle de l'abbé de Saint-Vaast, le village était de la gouvernance d'Arras.

Boisleux-au-Mont après avoir été visité le 26 décembre 1870 par les éclaireurs prussiens, fut envahi le 10 par un bataillon d'infanterie.

Un gros détachement de l'armée française y séjourna du 4 au 29 janvier 1871.

BOISLEUX-SAINT-MARC.

BOISLEUX-SAINT-MARC. — *Boilieux-au-Val, Bouilleul-au-Val, Boulleul-Saint-Marc, Boilloeux-Saint-Marc* sur le Cojeul qui le sépare de Boisleux-au-Mont. Ce village est généralement appelé par les habitants *Liauwette, l'Eauette* ou *l'Yoëtte* à cause des nombreuses sources que renferme son territoire.

HISTOIRE. — La paroisse est ancienne, Becquerelle en dépendait avant le XIIIe siècle, ce dernier n'était qu'un château ; ce fut en 1239, que, sur la demande d'Adam de Milly, on démembra la paroisse de *Boisleux*, et on établit une cure à Boiry-Becquerelle.

Le seigneur était banneret d'Artois au XII⁰ siècle. L'an 1286, un Jean de *Boillieux*, bailli d'Artois, siège aux plaids du comte.

La seigneurie, depuis le XV⁰ siècle, fut presque toujours possédée par les maisons qui détenaient celles de Boisleux-au-Mont.

Sous Charles-Quint, la maison de Boisleux, comme on l'a vu, était encore comptée parmi les plus nobles de l'Artois.

En 1569, la seigneurie appartenait à Jean Couronnel (centièmes.)

Le Père Ignace donne pour seigneur le comte de Nieurlet (1732.)

Les vingtièmes de 1757, mentionnent comme seigneur M. de Palmes. Mais en 1776, cette seigneurie était de nouveau réunie à celle de Boisleux-au-Mont ; ainsi, en 1776, elle appartenait à la demoiselle Rosalie Leroux, et elle est vendue par elle à messire de Brandt, de Loos (Voir les titres cités sur Boisleux-au-Mont.)

Cependant les centièmes de 1780, indiquent comme seigneur M. d'Epine.

LIEUX-DITS. — L'*Abiette,* ferme de l'abbaye d'Etrun, elle est située sur le Cojeul ; il sort de la grange de cette ferme une fontaine qui, autrefois, passait pour indiquer par l'abondance de ses eaux celle de la récolte de l'année.

Ce village était du bailliage de Bapaume, le Cojeul formant la limite de la gouvernance d'Arras.

La dîme fut vendue au chapitre d'Arras, en 1276 par *Jean de Bailoes*, chevalier de son fils aîné et la vente fut ratifiée par Pierre, évêque d'Arras. (*Arch. dép. chap. d'Arras*).

Un escadron de cavalerie prussienne envahit le territoire de Boisleux-Saint-Marc, le 26 décembre. Les excursions continuèrent jusqu'au 12 janvier 1871, et recommencèrent à la suite de la bataille de Saint-Quentin jusqu'à l'armistice.

BOYELLES.

BOYELLES. — *Boyletum, Boïelles* sur le Cojeul.

HISTOIRE. — Cette terre a toujours appartenu au Chapitre d'Arras, c'est une des quatre premières qui furent données, dit-on, à l'église d'Arras par Clovis et par saint Rémy (*Locrius*). Ce village est compris dans la donation de saint Vindicien (674). Anciennement un chanoine de la cathédrale était curé de Boyelles, il y résidait dans les premiers siècles. Au XVIe siècle, la cure était encore possédée par un chanoine ; mais elle fut aussi donnée à bail.

Les droits seigneuriaux furent vendus au comte en 1239. (*Godefroy*.)

Un arrentement fut accordé le 14 mai 1362 par le Chapitre d'Arras, pour deux maisons situées à *Boyelles*, à *Jean Warnier dit Massotte* (*Chap. d'Arras arch. dép.*)

En 1491 le Chapitre d'Arras fit une modération au curé de ce lieu pour l'indemniser des pertes qu'il avait faites pendant la guerre. Même remise en l'an 1559.

Les centièmes de 1569 et de 1780, comme les vingtièmes de 1757, mentionnent pour seigneur le Chapitre d'Arras.

En 1712 un régiment de cavalerie campa à Boyelles.

Cette commune eut à supporter les réquisitions allemandes les 26 et 30 décembre 1870, et les 1er, 25 et 26 janvier 1871. Le samedi 28, 1200 allemands, tant fantassins que cavaliers, traînant avec eux 6 pièces de canon, vinrent piller la commune pendant trois heures.

Les Prussiens ne séjournèrent point à Boyelles ; ils se retiraient toujours après leurs réquisitions. Toutefois, ils avaient établi un poste avancé dans une petite ferme située à l'extrémité du territoire et que l'on nomme la Maison Rouge.

ARCHÉOLOGIE. — L'église construite en 1722 ne présente rien de remarquable.

BUCQUOY.

BUCQUOY. — *Buskoi, Buscoi, Buschoi, Buscoit, Buscoy, Boskoi, Boscoy, Boschoi, Boschoy, Boscoi;* Bourg autrefois qualifié de ville qui fut d'abord le siége d'une châtellenie et plus tard d'un comté.

HISTOIRE. — Ce lieu est fort ancien; la châtellenie de Bucquoy est une des premières que l'on voit apparaître dans l'histoire de l'Artois.

Ce village fut, dès un temps très-reculé, divisé en deux seigneuries; l'une comprenait la ville de Bucquoy, et s'appelait grande seigneurie de *Bucquoy* l'autre était dit *Petit-Bucquoy* ou *fief de Sailly* en *Bucquoy.* (*P. Ign.*) Ces deux fiefs paraissent avoir donné chacun leur nom à une famille. L'on voit en effet une suite de seigneurs portant le nom de *Buscoi, Buscoit, Boschoi,* etc., une autre celui de *Salli, Sailli,* etc., mais les textes sont généralement fort obscurs, et il est probable que tous les seigneurs qui avaient des fiefs en cet endroit prenaient indistinctement le nom de Bucquoy.

On trouve en 1071 un *Ellebordus de Buschoi,* dans une donation de Liébert, évêque de Cambrai, faite à Arras dans la cathédrale et relative à des biens situés sur *Beaurains, Montenescourt, St-Laurent* et *Roclaincourt,* en 1106 un *Anselmus de Buscoi,* en 1112 un *Wiremboldus à Boscoi,* en 1145 dans une charte relative à *Courcelles-le-Comte,* un *Ellebordus à Buscoi* et *Balduinus frater ejus,* en 1260 un *Bauduin de Boscoi,* (*Le Carp. et archiv. dép.*) Gélie, le Carpentier et beaucoup de ceux qui ont fait l'histoire de la maison de *Longueval* soutiennent que cette famille de *Buscoi* n'est que celle de Longueval. On ne peut aujourd'hui se prononcer sur ce point, mais ce qui semble probable c'est que dès le XIIe siècle les Longueval avaient des fiefs à Vaux et à Bucquoy. Il faut de plus remarquer qu'on ne trouve pas de chartes où il soit question à la fois d'un *Buscoi* et d'un *Longueval*, ce qui semblerait indiquer que cette famille portait indifféremment les deux noms. L'antiquité des Longueval est très-grande, ils sont originaires du village de Longueval en Picardie, sur les confins de l'Artois ; le premier que l'on connaisse bien est un *Watier de Longueval* surnommé *Dragon*, qui fit partie de la première croisade ; il portait, dit-on, *d'or au dragon de gueules*.

« Il alla à la Terre-sainte sous Godefroy de Bouillon, ou plu-
« sieurs seigneurs Picards et Artésiens ayant perdu leur bagage
« avec quelques-unes de leurs bannières, le sire de Coucy s'ad-
« visa de couper par bandes un manteau d'écarlate doublé de
« vair, qui est une fourrure d'animaux de diverses couleurs
« cousus ensemble, et les enfila dans sa lance, le sire de *Lon-*
« *gueval* en fit de même et en mémoire de cette invention et de
« la victoire qu'ils remportèrent depuis avec ces bandelettes atta-
« chées ensemble, Coucy fit des fasces vairées et *Longueval* des
« bandes *(Le Carp.)*

Quelle que soit l'exactitude de cette anecdote, il n'en est pas moins constant que les armoiries des *Longueval* étaient *bandées de vair et de gueules de six pièces* et que leur cri était *Dragon*.

Ce *Watier de Longueval* au retour de la Terre-sainte donna à l'abbaye de Honnecourt 25 mencaudées de terre situées à Villers, et 12 autres à l'abbaye de St-Aubert, et ce du consentement de sa femme Alide et de ses enfants *Aubert, Jean, Landelin* et *Guillaume*.

Ce *Landelin*, qu'on avait peut-être ainsi nommé en souvenir de St Landelin qu'on prétend avoir été fils d'un seigneur de *Vaux*, portait le titre de seigneur de *Vaux*, ainsi que le prouve une charte de l'abbaye d'Arrouaise de l'an 1140 : il fut enterré avec sa femme Riduine dans cette abbaye. Son fils *Aubert* est qualifié de seigneur de *Vaux* et d'Aussimont dans une charte de l'abbaye de St Aubert, il avait épousé une Mathilde de Habart.

Leurs fils *Watier, Aubert* et *Raoul* sont dits *de Vaux* dans la même charte. L'un deux *Aubert* est cependant appelé *Aubertus de Corti-valle* dans une charte de 1209 de la même abbaye, mais l'on croit que c'est pour le distinguer d'un de ses cousins nommé aussi Aubert, et à qui l'on donne le nom *de Longa-valle*. Le fils d'*Aubert de Longueval* seigneur de *Vaux* et d'Aussimont fit en 1231 hommage à l'abbé de St-Aubert de la terre d'Aussimont; sa femme Agnès de Heilly et son fils *Asson* vinrent à Cambrai faire relief de la même terre au mois de juin 1252. (*Le Carp. P. Ign.*)

Cet *Asson* reparaît dans une charte de 1261 dans laquelle il donne à l'abbaye de Vaucelles sa maison de Bertincourt, d'un autre côté en 1150 un *Jean de Longueval* seigneur *de Buscoit* céda à l'abbaye d'Arrouaise tout le droit qu'il avait sur les dîmes de *Buquoy* ; une charte de l'abbaye d'Anchin mentionne aussi ce même *Jean de Longueval* comme ayant donné à ce monastère quelques héritages situés sur *Buquoy*. Ce *Jean de Longueval* est sans doute celui qui figure dans plusieurs actes de la même époque sous le nom de *Jean de Busquoy, de Boscoi, de Buscoit*.

Une charte de l'abbaye de Marchiennes de 1148 mentionne comme témoins d'une donation faite par Enguerrand Cte de St-Pol, *Bauduin d'Orville (de Orivilla), Watier d'Averdoin, Hugues d'Estrun* ou *d'Hestru, Elbert de Carency, Lovulde de Montenescourt (de Montinocorte) Bauduin de Sailly, Jean* et *Hugues de Buquoy (Buscoit), Anselme de Pas, Robert d'Ivergny, Eger de Wices, Guillaume de Burvillers*. Ces *Jean* et *Hugues de Busquoy*, avec les mêmes personnages se retrouvent dans une charte de la même abbaye de 1151. *(Le Carp.)* Enfin une charte de l'abbaye d'Estrun relative au village d'Ayette, cite encore comme témoins d'une libéralité d'Anselme, Cte de St-Pol, *Jean de Boscoi, Bauduin* frère de *Jean de Boscoi* et *Bauduin de Salli (Sailly)* : Ils sont accompagnés, de *Eustache* et de *Robert de S'quavia (Ecoivres),* de *Bauduin de Monsteruel (Montreuil) de Renaud de Hamelaincourt*, etc. (*Arch. dép.*)

Quant aux chartes de la même époque où il est question des Longueval elles sont en trop grand nombre pour être rapportées.

Que les *Buscoi* aient été une branche des *Longueval* ou bien une maison spéciale, il est certain que les seigneurs portant le nom de *Busquoi* ont été très-connus, et qu'on en trouve à toutes les époques.

Le nom de *Sailly* n'est pas moins répandu, mais ici il est très-souvent impossible de savoir de quelle maison de Sailly ils sont issus car Sailly-Saillisel, Sailly au Bois, Sailly-sur-la-Lys, Sailly en Ostrevant etc. ont donné leur nom à des familles seigneuriales; il n'y a guère que les seigneurs qui figurent dans les chartes à côté d'un Longueval ou d'un Bucquoy que l'on puisse attribuer à *Sailly en Bucquoy*. Ainsi dans une charte de 1106 nous voyons un *Anselmus de Buskois* et un *Bernardinus de Sailli*; de même dans une donation de 1149 *Jean* et *Hugues de Buscoi* et un *Bauduin de Sailli*, dans un acte de 1184 un *Aubertus de Longavalle* et un *Wilelmus de Salli*: enfin dans la charte de l'abbaye d'Estrun citée plus haut nous rencontrons un *Bauduin de Salli*.

La haute justice ou la suzeraineté de Bucquoy paraît avoir appartenu très-anciennement aux C^{tes} d'Artois; mais dès une époque reculée cette haute justice, sur une partie de la terre, était passée aux C^{tes} de St-Pol. Le P. Ign. prétend que la haute justice tout entière appartenait à Robert d'Artois, et que c'est le mariage de Mahaut qui en amena la division. Cette assertion est évidemment une erreur puisque cette union n'eut lieu qu'au XIIIe siècle. Harbaville paraît se rapprocher plus de la vérité lorsqu'il dit que la suzeraineté d'une seigneurie échut par mariage en 1150 aux C^{tes} de St-Pol; mais il ne cite pas le titre sur lequel il s'appuie.

Ce qui est certain c'est que dès le commencement du XIIe siècle les seigneurs de *Buscoi* et de *Sailli* sont les témoins ordinaires de toutes les donations des C^{tes} de St-Pol. On peut citer comme exemple la charte de Liébert, évêque de Cambrai en 1071; que nous avons rapportée plus haut, où figure Gui 1er Cte de St-Pol. celles de 1145 et de 1149 où apparaît Enguerrand, Cte de St-Pol; enfin la charte de l'abbaye d'Estrun octroyée par Anselme Cte de St-Pol. De plus les mêmes chartes mentionnent, comme témoins, des seigneurs de *Carency*, et *d'Aubigny*, fiefs qui furent toujours soumis à la même suzeraineté que *Bucquoy*.

Tous ces faits semblent bien indiquer qu'au XIIe siècle les C^{tes} de St-Pol avaient déjà des droits sur les fiefs de *Bucquoy*. Mais ces droits étaient vivement disputés par les C^{tes} d'Artois.

Guy II de Chatillon, Cte de St-Pol, qui régna de 1248 à 1288, épousa Mahaut de Brabant, veuve de Robert 1er Cte d'Artois. De leur vivant une contestation sur la haute justice de Bucquoy et d'Aubigny s'éleva avec le Cte d'Artois. Le Cte de St-Pol prétendait que la haute justice, la connaissance, des *litterarum*, lettres et de l'échevinage de *Buscoi* et dans toute la châtellenie d'Aubigny lui appartenaient; le Cte d'Artois soutenait le contraire. Pour terminer le différend on eut d'abord, en 1269, recours à une enquête ou *aprise* afin d'établir par la notoriété les droits de chacun. Cette enquête présente une triste énumération des assassinats, viols, et attentats de toute nature commis depuis une cinquantaine d'années dans Buschoi. L'étendue de ce document ne permet de parler que des dépositions qui peignent le mieux les mœurs du temps, les peines criminelles appliquées et la procédure en vigueur. (*Voir à la fin de la notice.*)

... « Gilles dit Fourdins, chevalier, dit qu'une maison apparte-
« nant à Dodon Cornet, aïant été brulée, il vit dans la cour de
« Buscoi, du temps de la comtesse Yolende, que Dodon vint y
« déclarer que Hughes Blétier y avait mis le feu pendant la nuit,
« ce que celui-ci nia; ensuite Dodon donna son gage contre
« Hughes qui donna aussi le sien. Le duel fut jugé, et Hughes
« aïant été vaincu fut ensuite pendu à un arbre, du côté de Pui-
« sieux. » D'après d'autres témoins, la comtesse Yolende aurait assisté au jugement, au duel et à l'exécution. Ce duel judiciaire n'était pas un fait isolé, puisque Bauduin Gosselin dépose qu'il vit « un duel entre Gautier dit Blain et Hughes dit Restre, que
« Bras-de-fer fut vaincu et justicié et qu'il croit que c'est par les
« gens de la comtesse Yolende. »

Les cas de meurtre et de coups et blessures étaient très-fréquents. Le même Gilles, dit Fourdins, dépose « qu'une femme nom-
« mée Mary, aïant été tuée à l'entrée de la nuit à Buscoi, les
« meurtriers se sont sauvés et que leurs maisons ont été brûlées
« par l'ordre de la comtesse Yolende, qui était présente; qu'un
« homme, appelé Watier Onfrans, aïant été blessé par Colard
« Boutevillain, on donna *des trèves*, et qu'ensuite Wantier ayant
« tué le dit Colard, les gens du comte de Saint-Paul ont mis le

« feu dans sa maison, et ceux du comte d'Artois dans une autre
« qui lui appartenait. »

Watier dit Cuveliers, dit « qu'il ne sait rien ; mais qu'il a vu
« le bailli d'Arras faire mettre le feu à la maison de Jean Maïeur
« de Monchi, dans un bois situé à Aeste, parce que son fils avait
« tué un homme, et qu'il a vu ensuite les gens du comte de
« Saint-Paul mettre le feu à un petit bâtiment qui était dans le
« jardin de cette maison. »

Les étrangers étaient généralement, de la part des habitants,
l'objet de violences que la justice réprimait bien faiblement. Les
dépositions de l'enquête racontent avec grands détails le guet-à-
pens dressé contre un malheureux anglais *(Richard Anglicus)*
par deux gens d'Hébuterne. Ils se sauvèrent et eurent l'audace
d'écrire à Robert d'Hébuterne leur seigneur, qu'ils étaient les
auteurs de l'assassinat et qu'on ne s'en prit pas à d'autres. Après
quelque temps ils *firent leur paix* avec leur seigneur et vécurent
tranquillement.

Les bourgeois d'Arras avaient à ce qu'il paraît, dans ce temps,
beaucoup de débiteurs à Bucquoy puisqu'on les voit venir récla-
mer la justice de Bucquoy pour se faire payer, ou même amener
avec eux des sergents d'Arras pour pratiquer les saisies.

Une autre enquête de 1269, relative à la haute justice d'Aubigny, mentionne encore un fait relatif à Buquoy : « *Colard*
« *de Buscoi* aïant tué Jean le Fournier à Hundebercamp, parce
« que *neptis* (sa nièce ou petite-fille) lui avait dit que le dit Jean
« avait tenu de mauvais propos sur son compte, les gens du
« comte de Saint-Paul ont mis le feu à la maison de cette nièce,
« d'où le dit Colard sortait. » (*Godefr.*)

Les résultats de l'*aprise* ou enquête n'avaient été nullement
concluants, surtout pour Bucquoy, les témoignages s'étant partagés à peu près par moitié. Les difficultés furent tranchées par
des lettres d'avril 1272. Robert, comte d'Artois, y déclare que,
« par attachement pour Mahaut, comtesse d'Artois et de Saint-
« Paul, sa mère, femme de son cher et féal Guy de Chatillon,
« comte de Saint-Paul, il donne au dit Guy et à ses hoirs, en
« augmentation du fief qu'il tient de lui, toute la haute justice
« dans la moitié des villes d'Aubigny et de Buscoi, et tous les

« fiefs et arrrière-fiefs qui s'y trouvent, le comte d'Artois se
« réservant toute la haute justice dans la moitié de ces deux
« villes. » Ces deux comtes nomment en même temps *Étienne de
Pedagio (du Paiage)* et *Jean de Friuencort (Friencourt)* chevaliers, pour partager également et mettre des bornes de façon que
la moitié, qui sera du côté d'Arras, appartienne au comte d'Artois,
et celle qui se trouvera du côté de Saint-Paul, à Guy de Chatillon
et à ses hoirs. (*Godefr.*)

En exécution de ces lettres, Etienne du Paiage et Jean de
Friencourt procédèrent, en janvier 1272, au partage de la haute
justice des fiefs et arrière-fiefs mouvants de Buschoy. Godefroy
nous a conservé ce précieux titre, mais son étendue et l'aridité
de la nomenclature nous obligent à le résumer. (*Voir à la fin de
la notice.*)

Le comte d'Artois, comme le comte de Saint-Paul, exerçaient la
haute justice sur un nombre très-considérable de fiefs et d'arrière-fiefs. Nous voyons dans Buquoy plusieurs familles des plus puissantes qui tiennent chacune des fiefs, et du comte d'Artois et du
comte de Saint-Paul : tout d'abord c'est Monseigneur *Willaume de
Buschoi* qui est possesseur d'un château ; il est entouré d'une nombreuse famille, dont font partie Monseigneur *Huon de Buschoi,
Mahieu de Buschoi, Grart de Buschoi, Raoul de Buschoi ;* il a ses
pairs entre autres qui sont *Jean de Martinpuich, Witasse Coterel,
Gillon de Bouzincourt, Willaume de Honecort.* Le comte de Saint-Paul de son côté a aussi un château et ses pairs, qui sont *Huon de
Puiseux* et *Jean du Castel.* Les seigneurs les plus importants
sont *Jean de Sailli, Jean de Saire et ses enfants, Robert et Rohaut
de Saire.* Puis viennent *Bauduin, Jean et Robert de Logest, Jean
du Bos, Jean de Aveluys, Warnier, Pierron et Gillon de Hendecourt, Jean et Robert de Gommecourt, Jean, Willaume et
Thomas de Aeste, (Ayette), Pierron, Gotran et Jean de Douchi,
Bauduin et Jean Coterel, Willaume et Gillon de Hébuterne,
Jean et Gillon de Courchelles, Robert de Bekerel, Pierron Groignart, Villaume de Honecort, Warnier de Hamelaincourt, Colart
de Moyenneville, Bekel, Bauduin et Adam de Baillescourt, Gillon
Potage, Gillon Esrache-Kaine, Huon, Simon, Michel de Puiseux*

et *dame Ydone de Puiseux, Gillon d'Aubainsevelle, Jean de Boïèle, Gillon de Bihercourt, Jean du Castel, Jean de Dyerville, Pierron de Thieville, Thomas de Carenchy, Williaume de Héraughierre, Jean de Lattre, Jean de Martinpuich, Jean de Bailues (Boisleux), Huon du Sart (d'Essarts), Gillon Destourmel (D'Estourmel)*.

Tous ces noms, dont nous ne donnons que les plus connus, sont ceux de familles qui toutes ont joué un rôle important dans nos contrées.

Les fiefs de l'abbaye de Bertaucourt et de l'abbaye d'Etrun relevaient du comte d'Artois, celui de l'abbaye d'Arrouaise et la ville et les courtils de Buquoy du comte de Saint-Paul.

La terre de Bucquoy fut réunie en 1269 dans les mêmes mains que les terrres d'Aubigny et de Carency. Une *Catherine de Condé, dame de Carency, Bucquoy, Duisans* et *Aubigny* épousa en premières noces Renoul, seigneur de Culent et de Châteauneuf, et ensuite *Jacques de Chatillon*, fils de Guy II de Chatillon et de Mahaut de Brabant, veuve de Robert d'Artois. Par ce mariage, les terres de *Bucquoy, Carency, Aubigny, Duisans*, etc., passèrent dans la maison de Chatillon Saint-Paul.

Cette Catherine reparaît dans un acte du jeudi, avant le jour des Rameaux (19 mars) 1303. La comtesse Mahaut y mande à ses chers et féaux maitres Jean de Goy et Arnoul dit Caffet, son bailli d'Arras, de « s'informer secrètement de ce que noble dame, sa
« chère et féale *Catherine, dame de Leuze et de Condé*, veuve de
« *Jacques de Chatillon*, son oncle, lui avait exposé qu'elle et ses
« prédécesseurs ayant toujours été en possession d'avoir dans
« les terres d'*Aubigny* et de *Buscoy*, où ils avaient haute justice,
« la connaissance et l'exécution des lettres et chirographes, ses
« officiers voulaient l'en empêcher, et de lui en rendre compte. »
(Godefroy.)

Son fils *Hugues de Chatillon*, dit *Saint-Paul*, fut du chef de sa mère, seigneur de *Bucquoy, Carency, Aubigny, Duisans, Leuze* et *Condé*. Il accompagna en 1318 son frère *Gaucher de Chatillon*, connétable de France, dans le voyage qu'il fit en

Artois, sur les ordres de Philippe le Long, pour y rétablir la comtesse Mahaut.

L'an 1326, Bucquoy lui appartenait encore; en effet, par un acte de cette année, *Bauduin de Sailli*, écuyer, seigneur de *Busquoy*, en partie, abandonne, en vertu du pouvoir à lui octroyé par *Hughes de Chatillon*, seigneur de *Leuze*, tous les droits qu'il possédait sur un fief à *Ablainzevelle*, qui avait été donné par la comtesse Mahaut aux religieuses de la Thieuloye (*Arch. dép. C. d'Art*). Les pairs témoins sont, Ansiau du Castel, Gillon de Puiseux, et Pierre Makaire; les hommes de fief sont Jehan dit Penel et Adrien de Monchi d'Arras, procureur des religieuses.

Hughes de Chatillon avait épousé en troisième noces *Catherine d'Argies*; il ne laissa qu'une fille, *Jeanne de Chatillon*, dame de *Buquoy, Carency, Aubigny, Duisans, Leuze* et *Condé*. Elle fut mariée à un prince de la maison royale de France : *Jacques de Bourbon la Marche*, qui fut connétable de France, assista à la bataille de Crécy, fut fait prisonnier à Poitiers, arrêta Charles le Mauvais et prit part à toutes les luttes nationales et politiques du XIVe siècle. Un de ses fils et lui moururent, en 1361, des blessures qu'ils avaient reçues à la bataille de Brignais contre les grandes compagnies.

Son fils *Jean*, premier du nom, fut comte de la Marche et seigneur de *Buquoy, Carency, Aubigny, Duisans, Leuze* et *Condé*; il épousa, en 1364, Catherine de Vendôme et mourut en 1393.

Parmi ses nombreux enfants on voit un Louis qui fut la tige de la maison de Vendôme, un *Jean* et une *Marie de Bourbon*. Une partie des terres de *Buquoy* et d'*Aubigny*, appartint ainsi à la branche des Vendôme. En effet, le 22 septembre 1477, on voit que *Jean de Bourbon*, comte de Vendôme, fils de Louis, comte de Vendôme, fait acquitter par son procureur Jean de Gosson, les droits de relief qu'il devait au roi en son château d'Arras, pour les terres de *Bucquoy* et d'*Aubigny*, qu'il avait héritées de sa tante *Marie de Bourbon*. *(Arch. dép. Gouv. d'Ar.)* Toutefois, à la même époque, un *Jean de Bourbon*, frère de *Marie de Bourbon*, prenait aussi le titre de seigneur de *Bucquoy, Carency, Aubigny* et *Duisans*. Ce dernier épousa en premières noces *Catherine d'Artois*, seconde fille de Philippe d'Artois comte d'Eu et de Marie de Berry, et en 1420, *Jeanne Vendômois*. Il fut chambellan de Charles VI et mourut en 1458. Par lui commença la maison de *Bourbon-Carency-Duisans*. qui a joué un rôle important dans nos pays. Son fils, *Jacques de Bourbon*, fut seigneur d'*Aubigny*, de *Rochefort*, de *Bucquoy* et de *Carency;* il vivait encore en 1493. Il avait épousé *Antoinette de la Tour*, dont il eut deux fils. L'aîné, *Charles*, posséda les seigneuries de *Carency* et de *Bucquoy* etc., il fut marié trois fois, et n'eut d'enfants que de sa troisième femme, Catherine d'Alègre. Trois d'entre eux, *Bernard*, *Jean* et *Louise* moururent sans alliance, la quatrième, *Isabeau*, fut mariée, le 22 février 1516, avec *François d'Escars*, seigneur de *La Vauguyon*, conseiller, chambellan et gentilhomme ordinaire du roi François Ier, et son lieutenant général en Dauphiné, Lyonnais, Savoie et Piémont. C'était leur fils, Jean d'Escars, prince de Carency, comte de Lavauguyon, chevalier des ordres du roi, maréchal, sénéchal et gouverneur de Bourbonnais, qui possédait en partie la seigneurie de Bucquoy en 1569. (*Centièmes*.)

Une autre partie de cette seigneurie appartenait aux barons de Vaux qui n'étaient autres que des Longueval. Cette famille paraît avoir continué à posséder des fiefs sur Vaux et Bucquoy pendant tout le XIIIe siècle. Cependant D. Gosse est d'un avis contraire. On trouve en 1202 un *Jean de Longueval*, bienfaiteur de l'abbaye d'Anchin, un *Aubert de Longueval*, dit le *Chien* (*Canis*), et le fils de ce dernier, *Guillaume de Longueval*, châtelain de Péronne, qui fit d'importantes donations aux abbayes d'Anchin, de Saint-Vaast, d'Arrouaise, de Cantimpret, du Mont Saint-Martin et du Verger : ce seigneur eut deux frères, *Aubert* et *Bauduin*, et un fils nommé aussi *Aubert*. Bignon rapporte que *Aubert* et *Bauduin de Longueval* accompagnèrent saint Louis dans la croisade de 1270. *Aubert de Longueval*, fils de *Guillaume*, fut un des seigneurs les plus braves et les plus riches du temps, il fut tué sur mer, en 1283, dans la guerre d'Aragon, et Guillaume de

Nangis dit que sa mort énerva le courage des Français et causa leur ruine. Il laissait de sa femme, *Anne de Meulant*, trois filles et un fils : les filles furent mariées dans les plus grandes maisons, le fils nommé *Aubert* porta les titres de seigneur de Thenelles, *Buquoy* et *Vaux*, et fut tué à la bataille de Courtray en 1302, laissant un fils, nommé *Aubert*. Le fils de celui-ci, *Alain*, est très-souvent mentionné dans les chartes des abbayes d'Eaucourt, d'Arrouaise, de Saint-Aubert et du Vivier, pendant les années 1381, 1383, 1387, etc. Sa femme était *Idette de Beaumès*, fille du châtelain de *Bapaume :* c'est depuis cette époque que les Longueval furent à la fois châtelains et capitaines de Bapaume. Leurs deux fils furent tués à Azincourt. L'aîné, *Jean*, servait, comme écuyer, le 1ᵉʳ août 1380, et le 30 octobre 1387, dans la compagnie d'un de ses parent, nommé aussi *Jean de Longueval, chevalier ;* mais, dès le 9 mai 1412, il commandait, sous le duc de Bourgogne, une compagnie importante, composée de douze chevaliers et onze écuyers. Il était capitaine de Péronne pour le roi quand le duc de Bourgogne marcha d'Arras sur Paris, en 1413, et les bourgeois de Péronnee qui avaient défense du roi de livrer passage lui dépêchèrent leur capitaine pour le lui signifier. *Alain*, le second, entretenait une compagnie composée d'un chevalier bachelier, vingt-trois écuyers et trente-trois archers à cheval, servant sous les ordres du duc de Bourgogne les 8 septembre et 8 octobre 1411, (*M. de Belleval.*)

On n'est pas d'accord sur la suite des seigneurs de *Longueval-Bucquoy*. La Chesnaye des Bois, la Morlière et d'autres auteurs prétendent que *Jean de Longueval* ne laissa pas d'enfants et que ses immenses biens passèrent aux enfants de son frère *Alain*. Cependant le Carpentier, D. Gosse et le P. Ignace, qui disent avoir travaillé sur des documents authentiques, soutiennent qu'*Alain de Longueval* laissa un fils, qui fut la tige des seigneurs de Franqueville, et que *Jean de Longueval* eut trois fils, *Charles, Renaud* et *Jean*. Que ces trois seigneurs aient été les fils de *Jean* ou d'*Alain*, il paraît certain que *Charles* a été l'auteur de la branche aînée, qui s'éteignit dans la maison de Monchy, *Renaud*, celui de la branche de Thénelles-Bucquoy et *Jean* celui de la branche de Vaux-Harancourt.

Ce *Renaud de Longueval* fut seigneur de Thénelles, *Buquoy* et Maisons les Ponthieu; il suivit d'abord le parti du duc de Bourgogne et se trouva en 1421, avec son frère Charles, à la bataille de Mons-en-Vimeu: tous deux, en 1436 passèrent au service de France. Renaud devint chambellan de Charles VII et grand bailli d'Amiens. Il mourut en 1465. De sa femme, *Jeanne de Montmorency*, il eut une fille mariée à Perceval de Belleforière, chambellan du duc de Bourgogne, et un fils *Artus de Longueval*, qui fut seigneur de Thenelles, *Buquoy*, Maisons, Rigny, Gratibus, Vauvilliers, Aneleiges, Cussy, Plessis-Cacheleu, de la Motte, et grand bailli d'Amiens. Sa première femme fut une *Jeanne de Contay*; leur fils, *Robert de Longueval*, porta le titre de seigneur de Thénelles et de *Bucquoy*, ainsi que leur petit fils *Jean*, marié à *Anthoinette d'Avrigny* et leur arrière petit-fils *Jean* allié à *Bonne d'Estourmel*. Ce dernier fut commandant général de la cavalerie légère française sous Henri II, et alla s'enfermer en 1557 avec l'amiral Coligny dans la ville de Saint-Quentin. Son fils *Louis* s'intitula encore seigneur de *Bucquoy*; mais il vendit ce fief à *Maximilien de Longueval-Vaux (D. Gosse)*, et dès lors la branche devint tout à fait étrangère à l'Artois.

Jean de Longueval, frère de *Charles* et de *Renaud*, fut seigneur de *Vaux*, et le chef de la branche de Vaux, qui se distingua toujours par son attachement aux Maisons de Bourgogne, d'Espagne et d'Autriche. Philippe le Bon le nomma commandant des troupes qu'il envoyait au secours du duc de Savoie contre les Milanais; il contribua à leur faire faire une paix honorable avec la Savoie. En 1464 il était capitaine des Archers d'Antoine, batard de Bourgogne, lorsque ce prince fut envoyé pour surprendre les ville et château d'Arleux sur la Sensée et de Crèvecœur en Cambrésies, que Louis XI détenait après les avoir enlevés au duc de Bourgogne. L'entreprise ayant réussi, Jean fut nommé gouverneur de ces villes. Il eut de plus les charges de capitaine de Bapaume et de grand bailli d'Hesdin.

Il avait épousé *Marie de Bournel*, dont il eut *Jean de Longueval*, qui fut seigneur de *Vaulx*, *Héninel*, Villers au Flos, Cappy, Belloy, Vicomte de Verneuil, gouverneur et capitaine des ville et château de Bapaume, lieutenant de la compagnie de cent hommes d'armes du grand bâtard de Bourgogne, et mourut la nuit des rois de 1499. Sa femme était *Marie de Miraumont. (Le Carp. P. Ign. Inscription de l'église de Vaux).* Ses deux fils, *Adrien* et *Philippe,* formèrent deux branches. Le cadet *Philippe* fut la tige des *Longueval Harancourt, Adrien* eut les seigneuries de *Vaux, Héninel,* Villers au Flos, Cappy, Tourenel-Travesi, les charges de gouverneur et de capitaine de Bapaume, de Conseiller et Chambellan de Charles-Quint, et de capitaine des hallebardiers allemands de sa garde. Il épousa *Anne de Courteauville,* et mourut le 13 juillet 1534 *(Le Carp. P. Ign. Inscription de Vaux).* Leur fils *Jean de Longueval,* seigneur de *Vaux, Héninel,* Villers au Flos, Renelgest, Achiet-le-Petit, et de la *bargaigne* d'Arras, fut conseiller et maître d'hôtel de Charles Quint, et gouverneur et capitaine des ville et cité d'Arras. Il mourut le 16 mai 1551 à Arras. Il eut pour femme *Jeanne de Rosimbos.* Leur pierre tombale, fort belle et bien conservée, se voit encore dans l'église de Vaux. Ils eurent pour fils le célèbre *Maximilien de Longueval* qui, outre les titres de son père, porta celui de baron de *Vaux,* soit que ses ancêtres eussent déjà cette qualité, soit qu'il l'eut obtenue.

C'est lui qui figure dans les centièmes de 1569 pour une partie de la seigneurie de *Bucquoy,* et il paraît être le premier Longueval Vaux qui ait pris le titre de seigneur de *Bucquoy* : nous avons vu qu'à la même époque un de *Lavauguyon* avait le même titre. Mais il résulte des centièmes de 1569, *que la terre avait été confisquée et donnée en récompense.*

D'après les mêmes registres, la principale seigneurie était entre les mains du Vicomte de Gand, de la maison de Melun Epinoy. Il paraît que depuis le 6 août 1568 il avait quitté la terre. L'impôt fut donc établi par approximation et en présence des officiers du Vicomte de Gand, et de ceux de M. de Lavauguyon, qui représentaient aussi le baron de Vaux.

Le P. Ignace dit que la terre de Bucquoy fut vendue en 1566 à un seigneur de *Longueval,* et que Maximilien de Melun, vicomte de Gand, s'opposa à la vente et fut débouté de sa demande. Le vicomte de Gand était-il le confiscataire ? C'est ce que la vente de

1566 ferait connaître ; mais en l'absence de cet acte, il est permis de conjecturer que Maximilien de Longueval, qui avait déjà acquis de la branche de Thénelles un fief sur Bucquoy, acheta à M. de Lavauguyon le reste de la seigneurie.

Quant au fief de Sailly en Bucquoy, dit première pairie ou deuxième seigneurie de Bucquoy, il était en la possession, d'un messire *Godefroy de Stierch* ou *de Sterth, Amand comte de Boutherum* de la ville d'Anvers. *(Centièmes* et *dénombrement* de 1672).

Maximilien de Longueval réunit bientôt dans ses mains le fief de Sailly en Bucquoy. Le P. Ign. prétend qu'une Marie de Lulli, de la famille de Saveuse, avait apporté en dot cette seigneurie à Maximilien de Longueval. C'est inexact, car on ne trouve pas un seul Longueval marié à une Saveuse. Harbaville commet aussi une erreur, en prétendant que Maximilien acheta cette seigneurie de la famille de Saveuse. Toutes ces hypothèses reposent sur ce fait que le couvent des Clarisses d'Arras fut fondé en 1457 par Philippe de Saveuse et sa femme Marie de Lulli dame de Sailly et de Bucquoy. La vérité nous est donnée par le dénombrement de 1672, qui dit que Maximilien acheta de Godefroy Stierch *(Arch. dép. Gouv. d'Ar.)*.

Ce *Maximilien de Longueval* fut un des plus grands personnages du temps il était gouverneur d'Arras, comme son père, grand veneur et louvetier d'Artois, chevalier de Calatrava, chef des finances du roi d'Espagne et membre du conseil d'Etat. Le 28 juin 1580 la terre de Bucquoy fut érigée en comté en sa faveur. Il assiégea Bapaume en 1578, et fut tué en 1581 au siège de Tournay : on lui fit à Lille, les 2 et 3 janvier 1582, des obsèques magnifiques *(Man. de la bibliot. de Lille)*; il avait épousé *Marguerite de Lille*.

Leur fils *Charles Bonaventure de Longueval*, né en 1561, joua un rôle des plus importants dans les luttes politiques et religieuses de la fin du XVI° et du commencement du XVII° siècle : du reste il faut remarquer que dès le XV° les Longueval Vaux sont des personnages mêlés à l'histoire générale de France, d'Allemagne et d'Espagne.

Entré jeune au service d'Espagne il fit ses premières armes dans les Pays-Bas, et fut de bonne heure nommé général par Philippe II. Il était déjà Gouverneur d'Arras en 1597, et défendit la ville contre Henri IV, lorsqu'il tenta de la surprendre. Plus tard il défendit Calais avec le même courage : fait prisonnier par les Hollandais, il se racheta moyennant 20,000 écus, assista à presque toutes les batailles du commencement du XVII° siècle, reçut plusieurs blessures, et fut chargé de seconder les opérations militaires de Spinola. L'empereur Ferdinand II l'ayant engagé à passer à son service, lui donna en 1619 le commandement d'une armée de 8,000 hommes destinée à combattre le comte de Mansfeld général des Bohêmes révoltés. Après avoir remporté quelques succès et avoir soumis quelques villes, le comte de Buquoy fut obligé de se replier en Autriche ; Maximilien de Bavière étant venu le rejoindre, il rentra en Bohême en 1620 et défit complètement près de Prague l'armée des protestants : le comte de Mansfeld ne se sauva qu'avec peine, abandonnant 14 drapeaux et ses munitions. Le comte de Buquoy vainqueur exerça en Bohême des cruautés qu'expliquent sans les excuser le fanatisme et l'esprit du temps (*M. Guizot*). En 1621, il réduisit la Moravie, et rapporta à Vienne 85 drapeaux enlevés aux ennemis. Il fut aussitôt envoyé en Hongrie avec 20,000 hommes contre Béthlem Gabor, prit Presbourg et plusieurs autres places, et mit le siége devant Neuhausel. Il croyait l'emporter par les intelligences qu'il s'était ménagées, mais les ennemis s'en étant aperçus, jetèrent du secours dans la place, et bientôt coupèrent à l'armée impériale les vivres et les fourrages. Le comte de Buquoi s'étant un jour avancé en reconnaissance avec une faible escorte, fut attiré dans une embuscade par un parti ennemi et tué le 10 juillet 1621. Son corps percé de 11 coups fut retrouvé par ses soldats et fut enterré en grande pompe à Vienne dans l'église des Cordeliers. *Charles Bonaventure de Longueval*, était alors comte *de Buquoy* et de Gratz, *baron de Vaux* et de Rosemberg, chevalier de la Toison d'Or, membre du conseil d'Etat de guerre du roi d'Espagne, général de son artillerie, grand bailli du Hainaut, grand veneur et louvetier d'Artois. Il occupait à la cour de Vienne la plus haute position, et l'empereur témoigna les plus vifs regrets de sa mort : Il avait épousé *Madeleine de Biglia*.

Le P. Ign. nous a conservé le discours prononcé avant la bataille de Prague par le comte de Buquoy, et les vers quel'on fit sur sa mort, ainsi que sur celle de l'archiduc Albert, arrivée dans le même mois de la même année, les voici :

De morte Alberti archiducis Austriæ.
Principis Belgis.
Julii anno 1621.
aLberto abLato sIbI prInCIpe, BeLgICa pLorat.
horrens CVM BataVo ne beLLa retente IberVs.
De morte comitis de Buquoy.
Julii anno 1621.
aLberto, proVt abLato sIbI prIncIpe BelgICa pLangIt.
sIC te Cæsareo b Vq Voy GerMania beLLo.

C'est-à-dire : « touchant la mort d'Albert, archiduc d'Autriche « prince des Païs-Bas, décédé au mois de juillet de l'an 1621; « la province Belgique pleure son prince Albert qui lui a été « enlevé, l'espagnol frémit d'horreur que la guerre ne continue « avec le hollandais. »
« Touchant la mort du comte de Buquoy, tué au mois de juillet « de l'an 1621, ainsi que la province Belgique pleure son « prince Albert qui lui a été enlevé de même l'Allemagne, O « Buquoy, vous pleure de vous avoir perdu dans une guerre « de l'Empire. » Ces vers sont de Lambor, doyen de l'église St-Denis à Liège. Les lettres majuscules comptées comme chiffres romains donnent juste 1621.

Les exploits et l'habileté politique de *Charles de Longueval* l'avaient fait appeler le grand Cte de Bucquoy. Mais il parait qu'une de ses occupations principales était l'industrie; c'est ce qui nous est attesté par des lettres patentes du 30 avril 1613 de l'archiduc Albert. Elles commencent ainsi, « comme notre « cousin le comte de Bucquoy, nous at remontré qu'il avait « apprins l'invention et art de faire et fabriquer la couleur bleue « et turquine, qui est une denrée fort nécessaire et utile à nos

« sujets, nous désirons introduire cette science et manufacture,
« en nos pays, et lui avons octroyé que luy seul pourrait par
« ses commis mettre ladite invention en pratique pour le terme
« de vingt ans sur certaines devises et conditions pourparlées. »
On croit qu'une des fabriques fut installée à Bucquoy. *(Arch. dép. C. d'Artois).*

Charles Albert de Longueval, fils de Charles Bonaventure, baron de *Vaux* et de Rosemberg, comte de *Bucquoy,* suivit les glorieuses traditions de sa famille. Il fut gouverneur de Valenciennes, grand bailli du Hainaut, grand veneur et grand louvetier d'Artois, capitaine d'une compagnie d'ordonnance, gentilhomme de la chambre de l'empereur et du roi d'Espagne, chevalier de la Toison d'or, et général en chef de la cavalerie espagnole. Sa vie, comme celle de son père, se partagea entre les armes et les négociations, il prit part à presque toutes les guerres qui eurent lieu en Artois et en Flandre; ainsi il commandait la cavalerie de l'armée qui, sous les ordres du cardinal infant, essaya, en 1640, de faire lever le siége d'Arras. Pendant ce siége il livra, à Frémicourt, un combat acharné au maréchal de la Meilleraie; mais ses troupes furent battues (d'*Héricourt*). Privé de sa charge, qui avait été donnée au comte d'Albuquerque, il se plaignit amèrement à Bruxelles et à Madrid et fut réintégré en 1643 (*P. Ign.*)

Après la conquête d'Arras par les Français, le comté de Bucquoy fut confisqué sur *Charles Albert de Longueval,* parce qu'il avait suivi le parti de l'Espagne. Un brevet de Louis XIII, du 8 août 1640, confirmé par des lettres patentes du 12 du même mois, fit don à M. de *Baizieux* du village et comté de *Bucquoy* et de ses dépendances; cette donation comprenait aussi les meubles (*arch. dép. C. d'Art.*). Ce donataire était *Léonor de Rhunes* seigneur de *Baizieux,* vicomte de Dommart, baron de Fontaines sur Aumale; il avait été page de la petite écurie du roi et fut plus tard maître d'hôtel du roi. Il prit le titre de *comte de Bucquoy,* et épousa, en 1644, *Gabrielle de Clermont*. Il ne jouit pas longtemps de la terre de Bucquoy; car dès 1654, *Charles Albert de Longueval* était réintégré dans ses biens. En effet il perdit dans cette année un procès contre les religieuses de N.-D. du Verger (*arch. dép. Cons.*

d'Art.). L'année suivante il eut un autre procès avec ses créanciers ; cette instance se compliqua encore des comptes à rendre par *M. de Baizieux;* confiscataire du comté, elle ne fut terminée qu'en 1658. (*Arch. dép. Cons. d'Art.*).

Charles Albert de Longueval mourut en 1663, et fut remplacé dans sa charge de grand bailli du Hainaut par le duc d'Arenberg et d'Archott.

D'après le P. Ignacé, Charles Albert de Longueval aurait eu de sa femme *Guillemette de Croi*, plusieurs fils, d'abord *Ferdinand Cte de Bucquoy* qui, de Marguerite comtesse d'Abensberg, eut pour fils unique *Charles J^h Cte de Bucquoy*, mort peu après son père ; *Charles Philippe Landelin de Longueval* tué 1691 à la bataille de Salankemen contre les Turcs, mort sans enfants, et *Albert de Longueval Cte de Bucquoy*, chevalier de Calatrava, conseiller d'Etat et chambellan de l'empereur Léopold, décédé en décembre 1714, à l'âge de 78 ans sans postérité. Le même auteur rapporte aussi, comme extrait des mémoires de Valbelle, la mort d'un *fameux Cte de Bucquoy*, général de l'armée d'Espagne, en Sicile, qui aurait péri en 1676 au siége de la ville de St François de Paule. Une sortie des assiégés ayant mis le désordre dans son armée, il fut tué en essayant de rallier ses troupes, et sa mort amena la défaite complète des Espagnols : un messinois qui avait tué le Comte, sans le connaître, rapporta sa tête au bout de son épée. Aussitôt que M. de Vivonne, commandant de la flotte française, fut informé de la mort du Cte de Bucquoy, il fit rechercher son corps et le fit enterrer avec pompe. Il est impossible de savoir à quel Cte de Bucquoy se rapportent ces faits. Ce ne peut être à Charles Bonaventure, qui fut tué au siége de Neuhausel en 1621, ni à Charles Albert qui mourut en 1663, ni à Charles Philippe qui fut créé prince en 1688. L'analogie avec la mort de Charles Bonaventure au siége de Neuhausel permet de douter de l'authenticité du récit.

De tous les fils de *Charles Albert*, le seul qui figure dans les actes relatifs à Bucquoy, est *Charles Philippe de Longueval*. Il occupa à la cour d'Autriche la plus haute position, et fut créé par Léopold Ier, prince de l'Empire en 1688.

Ce fut *Charles Philippe de Longueval* qui fournit le dénombrement de 1672 qui ne forme pas moins d'un gros volume in-folio (*Arch. dép. Gouv. d'Ar.*). Le *comté de Bucquoy* comprenait alors 9 pairies principales qui étaient. 1° *Sailly* ou *petit Bucquoy*, appartenant aux Longueval, par achat à *Godefroy Sterth* ou *Stierch*. 2° *Hébuterne*, appartenant au prince de Melun Epinoy. 3° *Puiseux au Val*, appartenant anciennement à la maison *de Puiseux*, que l'on trouve déjà en 1272. 4° *Gommecourt*, propriété de Jean de Carnin, baron de Lillers. 5° *Hamel en Bucquoy*. 6° *Halingue en Bucquoy* : ces deux pairies appartenaient en 1569 à la famille de Bertout, mais Halingue était en 1672 possédée par les *du Cariocul*. 7° *Serres-les-Bucquoy*, appartenant à *Antoine Boucquel*, échevin d'Arras, qui l'avait achetée au duc. de Cossé Brissac.; 8° *Foncquevillers*. 9° *Douchy-les-Ayettes* détenue par *Jacques François Franeau*, seigneur de *Lestoquoy*, petit-fils d'*Antoine de Lannoy*. Outre ces 9 pairies principales, il en existait un très-grand nombre de petites *éclipsées des pairies cy devant* (sic), et les fiefs relevant de Bucquoy s'étendaient sur les villages de, *Hébuterne, Serres-les-Bucquoy, Baillescourt, Douchy, Grandecourt, Puiseux, Ablainsevelle, Ayette, Gommecourt, Boiry-Ste-Rictrude*, etc.

Ce qui est vraiment très-curieux, c'est de retrouver dans ce dénombrement les mêmes noms qui figurent dans le partage de 1272, dans les centièmes de 1569 : les noms de *Héraughierre*, de *du Castel*, de *Castelain*, de *le Moisne*, de *Recourt*, de *Rienkourt*, d'*Ablaing*, de *Becquet*, de *Morel*, d'*Audegond*, de *Hugny (de Hyniaco)* de *Héraucourt* se lisent dans ces actes, comme ensuite dans les vingtièmes de 1757, les centièmes de 1780.

Charles Philippe prince de Longueval vint rarement en Artois, et resta presque toujours dans sa principauté d'Allemagne; il fut marié deux fois : la première à *Marie de Hornes*, la seconde à *Madeleine de la Pierre de Bousies*. Du 1er lit il n'eut que deux filles, du second un fils, qui fut *Charles Emmanuel, prince de Longueval*.

Charles Emmanuel de Longueval, gentilhomme de la clef d'or, avait été créé *prince souverain* en 1688, en même temps que son père. Il épousa, le 17 juillet 1700, *Rose Ange*, comtesse de

Harach, et mourut sans enfants en 1703. Comme son père aussi, il avait presque toujours habité sa principauté d'Allemagne, et était resté propriétaire du comté de Bucquoy, bien que sujet de l'Empereur. Mais cette terre, ainsi que tous les biens du comte de Bucquoy situés en France, furent encore confisqués lors de la guerre de la succession d'Espagne, et donnés par *Louis XIV*, à titre d'amodiation, à un chevalier de Montmorency, né à Neuville-Witasse. Celui-ci en jouit jusqu'en 1723, et devint successivement lieutenant général des armées, colonel du régiment de Condé, et gouverneur de Boiron; il mourut vers 1730.

Malgré leur grande fortune et leurs biens immenses, tant en France qu'en Allemagne (*Bignon*), les comtes de Bucquoy étaient, constamment aux prises avec leurs créanciers qu'il fallut enfin se décider à désintéresser. C'est pour cela qu'ils aliénèrent successivement les seigneuries qu'ils avaient en France. Le fief du *petit Bucquoy* ou *Sailly en Bucquoy* fut vendu, avec l'hôtel de Bucquoy, à Arras qui en faisait partie, et qui était situé rue des Baudets, à de Lattre, seigneur d'Ayette : cette vente aurait eu lieu, d'après le P. Ignace, vers 1699. En effet le premier de *Lattre* qui porta le titre de seigneur du petit Bucquoy, fut *Christophe François de Lattre*, mort en 1729. Ce fut pour lui que la terre de *Neuville* fut érigée en Comté, et les lettres patentes portent que les terres de *Sailly* et d'*Ayette* en font partie. Le *petit Bucquoy* resta dans la famille de Lattre jusqu'à la Révolution (*Vingtièmes* de 1757, *centièmes* de 1780).

Quelque temps après la *baronie de Vaux* fut vendue à *de France* seigneur de *Noyelle*; il en fut de même de la seigneurie d'Achiet-le-Petit, qui passa à un s^r de *Mullet seigneur de la Laque*. Outre ces seigneuries, le Cte de Bucquoy avait sur presque toute la ville d'Arras le droit de *l'air* ou *du vent*. Ce droit consistait en une certaine somme qu'on était obligé de payer pour avoir la permission « d'exposer enseignes ou tableaux qui annoncent
« cabarets, auberges et boutiques, hôtelleries, ou vente de quelques
« marchandises que ce soit, et s'étendait sur toutes les maisons
« de la ville excepté celles de la cité où il appartenait à
« l'évêque. » Ce droit singulier mais très-fructueux, fut vendu

aussi au s^r de Mullet; c'est pour cette raison qu'il resta jusqu'à la Révolution dans la propriété du seigneur d'Achiet-le-Petit.

La seule héritière de *Charles Emmanuel* était sa sœur *Marie Philippine*, *princesse de Longueval, comtesse de Bucquoy;* elle fut mariée deux fois, en premières noces, au comte de Waldstein, très-riche seigneur allemand, lieutenant feld maréchal de l'empereur Charles VI, et plus tard vice roi de Bohême, en secondes noces à *Charles J*^h *Cte de Stubick*, qui prit le titre de *Cte de Bucquoy*. Du temps du P. Ign. on voyait encore ses armes et celles de sa femme sur les vitraux de l'église. La *princesse de Longueval* mourut à Vienne le 6 mars 1732, elle n'avait eu que deux filles du premier lit. L'aînée épousa en Allemagne, ou elle était née, le *Prince de Bathyani*, seigneur Hongrois de la cour de Charles VI, et qui fut général au service de la Hongrie et de la Bavière; leur fils Eugène, Cte de *Bathyani*, hérita de sa grand'mère le comté de Bucquoy, il mourut en janvier 1742 à l'âge de 21 ans.

Par son décès le comté de Bucquoy entra dans la famille du *Cte Desfours*, à qui la seconde fille de la *princesse de Longueval* était mariée, et dont elle avait un fils qui était officier au service de la reine de Hongrie. Cette famille prit le titre de *Cte de Bucquoy*. Ce fut un *Cte de Bucquoy*, de cette maison, qui, au mois d'octobre 1747, assista comme commissaire impérial, à l'ouverture des Etats de Bohême (P. Ign.). D'après le projet de dictionnaire existant à l'Académie d'Arras, le comté de Bucquoy aurait été vendu en 1753, par la famille de *Bathyani*. Cette assertion est erronée, en effet, comme nous venons de le voir, la terre était passée dès 1742 dans la famille *Desfours*; de plus nous trouvons dans le P. Ign. l'affiche même de la vente de la seigneurie, et l'on peut dire que la manière de faire valoir les propriétés mises en vente était parfaitement connue, car rien n'est oublié pour attirer les amateurs. Ces affiches furent apposées à la fin de 1752 et au commencement de 1753; mais la vente n'eut sans doute lieu que plus tard, car les vingtièmes de 1757 mentionnent encore comme propriétaire le *Cte Desfours*. L'acquéreur fut un s^r Jacques, vicomte *Désandrouin*, directeur et propriétaire de forges et de fosses au pays de Liège. Peu de temps après *Alexandre Louis François, mar-*

quis de Croix, devint propriétaire de ce comté, par suite d'un retrait lignager intenté au vicomte *Désandrouin*. En 1768 il institua pour son bailli à Bucquoy le sieur Antoine François Bernard Bacqueville *(arch. dép. Gouv. d'Ar.)*

Les centièmes de 1780 nous apprennent qu'à cette époque le seigneur était le marquis de Croix, et l'on possède un dénombrement fourni par lui en 1783 au roi Louis XVI. Cet acte très-curieux donne toute la suite des seigneurs depuis Maximilien de Longueval; de plus il énumère les fiefs et les revenus du comté à cette époque : forme un énorme volume, et ne contient pas moins de 3241 articles *(Arch. dép. Gouv. d'Arras)*.

Alexandre Louis François, marquis de Croix, comte de Bucquoy, né le 31 janvier 1725, marié le 3 juin 1750 à *Marie Anne Françoise de Græsbeck*, mourut à Bruxelles le 23 avril 1803. Il avait été député de la noblesse des Etats d'Artois en 1747, capitaine de cavalerie au régiment de Beauvilliers, chevalier de St-Louis. Son fils, *Charles Lidvine*, né le 15 octobre 1760, à Frelinghem, était major d'infanterie en 1789, lorsqu'il fut élu député de la noblesse de la province d'Artois aux Etats généraux; il fut sénateur le 5 avril 1813, pair de France le 4 juillet 1814 et officier de la légion d'honneur.

Le nom de comte de Bucquoy fut aussi porté au XVIIIe siècle par un abbé, dont la vie ne fut qu'une série d'aventures des plus extraordinaires. Après cinq années de services militaires, il voulut entrer aux chartreux; mais trouvant leur ordre trop relaché, il commença son noviciat à la Trappe. Sa santé ne lui ayant pas permis de continuer sa vocation, il reprit l'état militaire, puis se fit mendiant. Il tint ensuite une école gratuite à Rouen, et conçut l'idée de fonder un ordre sur le modèle des Jésuites. L'exaltation de son esprit le conduisit bientôt au scepticisme. Il essaya plus tard de rentrer dans la vie ecclésiastique, puis de lever un régiment. Arrêté pour ses propos politiques, il s'échappa; repris neuf mois après, il fut enfermé à la Bastille, et trouva encore moyen de s'évader. Passé en Hollande, il proposa un projet pour faire de la France une république, puis se retira en Hanovre, où il mourut en 1740, à l'âge de près de 90 ans. Ses contemporains, malgré son érudition et son talent, le considérèrent toujours comme un fou.

Après avoir parlé de la famille de Longueval, nous ajouterons quelques faits relatifs à Bucquoy. Gervais-Guigny, natif de Bucquoy, fut curé de Bailleulmont, puis novice à la Trappe ; mais sa santé l'ayant empêché de continuer à faire profession dans cet ordre, il fut nommé, sur la présentation du Conseil d'Artois, chapelain de cette compagnie. Il fut enterré à Bucquoy ; il donna à l'église le 12 mars 1717 une croix, deux burettes, et un plat pour laver les mains, le tout d'argent; il avait fondé l'office du Saint-Sacrement pendant tout l'octave. En 1724, de concert et à frais commun avec Jean d'Estrées, aussi natif de Bucquoy et curé de Sailly-sur-la-Lys, il fit présent à cette même église d'un soleil d'argent.

Il existe des lettres de Charles V, roi de France, en date du 20 avril 1380, qui décident et terminent certains procès sur complaintes intentés par les habitants de la chatellenie de Bucquoy. (*P. Ign.*)

Dans les guerres du commencement du XVII° siècle, Bucquoy fut souvent le théâtre d'engagements entre les armées françaises et espagnoles. « Le 15 juillet 1635 les Français quittèrent Pas
« après avoir détruit le château, et s'avancèrent vers Bucquoy
« pour en attaquer le château, place de considération, dit un impri-
« mé. Cette forteresse était défendue par quelques arquebusiers, et
« par 4 à 500 paysans. Le comte de Rambures ne l'eut pas plutôt
« investie qu'il les réduisit à demander quartier; ils l'obtinrent
« et se retirèrent. Les Français y entrèrent et s'y logèrent ; ils en
« firent leur place, d'où ils étaient vus des clochers d'Arras et de
« Bapaume. Un détachement de ces deux villes fut envoyé pour
« reprendre ce fort, mais voyant l'armée française rangée en
« bataille, il se retira » (P. Ign.)

« En 1640 le curé Matine se défendit dans la tour de l'église
« lorsque les Français vinrent faire le siège d'Arras. Ils la mi-
« nèrent pour obliger le peuple à se rendre, mais la mine ayant eu
« vent par suite de la carrière qui était au-dessous, elle ne causa
« presque aucun dommage. Un pan de muraille fut ouvert à demi

« et ce fut tout l'effet de la mine. Cependant le curé et ses pa-
« roissiens combattaient vaillamment ; après avoir tué trois soldats
« de son fusil il dit au Bailli, « j'en ai fait assez, achevez le reste,
« je vais dire ma messe » (P. Ign.)

« Le 15 mai 1643, le lendemain de la mort de Louis XIII, 60 vo-
« lontaires des garnisons espagnoles de Douai et de Béthune fu-
« rent se cacher dans le bois Bucquoy et y attendirent les chariots
« qui allaient charger les bois pour les marchands d'Arras. Ces
« chariots n'étaient escortés que de quelques marchands de
« cette ville. Les Espagnols tombèrent brusquement sur eux en
« tuèrent deux avant que les soldats de l'escorte qui s'étaient
« écartés dans le bois eussent pu se rassembler. L'ennemi eut
« le temps de se saisir de 35 chevaux, de faire quelques pri-
« sonniers avec lesquels il se retira après avoir eu quatre des
« siens tués et à la faveur de la nuit il gagna le chemin de Béthune.
« De Latour, gouverneur d'Arras, en ayant eu avis, envoya deux
« partis : l'un vers Béthune, l'autre sur Douai ; celui de Béthune
« joignit les Espagnols près de cette ville, tua 15 hommes, en
« blessa plusieurs, fit quelques prisonniers, reprit tout le butin et
« les prisonniers faits à Bucquoy. » (P. Ign.)

Il résulte des textes que Bucquoy eut de très-bonne heure le titre de ville et un échevinage. Ses fortifications, son château et sa proximité de la frontière, nécessitaient aussi des officiers militaires ; en 1149 le prévôt s'appelait *Bacon*. Il y eut plus tard dans cette ville un gouverneur et capitaine : en 1569 cette charge était remplie par un *Jean Daussiel* écuyer, nom qui n'est sans doute que celui de *d'Ayssiel*, que l'on retrouve à toutes les époques. Les habitants, très-attachés à la maison d'Espagne, se défendaient vaillamment contre les Français. Leur humeur belliqueuse est encore attestée par ce dicton populaire : *Buquoi a tout dit buqué et y buquera tout dit.*

Le fief de Sailly en Bucquoy avait un lieutenant : c'était en 1569 un Jean du Castel, nom qu'on voit de tout temps dans les chartes concernant Bucquoy.

La culture de la vigne était jadis très-pratiquée à Bucquoy : on y trouve, dans les centièmes de 1569, les dénombrements de 1672, et de 1783, tout un canton appelé *le Vignoble*.

La dîme de Bucquoy fut en 1170 l'objet d'un accord entre le chapitre d'Arras et l'abbaye d'Arrouaise *(Arch. Dép. Chap. d'Ar.)*.

Au temps du P. Ign. l'abbé d'Arrouaise, le seigneur d'Achiet le Petit, un chanoine de St-Nicaise à Arras et divers particuliers de Bucquoy étaient décimateurs à Bucquoy, aussi bien qu'à Ablainzevelle.

Il existait à Bucquoy, depuis le XIIIe siècle, une maladrerie qui fut réunie à l'hôpital d'Arras par lettres patentes de 1698.

Le marché de Bucquoy est très-ancien; un édit de Philippe II le confirma.

La juridiction seigneuriale de Bucquoy, comme on l'a vu, s'étendait sur un grand nombre de villages et hameaux. Pendant longtemps, ainsi que l'attestent les centièmes, et les dénombrements, les plaids ou audiences se tinrent, tantôt dans les salles du château, tantôt dans les prairies qui avoisinaient l'église et le château. En 1666 on bâtit une maison, dite maison rouge, qui servit à abriter la justice. Il existe aux archives départementales trois registres des audiences de la cour de Bucquoy de 1757 à 1768, de 1768 à 1781, et de 1782 à 1789, plus un registre concernant les seigneuries d'Hallenges, du Hamel et de Neuville.

ARCHÉOLOGIE. — L'église a été démolie pendant la Révolution, elle n'est reconstruite que depuis quelques années. L'ancienne église, d'après le P. Ignace, aurait occupé l'emplacement d'une chapelle que Marie de Saveuse aurait fait bâtir. La tour, qui existe encore, est construite en briques et très-élevée; elle fut commencée en 1624 et achevée en 1629.

Le Château, situé sur une motte et bien fortifié pour le temps, n'a laissé que peu de vestiges; un pan de mur subsistait du temps du P. Ignace. Les souterrains existent encore et s'étendent fort loin. Dans le village on voit quelques traces de fossés.

LIEUX-DITS. — Les noms des Lieux-dits ont bien peu changé; on les aperçoit déjà dans le partage de 1272, ainsi que dans les centièmes de 1569, et on les retrouve dans les dénombrements de 1672, et de 1783, comme dans les vingtièmes de 1757, et les centièmes de 1780. Par exemple le *Marché au potage, Dierville, le bois Duquenoy, Merlemont, le bourg, la place, le Pourcharville, le bois de Logeast, le bois du Bietz, Essars, le bois des chapelains, la rue de la carte, La penderie*, etc.

Dierville, Dyervile (1272), ferme de l'abbaye d'Arrouaise, d'abord occupée par des converses jusqu'en 1255, sa chapelle fut démolie à cette époque.

En 1272, cette terre est reprise comme faisant partie de la justice du comte de St-Pol.

On voit aussi à cette époque un *Jean de Dyerville*.

Essars-les-Bucquoy ; le Sart, cité dans les chartes du XIIIe siècle. C'était un fief dépendant de Bucquoy, mais non pas une pairie. En 1272, le seigneur était Monseigneur *Huon du Sart*. La seigneurie était en 1569 dans la famille de Bertout ; du temps du P. Ign. elle appartenait à un s^r Païen, et plus tard à Jacques Placide de Rœux. La dîme appartenait au séminaire d'Amiens, à cause de son prieuré de Lucheux ; mais il la partageait avec le chapitre d'Arras, l'abbaye d'Arrouaise et le curé d'Ayette.

En 1711 une des divisions de l'armée française, commandée par le marquis de Frézilière, campa à Essars.

Hallenges-les-Bucquoy, Halingue, Alingre, formait l'une des pairies les plus importantes du comté de Bucquoy. C'est un fief très-ancien qui figure déjà dans l'acte de 1272. En 1569, il appartenait à la famille de Bertout ; mais en 1672 elle l'avait vendu à la famille du Cariœul, qui le possédait encore en 1738 et en 1783 ;

Le Hamel, aussi siège d'une pairie du comté de Bucquoy. Il appartenait aussi en 1569 et en 1672 à la famille de Bertout.

Neuville-en-Bucquoy — Fief important qui existait en 1272 ; on voit en effet un *Pierron de Neuville*.

Bois de Logeast, Logest, Logea. Ce lieu était déjà en 1262, le siège d'un fief qui avait donné son nom à toute une famille : on trouve des *Bauduin, Jean* et *Robert de Logest*.

Ce fief était de la mouvance de la 1ere et principale seigneurie de Bucquoy. En 1525 il fut vendu au seigneur de Lagnicourt et il passa par alliance dans la maison de Gomicourt. Cette famille, par suite de ses embarras financiers, le dégrada par des coupes exagérées, et il ne fut plus vendu que 48000 livres, plus les droits, en tout 52000 livres en 1737 : il comprenait alors 220 mesures. L'acheteur était une dame Mathon, Vve de M. *Dubois de Duisans* conseiller au conseil d'Artois et seigneur d'Haucourt.

Bois des chapelains ou *des prêtres*, parce qu'il appartenait aux titulaires de deux chapelles ; le séminaire d'Arras était dans les derniers temps propriétaire de ce lieu.

Petit-Bucquoy ou *Sailly en Bucquoy*, siége de la seconde seigneurie de Bucquoy, dite plus tard première pairie. On a vu plus haut l'importance de ce fief et la suite de ses possesseurs. Une chapelle consacrée à Notre-Dame était à la collation du seigneur du lieu. En 1740 M. de Lattre de Neuville voulut transférer ce bénéfice à la chapelle du château qu'il faisait bâtir à Ayette ; mais l'évêque Baglion de la Salle fit examiner le titre de fondation, et décida, d'accord avec son conseil, que cette translation serait contre l'intention du fondateur, qui avait voulu que les messes et autres charges fussent acquittées à Bucquoy.

Le 26 décembre 1870, au matin, les Français cantonnés à Bucquoy quittèrent cette commune ; ils sortaient du bourg dans la direction d'Arras, lorsque les troupes ennemies entraient du côté opposé. Ces troupes, au nombre d'environ 8,000 hommes, se composaient de deux régiments d'infanterie, le 68e et le 70e, d'un escadron de cuirasiers, un escadron de hussards et un escadron de lanciers, de six batteries d'artillerie, avec tout le matériel, et d'un nombreux personnel d'ambulances. L'état-major du général Von Gœben s'installa dans le meilleur logement et le reste fut réparti par les autorités dans le village. Deux jours après arrivèrent deux cents voitures de munitions et de subsistances.

Le 2 janvier 1871, les envahisseurs se retirèrent sur Bapaume devant les troupes françaises qui arrivaient. Le 4, des patrouilles de cuirassiers reparaissaient. Vers le 12, un escadron du 14e lanciers de Westphalie envahit Bucquoy et y demeura huit jours, vivant, hommes et chevaux sur la commune, mais ne maltraitant personne.

Du 20 au 30, la commune ne fut plus occupée, mais des réquisitions journalières étaient faites par des détachements venant d'Achiet ou des envioons.

Enfin, le 31 janvier, à midi, environ 200 hommes du 28° d'infanterie et un escadron de hussards prirent encore une fois possession du village, s'y barricadèrent et maltraitèrent les habitants plus qu'ils ne l'avaient encore été.

Le 3 février, à quatre heures du matin, le clairon mit tout le monde sur pied, les habitants furent enfin débarrassés des ennemis.

APPENDICE

1269 Janvier. — Autre aprise tenue par ordre du Cte d'Artois, par Eustache de Montgermonde et André d'Orléans, chapelain du comte etc.

Gilles dit Fourdins, chevalier témoin a dit qu'une maison appartenante à Dodon Cornet aïant été brûlée, il vit dans la cour de Buscoi du temps de la comtesse Yolende que Dodon vint y déclarer que Hugbes Bletier y avait mis le feu pendant la nuit, ce que celui-ci nia, ensuite Dodon donna son gage contre Hughes qui donna aussi le sien ; le duel fut jugé et Hughes aïant été vaincu fut ensuite pendu à un arbre du côté de Puiseux ; que peu de temps après une femme nommée Marga aïant été tuée à l'entrée de la nuit à Buscoi, les meurtriers se sont sauvés et que leurs maisons ont été brûlées par ordre de la dite comtesse qui y étoit présente ; qu'un homme appelé Watier Onfrans aïant été blessé par Colard Boutevilain, on donna des *trèves* et qu'ensuite Watier aïant tué ledit Colart, les gens du comte de St-Paul ont mis le feu dans sa maison et ceux du comte d'Artois dans une autre qui lui appartenait.

Jean dit Onfrans a dit que le duel Dodon Cornet et de Hughes Bletier s'est passé il y a cinquante deux ans qu'il s'en souvient, mais qu'il ne sait rien de l'affaire de la femme Marga.

Jean dit *Pauces*, charpentier, a dit de même, mais qu'il croit que les trois cas de haute justice appartiennent plus aux comtes d'Artois qu'aux comtes de St-Paul.

Jean Gosselin a dit comme les autres.

Bauduin Gosselin a dit qu'il a vu un duel entre Gauthier dit Blans, et Hughes dit Destre ; que Bras de fer fut vaincu et justicié et qu'il croit que c'est par les gens de la comtesse Yolende.

Jean de *Hyniaco* a dit comme les autres qu'il ne sait pas à qui appartiennent les trois cas de la haute justice, mais qu'il a vu des voleurs exécutés par la justice de la comtesse Yolende.

Jean le Carpentier, a dit qu'il croit que la haute justice appartient au comte d'Artois mais qu'il n'a jamais vu faire aucun acte de haute justice à Bucquoy.

Jean le Barbier a dit qu'il croit qu'elle appartient au comte de St-Pol.

Alard dit Grans a dit comme les autres mais il a ajouté que Philippe de Beaufort aïant frappé quelqu'un à la tête, les sergents du bailli de Bapaume s'en emparèrent et le mirent en prison dans cette ville, le blessé mourut et alors Jean de Buscoi redemanda le prisonnier qu'on lui rendit.

Jean dit Camus croit que la haute justice appartient au comte de St-Paul et a dit comme les autres.

Hughes dit Verdière demeurant à Busquoy, a dit que les trois cas de haute justice apartiennent au comte de St Paul, ce qu'il sait à cause du duel de Dodon et de Hughes Bletier, où il a été présent, qu'il a vu Hughes pendu, mais qu'il ne l'a pas vu pendre, et que ce duel a été jugé par les gens de la comtesse Yolende et qu'elle y était présente.

Jean dit Crokefer a dit comme les autres, et de plus qu'une femme nommée Ide fut prise parce que son mari avoit été noié, mais que n'ayant pas été trouvée coupable elle était sortie de prison et qu'elle fut bannie.

Pierre Herembaus a dit qu'il ne sait à qui apartient la haute justice, mais qu'il a vu plusieurs fois venir les gens du comte de St-Pol, et ceux du comte d'Artois à Buscoi pour plusieurs affaires et qu'il a vu Pierre de Monchi tué et le meurtrier banni par les gens de la comtesse Yolende.

Bauduin dit *Capprons* demeurant à Hébuterne a dit qu'il ne sait pas à qui appartient la haute justice mais qu'il a ouï dire que Wantier *Maisendes*, aïant été banni de sa patrie était venu dans l'église de Hébuterne pour se sauver des mains de la justice, qu'il a vu les gens du seigneur Robert de Hébuterne l'arracher de cette église et qu'ensuite il a été attaché à un cheval et pendu; que Thesselin Tahus, Jean Males, son fils et Robert Remain aïant tué Robert Farsel se sont sauvés à Hébuterne où ils ont été pris et emprisonnés par les gens du seigneur Robert d'Hébuterne, qu'ensuite les sergents d'Arras vinrent à Hébuterne prirent ces trois hommes et les menèrent à Arras dans une charrette, que Robert fut trouver le Roi et lui demanda des lettres au Bailli d'Amiens pour les ravoir; qu'il a vu revenir ces mêmes trois hommes à Hébuterne conduits par les sergents d'Artois et qu'il les a bien reconnus; que le seigneur Robert les a tenus quarante jours dans sa prison et qu'il n'en sait pas davantage. Il dit encore que lorsque Richard Anglicus (L'anglais) passa par un bois derrière la maison de Robert de Hébuterne, Gilles et Richer, frères d'Hébuterne l'ont blessé à mort et qu'ils se sont enfuis; Richard fut transporté à Hébuterne et y mourut; les malfaiteurs écrivirent à Robert qu'ils avaient commis ce crime et qu'il ne fallait s'en prendre qu'à eux; ensuite ils firent leur paix avec Robert et ont demeuré tranquillement chez eux; cela est arrivé il y a environ trente-huit ans.

Barthélemi Quadrigator (Le Chartier) a dit comme les autres, mais qu'il a vu les bourgeois d'Arras demander la justice de Busquoi pour se faire païer leurs dettes, et quand il ne le faisaient pas ils amenaient avec eux des sergents d'Arras.

Robert de Courcelles a dit que Jean dit Esrache Caisne a appelé dans la cour de Busquoi, Hughes de la Ruelle parce qu'il avait frappé son frère dans *la trève*, qu'il les a vu armés tous deux; mais que la paix fut confirmée.

Inguerran dit *Berkeleu* a dit comme les autres et a déclaré avoir vu Richard l'anglais blessé à mort à Hébuterne.

Robert dit Sergaus, Jaque dit de Cais, Herbert dit Cuer de Leu, Jean dit Buridans ont dit à peu-près comme les autres, mais ce dernier assure que Barthélemy Hesselins aïant violé une femme, il a été banni par la justice du comte de St-Paul.

Seigneur Adam dit Caignes, chevalier demeurant à Puiseux a dit qu'il ne sait pas à qui apartient la haute justice mais qu'il a vu plusieurs fois les gens du comte d'Artois et ceux du comte de St-Paul venir l'exercer. Il dit qu'un certain jour *desbrandons*, Hughes de la Ruelle aïant blessé Anselme, sa mère le fit appeller en présence des gens du comte Hughes (de St-Pol) par son fils Batard *sur les trèves enfraintes*, mais qu'il n'en sait pas davantage, qu'il y a eu composition entre eux.

Pierre dit li Carons a dit de même, Watier dit li Cuveliers a dit qu'il ne sait rien, mais cependant qu'il a vu le bailli d'Arras faire mettre le feu à la maison de Jean Maïeur de Monchi, dans un bois situé à *Aeste* parce que son fils avait tué un homme, et qu'il a vu ensuite les gens du comte de St-Paul mettre le feu à un petit bâtiment qui était dans le jardin de cette maison.

Roger dit Broudiaux, Perre dit don fossé, Jean dit de Courcelles, Simon dit Bauduin ont dit à peu-près comme les autres, mais ce dernier a ajouté que Jean dit de Logest et Pierre dit Loleriaux aïant tué *dans les trèves* Hughes Alongeville et s'étant refugié dans l'église d'*Aeste*, il a vu les gens du comte de St-Paul entourer cette église pour les garder.

Marguerite de Monchy demeurante à Busquoy âgée de trente-un ans a dit que la justice apartient au comte de St-Paul, parce que Pierre de Monchy son père aïant été assassiné pendant la nuit dans son lit ou elle était avec lui, le bailli *de Busquoy* le fit enterrer le troisième jour, elle avait alors douze ans.

Ade. de Monchy a dit de même que Marguerite sa sœur, mais qu'elle n'était point avec son père lorsqu'il fut assassiné.

Michel dit Perraux demeurant à Puisieux a dit qu'il ne sait rien au sujet de la haute justice mais qu'il a vu plusieurs fois les gens du comte d'Artois et ceux du comte de St-Paul mettre le feu à quelques maisons.

Jean dit Alard ne dit rien de remarquable mais comme tous les autres.

Janvier 1272 — (En français) Etienne du Païage et Jean de Friencourt, chevaliers, partagent et séparent en vertu des lettres y insérées du mois d'Avril 1271 la haute justice des fiefs et arrière-fiefs mouvants de Buschoy que le comte de St-Paul tient du comte d'Artois.

Fiefs et arrière-fiefs tenus de Buschoi sur lesquels le comte d'Artois aura la haute justice.

Les arrière-fiefs mouvants de monseigneur de Saire qu'il tient du comte de St-Paul, les arrière-fiefs de Bauduin de Logest, de Jean dou Bos, de Simon dou Bos, qu'il tient dudit Jean dou Bos; ceux de Warnier de Hendecourt, et de Pierron de Hendecourt, tenus de Jean du Bos, l'arrière-fief de Robaut, fils de monseigneur Jean de Saire, celui de Jean Guifroi, la tenance de Marguerite de le Vigne ; l'arrière-fief de Jean de Logest, le fief de Monseigneur Jean de Gommecourt, et ce qui en rélève, savoir l'arrière-fief Huon Rete ; les arrière-fiefs de Jean dou Bos, de Pierron de Douchi, de Bauduin de Logest ceux de Gillion Caperon et de Jean Cresson, tenus du seigneur de Gommecourt; celui de Peleus; ceux de Pierron Widrele; de Bauduin Coterel; d'Arnoul le Vilain ; de Jean de Courcelles ; de Jazemon le Fourier ; de Jean de Douchi et de la femme de Jean Coterel ; tous tenus du seigneur de Gommecourt ; arrière-fiefs mouvants des fiefs de Pierron Groignart; ceux de monseigneur Jean de Saire ; de Jean de Gommecourt ; de Warnier de Hamelaincourt ; de Jean de Gommecourt tenus dudit Warnier; de Gillon de Marchaus ; de Bekel de Baillescourt; de Simon fils de Bertoul Hesselin ; de Gillon Willart ; de Bauduin de Logest, tenus de Pierron Grongnart ; l'arrière-fief de Bauduin Cosset, tenu de Bauduin de Logest ; ceux de Jean Fourdin ; du fils de Jean Coterel ; du fils de Willaume Lenfant ; du fils de Warnier Willart; de Pierron Willart, de Gillon Potage ; de Gillon Esrache Kaine ; de Gillon d'Aubainseveile, tenus de Pierron Grongnart ; ceux d'Ansel d'Ayssiel, tenus de Gillon d'Aubainzevelle ; dudit Gillon. tenu de Pierron Grongnart. — Arrière-fiefs mouvans de Jean don Castel, savoir : Thomas de Carenchi ; Willaume de Hérangieure ; Willaume de Aeste (Ayelte); Vast Grésent tenu de Willaume d'Aeste, Willaume de Courchelles et Jean de Lattre, tenus de Jean du Castel; Gillon de Hendecourt et Jean de Sailli tenu de Jean de Latre; le fief de Jean de Martinpuich dont il est homme lige au comte et pair de son château de Buschoi; celui de Jean de Baflues (Boisleux) homme lige du comte; ceux de monseigneur Witasse de Hardecourt; de Witasse de le Forest; de monseigneur Huon du Sart; de Gillon, Destournel, et de Bekel de Baillescourt, hommes liges du comte; le fief d'Isabelle d'Avelin, demi lige de Bekel de Baillescourt; celui de Gillon Esrache Kaisne homme demi lige du comte; ceux de Gillon Potage, et de Pierron Moilainnes, hommes liges du comte; le fief de Jean Buridan, ceux du fils de Bertoul Hesselin, de Moirier Boistele; de Bauduin de Baillescourt, de Gillon Potage; de Jakemon d'Arras; de Jakeme Pokel et de Bauduin Drievon, hommes du comte à sept sols et demi; ce qui apartient à l'abbaïe de Bertaucourt à Buschoi et qu'elle tient du comte; ce qui apartient à l'abbaïe d'Estruem; le fief Jean dou Bos, homme du Comte à sept sols et demi; les arrière-fiefs tenus de monseigneur Willaume de Hellebusterne et de Willaume de Buschoi : savoir : monseigneur Robert de Gommecourt, homme lige de monseigneur de Hellebuterne; Robert de Saire, tenu dudit Willaume de Hébuterne; Bauduin de Logest, tenu de Willaume de Buschoi; Jean d'Ayette, tenu de Bauduin de Logest; Jean Anechin, Jean de Sailli et Bauduin Cosset tenus de Jean d'Ayeste; Marien de Braconnière; Mahaut, fille de Vast de Logest; Gillon de Marchiaus; et le fils de Robert de Bekerel, tenus de Bauduin de Logest; Witasse Coterel, homme lige de Willaume de Buschoi et pair de son château, Adam de Dauriher, homme demi-lige de Witasse Coterel; Willaume de Honnecourt, homme lige de Willaume de Buschoi et pair de son château; Gillon de Marchiaus; Jean Onfran, et Gillon Esrache Kaisne, hommes liges de Willaume de Honnecourt, à sept sols et demi; Monseigneur Huon de Buschoi, Mahieu de Buschoi, et Colart de Moyenneville, hommes liges de Willaume de Buschoi; Gotran de Douchi, homme demi-lige de Colart de Moyenneville; Gillot d'Aubainsevelle, pour ce qu'il est homme lige de Willaume de Bucquoy; Gérard le Gay; Jean le Carpentier et Jean de Boiële, pour ce qu'ils sont hommes liges de Gillot d'Aubainsevelle à sept sols six deniers; Huon Kieral pour ce qu'il est homme lige de Willaume de Buschoi et de sa femme; Jean Alesin et Waaslin Alefin, pour ce qu'ils sont hommes liges de Willaume de Buschoi; Robert Gamelon, homme de Jean de Douchi à sept sols et demi; Pierron Grongnart, homme demi-lige de Willaume de Buschoi: Raoul Wenchier et Jean de Sereniler hommes demi-liges de Pierre Grongniart; Jean le Maieur, homme de Pierron Groingnart à sept sols et demi; Gillot de St-Amant, homme demi-lige de Willaume de Buschoi; Monseigneur Robert de Gommecourt; homme de Willaume de Buschoi à sept sols et demi; Gillot de Gommecourt; Jean de Dyerville; et Jean de Logest, fils de Robert de Logest, hommes de Willaume de Buschoi à sept sols et demi; Jean Grégoire pour ce qu'il est homme de Jean de Logest à sept sols et demi; Jean de Logest; Jean Pesiel; Rogier Bormiel; Jean le Maieur de Courcheles; Gillon Potage; Bauduin Pamer de Aveluys; Bauduin Lenfant; Bauduin de Leuval; Jean Guifroi; Gillon de le Croix; la fille de maître Jean Estriket; Jeannet de Bairi; Willaume de Merchians; Mahieu le Tailleur, la fille de demoiselle Mariens de Santers et le fils de Jean Coterel; pour ce qu'ils sont hommes de Willaume de Buschoi à sept sols six deniers; la tenance de Gillons de Courcheles; la tenance de Cholart Hubert et celle d'Hubert de Berle qu'ils tiennent du comte à rente.

Fiefs et arrière fiefs tenus de la ville de Buschoi dont la haute justice apartiendra au comte de St-Paul et à ses hoirs.

Tous les fiefs que messire Jean de Saire tient du comte de St-Paul, les arrière-fiefs que Robert de Saire, tient de monseigneur Jean de Saire ceux que Willaume de Héranguierre, Pierron Coterel, et Thomas d'Ayeste tiennent de monseigneur Jean de Saire : la dixme de Pierron Grongnart pour ce qu'il est homme lige du comte de St-Paul ; l'arrière fief de Jean le Nostre, homme demi-lige de Pierron Grongnart : le domaine de Huon de Puiseux, homme lige du comte de St-Paul et pair de son chateau de Buschoi ; l'arrière fief de Gillon de Bihiercourt, homme lige du seigneur de Puiseux; celui d'Adam de Baillescourt pour ce qu'il est homme demi-lige de Gillon de Bihiercourt; ceux de monseigneur Simon de Puiseux ; de Huon Agache et de Simon fils de Bertoul Hesselin, hommes de Gillion de Bihiercourt; ceux de Simon, Waesseur ; de Michel fils du seigneur de Puiseux ; de Michel de Puiseux; de Monseigneur Simon de Puiseux ; de Pierron Lochart ; de Monseigneur Adam Cuingnet ; du fils Robillart; de Colart Crestien ; de Pierron Soihier ; de Pierron Nueville ; de Robert le Vilain et de Pierron Widelaine qui tiennent de Huon de Puiseux le fief de Jean du Castrel, pour ce qu'il est homme lige du comte de St-Pol et pair de son chateau de Buschoi ; le fief de Willaume de Honnecourt, homme demi-lige du comte de St-Pol ; la terre située à Dyerville qui appartient à l'abbaye d'Arouaise ; la maladrerie de Buschoi ; le fief de Willaume de Honnecourt, pour ce qu'il est homme du comte; celui de Willaume de Buschoi, dont il est homme du comte de St-Paul ; l'arrière fief de monseigneur Willaume de Hellebuterne, homme de Willaume de Busquoy ; ceux de monseigneur de Trauvile et de Gillon de Doubienmont, homme de monseigneur Willaume de Hellebuterne ; les arrière fiefs de Gillon de Marchians et de Jean de Crokefer, hommes de Gillon dou Bienmont ; ceux de Simon Agache, de dame bien li avient; de dame Idone de Puiseux ; d'Aubert de Gommecourt ; de Robert, fils de monseigneur Wautier ; de Bernard Ybele ; de Bauduin Malebranke; de Jean Froment et de Jakemon d'Arras, tenus de monseigneur Willaume de Hellebusterne ; celui de monseigneur Gillon de Bousincourt, homme de Willaume de Buschoi et pair de son chateau : celui de Bekel de Baillescort, homme du seigneur de Boussincort; ceux de Raoul de Buschoi ; de Simon Agache et de Gillon dou Biemont, tenus de Willaume de Buschoi : ce que Juliane d'Arras tient du comte de St-Paul à Buschoi ; les tenements de Huon le Telier, de Willaume de Hérangierre ; de la femme de Huon Rete; de Wautier d'Ayssiel ; des enfants Grart de Buschoi, et des enfants Bertoul Hesselin, toute la ville et les courtils de Buschoi et tout ce qui appartient au comte de St-Paul.

BULLECOURT.

BULLECOURT — *Buillecourt, Bullencourt* (*Godefroy*).

HISTOIRE. — *Bullecourt* est la patrie d'un des plus illustres prélats de l'église d'Arras saint Vindicien, qui naquit en 620, fut évêque en 670 et mourut le 5 des Ides de mars 705 (*Balderic*) d'autres disent 712. Son manoir est encore connu aujourd'hui sous le nom de *Pré de saint Vindicien*. Le chemin d'Arras à Bullecourt était, selon la tradition du pays, le sentier que suivait saint Vindicien lorsqu'il était encore dans la maison paternelle, pour se rendre à la cathédrale d'Arras. Ce chemin a gardé longtemps le nom de Saint-Vindicien. Le prélat fit en 674 à l'église d'Arras une donation célèbre. Ce texte est très-précieux en ce qu'il indique un très grand nombre de localités.

Il y avait plusieurs seigneuries : la principale appartenait à l'abbaye de Saint-Eloi, et l'on assure qu'elle remontait à saint Vindicien (*vingtièmes* de 1757, *centièmes* de 1780).

Mais nous rencontrons des seigneuries laïques, en effet dans l'histoire de nos pays apparaissent plusieurs familles de *Bullecourt*.

Dès la fin du XIe siècle on connait une maison de *Bullecourt*, dite *Le Fèvre*, dont les armes rappelant le nom étaient *d'or à la fasce de gueules à trois maillets ou marteaux de sable*. Cette famille jadis célèbre entre les *Patrices* (*le Carpentier*), ou familles sénatoriales de Cambrai, a joué un grand rôle dans les luttes politiques. Un *Alart de Bulecorte* figure, en 1095, dans une charte de l'abbaye d'Anchain ; on trouve un *Daniel de Bullecourt*, dans une charte de 1106, de l'abbaye d'Arrouaise. Un *Thomas de Bullecourt*, est mentionné dans quelques chartes de l'abbaye de Saint Aubert en 1102 et 1112, ainsi que *Guy de Bullecourt*, son fils en 1151 : celui-ci épousa *Gloscende de Goy* (*Gouy*), et en eut deux enfants. *Thomas* et *Alard*, dit le *Terrible*. Ce dernier fut capitaine du Cateau Cambrésis ; mais ses exactions et ses cruautés, obligèrent l'évêque à le priver de sa charge pour conserver la paix et la tranquillité. Son frère *Thomas de Bullecourt* fit en 1191 une donation à l'abbaye d'Anchin ; il eut sept enfants, trois fils et quatre filles. L'un des fils, *Daniel*, paraît dans un titre de l'abbaye de Saint-André ; il aurait épousé *Marguerite de Forest*. On trouve aussi leur fils *Thomas* dans une charte de 1268 des archives de Vaucelles. Un *Jean de Bullecourt* est, en 1240, témoin d'une charte de l'abbaye du Mont-Saint-Martin. Les chartes de l'abbaye de saint-Aubert parlent en 1272 d'un *Mikius de Bullecourt* en 1315 d'un *Dorez de Bullecourt*, en 1327 d'un *Wautier de Bullecourt*.

Une lettre de l'évêque de Cambrai, Enguerrand, de 1279, excommunie tous les plus puissants seigneurs et habitants de la ville, parce qu'ils détiennent les clefs de ses portes malgré ses prières et ses menaces ; on trouve parmi eux un *Enguerrand* et un *Watier de Bullecourt*.

Les alliances de cette Maison avec les plus grandes familles d'Artois et de Flandre la rendaient redoutable. L'an 1440, on trouve un *Daniel de Bullecourt*, en 1451, un *Jacques de Bullecourt*, en 1457, un *Thomas de Bullecourt*, homme de fief de l'évêché de Cambrai, qui choisit sa sépulture en 1461 (*Le Carpentier*). Un *Thomas de Bullecourt* avait un épitaphe ainsi conçue : *Hac sub tombâ jacet Thomas Bullecortus, corde magnus, manu largus, membris cortus, proli carus, plebi gratus, Bohini dux, ut Mars vixit, tulit ut Job, obit ut lux. Si beatus non sit quis erit?*

Pierre de Bullecourt, écuyer et homme de fief de l'évêché et l'abbaye de Saint-Aubert vivait en 1440, son fils *Pierre Lefebvre* écuyer, seigneur de *Bullecourt*, épousa Gillette *Druenne*. Leur fils, *Michel Lefebvre de Bullecourt*, épousa *Marie de Rosel*, dont il eut quatre enfants, *Pierre de Bullecourt* mort sans alliance en 1504, *Paulle* ou *Polaine de Bullecourt* mariée à *Jacques de Forest*, *Jeanne de Bullecourt* mariée à *Pierre de la Cocquerie*, *Hélène de Bullecourt* mariée à *Jean de Beaumont* seigneur de Sérainvilliers, qui mourut en 1498. (*Le Carpentier* et *collect. Godin* concordent sauf l'orthographe du nom *Lefebvre* et *Le Fèvre*).

Les traces de cette famille se perdent, et la seigneurie de *Bulle-*

court est possédée par la maison de *Croix* ou de *la Croix*. En 1390, *Jean de la Croix* était vassal du seigneur d'Oisy ; il laissa un fils, de son nom, qui est mentionné, entre les hommes de fief d'Oisy, dans une charte de 1416, et qui, d'après une autre de 1426, fut marié à *Josine de Bullecourt*, dite *Le Fèvre*. La terre de Bullecourt serait donc tombée par alliance dans la famille *de la Croix*.

Au XVI° siècle, on trouve un *Allard de Croix*, dit *Drumetz*, seigneur de *Bullecourt* Hannescamps, etc. ; il était fils de *Pierre* et de *Marie de le Candèle*, il épousa 1° *Marguerite de Vignon*, 2° *Catherine de Beauffremez*. Il eut de sa première femme *Antoine de Croix*, dit *Drumetz*, seigneur de *Bullecourt*, déclaré noble par sentence de l'élection d'Artois du 16 Janvier 1580, et mort à Milan en 1583, et *Allard de Croix* dit *Drumetz*, chevalier, seigneur de Wismes, d'Hannescamps, de *Bullecourt*, d'Angres et de Liévin, décédé à Arras en 1634, sans enfants de ses deux femmes *Marguerite le Petit* et *Marie le Merchier d'Hulluch* (*collect. Godin*) ; il figure dans les centièmes de 1569.

La famille de Beauffort eut aussi un fief à *Bullecourt*, au XV° siècle. *Jean de Beauffort*, seigneur de Saulchoy, de Marquay, et d'Hersin épousa, en 1424, *Marie de Paris*, dame de *Bullecourt ;* il en eut onze enfants parmi lesquels on trouve *Jeannet* ou *Jean de Beauffort*, seigneur de *Bullecourt*, Beaurains, Hersin etc., qui eut quinze enfants de *Jeanne le Borgne* sa femme. L'aîné de ses fils fut *Jean de Beauffort*, seigneur de *Bullecourt*, Marquay, Beaurains, mort le 24 avril 1551. Celui-ci eut aussi quinze enfants de ses deux femmes *Madeleine de Sacquespée* et *Cornélie de Kilz :* l'aîné du premier lit fut *Romain de Beauffort*, seigneur de *Bullecourt*, qui épousa en premières noces, le 3 Décembre 1549, *Antoinette de Warluzel*, et en secondes, par contrat du 14 mars 1555, *Madelaine de Schoonvliet*. Une fille issue de cette dernière union, *Marguerite de Beauffort*, fut mariée, par contrat du 29 avril 1575, à *Robert Blocquel*, écuyer, seigneur de *Lamby*. On ne sait si la seigneurie de *Bullecourt* appartint à sa femme, puisque leur fils, *François Blocquel*, et leur petit-fils, *Allard-Antoine-François de Blocquel*, ne portèrent pas le titre de seigneurs de *Bullecourt ;* mais leur arrière petit-fils, *Réné Antoine de Blocquel*, seigneur de *Wismes*, Angres, Liévin, était seigneur de *Bullecourt*. Il épousa, en 1689, *Antoinette-Gabrielle Boucquel :* leur fils, *Adrien-Antoine de Blocquel* était seigneur de Croix, de Wismes, etc. (*Collect. Godin.*)

En 1743, dans la déclaration des immeubles des successions des feus *Denis Rouget,* conseiller-secrétaire du Roi en la chancellerie près le conseil d'Artois, et de *Marie-Françoise Lentier*, son épouse, nous voyons figurer la seigneurie de *Bullecourt*.

Les vingtièmes de 1757 attestent que cette seigneurie était possédée par *Jacques-François Bultel*, doyen des conseillers du Conseil d'Artois ; il était marié à *Bonne Brigitte Rouget.* Tous deux moururent laissant un fils mineur, *Armand François-Louis Bultel*, qu'on voit comparaître dans plusieurs actes. Ainsi, le 6 mai 1778, son oncle et tuteur exige l'inventaire des papiers de l'église de *Bullecourt* (Arch. dép. *greffe du gros*). C'est lui qui possédait la seigneurie en 1780 ; il se maria en 1781 avec *Louise-Michelle-Anne Mazas de Grammont.* (*Collect. Godin.*)

Nous trouvons dans *Godefroy* une lettre de 1190, par laquelle Philippe, comte de Flandre et de Vermandois, signifie qu'*Alard de, Croisilles,* a donné en la présence du comte Thierry son père à l'église de Saint-Vindicien du Mont Saint-Eloy la troisième partie de la dîme de *Bullecourt*.

ARCHÉOLOGIE. — Depuis longtemps on trouve dans les champs et les jardins de cette localité de nombreuses médailles et monnaies des empereurs romains : Domitien, Trajan, Néron, Dioclétien, Probus, etc., etc. Les principales sont de Constantin, les unes en bronze, les autres en argent, toutes parfaitement conservées.

Le passage des Prussiens dans Bullecourt fut continuel du 28 décembre 1870 au 28 Janvier 1871. Une escarmouche eut lieu sur le territoire de cette commune ; le 9 Janvier, quarante dragons français étaient passés à onze heures du matin, se dirigeant de Croisilles, vers Marquion ; une demi-heure après, ils étaient suivis par treize lanciers prussiens. On prévint aussitôt les troupes françaises, qui étaient cantonnées à Croisilles ; une compagnie arriva bientôt, et des hommes s'embusquèrent dans les maisons et aux divers coins des rues. Les dragons en revenant de Marquion, chargèrent les Prussiens, qui échappèrent aux coups de feu qui leur furent tirés.

La dernière réquisition faite à Bullecourt, le 28 janvier, devait être conduite à Vaulx-Vraucourt, mais le départ précipité des Prussiens arrêta son envoi.

Du 3 au 10 janvier, la position des habitans fut délicate. En effet, les Français cantonnés à Croisilles, se trouvaient à quatre kilomètres, et malgré cela les Prussiens passaient continuellement. Trois fois la commune dut fournir du pain aux troupes françaises ; une compagnie du 75° venait à Bullecourt pour protéger le convoi : l'instituteur accompagnait les voitures et recevait le prix du pain. Il revenait de Croisilles, le 8 janvier, lorsqu'il fut accosté par un étranger en habit d'ouvrier. L'ayant conduit chez le Maire de Bullecourt, l'étranger ne tarda pas à être reconnu pour un espion, et le lendemain à quatre heures du soir il était fusillé à Boyelles.

CHÉRISY.

CHÉRISY. — *Cérisy, Siriacum.*

HISTOIRE. — On croit que ce village est le lieu nommé *Ostrevandiæ Sirici*, dans la bulle du pape Eugène III, de l'an 1152, qui en accorde l'autel à l'évêque d'Arras (*Locrius*).

Le P. Ignace prétend que, jusqu'au XVII° siècle, la seigneurie de *Chérisy* fut possédée par un même propriétaire. La division aurait eu lieu dans les circonstances suivantes : en 1627 *Maximilien de Sainte-Aldegonde*, baron de *Noircarmes*, qui était seigneur de *Chérisy*, et n'eut qu'un fils, nommé *Gilles*, et quatre filles ; *Gilles* serait entré dans l'ordre des jésuites. La terre aurait été alors partagée : une partie du domaine et le droit de plantis auraient été donnés à la société pour la dot de *Gilles* ; la hauteur ou clocher, avec une autre partie du domaine, et les droits honorifiques seraient restés à l'une des sœurs de *Gilles*. Mais les assertions du P. Ignace ne concordent nullement avec Le Carpentier. En effet *Maximilien, Cte de Sainte-Aldegonde*, Baron de *Noircarmes*, vicomte de Visques, maître d'hôtel des Serénissimes archiducs, membre du conseil d'Etat, gouverneur de Namur et d'Arras, n'est nulle part cité comme seigneur de *Chérisy*, et il est certain qu'il eut un fils, *François Lamoral*, qui épousa *Agnès de Davre* et en eut un fils. Du reste les registres de centièmes et de vingtièmes montrent la seigneurie toujours divisée ; l'une des seigneuries appartenait en 1569 à M. *de la Dugelle*, et en 1757 et 1780 au Cte d'*Aumale*. Mais un dénombrement du 21 mars 1670 atteste que le seigneur était alors *Pierre-Eugène-Ernest de Gavre*, Cte *de Beaurieul*, baron *de Moncheaux*, seigneur de *Warlus, Givenchy-le-Noble*, etc. (Arch. dép.)

L'autre seigneurie, était possédée en 1569 (centièmes) par la famille *d'Haplincourt, Haplaincourt*. Cette famille, qui a jeté un certain éclat, remontait au XIIe siècle : deux de ses membres avaient été tués, à Azincourt. Elle s'éteignit le 10 février 1578, par le mariage de *Sarah*, dame d'*Applaincourt, Fresnoy, Cerisy* et *Hamelaincourt*, fille unique et héritière de *Jean*, seigneur *d'Applaincourt* et de *Barbe d'Ongnies*, avec *Jean d'Estampes*, seigneur de *Valencay* (M. de *Belleval, Azincourt* et *D. Grenier*).

Au commencement du XVIIIe siècle, le marquis de *Valencay* épousa une demoiselle de *Soyecourt*, dont il eut une fille, qui mourut avant sa mère. Celle-ci vendit, quand sa fille était encore mineure, la terre de *Chérisy* à *Nicolas-François Bouquel*, secrétaire du roi près la chancellerie du Parlement de Flandre, et mayeur de la ville d'Arras. Le prix fut payé en billets de la banque de Lawe.

Nicolas-François Bouquel mourut subitement, le 18 décembre 1726, frappé d'apoplexie foudroyante dans la rue Saint-Nicolas sur les fossés, à Arras. La terre de *Chérisy* passa alors à son neveu maternel, le baron de *Wismes*. Elle était en possession des *Bloc-*

quels, *barons de Wismes* en 1757 (*vingtièmes*), en 1780 (*centièmes*), et enfin en 1782. *(Archives de la paix* et vente du 6 septembre 1782 Arch. dép et *collect. Godin*).

Une partie de la seigneurie relevait du roi, à cause de son château de Béthune.

La maladrerie, fondée au XIII° siècle, fut réunie en 1698 à l'hôpital d'Arras.

ARCHÉOLOGIE. — L'Eglise date de 1541, et est à trois nefs. Les fenêtres sont à ogives : la tour élevée en 1574 est assez étroite et surmontée d'une flèche en ardoises. Le chœur aurait été bâti en 1659, aux frais de l'abbaye de Saint-Vaast.

Il y avait autrefois à Chérisy un château sur motte; il n'était pas éloigné de l'église, et son emplacement portait le nom de cour du seigneur. Au XVIII° siècle, une maison était élevée dans l'enceinte du château, elle appartenait à la famille de Parse (*P. Ignace* et Arch. dép. *Gouver* d'Arras).

Une reconnaissance allemande, forte de vingt-cinq à trente hommes, traversa la commune de Chérisy, le 23 janvier, vers dix heures du matin.

COURCELLES-LE-COMTE

COURCELLES-LE-COMTE. — *Cortiscella, Courchelles-le-Comte,* soit parce qu'il relevait d'Aubigny-le-Comte, soit parce qu'il appartenait aux comtes d'Artois, avant la donation faite à l'abbaye d'Eaucourt. *(P. Ign.)*.

HISTOIRE. — L'autel de ce village fut accordé à l'évêque d'Arras en 1152, par le pape Eugène III. Cependant, avant la

Révolution, la cure était un prieuré à la collation de l'abbé d'Eaucourt, qui y nommait toujours un de ses chanoines.

Un de ces curés, vivant en 1640, était tellement ennemi des Français, qu'il écrivait sur ses registres mortuaires : *aujourd'hui a esté tué par les meschants, très-meschants, franchois.*

La principale seigneurie appartenait à l'abbaye d'Eaucourt. Elle résultait de différentes donations. Enguerrand, comte de St-Pol. *Comes Ternensis*, donna la part qui lui était advenue dans la succession de son père : « *quidquid Hugo pater meus possederat in villa de Corcellis comitis* » ; en 1145, Anselme de Houdain, *Ancellus de Houdain* fit don de toutes les terres que sa femme et lui avaient héritées à Courcelles-le-Comte. Nous rapportons cette curieuse donation, *Ego Theodoricus, Flandreus comes, notum facimus, etc., quod Ancellus de Hosden, et Anglina uxor ejus, quid quid jure hereditario possidebant apud villam Corcellis Comitis, et tertiam partem molendini de Baillescourt, etc, dederunt ecclesiæ Ailcurtensi, de consensu Roberti de Hosden, Inguerrani Comitis Ternensis, S-Theodorici Comitis, S-Alvini Episcopi. Atrebat, Lucæ Archid., Gilberti de Bergues, Rasonis de Gavre, Walteri Castel. St-Audomari Arnulfi Comitis de Guines, Balduini et Anselli de Baillœul, Roberti Advocat. Béthuni, Warini de Anchin, Henrici de Burbure, Roberti li brun, Baldunii Castel. Atrebat., Hugonis de Baillœul, Anselli fratris Inguerrani, Balduini Miete, et Hugonis filii ejus, Walteri de Averdoin, Elebordi de Buscoi, Balduini fratris ejus, Radulfi Colet, et aliorum Militum: Actum semel apud Atrebatum, deinde apud Ariam confirmatum. An. MCXLV.*

Thierry d'Alsace abandonna aussi à l'abbaye toute la terre arable, et toute la part de dîme et de terrage que, dans le village de *Courcelles, Simon*, châtelain d'Arras, tenait en fief de *Bauduin Mieta*, et celui-ci de Thierry ; *totum terram arabilem et quidquid decimæ et terragii in villa quæ dicitur de Corcellis Comitis, Simon Castellanus Atrebatensis de Balduis Mieta in feodum tenebat et ille de me.* (P. Ign.)

L'abbaye d'Eaucourt partageait la seigurie avec une seigneurie séculière, dite de *Courchelles-le-Comte*, et appartenant à la maison de Montigny. L'abbaye et ce fief étaient seigneurs vicomtiers par indivis sur toutes les rues, flégards etc... du terroir, et seigneurs divis, chacun pour un tenement. En conséquence chaque seigneurie avait son bailli jugeant divisément pour son tenement, et conjointement pour les rues et flégards ; cependant le fief séculier avait la moitié des amendes sur les tenements de l'abbaye d'Eaucourt, et prétendait, pour cette raison, à une supériorité vivement contestée par cette abbaye. On assurait que ce singulier partage venait de ce que, dans des temps très-anciens, le suzerain avait divisé la seigneurie entre les comtes de Saint-Pol et les seigneurs de Montigny, qui relevaient d'Aubigny, c'est-à-dire du domaine direct des comtes de Flandres et d'Artois. L'abbaye d'Eaucourt avait recueilli, par donation, la partie des comtes de Saint-Pol, et l'autre partie avait été conservée par la maison de Montigny (*P. Ign.*).

Cette famille, dite de *Montigny-en-Ostrevent de Montigniaco*, fut une des plus puissantes et des plus illustres de nos pays. Ses armes étaient de *sinople au lion d'argent armé et lampassé de gueules*. Un *Ubalde de Montigny* est, en 1058, témoin d'une charte de Henri Ier, roi de France, un *Frumold de Montigny* figure dans la charte de l'évêque Liébert en 1071.

On rapporte que l'abbaye d'Anchin fut fondée en 1077, par *Gautier* ou *Watier*, seigneur de *Montigny* et de Pesquincourt, conjointement avec Soyer, seigneur de Los et de Courcelles (*Locrius*). Le fils de ce *Watier*, *Oprime*, est qualifié de seigneur de *Montigny* dans une charte de l'abbaye de Marchiennes, à laquelle il donna quatre rasières de terre, situées au village d'Abscons-en-Ostrevent, et parait dans la donation faite en 1095 à l'abbaye d'Anchin par Anselme, Cte d'Ostrevent. Cet *Oprime* fut père d'un autre *Oprime* qui, l'an 1140, donna à l'abbaye de Saint-Aubert sa maison, située à Avesnes-le-Sec, du consentement de son fils *Robert* et de sa fille *Agnès*, femme de Michel, châtelain de Douai. Ce *Robert* donna des biens à l'abbaye d'Anchin, l'an 1195, du consentement de sa femme, *Sarah d'Enne* et de ses enfants, *Robert*, *Guillaume* et *Jean de Montigny* (*Le Carp*). On trouve, en 1179, un *Payen de Montigny*, en 1199 un *Thomas de Montigny*, en 1201 un *Sifrid de Montigny*, en 1211 un *Gérard de Montigny*, en 1292 un *Jean de Montigny*.

Godefroy cite un jugement curieux de la cour des Pairs de Thierry d'Alsace. Une contestation était survenue entre l'abbaye d'Eaucourt *(Ailcurtensen)* et un chevalier nommé Étienne, au sujet d'une maison forte ou château que celui-ci voulait construire au village de *Courcelles-le-Comte, in villa de Corcellis comitis,* pour faire reconnaître sa qualité de seigneur. Les barons de la Cour, se basant sur ce que les droits de seigneurie étaient indivis entre l'abbaye d'Eaucourt et le seigneur séculier, déclarèrent qu'on ne pouvait élever de fortification sans le consentement de l'église : *In tota potestate ejusdem villæ, nulli licebat facere munitionem aliquam absque voluntate et licentia ecclesiæ.* Cette sentence porte la date *de 1156 indiction 6°.* Il est impossible de savoir si ce seigneur était un *Montigny;* il est plus probable que c'était un vassal de cette maison.

A la fin du XIV° siècle, la maison de *Montigny-en-Ostrevent* était représentée par un *Robert*, qui eut deux fils et une fille *Isabeau*, mariée à *Thierry de Hornes,* dit le *Loëf.* L'aîné des fils, nommé aussi *Robert*, n'eut pas d'enfants et, le second *Jean*, mourut en 1404, laissant un fils et trois filles. Le fils *Robert de Montigny* servit en 1410 le duc de Bourgogne avec un chevalier-bachelier et neuf écuyers, et fut tué à Azincourt, ainsi que son grand-père *Guillaume d'Esquennes (Mr de Belleval).* L'aînée des filles, *Aléonore*, dame de *Hachicourt*, épousa *Guillaume de Châtillon-sur-Marne* : elle mourut en 1455, et fut enterrée dans l'église des Cordeliers de Rheims, à qui elle avait donné de grands biens. Son tombeau, placé devant le maître-autel, la représentait entourée de trois petits enfants, et portait le mot *plaisir* qui paraît avoir été sa devise. Elle ne laissa pas d'enfants, et les terres de *Montigny* et de *Courcelles-le-Comte* revinrent à sa sœur, Jeanne, mariée à *Guillaume*, seigneur de *Hornes* et d'*Altena*, qui mourut en 1453. Leur fils, *Jacques 1er*, Cte *de Hornes,* fut seigneur de *Montigny* et de *Courcelles-le-Comte;* il fonda les Récollets de Weert, et après la mort de sa femme se fit religieux dans cette abbaye. Son cinquième enfant, *Frédéric*, eut les seigneuries de *Montigny* et de *Courchelles-le-Conte*; il épousa, en 1466, *Philippotte de Melun*, et mourut en 1486, ne laissant qu'une fille, *Marie de Hornes*, dame de *Montigny* et de *Courchelles-le-Comte*. Elle fut mariée à *Philippe Ier de Montmorency*, seigneur de Nevèle. Leur fils *Josse* ou Joseph, marié à *Anne d'Egmont*, fut père de l'infortuné *Philippe de Montmorency*, comte de *Hornes*, décapité sur l'ordre du duc d'Albe; d'un autre fils *Floris de Montmorency* et de deux filles, *Marie* et *Éléonore*.

Floris de Montmorency porta le titre de *baron de Montigny-en-Ostrevent*, et mourut à Madrid sans enfants; ses deux filles s'étaient mariées dans la famille de *Lalaing*. Cette maison se qualifiait aussi de seigneur de *Montigny-en-Ostrevent*. En effet, au XIVe siècle, un Nicolas de Lalaing avait épousé une Marie *de Montigny-en-Ostrevent;* il eut pour fils *Othon*, grand-bailli de Hainaut en 1400.

Le fils aîné de celui-ci, *Guillaume*, grand bailli de Hainaut, en 1428, gouverneur de Hollande, mort en 1455, fut le père des célèbres seigneurs de Lalaing, de *Jacques* dit le *bon chevalier*, tué au siége de Poucques, l'an 1453, de *Philippe*, tué à la bataille de Montlhéry, en 1466, d'*Anthoine,* massacré par les Suisses, en 1476 et de *Jean*, prévôt de Liège et de Saint-Amé de Douai. Ce dernier quitta les ordres pour se marier, et fut père d'*Artus de Lalaing*, dont le fils, *Pontus de Lalaing*, seigneur de Bugnicourt, Hordaing, Noyelles-Vion, etc., chevalier de la Toison-d'Or, et gouverneur d'Arras en 1537, épousa *Éléonore de Montmorency*, une des sœurs de *Floris, baron de Montigny.*

Mais d'autre part, le fils cadet d'*Othon de Lalaing, Simon,* chevalier de la Toison-d'Or, tué en 1478, porta le titre de seigneur de *Montigny*, ainsi que son fils *Josse de Lalaing*, aussi chevalier de la Toison-d'Or, tué en 1483. Celui-ci laissa deux fils, *Charles*, chevalier de la Toison-d'Or, pour qui la seigneurie de Lalaing fut érigée en comté en 1522, et *Antoine*, qui fut seigneur *de Montigny*, et créé par Charles-Quint, premier comte d'*Hoostrate*. *Charles* eut deux fils. L'aîné nommé aussi *Charles*, deuxième *comte de Lalaing*, chevalier de la Toison-d'Or, baron d'Escornaix, gouverneur de Haynaut en 1549, mort en 1558, épousa en secondes noces *Marie de Montmorency*, l'une des sœurs de *Floris*, *baron de Montigny* et leur fils, *Philibert-Emmanuel*, grand bailli de Haynaut, l'an 1582, amiral de la mer, chevalier de la Toison-d'Or, s'intitulait *baron de Montigny*. Le second, nommé *Philippe*, fut déclaré héritier du comté d'Hoostrate, par son oncle *Anthoine*, qui n'avait pas de postérité ; il fut chevalier de la Toison-d'Or, gouverneur de Gueldre-et-Zutphen, et son fils, *Anthoine de Lalaing*, comte d'Hoostrate, de Renembourg, etc., chevalier de la Toison-d'Or, épousa *Éléonore de Montmorency*, déjà veuve de *Ponthus de Lalaing*, seigneur de Bugnicourt. Cette *Éléonore de Montmorency* avait hérité de son père et de sa sœur la seigneurie de *Courcelles* ; elle la vendit, lorsqu'elle était douairière d'Hoostrate, à *Jean Gaillard* (*P. Ign. le Carp*).

Jean Gaillard prit toujours la qualité de seigneur de *Courchelles-le Comte*, par indivis avec les religieux d'Eaucourt; il en fut de même de son fils *Pierre*, de son petit-fils *Jean*, conseiller au Conseil d'Artois et de son arrière petit-fils, *Pierre-François* avocat au même Conseil. Celui-ci soutint contre l'abbaye d'Eaucourt, en 1663 et 1664, un curieux procès. Son bisaïeul avait toujours entretenu une verrière dans l'église, et son père avait voulu la faire rétablir ; Pierre Caudron, religieux d'Eaucourt, et curé du lieu, s'y opposa, parce que *Gaillard* se qualifiait dans l'écriteau de seigneur de *Courchelles-le-Comte*, par indivis avec les religieux. En même temps l'abbaye avait assigné *Gaillard*, qui avait ébranché, en plein jour, l'arbre sous lequel les Baillis, Lieutenants, procureurs et greffiers avaient toujours tenu leurs séances, et expédié les actes de justice de la seigneurie. Il voulait montrer que lui et ses prédécesseurs avaient été de temps immémorial en possession de cet arbre, qui était le chef-lieu et le centre de la seigneurie dépendant de la Haute Justice d'Aubigny. *Gaillard* répondit par une action en complainte, dans laquelle il déniait toute suprématie seigneuriale à l'abbaye, demandait le rétablissement de la verrière et d'un carcan, qui avait été détaché de l'arbre pour être établi contre un pilori appartenant à l'abbaye : il accusait de plus les religieux de faire usage de pièces fausses et fabriquées en vue du procès. L'abbaye d'Eaucourt prétendait à la haute justice et, pour affirmer ce droit, ses officiers avaient fait conduire en prison, à Bapaume, un pauvre homme grièvement blessé et en danger de mort. C'est pourquoi le comte d'Egmont, alors seigneur engagiste de la terre d'Aubigny-le-Comte, se porta intervenant, et prouva, par les quittances de la Chambre des Comptes de Lille, que la terre de *Courchelles-le-Comte* était un ancien domaine des comtes de Flandres et d'Artois, mouvant d'Aubigny-le-Comte en justice et vicomté. Quant aux *Gaillard*, ils furent, après une procédure longue et compliquée, maintenus dans la même jouissance que leurs devanciers. En 1715 le descendant de *Pierre-François Gaillard* était encore propriétaire de la seigneurie. Mais quelques années après, un *Gaillard*, dernier du nom, vendit la seigneurie à l'abbaye d'Eaucourt. Les religieux s'étaient fait autoriser spécialement par le Roi, car les communautés ne pouvaient plus acheter d'immeubles. S'appuyant sur cette prohibition, un *Bouquel*, seigneur d'Hamelincourt, possesseur d'une terre contiguë, prétendit que la vente était nulle et intenta un procès. L'abbé d'Eaucourt produisit les lettres patentes du Roi et l'instance cessa ; l'abbaye resta en possession paisible jusqu'à la Révolution (*P. Ign.*).

La dîme de *Courcelles-le-Comte* était inféodée en partie. Au commencement du XVIIe siècle, elle appartenait à *Bouquel*, bourgeois d'Arras, et échevin ; sa fille, *Marguerite Bouquel* veuve de *Philippe-François le Carlier*, écuyer, seigneur d'Houvigneul et chevalier d'honneur du Conseil d'Artois, la laissa à leur fille unique *Marie-Françoise le Carlier*, mariée en 1723, à *Joseph le Sergeant*, seigneur d'*Hendecordel*. (*P. Ign.*)

ARCHÉOLOGIE. — L'église actuelle date du siècle dernier, et ne présente rien de remarquable. Elle est sous l'invocation de St-Sulpice, et dans la chapelle consacrée à ce saint, une pierre porte l'inscription suivante : *Cette chapelle, fondée sous l'invocation de St-Sulpice, subsistait avant 1636, quand le terrain adjacent a été cédé par Messire Isambart Le Cocq, abbé d'Eaucourt, pour y inhumer les pestiférés ou suspects de contagion, et réparée par.....* le reste manque.

Il existe aussi sur le territoire de Courcelles-le-Comte, une chapelle dite de St-Sulpice, et dédiée à la Ste-Vierge; on y vient en pèlerinage, pour demander d'être préservé des rhumatismes.

La commune fut envahie par deux mille allemands, le 23 décembre 1871. L'occupation dura jusqu'au 20 janvier ; à partir de cette époque jusqu'à l'armistice, Courcelles fut continuellement traversé par des soldats prussiens, et se vit enlever quarante-huit chevaux que les uhlans réquisitionnèrent le 7 janvier. C'est à l'extrémité du territoire, du côté d'Achiet et d'Ervillers, qu'eurent lieu les premiers engagements de la bataille de Bapaume.

CROISILLES.

CROISILLES. — *Croisilles Croisillis*, sur la Sensée.

HISTOIRE. — Ce village est très-ancien : des découvertes souvent répétées prouvent qu'il fut, sous la domination romaine, et plus particulièrement au IIIe siècle, un centre de population.

Son nom viendrait de l'établissement de quelques ermites, qui bâtirent, à la fin du VIe siècle, leurs cellules, et plantèrent leurs petites croix (*Croisilles*) dans un terrain en friche, qu'on appelle encore aujourd'hui le *Rietz des prêtres*. D'autre part on a prétendu que le village, étant partagé en quatre parties à peu près égales par deux rues qui se croisent au milieu et aboutissent à quatre chemins, de manière à former une croix régulière, a reçu pour cette raison le nom de Croisilles (*Mémoire manuscrit sur Croisilles.*)

La seigneurie de *Croisilles* relevait du Château de Bapaume. La maison de *Croisilles* est une des plus anciennes et des plus illustres du Cambrésis; elle portait de *gueules à dix lozanges d'or*, d'autres disent *d'argent*. Dès l'an 1024 *Heylon de Croisilles* était reconnu pour l'un des plus puissants seigneurs du comté d'Artois ;

il fut envoyé, avec Gérard, évêque de Cambrai, par l'Empereur Henri II, en ambassade auprès de Robert roi de France : *(Gélie, de Ligne, du Chesne, le Carpentier)*. Un *Ubald de Croisilles* figure dans une charte de Henri I en 1058. Du temps de l'évêque Liébert en 1064 florissait *Amaury*, seigneur de *Croisilles, de Fontaines, de Flesquiers, de Marquion, de Sauchy, de Lalain, de Maucourt, de Caudebronne, de Vilers, de Gouy, de Haudion, de Dudizeele, de Semeries, de Forvies, de Revel*, et d'autres riches terres en Artois, en Flandre et en Cambrésis. Les auteurs et les archives sont d'accord pour reconnaître que les célèbres maisons, *de Lalain, de Caudebronne, de Haudion, de Dadizeelle, de Vilers, de Forvies, de Sémeries, de Mancourt, de Rével, de Gouy, de Canny, d'Enne, de Héranguières*, et *de Vanderdoes*, sont toutes issues, à différentes époques, de la maison de *Croisilles*. Cet *Amaury Croisilles*, eut un grand nombre d'enfants : une charte de l'abbaye de Saint-Aubert, de 1069, mentionne *Alard, Engenulphe, Gosselin, Guy, Simon, Hughes, Watier, Raoul* et *Renault de Croisilles*.

Alard, seigneur de Croisilles donna en 1103, des terres à la même abbaye, sur le conseil de ses enfants *Alard, Jean, Amaury* et *Agnès*. Le premier d'entre eux fit de riches donations à l'église de St-Pierre à Douai, et aux abbayes de *St-Aubert, du Mont-St-Martin* et *de Honnecourt*. Toutes ces chartes, qui portent les dates des années 1161, 1164, 1165 sont très-curieuses en ce qu'elles mentionnent, comme témoins, presque tous les seigneurs des villages qui forment actuellement les cantons voisins du canton de Croisilles. *Alard de Croisilles* figure aussi dans une charte de 1156 *(Godefroy)* : il mourut en 1170. Son épitaphe existait dans l'église St-Aubert de Cambrai, elle était ainsi conçue : *Hic jacet, Miles Alardus, in bello nulli secundus, à Croisillis fuit dictus, pius, clues, opulentus, si bene fecit omnibus, quidni sibi fecit prius? Viator ora.* M. C. L. X. X. (*Le Carpentier*). *Jean* et *Amaury de Croisilles* figurent, en 1129, comme témoins de l'acte par lequel Hughes, chatelain de Cambrai fait donation à l'abbaye de St-Eloi, de la justice de ce village. Vers la même époque un *Gilles de Croisilles* prend part à la Croisade. Les chartes des abbayes de Premy, St-Aubert et Vaucelles font mention d'un *Alard de Croisilles* en

1184, 1206, 1207, 1211, 1213, d'un *Renaud*, d'un *Eustache*, d'un *Maurice*, d'un *Jean* en 1220, d'un autre *Alard* en 1258, qui donna deux cents livres à l'abbaye de Premy pour acheter un quart de la dîme de Marcoin. Des chartes citées par Godefroy montrent aussi un *Alard de Croisilles* en 1184 et 1190. En 1214, il combattit à Bouvines, ainsi que le prouve le ban de la noblesse d'Artois, où il est qualifié de vavasseur. Le même Godefroy parle d'un *Jean de Croisilles*, qui vivait en 1239. Ce fut lui qui donna, en 1245, des biens à l'abbaye de Vaucelles. Une *Agnès*, dame de *Croisilles*, est citée comme ayant fait une donation semblable, l'an 1234. Un *Watier de Croisilles* donna, en 1246, des biens à son cousin *Guy de Croisilles*, abbé d'Eaucourt, du consentement de ses frères, *Jean,* seigneur de *Croisilles, Guillaume, Gérard, Alard* et *Maurin* ou *Maurice (le Carpentier)*. Enfin l'an 1285 une charte mentionne le *sire de Croisilles* homme du comte d'Artois (*Godefroy*).

La maison de Croisilles s'éteignit, dans la seconde moitié du XIII° siècle. L'héritière des *Croisilles, Isabeau, dame de Croisilles* épousa un sieur *d'Escaiencourt,* et de ce mariage naquit une fille *Ide d'Escaiencourt*. Elle fut mariée à *Gilles de Beaumetz*, châtelain de Bapaume, maréchal du Cambrésis. Le Carpentier prétend qu'*Isabeau de Croisilles* s'était aussi mariée, en premières ou en secondes noces, à *Robert de Beaumès*, père de *Gilles*. Quoiqu'il en soit, la terre de *Croisilles* passa alors dans la maison de *Beaumés (lès-Cambrai*). C'était une famille célèbre, qui était en possession des charges de maréchal de Cambrésis, depuis l'an 1040, et de châtelain de Bapaume depuis le XII° siècle (*Le Carp.*) *Gilles de Beaumès*, qui se qualifiait de seigneur de *Croisilles*, n'eut qu'une fille, *Roberte, dame de Beaumès, de Croisilles*, châtelaine de Bapaume, Maréchale du Cambrésis. Elle épousa, en premières noces, *Louis de Marigny*, fils d'Enguerrand de Marigny, Chambellan de Philippe le Bel et Surintendant des Finances. De ce mariage naquit une fille, *Ide de Marigny*, femme de *Jean de Melun*, Cte de Tancarville, et morte sans enfants. En deuxièmes noces, *Roberte de Beaumès* fut mariée à *Guy de Maucoisin, seigneur de Rosny* et de Sore en Ponthieu. De ce second mariage ne sortirent que des filles :

l'une d'elles, *Laure de Rosny*, succéda, par suite du décès de ses sœurs, mortes, sans postérité, à la châtellenie de Bapaume, à la Maréchaussée du Cambrésis et aux seigneuries de Beaumès, de *Croisilles*, de *Boubers*. Elle se maria à *Robert de Beaussart*, seigneur de Sauchy, Connétable héréditaire de Flandres. Cette union ne donna aussi que des filles, dont l'aînée *Béatrix de Beaussart*, dame de *Croisilles*, *de Beaumès*, de Saulty, de Boubers, etc., Châtelaine de Bapaume, Mareschale du Cambrésis, Connétable de Flandres, épousa *Hughes de Melun*, vicomte *de Gand*, *seigneur d'Authoing*, *d'Espinoy*. Une de leurs filles, *Philippes de Melun*, par son mariage avec *Jacques seigneur de Montmorency*, d'Ecouen, de Conflans, de Damville, conseiller et chambellan du roi Charles VI, et premier baron de France, porta les seigneuries *de Croisilles* etc., dans la maison *de Montmorency*. Le second de ses quatre fils, *Philippe*, qui fut conseiller et chambellan de Philippe le Bon, reçut en apanage les seigneuries *de Croisilles, Courrières, Wancourt* et donna origine aux branches des *Montmorency-Croisilles*, des *Montmorency-Neuville-Witasse* et des *Montmorency-Bours*.

Philippe mourut le 21 février 1474, après avoir épousé successivement *Marguerite de Bours*, *Gertrude de Rinenswalde* et *Antoinette d'Inchy*, fille de *Baugeois*, seigneur *d'Inchy*, chatelain de Douai et d'Agnès, dame de Wailly et de *Pas*. L'un de ses fils, *Marc*, hérita, entre autres terres, de celle de *Croisilles*; il mourut en 1499. Un de ses frères, *Hughes*, fut la tige des seigneurs de *Montmorency-Bours*. *Antoine*, fils de *Marc de Montmorency*, fut seigneur de *Croisilles, Wancourt, St-Léger, Guémappe, Vraucourt*, il mourut en 1529. *Bauduin* son fils, mort en 1567, eut la terre de *Croisilles* qui portait alors le titre de baronnie.

La seigneurie passa ensuite à son fils *Georges de Montmorency*, baron de *Croisilles*, maître d'hôtel de l'archiduc Albert, grand Bailli de Bruges et grand veneur et forestier du comté de Flandres, qui décéda en 1615 : c'est lui qui figure dans les vingtièmes de 1569. Son frère, Charles, fonda la maison de *Montmorency-Neuville*.

Sa fille unique *Jeanne de Montmorency*, baronne de *Croisilles* et de Chaumont, dame de Glajon, Signy-le-Petit, *Saint-Léger, Waencourt, Vraucourt, Guémappe,* Houplines, Coquelare, Molimont, Nieucapelle, Quaremont et Saint-Pierre-Baas, épousa *Philippe de Mérode,* comte de Middelbourg, vicomte d'Yprès, baron de Frentz, de Chastelniau, seigneur de Watenc, de Lambussard, et de Linselles, grand bailli des ville et païs de Bruges et du Franc, Grand-Veneur et Forestier de Flandres. L'une de leurs filles *Marguerite,* fut mariée à *Philippe Lamoral Vilain de Gand,* comte *d'Isenghien.* La terre de *Croisilles* resta dans la famille de *Gand Isenghien.*

En 1757 (*vingtièmes*) la terre de *Croisilles,* et les seigneuries en dépendant, étaient la propriété du *Prince d'Isenghien,* maréchal de France et gouverneur d'Artois.

La terre de Croisilles fut portée dans la maison de *Brancas de Lauraguais* par le mariage de Louis-Léon-Félicité de Brancas, comte de Lauraguais, avec *Elisabeth-Pauline de Gand, de Mérode, de Montmorency,* princesse de *Marmines et d'Isenghien, des comtés de Middelbourg et d'Oignies, des vicomtés d'Ypres et de Wahagnies, des baronies de Warneton et de Croisilles* : c'est ainsi que cette dame s'intitule dans le procès-verbal de bénédiction d'une cloche le 25 mai 1771 (Mém. man.). Elle figure aussi dans les centièmes de 1780.

En 1790 la seigneurie appartenait à la malheureuse comtesse de Lauraguais, qui fut condamnée par le tribunal révolutionnaire, sur la dénonciation de son filleul et de son fermier, et exécutée à Arras.

Outre la seigneurie, il paraît y avoir eu à Croisilles quelques fiefs particuliers. Le chapitre d'Arras en posséda certainement un : ainsi en 1256 la justice séculière du lieu fut obligée de restituer le gage ou paiement qu'elle avait reçu sur les tènements du Chapitre d'Arras. Un *Lucas de Croisilles,* écuyer, était à Azincourt, et servait dans la compagnie de Guillaume de Bolenain (*Clairembault,* M. *de Belleval*) ; mais il est probable qu'il était seulement natif de Croisilles. Un *Hughes de Floury,* en 1460, se qualifiait de seigneur de *Croisilles* et de *Beaumes* (*Le Carpentier*). A une époque plus récente, le fief du terrage de

Croisilles appartenait à la famille *Quarré du Repaire* (*Gouvern. d'Arras*, Arch. dép.).

La dîme de Croisilles donna lieu à bien des contestations : cependant dès 1510, le seigneur et les habitants payaient au Chapitre d'Arras la dîme des arbres et bois verts, que l'on abattait sur tout le territoire. Mais un long procès eut lieu entre le curé et le Chapitre d'Arras au sujet de la dîme qui leur était commune, et touchant la réparation du chœur, à laquelle ils étaient tenus. En 1541, on se décida à faire un concordat, et l'on s'entendit sur la dîme et la réfection du chœur, qui dut se faire à l'avenir à frais commun au prorata de la dîme partagée (P. Ign.). Le château de Croisilles était redevable au Chapitre de douze chapons. (Arch. dép. *chap. d'Arras*.)

Les seigneurs avaient fondé à Croisilles, au XIII° siècle, une maladrerie, qui fut réunie à l'hôpital d'Arras en 1698. Mais des lettres-patentes de juin 1724, enregistrées au Conseil d'Artois le 8 janvier 1725, établirent à Croisilles un hôpital pour les pauvres malades, et le 7 août 1728 un arrêt du Conseil d'Etat et des lettres-patentes prononcèrent la désunion des biens de la maladrerie de Croisilles de l'hôpital S¹-Jean d'Arras et leur réunion à l'hôpital de Croisilles (*Cons. d'Art.*, arch. dép.)

Au XVII° siècle, un curé de Croisilles, Philippe Boucher fut un véritable bienfaiteur pour le pays. Il était natif de Croisilles, et il administra la cure pendant quarante-et-un ans. Sa vie et sa fortune furent employées au soulagement des malheureux, et il fit en mourant de très nombreuses donations : il fonda notamment trois bourses destinées à l'éducation de pauvres étudiants originaires de Croisilles, et légua aux pauvres des terres dont ils jouissent encore aujourd'hui. Il mourut le 16 février 1646, âgé de quatre-vingt-quatre ans, et fut enterré dans le sanctuaire de l'église. On lit sur son tombeau *Hic Jacet Philippus Boucher pastor et beneficus*. Son testament donna lieu à un long procès (*procès d'Artois, in-4, arch. dép.*).

ARCHÉOLOGIE. — EGLISE : le Clocher date de 1687, c'est une tour carrée appuyée par de lourds contreforts, les ouies sont à ogives. L'église est d'une régularité parfaite, à trois nefs, d'ordre ionien. Le maître-autel, en bois de chêne, date du siècle dernier ; il est un peu massif, mais remarquable par les sculptures qui représentent des feuilles de chêne et d'acanthe, des branches de vigne, et des épis de blé. Le tabernacle ressemble à l'autel, et contient un reposoir tournant à trois faces ; quatre colonnettes corinthiennes supportent une corniche, qui elle-même soutient un petit dôme.

LE CHATEAU, situé près de l'église, était autrefois une forteresse de premier ordre ; il tombait en ruines, lorsque le prince d'Isenghien en fit bâtir un magnifique, qui fut démoli à la Révolution.

On a rencontré sur le territoire de Croisilles des fondations de murailles construites en ciment romain, et aussi de grandes tuiles romaines. Des médailles en argent également romaines ont été trouvées en plusieurs endroits ; quelques-unes portaient l'effigie de Romulus et Rémus allaités par une louve, d'autres de Constantin et de sa femme, d'autres de Maximin ; beaucoup de ces médailles font partie de la collection de M. Dancoisne.

On a aussi rencontré à Croisilles en 1827 des ossements fossiles de grandes dimensions.

En 1870 les premiers éclaireurs prussiens furent aperçus à l'entrée du village du côté de St-Leger le 26 décembre, à deux heures de l'après-midi. Il y en eut ensuite qui, à deux reprises, traversèrent la commune. On s'attendait tellement peu à les voir ce jour là, que le général Paulze d'Ivoy, était arrivé la veille au soir avec son état-major, et un détachement de dragons, il n'en partit qu'à dix heures du matin, croyant pouvoir encore en toute sécurité, se rendre à Péronne, où se trouvait son fils, garde mobile. Le lendemain 27 décembre, à midi, un détachement d'infanterie d'environ cent cinquante hommes revint, précédé d'une vingtaine de hussards. On les revit de nouveau le 30 décembre, à peu près en même nombre, et une troisième fois, le 26 janvier 1871, sous la conduite d'un colonel, ayant avec lui deux mille fantassins, cinq cents cavaliers et une batterie d'artillerie. C'est ce jour là que la contribution de guerre de cent mille francs, fut imposée aux communes du canton. Nous reproduisons ici l'ordre que le général Strulberg fit afficher dans les communes à l'aide d'exprès que les maires durent lui fournir.

Ordre.

« Par le présent, le canton de Croisilles reçoit l'ordre de payer dans les 24 heures, une contribution de guerre de cent mille francs.

« En cas de refus, cinq notables du canton seront emmenés prisonniers, internés, ou envoyés en Allemagne, aussi longtemps qu'on aura effectué le paiement de la contribution.

« La contribution doit être payée, non seulement par le chef-lieu, mais encore par toutes les autres communes du canton.

« La répartition sur les autres communes devra être faite par les autorités françaises.

» *Par ordre du général commandant la 15me Division d'infanterie prussienne.*

« Le général commandant la 38me brigade,

» De Strulberg. »

Cet officier eut la précaution de se mettre à l'abri contre un retour offensif de nos troupes, en emmenant prisonniers cinq habitants de ce canton.

A la réunion des maires, qui eut lieu le 27 janvier à Croisilles, il fut décidé, qu'à cause des ôtages enlevés, on ne pouvait se soustraire au paiement de la contribution imposée, mais qu'on se présenterait d'abord avec la moitié de la somme. Comme on avait beaucoup de peine à réunir l'argent, M. le Maire du chef-lieu de canton fit une démarche auprès de M. Lenglet, alors Préfet du Pas-de-Calais, pour le prier d'intervenir auprès du général Von Gœben, à Amiens, afin d'obtenir la réduction de la contribution de guerre, ce dont M. Lenglet voulut bien se charger. Sur ses instances, elle fut réduite à trente-cinq mille francs qui furent payés quelques jours plus tard.

Une quatrième réquisition, moins importante eut lieu le 28 janvier.

DOUCHY-LES-AYETTES.

DOUCHY-LES-AYETTES. — *Dulciacum, Douchis, Dulci, Dolchi, Dulcetum, Doucy, Douchi*, sur la source d'une branche du Cojeul.

HISTOIRE. D'après *le Carpentier*, il aurait autrefois existé dans ce lieu *un grand nombre de maisons fortes*, c'est ce qui explique pourquoi beaucoup de familles très différentes se sont intitulées seigneurs de Douchy. Mais ce village a donné spécialement son nom à une famille qui paraît avoir été assez puissante et avoir eu de très-nombreuses alliances. Ses armes étaient, *burellé de 10 pièces d'argent, et d'azur à 2 bars d'or sur le tout*.

Un *Godefroid de Dulci* figure parmi les témoins de la donation faite en 1095 à l'abbaye d'Anchin par Anselme de Ribémont, chatelain de Valenciennes. Une charte de l'abbaye de St-Aubert de 1135, mentionne un *Thierry de Doucy*. On trouve un *Watier de Doucy (Dulcetus)*, chevalier, l'an 1160 et dans les années 1201, 1210, 1211, 1212, 1213 un *Thierry de Doucy* qui fit partie d'une croisade. Plus tard un *Thierry de Douchi*, chevalier et *sire de Gorgeçon*, apparaît dans une charte du mois de février 1260, et à peu près à la même époque un *Théodore de Doucy*, un *Renier de Doucy*, un *Gilles Espinars de Dolchi* et un *Jean Barras de Doucy*. Les filles sont mariées dans les plus anciennes maisons (*le Carpentier*). L'acte de partage de la haute justice du comté de Bucquoy, fait en janvier 1272, indique parmi les fiefs et arrière fiefs sur lesquels le C^to d'Artois aura la haute justice, ceux de *Pierron de Douchi*, de *Jean de Douchi* et de la femme de *Jean Cotterel*, tous tenus des seigneurs de Gommencourt, et parmi les arrière-fiefs mouvants de Jean don Castel, *Jean de Douchi (Godefroy)*. Cette terre serait tombée dans la famille de *Bondues*, d'après *le Carpentier*. Il est difficile de vérifier cette assertion : tout ce que l'on sait c'est qu'un *Thierry* ou *Théodore de Thians*, bailli du Hainaut en 1246, épousa une *Catherine de Doucy*, et que plus tard, vers 1450, une *Jeanne Grébert*, dame de Baillon et de *Gourgecon*, qui était un fief propre aux *Doucy*, fut mariée à un *Jacques de Thians*. C'est probablement par ces alliances que, dès le XVI° siècle, la seigneurie de *Douchy* appartint aux *Grébert*.

Cette famille *Grébert* ou *Groberty* remonte au XI° siècle, et était issue de la maison de *Haucourt*, qui elle-même tirait son origine des sires de *Wallincourt*. Leur filiation, que l'on suit exactement, prouve que l'un d'eux était *Jean Grébert*, lieutenant-gouverneur d'Oisy, en 1324, et que son fils, nommé aussi *Jean*, fut échevin de Valenciennes en 1355. Etablis dans cette dernière ville, depuis cette époque, les *Grébert* furent, de père en fils, à dater de 1425, prévôts de Valenciennes.

Au XVI° siècle, *Aimery Grébert*, prévôt de Valenciennes, épousa *Aléonor*, fille du seigneur de *Doucy*, on ne sait de quelle maison. Leur fils, *Aimery Grébert*, marié à *Anne Blondel*, fut aussi seigneur de *Doucy* (*le Carpentier*; *Arch. dép. registre de l'élection d'Art 1612 à 1639*). Enfin *Louis Grébert*, fils des précédents, seigneur *de Doucy*, obtint, le 25 avril 1615, de nouvelles lettres de chevalerie, d'Albert, archiduc d'Autriche. Ce titre très-intéressant (*collection* Godin) retrace les services rendus à la maison d'Espagne et à la religion catholique par le grand-père et le père de *Louis Grébert*. Dans les luttes religieuses du XVI° siècle, ils avaient sacrifié la plus grande partie de leur fortune, et leur vie avait été plusieurs fois menacée. Il est assez curieux qu'un proche parent de ce même *Louis Grebert, Claude*, embrassa au contraire avec ardeur la religion réformée, et fut obligé de s'enfuir en Hollande (*le Carpentier*). *Louis Grébert*, seigneur de *Douchy*, fut nommé, en 1625, chevalier d'honneur et d'épée du conseil d'Artois, et mourut en 1687 ; il parait n'avoir pas eu de postérité. (*Collect.* de M. God. *P. Ignace.*)

Il existait encore à Douchy d'autres seigneuries laiques. Les centièmes de 1569 mentionnent un *Pierre de Lannoy*, un *Michel Cotterel,* chevalier seigneur de *Flers* et un *Pierre Courcol*. Ce *Pierre de Lannoy* appartenait à l'illustre maison des comtes de Lannoy : en effet, une branche issue de *Jean de Lannoy,* S^r de *la Motterie,* cinquième fils de *Guibert de Lannoy,* seigneur de *Santes* et de *Beaumont,* fut plusieurs fois alliée à la famille *Cotterel,* ancienne famille de l'Artois et du Cambrésis, qui dès 1272, possédait un fief à Douchy. Dans le XVI° siècle, on trouve qu'un *Martin de Lannoy,* S^r du *Hautpont,* épousa une *Jacqueline Cotterel* et un *Nicolas de Lannoy* S^r de *Lesdaing, Michelle Cotterel,* fille d'*Arnould,* seigneur d'*Espléchin*. (*Le Carpentier.*)

L'un des fiefs de Douchy passa à la famille de *Lestocquoy,* par le mariage *Jean de Franeau,* écuyer, seigneur de *Lestocquoy,* avec *Isabelle de la Diennée,* dame de *Douchy.* Leur fille, *Catherine de Franeau,* fut mariée, le 25 novembre 1659, avec *Jean de Constant,* seigneur de *Grandmaison,* capitaine au régiment de Mondejeu (arch. dép.)

Vers 1713, un S^r de *Lestocquoy,* qui était alors propriétaire de ce fief, vint demeurer à *Douchy.* Quelques années après il vendit sa seigneurie à M. de *Lattre,* seigneur d'*Ayette,* et se retira à Saint-Pol, où il mourut en 1730. Il s'était fait novice capucin au couvent de la rue Saint-Jacques à Paris, mais n'avait pu persévérer dans la vie religieuse. La terre resta dès lors dans la maison de *Lattre d'Ayette.* Ainsi nous trouvons entre autres pièces, en 1764 le 17 novembre, un acte par lequel *Charles Antoine de Lattre,* chevalier, comte d'*Ayette* et *de Neuville,* reconnait que les fiefs qu'il possède sur *Douchy* ne lui attribuent pas le droit de se qualifier seigneur de *Douchy,* et que le chapitre d'Arras peut seul prendre cette qualité, puis en 1773, un bail de terre, consenti par le même, au profit du Sr *Charles-Philippe le Bon, jeune homme à marier (*arch. dép. *greffe du gros.*)

La principale seigneurie appartenait donc au chapitre d'Arras, qui y avait sa justice et ses officiers exerçant sa juridiction sur les tènements, de sa mouvance, et dont les sentences allaient par appel à la prévôté du chapitre et au conseil d'Artois.

En 1433, *Pierre Delhaye* et *Villemette de Habarc*, sa femme, vendirent au chapitre un fief situé sur *Douchi*, et relevant de Gommecourt (arch. dép. *chap. d'Arr.*). Ce fief est l'un de ceux mentionnés dans le partage de justice de 1272.

La seigneurie demeura au chapitre jusqu'à la Révolution; le reste du village était de la gouvernance d'Arras.

La dîme appartenait au chapitre d'Arras. Elle fut l'objet, en 1170, d'un accord entre le chapitre d'Arras et l'abbaye d'Arrouaise. Mais il parait qu'une partie appartenait à des laïques, car une lettre de *Pontius*, évêque d'Arras, du mois de juillet 1224, approuve la vente faite au chapitre de cette ville par *Jean Héraus de Doucy* de la dîme de ce lieu (arch. dép. — *Chap. d'Arr.*). — Un manoir sur Douchy devait six chapons (arch. dép. — *Chap. d'Arr.*)

Lors du siége d'Arras en 1477, les troupes françaises dévastèrent le village, à un tel point qu'en 1480, le chapitre accorda une modération de la moitié des rentes dues par les vassaux de la cathédrale sur *Douchy* (*P. Ignace*).

Un autre fief, *la Brayelle*, existant sur Douchy, prétendit toujours des droits honorifiques à l'encontre du chapitre d'Arras. Le fief était mouvant de la terre, comté et chatellenie de *Bucquoy*. Il fut vendu, le 15 janvier 1749, au chapitre d'Arras par *Charles Prud'homme d'Ailly*, seigneur de Foncquevillers, Hannescamps, et dame *Agnès-Constance-Alexandrine Gosson*. Le 13 juillet 1772, ce chapitre paya, à cause de cette seigneurie de *la Brayelle*, une indemnité au seigneur de *Bucquoy* (Arch. dép. *Chap. d'Arras*).

L'abbé Proyart, littérateur distingué, naquit à Douchy en 1743, il mourut à Arras le 23 mars 1808.

Les Prussiens, au nombre de trois mille hommes, 29e et 70e de ligne, lanciers, hussards et artillerie, arrivèrent dans cette commune, le 26 décembre, et y séjournèrent jusqu'au 31. Ensuite on ne revit que quelques patrouilles d'éclaireurs.

ECOUST-St-MEIN.

ECOUST-St-MEIN. — *Abæsculeto, Escoult, Escoust-St-Mein, Escoust-Longastre.*

Histoire. — Ce village, d'après M. Harbaville, daterait du VII° siècle ; la dédicace à St-Mein (*Mevenius*) qui vivait à cette époque, en serait la preuve.

La seigneurie relevait du chateau d'Houdain.

Il est incontestable qu'il exista une famille d'*Escout*. *Gélie* et *le Carpentier* la font sortir, ainsi que beaucoup de maisons artésiennes et picardes, de la maison de *Séchelles* ; la communauté d'origine de ces familles était attestée par leurs armoiries, qui étaient toutes *frettées*, et par leur cri qui était *Séchelles*. Une charte de l'abbaye de St-Aubert, de l'an 1165, paraîtrait justifier cette opinion ; elle constate en effet qu'un *Hugues de Séchelles*, seigneur de Sombrin, d'*Ecoud*, et de Villencourt *(Billincort)*, cède à cette abbaye les droits qu'il avait sur la dîme de Quéant en Artois *(Le Carpentier.)* Les documents manquent sur cette famille d'Escoust. Du reste, comme l'a très-bien fait remarquer le P. Ignace, il est fort difficile de savoir si les textes anciens qui portent le nom d'*Escout, Ecout, Ecoud*, etc, ont rapport à ce village et à la maison d'*Ecoust-St-Mein*, ou bien au village et à la maison d'*Ecourt-St-Quentin*, car, dans les premiers temps, ce dernier lieu est presque toujours appelé *Escoult*.

Dès la seconde moitié du XI°, la seigneurie d'*Escout-St-Mein* est dans la famille de Vaulx. *Roger*, seigneur de *Vaulx* et *Escoux-St-Main*, maria sa fille, *Wildebrande*, à *Barthélemi de Gomiecourt*, ainsi que cela résulte d'une révocation que ce *Barthélémi* et sa femme firent en l'an 1212, *des droits qu'ils pourraient querreller en la terre de Vaulx*.

Un sire *Jahèmes* était seigneur d'*Escoult* en décembre 1266, comme l'indique une curieuse charte reproduite par *Godefroy*. Par cet acte, *Gilles de Nœville*, chevalier, confirme la vente faite par messire *Jakèmes*, chevalier sire *d'Escout*, son homme, à madame *Gilles*, dame de *Barale*, de vingt-cinq mencaudées de terre, mesure de Bapaume, avec toute justice et droits qu'il pouvait y avoir; savoir : quatre au *camp des Braies*, huit au *camp au Bos*, dix au *camp au Moulin*, entre *Escout* et *Longastre* et le reste en la Couture qui tient au chemin de Bulecourt. S'il se commet un forfait sur ces terres, *Jakèmes* sera obligé de prêter ses hommes pour le juger. *Gilles* s'oblige en outre de contraindre ledit *Jakes* à l'exécution de ces lettres, et reconnaît avoir reçu le déshéritement dudit Jakes et en avoir adhérité ladite dame en présence de ses hommes, suivant la loi du pays. *Gilles* ôte cette terre de son fief et la met à *main ferme*; s'y réservant six deniers parisis de cens annuel, à toujours, le jour de St-Remi, et, à chaque fois, qu'elle sera donnée ou vendue, l'on paiera six deniers d'entrée et autant d'issue.

Au XVe siècle, la terre d'Ecoust-St-Mein est dans la famille des Sacquespée. Il existait plusieurs maisons de ce nom : la plus connue est celle dont faisait partie *Jacques Sacquespée*, mayeur d'Arras, en 1414; elle portait des armes parlantes, qui *étaient de gueules à une épée à demi saquée (tirée) de sable, empoignée et croisetée d'or*; mais on trouve aussi, et très-souvent un *aigle sacquant (tirant) une épée*. *Le Carpentier* cite encore une autre famille Sacquespée, qui portait de *sinople à l'aigle d'or membré de gueules*. Ces différences dans les armoiries, ainsi que dans l'orthographe du nom, permettent de douter que ces maisons fussent des branches de la même famille.

Les *Sacquespée*, qui possédaient la seigneurie *d'Ecoust-St-Mein*, portaient *d'argent à treize lozanges ou damiers de gueules, quatre, cinq, quatre*, ainsi que le dit le P. Ignace, qui avait vu leurs armes dans l'église d'Ecoust. Le premier qui est qualifié seigneur *d'Ecout*, est *Jean-Jacques Sacquespée*, qui épousa *Antoinette de Haveskerque*, dame *de Dixmude*, de Waton, de Jumelles, etc., de la grande famille des Haveskerque; elle lui apporta la seigneurie de Dixmude (*Le Carpent.* et Collect. *Godin.*) Son fils *Anthoine de Sacquespée*, seigneur d'*Ecout*, récréauta sa bourgeoisie en 1494, et mourut sans enfants de sa femme *Françoise de Basserode*. C'est peut-être à cette époque que la terre aurait été possédée par un *Rubempré*, allié à une *Sacquespée*, et dont le P. Ign. a vu le tombeau existant dans l'église.

Quoiqu'il en soit, un proche parent d'*Anthoine de Sacquespée*, *Robert*, fut seigneur d'Ecoust et il épousa en 1500 *Agnès de Carnin*, dont il eut, entre autres enfants, *Jeanne de Sacquespée*, dame d'*Ecoust*, mariée à *Raoul de St-Quentin*. Les titres de comte de *Dixmude* et de baron d'*Haveskerque* étaient passés, par alliance, dans la famille Sacquespée (*Le Carp*.). Ainsi, un *Anthoine de Sacquespée*, marié à une *Jacqueline de Récourt*, de la maison de *Lens*, s'intitulait seigneur de *Dixmude*, de même qu'une *Antoinette de Saquespée*, qui épousa, en 1590, un *d'Assignies*.

En 1569, les vingtièmes mentionnent, pour seigneur d'Ecoust, un *Mr de Dixmude :* ce devait être un membre de la maison de *Sacquespée*. Le P. Ign. est donc en désaccord avec les vingtièmes, lorsqu'il dit qu'au XVIe siècle la seigneurie d'Ecoust appartenait à *Marie de Lens*, comtesse douairière de *Lens*, ainsi que le constaterait un dénombrement.

La terre d'*Ecoust*, par le mariage de Jeanne *de Sacquespée*, dame d'*Escout* avec *Raoul de St-Quentin*, était passée dans cette dernière famille. Une *Jeanne de St-Quentin*, fille d'un *Philippe*, épousa le célèbre *Gaspard de Robles*, qui était venu en Flandre avec l'archiduc Léopold. Ce *Gaspard de Robles* devint, au moyen d'un retrait, propriétaire de la seigneurie d'*Ecoust*, qui fut transmise ensuite à son fils *Gaspard de Robles*, gouverneur de Frise, ainsi qu'à son petit-fils *Jean de Robles*, comte d'Anappes, Baron de Billy etc... Colonel des Allemands, gouverneur de Courtray, et, en 1593, gouverneur des villes et Pays de Lille, Douay et Orchies ; (*Le Carp*.) Un de ses descendants habita la terre d'*Ecoust*, pour échapper à la confiscation qui eut lieu pendant la guerre de 1667 (*P. Ign.*)

Un *Alexandre de Robles*, d'après le *P. Ignace*, n'eut qu'un fils, mort en 1720, et une fille appelée *Antoinette*, qui fut mariée, en premières noces au marquis d'*Hust*, Gouverneur de Namur, et, en secondes noces, au *Comte de Lannoy* de la *Motterie*. Cette fille mourut sans enfants de ses deux maris, le dimanche de quasimodo 1730. Par sa mort, la terre d'*Ecoust* fut partagée en deux : une moitié fut donnée au Marquis d'*Hust* à titre de quint pour sa femme.

Ces renseignements ne concordent pas avec les vingtièmes de 1757, qui portent que la seigneurie est partagée entre *le Cte de Bournonville* et *la Ctesse d'Hust*. D'autres titres confirment ce fait. Ainsi, un arrêt du Conseil d'Artois du 20 février 1745, maintient le *Cte de Bournonville* et la dame son épouse, en possession de la terre et seigneurie d'*Ecoust-St-Mein*. D'autre part, un dénombrement, du 20 mars 1767, est fourni « par *Ferdinand-Phi-* « *lippe-Bernard de Bryas-Royon*, chevalier de l'ordre royal et « militaire de St-Louis, en qualité de père et tuteur légitime de « *Charles-Eugène-Bernard de Bryas-Royon*, qu'il a retenu de sa « conjonction avec feue dame *Marie-Françoise-Caroline-Robertine* « *d'Esclaibes*, fille de messire *Charles-Antoine-Alexandre*, « *Cte d'Hust*, héritier immobilier et féodal de *dom Joseph-Antoine* « *de Medina-Caranza de Basta Robles Gusman, Cte d'Hust* et du « St-Empire, pour un fief nommé *Jean Sac Epée*. » Les Robles auraient donc été C[tes] d'Hust, et le fief aurait passé par alliance aux d'Esclaibes puis aux de Bryas. D'ailleurs les généalogies disent toutes que *Marie Marguerite de Bernard-Calonne*, dame d'Esquelme, de Bailleul, épousa *Antoine-Alexandre d'Esclaibes*, *Cte d'Hust*, que leur fille *Marie-Caroline d'Esclaibes*, *Ctesse d'Hust*, d'Esquelmes, de Bailleul, etc..... fut mariée, en 1750, à *Ferdinand*, marquis *de Bryas-Royon*, et que de ce mariage naquit, en 1751, *Charles-Bernard-Eugène de Bryas-Royon*. La *Ctesse d'Hust* de 1757, est donc *Marie-Françoise-Caroline d'Esclaibes*. En 1780, le seigneur d'Ecoust était son fils, le marquis de *Bryas-Royon* (*centièmes*).

La dime appartenait au chapitre d'Arras et au seigneur, à qui le chapitre avait vendu sa portion moyennant une rente.

ARCHÉOLOGIE. — L'ÉGLISE d'Ecoust-St-Mein est une des plus remarquables du département, elle fut construite en 1545 : ainsi que le constate, dit le P. Ign., un accord fait en cette année par le chapitre d'Arras avec les habitants d'Ecoust Cette convention portait que le chapitre consentait à la reconstruction, à la condition qu'il ne serait chargé à l'avenir que du tiers de l'entretien et de la réparation du chœur. Le P. Ign. fait remarquer cependant que le style de l'église paraît antérieur à l'époque du contrat. L'église appartient en effet, aux derniers temps de l'art ogival, dont elle est un des plus gracieux spécimens. L'ogive y est à peine marquée, tant la pointe en est adoucie. Les chapiteaux ont disparu, et les moulures courent de la base au haut de l'ogive. On remarque d'ailleurs une grande abondance de crosses végétales, d'animaux fantastiques, toute une ornementation exubérante qui indique l'époque de François Ier. Au portail il y a double entrée et grand luxe de sculptures. Entre les fenêtres sont des contreforts avec niches, pignons, clochetons richement profilés et ornés ; la tour a des encorbellements et des gargouilles d'un grand style ; l'ensemble est plein d'harmonie et se présente d'une manière charmante. A l'intérieur, à part les mutilations et mauvaises réparations faites il y a un demi-siècle, on remarque la même harmonie dans les proportions des trois nefs et du chœur, et le même fini dans les détails de l'architecture. Il y avait, avant la révolution, beaucoup de vitraux peints : il ne reste que peu de chose des statues, également nombreuses, qui décoraient cette église en l'animant. En somme, l'église d'Ecoust est une des belles églises de l'ancien Artois et c'est justice, de la signaler d'une façon toute particulière à l'attention des amis de l'art chrétien. Une notice en a été publiée, avec planches, dans le vingt-deuxième volume des Mémoires de l'Académie d'Arras.

Elle était autrefois le lieu d'un pèlerinage où l'on venait demander à St-Mein d'être préservé des maux de main et de tête.

Le 26 juillet 1623, la foudre tomba dans l'église sur la chapelle de St-Mein, elle fracassa quelques images de pierre, et brûla la nappe d'autel : Jean Théri, écuyer et lieutenant de la baronnie de Croisilles, et Barbe de Gouy, sa femme, étaient dans cet endroit avec leurs enfants et leurs domestiques, le tonnerre ne fit de mal à personne. Jean Théri donna un tableau qui rappelait cet événement ; on le voyait encore du temps du P. Ign.

CHÂTEAU. — Près de l'église est une motte de terre, où s'élevait autrefois le château. Au temps du P. Ign. il était déjà réduit à un petit corps de logis, et ne contenait plus qu'une seule salle ancienne, reste de bâtiments considérables. On ne voit plus maintenant qu'un amas de décombres informes.

LONGASTRE.

LIEUX-DITS. — LONGASTRE, *Longastrum, Longuestre, Longaste, Longâte*. Ce lieu fut le siége d'une seigneurie très-importante qui relevait de Bapaume.

HISTOIRE. — Il paraît y avoir eu anciennement une famille de *Longastre*. Ainsi en 1071, *Warnier, sire de Longastre*, est témoin de la charte de Liébert, évêque d'Arras. De même, dans le XIV° siècle, il est parlé d'un *Pierre*, sire de *Longastre*, dont la fille *Guillemette* ou *Willemine* avait épousé un Jean Pellicorne. Par son testament, il avait institué exécuteur testamentaire *Jacquemare Sacquespée*, et le Carpentier reproduit la quittance de compte donnée à ce dernier et à l'abbaye d'Eaucourt par les héritiers en 1399. Les armes de cette famille auraient été, d'après Gélie, *d'argent à trois fusées de sable, mises en pal* et, elle-même, serait issue de la maison d'*Inchy*, dite *Cauderon*, l'une des plus illustres de l'Artois (*Le Carp.*).

La terre passa ensuite dans la maison de *Sains*. *Ide*, fille et héritière de *Robert de Sains*, la porta dans la maison de *Houchin*, par son mariage avec *Jean IV de Houchin*, seigneur d'Annezin et pannetier d'Antoine de Bourgogne, duc de Brabant. Cette famille de Houchin était elle-même fort ancienne. En effet, dans la célèbre assemblée des barons d'Artois, tenue à Arras aux ides de décembre 1106, *Winemare de Houchin* donna à l'abbaye de St-Vaast quatre razières de terre situées à Quéant, du consentement de sa femme, *Hildertrude de Houdain* et de ses fils *Anselme, Pierre* et *Simon de Houchin*. En 1202, un *Gilles de Houchin* céda à l'abbaye de Honnecourt, le droit de dîme qu'il avait sur les terres de Honnecourt, à la sollicitation de son épouse *Alix* et de son fils *Renaud*, religieux dans cette abbaye. *Simon de Houchin* fut gouverneur d'Oisy, l'an 1303, et fut inhumé en l'église St-Géry, au Mont-des-Bœufs avec sa femme *Bonne de Forest*, dont il avait eu trois fils (*Le Carp.*). On ne connaît bien la suite de la maison de Houchin, qu'à partir de la fin du XIV° siècle, depuis Jean Ier de *Houchin*, dont la postérité, de père en fils, pendant six générations, porta le nom de *Jean*. Cette maison paraît avoir été très-puissante ; elle commença par posséder les seigneuries d'Annezin-les-Béhune, *Longastre* et *Mory*, et plus tard celle de Gœulzin ; elle portait *d'argent à 3 losanges de sable, 2 et 1*.

Ces armes étaient figurées sur les vitraux de l'église d'Annezin-les-Béthune, avec celles des familles alliées aux Houchin. Ces verrières, en effet, représentaient 1° *Jean IV de Houchin*, seigneur de *Longastre* et *Ide de Sains*, sa femme, 2° *Jean V de Houchin* et *Marguerite d'Inchy*, sa femme, (1461). 3° *Jean VI de Houchin* et *Antoinette de Montigny* sa femme, (1462). 4° *Charles Ier de Houchin* et sa femme *Catherine de Vignacourt* (1491-1544). 5° *Isembart de Houchin*, fils des précédents (1535) et sa femme *Antoinette de Lens*, dite *Rebecque*. 6° *Charles II de Houchin* et *Léonore de Longueval*, sa femme. La même église contenait aussi plusieurs pierres tombales de la même famille : celles 1° de *Jean VI de Houchin*, mort à soixante-dix-huit ans, en 1505 et de sa femme *Antoinette de Montigny* décédée à trente-deux ans ; 2° de *Charles Ier de Houchin* leur fils, mort à quatre-vingt-huit ans, le 8 octobre 1550 et de sa femme *Catherine de Wignacourt*, morte en 1564 ; 3° d'*Isembart de Houchin* leur fils et de sa femme *Antoinette de Lens*, morte le 28 septembre 1556. Les vitraux et les pierres tombales représentaient chacun de ces seigneurs revêtu de sa cotte d'armes, et leurs femmes d'un manteau d'hermine. Leurs écussons étaient gravés à côté d'eux et entourés des armoiries des familles alliées (*Collect.* de M. *Godin*).

En 1569, la terre de Longastre était confisquée, ainsi que le prouvent les vingtièmes.

Charles II de Houchin fut marié trois fois, en premières noces avec *Léonore de Longueval*, fille de *Jean*, seigneur de *Vaux* et de *Jeanne de Rosembos*, en secondes noces avec *Anne de Conbertault*, fille d'*Antoine*, baron de St-Vaast, seigneur de *Boiry* et de *St-Martin*, et en troisièmes avec *Anne de Longueval*. Le fils aîné *Philippe*, épousa *Françoise de Gavre*, fille de Charles, comte de Fressin. Fils de Philippe de Heuchin, *Charles-Claude*, fit ériger en marquisat la terre de *Longastre*, et acquit ensuite, du chef de sa femme *Thérèse du Chastel-Houvarderie*, les vicomtés d'Haubourdin et d'Emmerin. Le P. Ign. raconte longuement un procès qu'il soutint pour la seigneurie de Watines.

Son fils, *Louis-François-Joseph de Houchin*, marié à *Marie de Thiennes*, porta les mêmes titres. D'après le P. Ign. il aurait été député aux Etats d'Artois, et envoyé en cette qualité à La Haye aux Etats généraux des Pays-Bas, quand Béthune en faisait partie ; il aurait de plus exercé les fonctions de député ordinaire, notamment en 1701, lors de la reconstruction du Palais des Etats à Arras (tribunal actuel). Nous le voyons figurer dans un procès au Conseil d'Artois contre ses fermiers de Mory, qui dura depuis 1706 jusqu'en 1721. (*Arch. dép.*). Enfin le P. Ign. rapporte trèslonguement un autre procès qu'il soutint, lui et ses héritiers, à l'occasion de la succession de son grand-père le vicomte du *Chastel-Houvarderie*.

Il eut pour fils *Louis-Albert-François-Joseph de Houchin*, marquis de *Longastre* et de Berthez, vicomte d'Haubourdin et d'Emmerin, Baron de Brœk et de Hardinghem, seigneur de *Mory*, Annezin etc.... qui fut député de la noblesse des Etats d'Artois en 1754 ; et qui épousa successivement *Marie de Berghes* et *Antoinette de Béthune*. Les mêmes titres et seigneuries passèrent à son fils *Jean-Joseph-Anne-Marie*, qui prit le premier le nom de *marquis d'Houchin*, nom que portaient ses descendants lors de la Révolution.

On voit encore les traces du château qu'avaient fait bâtir les seigneurs de Longastre.

Un autre fief s'appelait le *Petit Longastre*. Il est probable que c'est cette seigneurie qui se trouvait, le 14 avril 1540, entre les mains d'un *Jean d'Estourmel* et de *Marie de Habarcq* sa femme (*Arch. dép. cons d'Artois*) ; l'acte spécifie que cette terre venait de *Marie de Habarcq*.

En 1617, la seigneurie du *Petit Longastre* était possédée par *Jean du Mont–St–Eloy,* qui recréanta sa bourgeoisie le 19 octobre de cette année.

Les vingtièmes de 1757, nous apprennent que la propriétaire était alors une demoiselle le Gentil.

Cinquante lanciers envahirent la commune le 28 décembre et y arrêtèrent quelques fuyards, dont ils brisèrent les armes. Du 20 décembre au 26 janvier, le village eut à supporter six réquisitions de tous genres.

C'est à Ecoust-Saint-Mein que se trouvait la division du général Robin, dont l'arrivée tardive fut si nuisible au résultat de la bataille de Bapaume.

ERVILLERS.

ERVILLERS. — *Heri–Villa, Hervilier* (Bulle d'Eugène III.)

HISTOIRE. — La paroisse existait antérieurement à l'an 1148, et elle comptait même, déjà à cette époque, un assez grand nombre d'années d'existence, puisque Jacques, évêque d'Arras, par ses lettres, en date de cette année, autorise les curés et marguilliers à vendre à l'hôtel-Dieu d'Arras trois mencaudées et demie de terre, en plusieurs pièces, séantes au terroir d'*Ervillers*, pour les deniers en provenant être employés à réédifier leur église (*Répertoire du chanoine Théry*).

Le pape Eugène III, par une bulle de 1152, (*Locrius*) confirme, comme avaient fait ses prédécesseurs, Urbain, (1088) Paschal, (1099) Gélase (1118,) Callixte, (1119) et Innocent, (1130) la donation de l'autel de cette église faite à l'évêque d'Arras. (*P. Ignace).*

L'église d'*Ervillers* devait annuellement à l'évêque trente-trois rasières de blé, cinquante-deux chapons et huit livres d'argent (*P. Ignace.)*

Les objets romains et les débris de construction, trouvés très-fréquemment dans cette commune, ne permettent pas de douter qu'elle fût un centre d'habitation sous la domination romaine *(Harbaville.)*

Il paraît avoir existé une famille portant le nom d'*Ervillers*. En effet *Pierre* fils d'*Huon d'Ervillers* comparaît avec un *Sawales de Clari* comme témoins jurés, dans une enquête tenue à *Moyenneville*, le jour de St-Michel, 29 Septembre 1298. Cette enquête, dirigée par Jean Deule, bailli de Bapaume, en présence de Estenet Senèche et Jean de Houding, hommes du comte d'Artois, avait pour but d'informer « de *Sawales de Chérisi*, accusé d'avoir « *souchété*, les *fourbannis* de la compagnie d'Haubregon, de « Huon de Reti, et de *Hanot de Cherisi*, depuis que ces malfai- « teurs furent bannis ; *(Godefr.)* » Il est aussi fait mention d'une *Catherine d'Ervillers (Le Carpentier.)*

La seigneurie appartenait en 1569 au comte de *Lalaing* (centièmes), qui était alors *Philippes*, grand bailli de Hainaut. Il ne laissa pas de fils : une de ses filles, *Marguerite*, hérita du Comté de Lallaing et de la Baronie d'Escornaix ; elle épousa *François, comte de Berlaymont*, doyen des chevaliers de la Toison d'or, Gouverneur du Luxembourg. Leur fille, *Marguerite*, comtesse de *Berlaymont* Baronne d'Escornaix, fut mariée, en premières noces, à *Anthoine de Lalaing*, comte d'Hoochstrate et, en secondes, à *Louis* comte d'*Egmont*, prince de Gavre. C'est ainsi que la seigneurie d'*Ervillers* passa dans la maison d'Egmont.

En 1701, le seigneur était le prince d'*Egmont (rapports et dé-

nombr. arch. dép.) Cependant les vingtièmes de 1757 imposent le *Baron de Diesbach* comme acquéreur, au lieu du *comte d'Egmont*, propriétaire de la seigneurie. Mais, dès 1760, les vingtièmes mentionnent de nouveau le *comte d'Egmont*. En 1770, le 27 janvier, arrive la vente de toute la terre et seigneurie d'*Ervillers*, consistant en deux fiefs, avec justice et seigneurie vicomtière, et mouvante du Roi, à cause de son château de Bapaume. Cette vente est faite par le sieur Asselin, agissant pour et au nom du prince d'*Egmont Pignatelli*, duc de Gueldre et de Juliers, au profit de *François-Joseph Briois*, premier Président du Conseil d'Artois (Archives dép. *Greffe du gros.*) Il dut encore y avoir une vente postérieure de cette terre, puisqu'en 1780 le seigneur était le *Baron de Diesbach* (*centièmes.*)

La famille de *Gomiecourt* posséda toujours un fief sur *Ervillers*. Il consistait, en 1569, en un petit droit de terrage avec vingt-huit mencaudées de terre (*centièmes.*) Dans les actes publics, les Gomiecourt prenaient le nom de seigneurs d'*Ervillers* (actes des 14 mai 1646, 9 Janvier 1671, 1er et 4 octobre 1696, 30 octobre 1697, 24 mai 1700, 10 mai 1702, 17 novembre 1748, v. plus bas Gomiecourt). Nous retrouvons encore ce fief dans les vingtièmes de 1757.

En 1595, les habitants d'Ervillers eurent beaucoup à souffrir de la guerre. Voici ce que dit à ce sujet un document du temps :
« Est advenu que au carême de ce dit an, une partye du camp de
« M. le marquis de Warembon allant advitailler la ville d'Hau-
« decourt, vinrent loger au dict village, deux compagnies de
« chevaulx des ordonnances de sa Majesté, qui estoyent plus de
« quatre cents chevaulx, tellement qu'il n'y avait maison de la-
« boureur qu'il n'y eut de vingt-cinq à trente chevaulx logés,
« et en outre des moutons qu'ils y mangèrent et emportèrent,
« firent un tel outraige aux habitants que une partie aban-
« donnèrent leurs maisons »

« Item le jour de la bataille de Dourlens, vinrent aussi loger au
« dict village deux compagnies de chevaulx venant de la garnison
« du Castelet pour aller au camp du dict Dourlens, lesquels firent
« sur les advestis grands ravages, donnant à leur volonté les

« dictes advesties à manger à leurs chevaulx. Item le quinzième
« jour de septembre, plusieurs soldats espagnols avec leurs
« quesons sont venus de forche, piller et fourrager le village,
« oultre qu'il y eut un homme tué et deux bleschiez qui ne sont
« encore gueriz, ont iceux soldats emporté grand nombre de
« mencaulx d'avoine aux dicts habitants. Et au temps que les
« dicts habitants pensoient aller moyenner les grains restants,
« ont été contraints aller ouvrer de pyonier au camp de Cambray
« par trois diverses foys; tous partant, chacun parfois pour douze
« jours; sans mettre en compte les passages des soldats allant,
« venant et mangeant les biens des dicts habitants, tellement
« qu'il leur est impossible avoir quelque pièche de ménage en
« leurs maisons. » (Bibliothèque historique, monumentale ecclésiastique de Picardie et d'Artois, par M. Roger — extrait des
archives de M. le duc de Luynes.)

« L'un des derniers jours d'août, probablement le 28 (1654)
« Louis XIV et la reine-mère, quittèrent Péronne pour visiter
« Arras, dont le siège avait été levé le 25. Leurs Majestés pas-
« sèrent devant Bapaume sous escorte, ou les troupes les atten-
« daient en fort bel ordre, et après qu'elles eurent été saluées par
« le canon de la place, la garnison augmenta leur escorte. Le roi
« et la reine-mère vinrent de là au village de Sapignies. Les
« habitants à la tête desquels était le curé, en sortirent proces-
« sionnellement et s'avancèrent au devant de leurs majestés à
« qui ils rendirent leurs hommages et leurs respects entre Sapi-
« gnies et *Ervillers*, vers Béhagnies. Leurs majestés furent
« rencontrées par le maréchal de Turenne, qui était allé au
« devant d'elles avec la cavalerie de son armée. Le roi et la
« reine-mère passèrent avec toute leur suite à Ervillers où ils
« firent collation, puis continuant leur route vers Arras, ils arri-
« vèrent vers six heures du soir aux lignes des ennemis etc.,
« etc... (P. Ignace.) »

ARCHÉOLOGIE. — L'ÉGLISE à trois nefs, restaurée à plusieurs reprises, dans le style moderne, a conservé diverses dates : 1569 au-dessus de la porte du côté du porche, 1580 du côté du cimetière, et 1606 au porche d'entrée. Elle était flanquée, aux quatre angles, de tourelles, dont deux du côté du clocher ont été démolies longtemps avant celles du côté du chœur. Celles-ci ont été conservées pour y loger des archers et tirailleurs qui, en temps de guerre et d'invasion, inquiétaient les troupes ennemies au moment de leur passage sur le grand chemin. *(P. Ignace)*. Le clocher est une tour de pierre large, carrée, fortifiée de quatre piliers, surmontée d'une flèche en bois avec quatre clochetons. Les armoiries des maisons de Lalaing, d'Egmont, de Diesbach, figurent autour du monument à l'extérieur ; le porche porte l'image du patron St-Martin et les armoiries d'un chevalier de la Toison-d'Or.

Le cimetière contenait, du temps du P. Ignace, une représentation de N.-D. de Pitié ; ce morceau de sculpture avait dû être fort beau, mais il était très-endommagé.

Au bout du village, à droite, existe une chapelle bâtie en 1689 par Jacques Franco, natif du lieu, et Claire Wanon, sa femme. Ils ont fait tous deux de grandes libéralités aux Récollets de la ville de Bapaume, où ils étaient allés s'établir .(Renseignements fournis par M. l'abbé Proyart, vicaire général.)

Des découvertes archéologiques importantes ont eu lieu fréquemment dans cette commune; elles ont fait l'objet d'un remarquable travail lu, en 1869, à l'Académie d'Arras, par M. Proyart, vicaire-général. Nous en donnons un résumé.

On a trouvé, à plusieurs reprises, des ossements fossiles ; en 1847 des dents machelières d'éléphant, une corne gigantesque privée de sa pointe et de sa partie naissante. En 1869, il a été découvert un ossement énorme et une dent, au milieu des dépôts de silex, à quatre ou cinq mètres de profondeur. Dans des dépôts de même nature, et à la même profondeur, on a aussi rencontré treize squelettes humains ; l'un de ces squelettes avait à ses côtés une hache, une épée très-courte et une sorte de dague, sur la poitrine une plaque de fer, qui pouvait être un reste de cuirasse avec des ornements en cuivre figurant des têtes de clous et un pot de terre entre les pieds : cette sépulture était entièrement environnée de cailloux. Les travaux de construction du chemin d'Ervillers à Mory, ont aussi amené la découverte d'un amas considérable de cadavres humains qui auraient été déposés en cet endroit, d'après la tradition, à la suite d'une peste.

Plusieurs armes en silex ont été également trouvées sur le territoire d'Ervillers. Une est déposée au musée d'Arras, une autre, qui parait avoir été tranchante des deux côtés, a été brisée, une troisième est une de pointe de flèche.

Les objets romains se rencontrent en très-grand nombre dans un endroit appelé *Capieau*, traversé par le chemin d'Ervillers à Miraumont ; c'est un point culminant situé du côté de Gomiecourt, en forme de patte d'oie d'où partent plusieurs vallées. M. Harbaville pense qu'il a existé dans ce lieu quelque retranchement ou station romaine. Les médailles découvertes jusqu'ici sont à l'effigie des empereurs Constantin, Néron, Antonin, Faustine, et autres ; parmi elles on remarque des pièces d'un petit module portant, d'un côté Romulus et Remus allaités par une louve, et de l'autre une figure de femme casque en tête avec ces mots *Roma*. On a aussi trouvé une médaille à l'effigie d'un chef gaulois nommé *Audoburn*. En 1871, un ouvrier, occupé à l'extraction du silex, mit à découvert un vase contenant six cents médailles à l'effigie de Posthumus et de Gallianus ; on a aussi rencontré le pied d'une statue.

Des débris de tuiles romaines plates et concaves ont été amenés à la surface du sol par la charrue. Une tuile a été conservée ; elle pèse quatre kilog. et a quarante-et-un cent. de hauteur sur trente de largeur et vingt mill. d'épaisseur, dans la partie supérieure, et trente-cinq dans la partie inférieure, elle est percée d'un trou qui permettait de la fixer par un clou. Le haut et le bas sont disposés en emboiture ; chaque côté est garni d'un rebord pour couvrir le joint de la tuile juxta posée.

Des vases et armes antiques ont été aussi découverts ; ils appartiennent à différentes époques. Ainsi les vases de couleur rouge par ex. une coupe avec sa soucoupe, l'une et l'autre très-bien conservées, portant la marque du fabricant, OPRIMI, une autre soucoupe de même couleur, mais plus grande, fort ébréchée et dont la marque est effacée, puis des débris d'autres vases de couleur blanche d'une dimension plus grande, des fragments d'un vase de verre, couleur aigue-marine, une urne cinéraire de couleur noire, de forme étrusque mais fruste et privée de son col, appartiennent à l'époque gallo-romaine des II° et III° siècles. Au contraire, le vase de couleur noire, trouvé aux pieds d'un squelette dans un amas de silex de trois ou quatre mètres de profondeur ; une hache ou francisque, une épée, un poignard dit *scransax*, paraissent être de la période franque.

Mais la véritable curiosité archéologique de la commune d'Ervillers consiste dans ses souterrains refuges. Ils sont au nombre de trois, qui peut-être n'en forment qu'un. Le premier se trouve près de l'église : on y arrivait par une voûte en briques, il s'étend sous l'église ; le second passe sous la grande route à angle droit, il n'est pas voûté, en sorte que la route traverse en quelque sorte, non sans péril, un pont d'argile ; le troisième est situé sous la ferme de M. Proyart. C'est en déblayant son entrée que l'on trouva l'urne cinéraire et les vases décrits plus haut. On y pénètre par un puits ; à soixante-dix pieds, on rencontre une entrée latérale donnant sur un long corridor de trois à quatre pieds de large sur six de hauteur, creusé, ainsi que neuf chambres ouvertes sur lui, dans le tuf et dans la craie. Trois puits existent, l'un au milieu, les autres, aux deux extrémités du conduit. Il est évident que ce souterrain a servi de refuge, mais on ne peut préciser aucune époque. On voit en effet des traces qui prouvent que des lampes y ont été allumées dans différents endroits. Ici, c'était une étable destinée, soit aux chevaux, soit aux bêtes à cornes : on la reconnait à certains trous pratiqués dans la craie où était accroché le ratelier. Là c'était une bergerie, comme l'indique le poli des murs, usés par le frottement des animaux. Enfin on remarque un appartement plus vaste, en communication avec un puits, qui donnait de l'air et de l'eau : c'était l'habitation des gardiens.

26 décembre 1870. — Quelques uhlans d'abord, puis, vers le soir, des régiments d'infanterie, vinrent réquisitionner des vivres à Ervillers. Le lendemain, sous prétexte de la recherche

des armes, plusieurs colonnes d'infanterie, accompagnées de chasseurs à cheval pillèrent la commune. Ces réquisitions durèrent jusqu'au 1er ; deux postes de nuit avaient été établis par l'ennemi ; tout disparut à l'approche de l'armée du Nord.

Le combat du 2 janvier a commencé à Ervillers ; les premiers coups de fusils ont été échangés entre notre avant-garde et les derniers Prussiens, à l'extrémité du village, vers Béhagnies. L'artillerie française s'est mise immédiatement en bataille à la sortie d'Ervillers. L'avantage ne paraît avoir été décisif pour nous que vers le soir, par suite du tir très-bien dirigé et de la position parfaitement choisie d'une batterie, (commandant Roland,) qui a fait un mal considérable à l'ennemi. Le combat a été peu meurtrier sur le territoire d'Ervillers. La commune n'a donné la sépulture qu'à onze victimes de cette journée. L'une d'elles était M. de Lafrégeolière, jeune officier de marine, appartenant à l'une des premières familles de l'Anjou.

Le 4 janvier 1871, après la retraite de cette armée, un détachement de cuirassiers blancs annonça la réapparition des Allemands ; puis les réquisitions recommencèrent jusqu'au 8, jour ou nos troupes opérèrent leur retour offensif. Depuis cette époque jusqu'au 22, la commune fut débarrassée des Prussiens. Les 23 et 24, deux postes de cavalerie furent établis à l'extrêmité du village vers Arras, et le village fut définitivement occupé, le soir du 24 jusqu'au 28 par cinq cents hommes du 28e d'infanterie et un escadron de hussards.

Le dimanche 8 janvier, vers le soir, les tirailleurs-éclaireurs de l'armée du Nord, excellente troupe, ayant à sa tête leur commandant, sont venus occuper le village ; ils en ont chassé un détachement ennemi arrivant de Béhagnies ou Sapignies pour réquisitionner. L'engagement, malgré une vive fusillade, ne paraît pas avoir été très-meurtrier.

FONTAINES-LES-CROISILLES.

FONTAINES-LES-CROISILLES. — *Fontes* sur la Sensée, *Fontaine-les-Quéant*.

HISTOIRE. — Cette terre était mouvante du château d'Oisy, et a appartenu à la famille de *Croisilles*. *Amaury de Croisilles*, qui vivait du temps de l'évêque Liébert, 1064, était seigneur de *Fontaines* ; (*Le Carpentier*.)

Il paraît y avoir eu une famille de *Fontaines*, probablement sortie de la maison de Croisilles ; mais il est très-difficile de savoir si les seigneurs, ainsi nommés, sont de la maison de *Fontaines-les-Croisilles* ou des autres maisons de *Fontaine* ou *de la Fontaine*, et particulièrement de celle des *Fontaines* seigneurs de la *Neufville au Bois*, la plus illustre du Ponthieu, et de la *Fontaine Wicart* ou *lez Beauvois en Cambrésis*. Les membres de cette dernière famille s'appelaient tous Wicart de père en fils. Il est donc probable que le Wicart, cité par M. Harbaville, était seigneur de *Fontaine le Wicart*, et non de *Fontaines-les-Croisilles*.

La seigneurie appartint à la famille de *Haveskerke*, dont plusieurs membres furent chambellans, conseillers, et ministres des comtes de Flandre et des ducs de Bourgogne. Un *Antoine de Haveskerke*, marié à *Eléonor Quiéret*, était seigneur de *Fontaines* en 1339. De même, l'on voit un *Jean de Haveskerke*, seigneur de *Fontaines*, paraître dans un acte de l'abbaye de St-Aubert de 1358 (*Le Carp.*) Sa fille, *Jeanne, dame de Fontaines*, épousa, le 6 Juillet 1366, *Jean III de Créquy*, le même qui défendit les portes de Paris contre Robert Knoll en 1370 (*Froissard*). C'est par ce mariage que la seigneurie de *Fontaines* entra dans la maison de Créquy. Les deux époux donnèrent à l'abbaye de St-Aubert, en 1371 les droits qu'ils avaient sur les dîmes d'Iwyr (*Le Carp.*) Jean mourut en 1377, et sa femme en 1425. Leur fils *Jean de*

Créquy, de Fressin, de Canaples, fut l'un des chefs de l'armée levée, l'an 1405, par Wallerand de Luxembourg, Cte de St-Pol. Parmi ses enfants, une fille, *Jeanne de Créquy dame de Fontaines*, se maria deux fois. Elle épousa d'abord *Robert de Wavrin*, Seigneur de Lillers, etc..., sénéchal de Flandre. Ce *Robert de Wavrin* touchait, dès 1407, une pension de quatre-vingts livres par mois du duc de Bourgogne; en 1409, le même prince lui fit cadeau, à lui sixième, en récompense de sa belle conduite au siége de Liège et à la bataille de Tongres, de mille écu d'or; il commandait, le 12 juin 1412, une compagnie de deux chevaliers, dix-sept écuyers et quinze archers : appelé par lettres closes à l'armée que le roi réunissait contre les Anglais en 1415, il fut tué à Azincourt, avec son fils, aussi nommé *Robert*. Ils furent inhumés dans l'abbaye de Ham près de Lillers, où se voyait leur épitaphe (*M. de Belleval ; Clairembault*). En secondes noces, *Jeanne de Créquy* fut mariée à *Guillaume de Lalaing*, gouverneur et grand bailli de Hainaut et de Hollande, qui porta le titre de seigneur de *Fontaines*. Il mourut le 27 août 1475, et *Jeanne* le 21 octobre de la même année. Leur tombeau existait dans l'église de Ste-Aldegonde à Lalain. La terre de *Fontaines* resta dans la maison de Créquy.

« On voit, dit le P. Ignace, un ancien titre de cette terre qui
« nous apprend, que quand elle appartenait à la maison de Cré-
« quy, les habitants étaient obligés d'aller battre l'eau des fossés
« du château, lorsque la dame du lieu était en couches. » Ceci indique qu'il y avait alors plus d'eau qu'aujourd'hui dans les sources du village.

En 1569, le seigneur était le cardinal évêque d'Amiens, qui s'appelait *Anthoine de Créqui* (centièmes.) Le P. Ign. prétend que la terre passa par achat aux de Carnin ; c'est une erreur. En effet, au XVI° siècle, *Antoine de Flory*, dont la famille possédait depuis longtemps la seigneurie de St-Léger, se qualifiait de seigneur de *Fontaines*. C'est peut-être lui qui acheta cette seigneurie à la famille de Créqui. Une de ses sœurs, *Jeanne de Flory*, avait épousé *Pierre de Carnin*. Dans la suite, la terre de *Fontaines* devint la propriété de la famille de Carnin, et suivit le sort de la terre de St-Léger. *Claude de Carnin*, mort en 1600, et *François-Adrien de Carnin,* mort en 1679, étaient intitulés, sur leur tombeau, seigneurs de *Fontaines-les-Quéant* et de St-Léger *(V. S^t.-Léger).* On ne s'explique donc pas que le projet de dictionnaire, dressé en 1738 par l'Académie d'Arras, porte pour seigneur Mr de Gantès; c'est probablement une erreur de copiste.

Charles-François de Carnin, seigneur de *Fontaines* et *de St.-Léger* eut deux filles. L'aînée *Marie-Maximilienne-Claire* fut mariée, par contrat du 17 novembre 1711, au marquis *de l'Etendart,* domicilié à Verchocque, diocèse de Boulogne. Elle n'eut qu'un fils, qui fut seigneur de *Fontaines* et *St-Léger*, après sa mère. Il mourut sans enfants, en 1736. Les deux terres passèrent à sa cousine germaine, fille de la sœur puînée de sa mère, qui avait été mariée à un officier, *M. de la Rosière*. Elle resta veuve avec une fille unique, *Marie Reine de la Rosière,* qui hérita des terres de *Fontaines* et *de St-Léger*, et épousa, le 6 Juin 1740, *Marie-Jacques-Eustache, marquis d'Aoust,* second fils du marquis de Jumeles. C'est pourquoi, en 1757, le seigneur était le marquis d'*Aoust* (*vingtièmes*) (V. St.-Léger.) Au mois d'avril 1759, la terre et la seigneurie *vicomtière* de *Fontaines* fut réunie à la terre et seigneurie vicomtière de *St-Léger,* pour ne former qu'une seule et même terre, érigée en marquisat sous le nom de *Languedove,* en faveur du Sr *Louis-Alexandre de Languedove,* ancien colonel d'infanterie. (*Regist. aux com. du Conseil d'Artois*) Le marquis de *Languedove* avait épousé en secondes noces *Marie Reine de la Rosière*, veuve de *Marie Jacques Eustache d'Aoust :* la rédaction de l'acte montre que les terres de *Fontaines* et de *St-Léger* appartenaient à *Mme de la Rosière.* La terre ne quitta pas cependant la famille d'*Aoust,* car en 1780 et 1789, le seigneur était le marquis d'*Aoust (vingtièmes et centièmes.)*

Un curé de Fontaines-les-Croisilles, *Vaast-Bize,* licencié en théologie, publia en 1632, à Douai, un ouvrage en latin, intitulé : *Providence de Dieu sur les choses temporelles.* Ce même Vaast-Bize figura en 1629 dans un procès en réintégrande contre Lourdel, laboureur à Chérisy, il obtint gain de cause (*Conseil d'Art., arch. dép.*).

La commune fut visitée par vingt-trois lanciers, éclaireurs prussiens, les 1ᵉʳ et 2 janvier 1871. Le 20, une troupe forte de deux cent vingt fantassins et quatre-vingt cuirassiers blancs, fit une réquisition. Ils emmenèrent même, comme ôtage, le maire, M. Briolet ; mais ils le relâchèrent à Vaulx-Vraucourt.

GOMIECOURT

GOMIECOURT. — *Gummikurt, bulle du Pape Eugène III* (1152), *Gomiekurt* (1240), *Gomicourt-les-Hernues* (Catal. de la Gouv. d'Arras P. Ign.) *Gomicourt St-Pierre (Maillard)*. Très-souvent confondu dans les textes avec Gommecourt.

HISTOIRE. — L'an 1152, le 4 février, le Pape Eugène III confirma aux évêques d'Arras la possession de l'autel de ce lieu. la cure faisait alors partie du revenu de la trésorerie, dignité de la cathédrale d'Arras.

Frumaut, évêque d'Arras, donna au chapitre d'Arras deux parts de la dîme de Gomiecourt.

L'évêque d'Arras avait dans ce village une seigneurie (P. Ign.).

Ce village a donné son nom à une des plus illustres familles de l'Artois. D'après *Bignon (mémoire sur l'Artois)*, elle descendrait de père en fils de *Guillaume de Gomiecourt* qui vivait en l'an 1000. Selon *Le Carpentier*, elle serait issue de la maison de *Gonnelieu*, et cet auteur reproduit, à l'appui de sa thèse, une longue et curieuse charte de 1102 trouvée dans les archives de l'abbaye de Sᵗ-Aubert. Un *Watier de Gonnelieu* y donne des biens à l'abbaye de Honnecourt, du consentement de ses parents et proches, et parmi eux, de *Robert de Gomiecourt*, son très-cher fils *(Roberto dicto de Gumikorte, filio meo carissimo)*.

Les armes de Gomiecourt étaient *d'or à la bande de sable*.

On sait du reste qu'un *Gisselin* ou *Guillaume de Gomiecourt*, seigneur de *Gomiecourt*, Lihons et du Pays de Santerre–Fampoux, vécut en l'an 1000, au temps du roi Robert, qu'il épousa une *Ide de Roye*, et eut un fils nommé *Guillaume*. Le fils de celui-ci, *Adam de Gomiecourt*, vivant en 1178 et 1215, fit partie de la croisade ; il épousa *Geneviève de Duraisne*, fille de *Guichard*, connétable de *Tripoli en Barbarie*, et seigneur d'*Avesnes en Artois*, Lincourt etc…. il vendit, avec sa femme, au roi de France en 1154 le droit de quint qu'elle avait sur les terres d'Avesnes et de Lincourt (*Chartes d'Artois*). A la même époque, un *Robert de Gomiecourt* donna l'an 1159, à l'abbaye de St-Aubert de Cambrai, dix mencaudées de terres situées à Bourlon, et ce du consentement de sa femme, *Hadewide de Lens*, et de ses fils *Guillaume, Adam, Wirenfroy, Robert* et de sa fille *Avoise*, femme de *Ricarède de Venduille* (*Le Carpentier*). Une charte de 1206 cite un *Adam de Gomiecourt* parmi les chevaliers vassaux du roi. Une autre charte de l'abbaye de Premy fait mention d'un *Wirenfroy de Gomiecourt* et de *Wiburge* sa femme. De même, des donations furent faites, à l'abbaye du Mont-St-Martin, par un *Robert de Gomiecourt* et sa femme *Gertrude de Rumaucourt* (*Le Carpentier*).

Cette famille avait plusieurs branches : c'est ce qui explique comment une partie de ces seigneurs ne figurent pas dans les généalogies des Gomiecourt.

Le fils d'*Adam de Gomiecourt*, *Guislain*, épousa une *Jeanne d'Arras*, fille de *Gilles*, châtelain héréditaire d'Arras et nièce de *Mévelin d'Arras*, maréchal de France. Son fils, *Barthélemy*, acquit la seigneurie de Vaulx par son mariage avec *Wildewrande de Vaulx*, fille de *Roger*, seigneur de *Vaulx* et d'*Ecoust-St-Mein* (charte de 1212). Leur fils, *Guislain*, fut marié en 1248 à *Mahaut de Beaumés*, fille de *Gilles*, châtelain héréditaire de Bapaume, seigneur de Beaumés, Metz-en-Couture, Monchy. Un fils de ce mariage, *Hughes* dit le *dépensier*, alla fonder en Angleterre, une nouvelle et grande maison. Son frère *Robert* eut tous les biens de la famille.

On rencontre, dans les mêmes temps, des chartes qui parlent des Gomiecourt, et qui concernent nos pays. Ainsi l'évêque d'Arras, Ponce, acheta l'an 1221, de *Guillaume*, dit le *chevalier de Gomiecourt*, d'*Hildeburge* sa femme et de *Béatrix* sa fille et héritière, les dîmes du village de *Neuville en Artois*. L'an 1240 un *Robert de Gomiecourt* est témoin d'une donation faite à l'abbaye du Mont-St-Martin. En 1247, un *Robert de Gomiecourt*, vendit, en la chambre échevinale d'Arras, à Nicolon du Chastel et à Bauduin son frère, les profits de quarante-deux mencaudées de terre revêtues de blé. Dans cette vente, *Robert de Gomiecourt* est dit fils de *Watier de Hébuterne*; ce qui a fait soutenir à *du Chesne* (Hist. de Béthune) que la maison *De Gomiecourt* et la maison d'Hébuterne sortaient de la même souche. En 1295 *Gilles de Gomiecourt*, Guillaume de Locres, sire de Hébuterne et Guillaume de Hébuterne s'obligent à payer, par égales portions, la somme de vingt-deux livres à Simon Wagon, bourgeois d'Arras (*Le Carpentier*)

A ce moment, par ses alliances et sa richesse, la famille de Gomiecourt était une des plus puissantes de nos pays. *Robert de Gomiecourt*, seigneur de Lihons et du pays de Santerre, châtelain héréditaire de la Thorotte, fut un des grands seigneurs de son temps : sa fille *Cunégonde* épousa Baudouin de Rubempré, gouverneur de Guise en 1289. Son fils, *Jean de Gomiecourt*, qui figure dans une charte d'Artois de 1301, relative au droit de péage de Bapaume, et dans un arrêt du Parlement de Paris de 1306, épousa *Jeanne de Hambize*, et en secondes noces, *Jeanne de Neuville*, fille d'Eustache seigneur de *Neuville-Vitasse*, *Hennin-sur-Cojeul*, etc. Après lui, vient : *Garvin* ou *Gauvin*, dit *Gillon*, qui fut marié à *Léonore de Sapignies* (arrêt du Parlement de Paris de 1332). Puis *Gautier*, seigneur de Gonnelieu et de Jumencourt, qui fonda, en 1378, avec sa femme *Alix de Croisilles*, fille d'*Eustache*, seigneur de *Croisilles*, Audeville, Vieuville, Courrières, la Chapelle des Onze–Mille Vierges à Arras. Enfin *Thibaut de Gomiecourt*, seigneur de Gonnelieu, Helleville, Brunemont, Jumencourt, etc.,.. Il épousa *Péronne*, bâtarde que *Jean*, duc *de Bretagne*, avait eue de *Jeanne de Laval*, comtesse douairière de Tancarville ; il engagea tous ses biens pour le duc de Bretagne : c'est peut-être pour cette raison qu'à cette époque on voit la seigneurie de Gomiecourt entre les mains d'autres familles, et que, lors de la bataille d'Azincourt, les seigneuries de *Gomiecourt* et de *Lagnicourt* étaient possédées par *Robert du Hamel*, dont le fils *Jean*, fut tué (*Mʳ de Belleval*.)

Beaucoup d'auteurs prétendent que la maison de Gomiecourt, étant alors éteinte, une nouvelle famille apparut au XVᵉ siècle : c'est l'opinion qu'a soutenue M. Roger (*Noblesse et chevalerie*); mais elle est en opposition avec celles de Bignon et de le Carpentier, et il est à remarquer que ces nouveaux Gomiecourt auraient eu absolument les mêmes seigneuries et les mêmes armes que les précédents. De toute façon, il est certain qu'un *Colart*, dit *Percheval* ou *Parcheval*, surnommé *le Grand*, à cause de sa valeur, capitaine d'une compagnie d'hommes d'armes, fut apanagé l'an 1416, par le duc Jean de Bourgogne, en récompense de ses services, de la terre de Gomiecourt, et reçut en outre cent cinquante livres de rentes sur le péage de Bapaume. Il fut nommé en 1417 gouverneur de Péronne, Roye, Montdidier et du pays de Santerre. Les uns prétendent qu'il n'avait rien de commun avec l'ancienne maison de Gomiecourt, les autres pensent qu'il était le fils de *Thibaut de Gomiecourt*. Le P. Ignace dit qu'il avait épousé la dernière héritière des Gomiecourt, mais cette assertion est contraire à tous les textes. Quelle que soit du reste leur filiation, les Gomiecourt des XVᵉ, XVIᵉ et XVIIᵉ siècles ne le cédèrent en rien, pour l'illustration, à leurs devanciers. *Parcheval* et son fils *Jean le Grand de Gomiecourt*, furent reçus bourgeois d'Arras en 1458 ; ce dernier fut seigneur de *Gomiecourt*, Helleville, Brimemont, Mont-Saint-Eloy, etc... en 1472, sa fille *Catherine* fut mariée à Robert de Mauvergine, premier maître aux requêtes de l'hôtel du duc de Bourgogne; son fils *Robert* II, dit le *Grand*, commanda en Angleterre six cents cavaliers wallons, au service des rois Edouard et Henri, et devint lieutenant-général en Flandre en Hollande des troupes de l'archiduc Maximilien ; il épousa, en premières noces, *Marie de Ravil*, bourgeoise d'Arras, et, en secondes, *Louise de Mailly*. Il eut plusieurs fils, le cadet *Jacques*, marié à une de *Wignacourt*, fut père de *Nicolas de Gomiecourt*, lieutenant-colonel des wallons tué devant Harlem, et de *Pierre de Gomiecourt*, seigneur d'Erlencourt et Wignacourt, lieutenant-général et gouverneur d'Hesdin, mort le 5 août 1596 et enterré, avec sa femme *Isabelle de Gosson*, dans l'église d'Herlincourt, où l'on voit encore leur pierre tombale. Le fils aîné *Adrien I*[er] *de Gomiecourt*, seigneur de *Gomiecourt, Hennin-sur-Cojeul,* Cuinchy, Lignereuilles, Maizières etc..., vicomte d'Esquennes, fut chevalier d'honneur du conseil d'Artois, suivit Charles-Quint en Afrique, en Italie, en Hongrie, fit la guerre en Autriche et en France, fut capitaine de cinq cents chevau-légers et enfin lieutenant-général des hommes d'armes du comte de Rœux ; il mourut en 1542 des blessures qu'il avait reçues au siége de Saint-Pol. Il avait épousé *Anne de Poix*, fille de *Bauduin*, chevalier d'honneur du conseil d'Artois, et commissaire aux armées de Charles-Quint. *Adrien II*[e] *de Gomiecourt*, son fils, porta les mêmes titres : il fut de plus chevalier de Saint-Jacques, gentilhomme de la bouche, capitaine de cinq cents wallons, chef de l'artillerie d'Espagne, lieutenant-général sous don Juan d'Autriche, et membre de son conseil de guerre, gouverneur de Maëstricht, et ensuite d'Hesdin. Il fut l'un des hommes remarquables du XVIe siècle. Dès sa plus tendre enfance, la reine Marie de Hongrie le prit à son service. Il s'attacha ensuite à Philippe II, et lors des révoltes des Pays-Bas, il fut exilé et ses biens furent confisqués par les insurgés. Philippe II, lui adressa à cette occasion une lettre, où il déclarait combien il appréciait ses services. Son talent le fit bientôt charger de différentes ambassades, d'abord en France, auprès de Charles IX, lors de la Saint-Barthélemy, ensuite auprès d'Elisabeth d'Angleterre, puis en Allemagne, et enfin auprès des Etats de Luxembourg pour les dissuader de se joindre à la révolte des Pays-Bas. Il mourut en 1596, le 27 juin ; il avait épousé, le 31 mars 1585, *Philippe de Montmorency :* leur tombeau se voyait, avant la Révolution, dans l'église des Clarisses à Arras, et leur épitaphe nous a été conservée (*collect. Godin*). Il faut remarquer qu'au XVIe siècle, toutes les branches de la famille de Gomiecourt, directes, collatérales ou même bâtardes, occupaient dans le clergé, dans l'armée, dans la magistrature, les plus hautes fonctions.

Philippe de Gomiecourt, fils du précédent, baron de *Lagnicourt*, seigneur de Lignereuil, *Noreuil, Ervillers*, Maizières, *Hénin-sur-Cojeul*, Gouverneur général de la province d'Artois, de Béthune et d'Arras, obtint en 1633, du roi d'Espagne, l'érection en comté de la terre de Gomiecourt. On lui reprocha d'avoir fait couper, pour son profit des bois dans la forêt de Lucheux, par ses soldats, et d'avoir requis cinq à six cents voitures pour les transporter. Cité au conseil d'Artois, il fut obligé d'ôter son épée avant d'entrer dans la salle, il en eut tant de chagrin qu'on dit qu'il en mourut à quarante ans, après avoir été gouverneur d'Arras, six mois seulement (*collect*. de Hauteclocque). Il fut enterré, avec sa femme, Marie de *Gand Vilain*, dans l'église des Clarisses à Arras. Après lui, vient son fils *Jacques-Philippe*, seigneur des mêmes lieux, et capitaine d'une compagnie de cavalerie au service de France, marié, le 14 mai 1646, à *Marie-Chrétienne de Noyelles* (*greffe du gros*), et mort en 1688. Le fils unique de celui-ci *Maximilien-Claude-François*, mourut sans enfants en 1665. Le comté de Gomiecourt, la baronnie de Lagnicourt, les seigneuries de *Noreuil, Ervillers*, etc, revinrent alors à son frère, *François-Louis-Balthazar, Cte de Gomiecourt*, capitaine de cavalerie au service de France, marié le 9 janvier 1671, à *Anne de Léon* (contrat de mariage, greffe du Gros), et mort en 1689. Les actes de baptême de ses enfants, nés en 1672, 1673, 1678 et 1680, existent aux arch. dép.. Son fils aîné, *Domitien Jean-Marie-François*, né le 22 juin 1672, et marié le 4 décembre 1696 à *Anne d'Halemale* (contrat de mar. et bail. arch. dép. greffe du Gros et Bignon) n'eut point d'enfant. Ses titres et seigneuries qui s'énuméraient ainsi : comté *de Gomiecourt*, marquisat de Maizières, vicomté d'Esquennes, baronnie de *Lagnicourt*, seigneuries de Lignereuil, *Hénin-sur-Cojeul*, Neufvireulle, Erlencourt, Plouich, Maricourt-sur-Somme, Cuinchy-le-Haut, Auchy-les-Labassée, Alliscamps, Bienvillers, *Ervillers, Logeas, Noreul*, Denier, Vignacourt, Marquais, etc, revinrent à *Louis-Joseph-Balthazar*, né le 13 août 1678 son frère ; il en était propriétaire, dès 1700, (bail et reconnaissance des 24 mai 1700 et 10 mai 1702, arch. dép.). Ce seigneur était au service d'Espagne, et devint commandeur de Calatrava, de Salsa, maréchal-de-camp, maréchal-général-des-logis et inspecteur de la cavalerie espagnole : il revint habiter l'Artois quelque temps après la paix d'Utrecht. Le P. Ignace nous a conservé une lettre de lui, écrite la veille de la bataille de Fontenoy, et qui est très-curieuse par les détails qu'elle donne sur le départ pour l'armée du roi et du Dauphin. Le C*te* *de Gomiecourt*, malgré son immense fortune et les charges lucratives qu'il exerçait, passa une partie de sa vie à plaider contre ses créanciers. En 1736, une saisie, pour cent mille livres de dettes, l'obligea à aliéner la seigneurie de Lignereuil et tous les arbres du bois de Logeas. Cela ne suffit pas pour le libérer entièrement ; car, l'année suivante, il vendit au magistrat d'Arras, pour la somme de cent mille livres, dont cinquante payées à ses créanciers, son hôtel d'Arras. Cet hôtel situé dans les rues des Trois-Faucilles, de la Marche et des Portes-Cochères, s'était appelé successivement hôtel de la Marche, de Noielles et enfin de Gomiecourt : on y logea le gouverneur d'Arras, Prince d'Isenghien. *Louis-Joseph-Balthazar de Gomiecourt* mourut le 1er avril 1754 ; il avait épousé *Philippine de Salzedo*, d'une des plus hautes familles d'Espagne, et qui fut dame d'honneur de la reine ; elle était morte à Arras en 1743, et avait été inhumée aux Clarisses. De ce mariage n'était née qu'une fille, *Marie-Anne-Françoise-de-Paule-Elisabeth*, dame de Gomiecourt, etc., mariée, le 17 novembre 1748, à *François-Honoré-Alexandre, marquis de Runnes, comte de Bézieux* (arrentement du 30 mai 1767.)

Un troisième frère, *Philippe-Michel-Bertin de Gomiecourt*, dit le *chevalier de Gomiecourt*, fut brigadier des armées du roi d'Espagne, colonel du régiment de Milan-Cavalerie. Ce fut lui qui reçut à Barcelone, en 1731, au nom du vice-roi de Catalogne, l'infant Don Carlos, qui allait prendre possession de ses états en Italie ; il fut nommé en 1737, gouverneur général du royaume de Valence. Cette même année, il donna son consentement à la vente de l'hôtel de Gomiecourt, faite par son frère : il mourut quelque temps après, sans avoir été marié : c'est ainsi que s'éteignit la maison *de Gomiecourt*.

Les tombeaux d'une grande partie de cette famille se trouvent dans l'église d'Herlincourt où cette famille avait un fief important.

En 1600 et 1679, un fief existant sur la commune de Gomiecourt, appartenait aux *De Carnin*, seigneurs de St-Léger, ainsi que l'indiquaient les pierres tombales de *Claude de Carnin* et de *François de Carnin*, dans l'église de St-Léger; mais en 1780, la seigneurie était entre les mains de M. Pecqueur.

C'est le 26 décembre 1870 que l'on vit les Prussiens pour la première fois sur le territoire de Gomiecourt. Après la bataille de Bapaume, le 4 janvier, les habitants de Gomiecourt furent accablés de réquisitions diverses. Du 24 au 27 du même mois, le village fut occupé par quatre cents hommes des 28e d'infanterie et 15e hussards. La commune de Gomiecourt, se trouvant entre Ervillers et Achiet-le-Grand, à deux kilomètres environ de l'un et de l'autre, et séparée de Béhagnies par la même distance, avait eu la bataille sur une partie de son territoire, lorsque l'aile gauche de l'armée du Nord fut forcée de se replier en arrière de Béhagnies. Les 2e et 3e bataillons de marine, ainsi que plusieurs compagnies du 36e de ligne, sont venus bivouaquer dans la commune pendant la nuit du 2 au 3 janvier; mais ils la quittèrent vers cinq heures du matin pour marcher en avant, et prendre une part active à la bataille de Bapaume, qui commença vers sept heures.

GUÉMAPPE.

GUÉMAPPE. — *Gumapium*.

HISTOIRE. — Le 4 février 1152, le Pape Eugène III confirma à Godescalque, évêque d'Arras, la possession de l'autel *de Gumapio*.

La terre était mouvante du château d'Arras.

La seigneurie paraît avoir toujours appartenu à la maison de *Wancourt* : (V. *Wancourt*) l'an 1438, elle fut vendue, avec les seigneuries de *Wancourt* et d'*Héninel*, par *Philippe de Wancourt*, seigneur du *Pont-Remy* et de *Duin*, à *Philippes de Montmorency* seigneur de *Croisilles*. Elle ne quitta plus la maison Montmorency-Croisilles : c'est ainsi qu'en 1757, le seigneur était le *prince d'Isenghien* (vingtièmes).

Le curé était à la nomination de l'évêque d'Arras: la dîme était partagée entre l'évêque, le chapitre d'Arras et l'abbé d'Hasnon.

La maladrerie, fondée au XIII° siècle, fut réunie en 1698 à l'hôpital d'Arras. Guémappe était régi par la coutume de Wancourt rédigée en 1507.

ARCHÉOLOGIE. — La tour de l'église, bâtie en 1695, porte les armes des Montmorency.

HAMELINCOURT.

HAMELINCOURT. — *Emilinkort, Imlincort, Hemlincurt, Hamelinchort, Hamelaincurt*.

HISTOIRE. — La terre d'Hamelincourt, était une baronnie de St-Vaast, et donnait le droit de porter la châsse du Saint ; mais la seigneurie elle-même relevait du château d'Houdain. Hamelincourt a donné son nom à une illustre famille de notre pays. Elle portait *d'azur fretté d'or*. Son cri, *Séchelles*, indique son origine, qui du reste n'a jamais été contestée. En effet, on connaissait, avant l'an 1050, un *Mathieu de Séchelles* (en Picardie) de *Hamelincourt* (*Imlincurt*) et Maizières, qui épousa *Béatrix de Guines*, fille du comte de Guines. Leurs noms se rencontrent fréquemment dans les archives des églises de Péronne et d'Amiens (*Le Carpentier*). Cette famille de Séchelles fut la souche des maisons picardes de *Mouy*, de *Libermont*, de *Sailly*, de *Machemy*, de *Soyecourt*, de *Humbercourt*, de *Humières*, de *Sancourt* et de *Bensy* et des maisons artésiennes de *Wancourt*, d'*Hamelincourt*, de *Neufville*, de la *Cauchie*, de *Souastre*, de *Sombrin*, de *Bailleul*, de *Matringhem*, de *Willencourt* et d'*Ecoust*.

Godefroy, évêque d'Amiens, avait excommunié *Guisfroid de Hamelaincourt* et *Guy* son frère ; Lambert, évêque d'Arras, lui écrivit à ce sujet dans les termes suivants : « *Guisfroid de* « *Hamelaincourt* et *Guy* son frère, se plaignent à nous de ce « qu'ayant été à votre service, vous les ayez pris pour des « excommuniés, quoiqu'ils ne soient point entrés par force dans « une église, n'aient enlevé avec violence aucun homme d'un « lieu saint, et ne soient même entrés dans le vestibule contre « les règles, qu'ils n'attendent ou n'espèrent aucune part à la « prise ou à la rançon de celui qu'on a ainsi enlevé : d'où ils « demandent instamment que l'église d'Arras juge s'ils doivent « être par vous excommuniés » (*P. Ignace*).

Un *Wautier de Hamelaincourt* est cité parmi les témoins de la donation d'Anselme de Ribémont en 1096. Une charte de l'abbaye de St-Eloi de 1098, fait mention d'un *Warnier de Hamelaincourt*. Il est probable que ces deux personnages n'en font qu'un, et sont le *Watier* ou *Warnier de Hamelaincourt*, qui donna en 1106, quatre razières de terre situées à Quéant, à l'église de St-Aubert, du consentement de sa femme *Amicie* et de ses fils *Warnier*, *Gilles* et *Wirifride*. Cette charte, passée à Arras, est des plus intéressantes, en ce qu'elle mentionne, comme témoins, plus de soixante-douze seigneurs, qui tous appartiennent à la Picardie, à l'Artois et au Cambrésis. Ils avaient été convoqués, à Arras aux ides de décembre 1106, par Robert, comte de Flandres, pour juger un différend qui s'était élevé entre Robert, avoué de Béthune et Henry, abbé de St-Vaast, à propos de la juridiction de l'abbaye (*Le Carpentier*).

Deux frères, *Wautier* et *Wirenfride de Hamelaincourt*, figurent comme témoins de la charte de l'abbaye de St-Eloi en 1129.

Une charte de 1155 fait mention de *Wirenfride*, de *Gilles d'Hamelaincourt*, et de *Watier*, fils de *Gilles* : Ils cédèrent à l'abbaye de St-Aubert, dix livres de rentes qu'ils avaient sur la cense de Quéant. Un *Warnier de Hamelaincourt* et un *Guiffride de Hamelaincourt* sont cités, en 1156, dans une charte de Thierri, comte de Flandres, concernant l'abbaye d'Eaucourt (*Godefroy*). On trouve encore un *Algan*, deux *Warnier* et un *Wirifride* en 1106, 1107, 1126, et 1169 (*du Chesne*. Histoire de Béthune). La fille de ce *Wirifride*, Mathilde, femme de *Guillaume du Riez*, donna, en 1190, avec son mari, à l'abbaye de St-Aubert, deux héritages situés au village de Quéant (*Le Carpentier*).

A la même époque, un *Renelmus de Hamelincurt* est cité comme témoin d'une charte par laquelle *Anselme Caudavesnes*, comte de St-Pol, et *Ida* sa femme, font remise à l'abbaye d'Etrun des droits seigneuriaux pour ses terres situées sur Ayette (Arch. dép.).

Un *Hughes d'Hamelaincourt* fit prisonnier en 1199, près de Leuse, le comte de Namur. (*Meyer*) Il figure dans les années 1194, 1198 et 1201, sur les chartes des abbayes de St-Aubert et de Vaucelles. Un *Mathieu de Hamelaincourt*, fut, en 1212, grand prévôt de Cambrai *(Le Carpentier)*. Les chartes citées par Godefroy, sous les années 1244, 1272, 1282, mentionnent des sires d'*Hamelaincourt* nommés *Warnier*. Une autre charte de l'abbaye du Verger en 1246, parle d'un *Jacques de Hamelaincourt*, mari d'*Agnès d'Aubencheul (Le Carpentier)*. Une *Sainte d'Hamelincourt* épousa, dit Payen, *Jean* ou *Jeannet de Beauffort*, deuxième du nom, qui combattit en 1299 à la journée de Cambrai & à la chevauchée de St-Omer en 1306. Un *Warnier d'Hamelaincourt* fut tué en 1340 par Robert d'Artois, en défendant la porte du Brule à St-Omer. (*Meyer*). Au commencement du XVe siècle, une *Jeanne d'Hamelaincourt* épousa un *Jacques de Bernemicourt*.

A partir de la fin du XIVe siècle, on perd tout-à-fait de vue la famille d'Hamelaincourt. Il est certain que la seigneurie a été possédée par la maison de *Barbencon*. En effet, la seigneurie d'*Hamelincourt* fut portée dans la célèbre famille de *Ghistelles* par le mariage de *Jeanne de Barbençon*, dame héritière de Longueville, d'*Hamelincourt* etc., avec *Jacques de Ghistelles*. Leur fils, *Jacques de Ghistelles*, seigneur de Dudzele, de Straete, de Longueville, de Stammers et de *Hamelincourt*, Conseiller et Chambellan de Maximilien, fut décapité à Bruges, le 17 mars 1488. Il eut de son mariage avec *Catherine de Stavèle*, *Jean*, qui fut seigneur de Dudzele, Longueville, *Hamelincourt* etc... La seigneurie d'*Hamelincourt* passa à *Philibert de Ghistelles*, fils de ce dernier, mort sans postérité. A son décès la terre revint à la famille de son frère *Antoine de Ghistelles*, mort en 1537, échanson de Charles-Quint et grand bailli de Furnes. L'un de ses fils, *Robert de Ghistelles*, seigneur de Dudzele, Longueville et *Hamelincourt*, figure dans les centièmes de 1569.

Sa sœur, *Marguerite de Ghistelles*, baronne de Longueville, Dudzele et Straete, épousa *Robert de Canteleu, dit de Douvrin*, et de ce mariage il n'y eut qu'une fille *Léonore de Douvrin*, qui fut mariée à *Gilles de Lens*, baron d'Aubigny, etc. *Léonore de Douvrin* mourut en 1580 et son mari en 1611 (*P. Ignace* et *Collect.* Godin). La pierre tombale de *Gilles de Lens* et de ses deux femmes, *Léonore de Douvrin* et *Jossinière de Noyelles*, existait dans l'église des Clarisses d'Arras. *Gilles de Lens* y est qualifié de seigneur et baron des deux Aubigny, Habarcq, seigneur d'Aix, Agéré, Warlus, Givenchy-le-Noble, Kel, Grand-Fossé, Noielette-en-l'Eau, Wandelicourt, Wermeille, Méricourt, colonel de dix enseignes des gens de pied Wallons : *Léonore de Douvrin* est dite baronne de Longueville, Dudzele, Straete, *Hamelincourt*, dame de Ghélus, Tasnières, Pétrieu, Cérisie, Haultsame (*Collect.* Godin). Tous ces grands biens passèrent à leur fille, *Marie de Lens,* qui fut mariée à un comte d'*Egmont*. La terre d'Hamelincourt n'appartint cependant pas à la famille d'Egmont: une sœur de *Léonore de Douvrin*, *Jeanne*, dame d'*Hamelincourt* avait épousé *Philippe de Haynin*, *Wambrechies* ; c'est cette maison qui posséda la baronnie d'*Hamelincourt*. Un de leur fils, *François de Haynin*, seigneur de *Wambrechies*, fut baron d'*Hamelincourt*, un autre, Robert, nommé évêque de Bruges en 1662, mourut en 1668 : son épitaphe existe encore dans la cathédrale de Bruges.

Philippe de Haynin, fils de François, porta aussi le titre de baron d'*Hamelincourt* et de seigneur de Haynin et de Wambrechies. Ses créanciers saisirent, le 9 mars 1677, les revenus de la baronnie d'Hamelincourt ; mais le roi la confisqua en 1678, de sorte qu'ils ne purent jouir de leur gage que pendant six mois : on trouve dans les registres du Conseil d'Artois le compte rendu par l'huissier gardien de la saisie. La terre fut cependant restituée aux de Haynin, car *François-Philippe*, fils de *Philippe*, fut aussi baron d'*Hamelincourt*. Ce fut lui qui vendit la baronie à *Jean-Baptiste Bouquel*.

Les Bouquel étaient une famille de robe. *Jean-Baptiste Bouquel*, écuyer, recréanta sa bourgeoisie le 4 décembre 1662. Il fut conseiller au Conseil d'Artois en 1675, et anobli par une charge de conseiller secrétaire du roi, maison et couronne de France, en 1697, en la chancellerie établie près le Parlement de Paris. Son fils, *Charles-François Bouquel*, écuyer, seigneur de Villers, sire Simon, *Hamelincourt*, etc. (*Bignon*), conseiller au Conseil d'Artois, récréanta sa bourgeoisie le 20 septembre 1680, et, de son mariage avec *Marguerite des Lions*, il n'eut que des filles. L'aînée *Marie-Marguerite*, dame d'*Hamelincourt*, épousa son cousin, *Jean-Baptiste-Joseph Bouquel*, seigneur de Warlus, qui mourut en 1769 ; il figure dans les vingtièmes de 1757 (*Collect.* Godin) : c'est de lui que parle le P. Ignace. Il avait six enfants, dont cinq fils, tous au service militaire : l'un d'eux, *Eugène-Francois-Félix Bouquel*, seigneur d'*Hamelincourt*, etc., récréanta sa bourgeoisie le 15 octobre 1736, et mourut le 2 avril 1780 ; il avait épousé *Marie-Guislaine Quarré du Repaire*. Leur fils, *Jean-Marie-Guislain Bouquel*, seigneur de Beauval, né en 1755, épousa, le 22 avril 1775, *Marie-Françoise Imbert de la Bazèque* (*Collect.* Godin et greffe du gros).

La famille Bouquel (vingtièmes de 1757) avait de très-grands biens ; aussi le projet de dictionnaire de l'Académie d'Arras appelle-t-il M. Bouquel « le plus riche gentilhomme de la province. » Les fiefs de Lagnicourt, Beauval, Hamelincourt, etc., furent partagés entre les différentes branches de la famille Bouquel. La terre d'Hamelincourt resta aux *Bouquel de Beauval*, comme le montrent les centièmes de 1780.

Une partie de la seigneurie était possédée par d'autres familles. Ainsi les centièmes de 1569 indiquent aussi comme seigneur, *Pierre du Mont-St-Eloy*, écuyer, seigneur de Vendin, conseiller au Conseil d'Artois en 1556, qui résigna son office en faveur de son frère Jean-Baptiste. Plus tard, *Sarah, dame d'Applaincourt, Fresnoy, Cerisy*, qui épousa, le 10 février 1578, *Jean d'Etampes*, seigneur de *Valençay*, était aussi dame d'*Hamelaincourt*.

La dîme appartenait au chapitre d'Arras et à l'abbaye du Mont-St-Eloy. La dîme champêtre d'Hamelincourt fut le sujet d'un procès, qui fut jugé par le Conseil d'Artois, le 3 juin 1677 (*Cons. d'Artois*, arch. dép.).

ARCHÉOLOGIE. — La tour de l'église date de 1531. L'église est à trois nefs, les colonnes sont d'ordre corinthien ; elle a été bâtie en 1787 (Note de M. l'abbé Parenty).

LE CHATEAU est encore tel que l'a décrit le P. *Ignace*. C'est un corps de logis assez étroit et très-irrégulier ; il est flanqué de trois tours. (Note de M. l'abbé Parenty).

Après avoir été visité par les éclaireurs Prussiens le 26 décembre 1870, la commune d'Hamelincourt fut le théâtre de nombreuses escarmouches entre l'ennemi et une compagnie de francs-tireurs, du 4 au 8 janvier 1871

HENINEL.

HÉNINEL. — *Héninelle.*

HISTOIRE. — C'était en 1106, un hameau dépendant de la paroisse de Wancourt.

L'abbaye d'Anchin a toujours été propriétaire de la seigneurie (vingtièmes de 1757, centièmes de 1569 et 1780). Une seigneurie laïque existait aussi dans ce village. Elle appartenait à la maison de *Wancourt* (v. *Wancourt*), et elle fut vendue, l'an 1438, avec les seigneuries de *Wancourt* et de *Guémappe*, par *Philippe de Wancourt*, seigneur de Pont-Remy et de Duin, à *Philippe de Montmorency, seigneur de Croisilles*. Elle resta dans cette maison.

Il y avait aussi un fief qui relevait de la baronnie de Vaulx. En effet, tous les *Longueval-Vaulx* s'intitulaient seigneurs d'*Héninel* (*P. Ign. Le Carp. Inscript. de Vaulx*).

L'abbaye de St-Vaast y avait, dès le XIIIe siècle, des terres qui furent reconnues en 1401 et 1410 ; elle les possédait encore en 1757 (vingtièmes).

La cure était à la collation de l'abbé d'Anchin, qui était en même temps le décimateur ; mais l'abbé d'Anchin abandonna la dîme au curé, qui était à portion congrue. Si l'on en croit un manuscrit, il aurait existé autrefois dans la paroisse d'Héninel, un prieuré de Ste-Geneviève de Paris.

HÉNIN-SUR-COJEUL.

HÉNIN-SUR-COJEUL. — *Henniacum*. Village très-ancien, à peu près à moitié chemin d'Arras à Bapaume. Il est traversé par le Cojeul, qui servait autrefois de limite à la Gouvernance d'Arras et au Baillage de Bapaume.

HISTOIRE. — Le nom de *Hennin*, *Hénin*, *Haynin* etc, se rencontre très-fréquemment dans les chartes ; mais comme il y eut un très-grand nombre de familles de ce nom, il est très-difficile de constater avec certitude l'existence d'une maison de *Hénin-sur-Cojeul*.

Quoiqu'il en soit, la seigneurie passa de bonne heure dans la famille de *Milly* : en 1239, *Eustache de Milly* la vendit au comte d'Artois.

Dès 1255, la famille de *Gomiecourt* est en possession de ce fief (*Le Carpentier*). Plus tard, depuis la fin du XVe siècle, on voit tous les Gomiecourt, et notamment Adrien I, Adrien II, Philippe, Jacques-Philippe, Maximilien-Claude, François-Louis Balthazar, Domitian Jean-Marie, Louis-Joseph Balthazar, prendre le titre de seigneur de *Gomiecourt, Hénin-sur-Cojeul, Lagnicourt, Noreuil et Ervillers* (V. les actes cités dans la notice sur Gomiecourt, contrats de mariage des 14 mai 1646, 9 janvier 1671, 1er et 4 décembre 1696 ; actes des 30 décembre 1697, 24 mai 1700 et 10 mai 1702 (*greffe du gros*, arch. dép.)

Le P. Ignace prétend que depuis longtemps cette seigneurie appartenant aux Gomiecourt, ne consistait que dans la hauteur ou clocher, tandis que la seigneurie et la dîme étaient la propriété du seigneur curé. Cette assertion paraît inexacte, puisque les vingtièmes de 1757 montrent que la seigneurie consistait en censives et en terres. Elle était à cette époque, possédée par *François-Honoré-Alexandre, marquis de Runnes, comte de Bézieux*, qui avait épousé *Marie-Anne de Gomiecourt*. Nous retrouvons ces deux personnes dans un arrentement fait sur Gomiecourt en 1767 (arch. dép. greffe du gros).

En 1775, le seigneur était un sieur *J.-B. De Lahaye,* chevalier, conseiller du roi en ses conseils, président au Conseil supérieur d'Artois, député ordinaire des Etats d'Artois, aussi seigneur de Vaulx, Sailly, etc... (*centièmes, contrat de mariage du 9 janvier 1775,* greffe du gros, arch. dép.) Lors des centièmes de 1780, la seigneurie était encore dans la famille *De Lahaye.*

Il existait dans ce lieu un riche bénéfice affecté aux chanoines réguliers de Saint-Augustin, et dépendant de l'abbaye de Ham, en Vermandois, diocèse de Noyon ; la création en remontait au XIII° siècle. Primitivement le prieuré était desservi par quatre religieux, plus tard il n'y eut plus qu'un prieur-curé de la paroisse.

A la fin du XVII° siècle, cette cure était possédée par un ecclésiastique nommé Doresmieux, qui fut obligé d'embrasser la règle de Saint-Augustin pour en demeurer paisible possesseur. Il eut pour successeur un chanoine régulier de Phalempin, près Lille, puis un d'Hénin-Liétard. Cette abbaye resta en possession du bénéfice jusqu'en 1724. L'abbé de Ham rentra alors dans son droit : c'était à cette époque un commandeur de Malte qui avait l'abbaye en commande. Il nomma à Hénin un religieux de Saint-Victor à Paris.

Une maladrerie, établie au XIII° siècle dans ce village, fut réunie en 1698 à l'hôpital d'Arras.

La dîme se partageait par moitié entre le prieur-curé et le chapitre de la cathédrale d'Arras.

ARCHÉOLOGIE. — L'église a été batie par les religieux d'Anchin.

Un détachement de quarante Prussiens, cavaliers et fantassins, traversa la commune d'Hénin-sur-Cojeul le 28 décembre 1870, se dirigeant vers Athies, dans l'intention de couper le chemin de fer du Nord : quelques éclaireurs revinrent les 29 et

30 décembre et le 26 janvier 1871. Ce jour là, quelques coups de feu ayant été tirés sur eux par les dragons français qui se trouvaient dans la commune, les Prussiens emmenèrent en otage M. Vaillant, maire et conseiller d'arrondissement.

MORY.

MORY. — *Moiry*.

HISTOIRE. — Le sire Thomas de Boves vendit, en 1239, au comte d'Artois, la dîme de *Moiry*. Il n'existait pas moins de trois seigneuries dans ce village. L'abbaye d'Eaucourt y possédait une seigneurie assez étendue. Une autre plus considérable appartenait au chapitre de l'église métropolitaine de Cambrai. Mais la seigneurie la plus importante était séculière. Elle fut d'abord la propriété d'une famille qui avait le nom de *Mory* : elle portait *d'or à la fasce d'azur, chargée de trois molettes d'argent;* ces armoiries existaient sur les vitraux de l'église d'Annezin près Béthune. (*Coll. Godin.*)

On trouve en 1106 un *Stephanus de Mori*. L'an 1313, le 7 février, un *Jacquemart de Mory* vendit un fief de deux razières de terre (*Le Carpentier*). *Ide de Mory*, héritière de cette famille, épousa *Robert de Sains*, seigneur de *Longastre*. Leur fille, aussi nommée *Ide*, se maria avec *Jean de Houchin*, seigneur d'Annezin, panetier d'Antoine de Bourgogne, et porta la terre dans cette maison d'Houchin, qui la conserva jusqu'à la Révolution. C'est ainsi que tous les Houchin portèrent, de père en fils, le titre de seigneurs de Mory. Cependant, en 1569, la terre était confisquée puisque nous lisons, dans les centièmes, la mention suivante « Nicolas Pourdrin, lieutenant du dit Mory, tient à
« cense de M. *de Longastre*, et à présent dévolu à sa majesté,
« qu'il a prins par confiscation, le nombre de cent quarante

« mencaudées de terres à labour etc... parce que présentement
« appartient au roi nostre sire, et que le receveur des confisca-
« tions en fait pleine recepte, pour ce icy mémoire » Il devait
aussi exister en 1569 une autre seigneurie, puisque nous voyons
mentionné comme seigneur dans les centièmes un M. de *Villers-
Marquais*.

En 1757 et en 1780, la terre était revenue dans la famille d'*Hou-
chin-Longastre* (vingtièmes et centièmes).

La question des droits honorifiques était un sujet de contestations continuelles entre le chapitre de Cambrai et la maison
d'Houchin. Un marquis de *Longastre*, *Louis de Houchin* ayant
au XVIII° siècle, fait mettre ses armes sur une cloche, à l'insu
du chapitre de Cambrai, les chanoines, lorsqu'ils l'apprirent,
défendirent qu'on montât cette cloche, mais on parvint à la faire
élever en l'absence des officiers du chapitre : de là un nouveau
procès. Le marquis de Longastre soutenait que sa seigneurie était
la principale, et alléguait une possession non interrompue de
trois cents ans, le chapitre de Cambrai prétendait que l'église
étant bâtie sur la censive de N.-D. de Cambrai, la seigneurie
était sur le Cambraisis, tandis que celle qui appartenait à la
maison d'Houchin n'avait ses ténements que sur l'Artois, d'où
la conclusion que la seigneurie du chapitre était la principale.

La dîme était partagée entre la cathédrale de Cambrai et l'église
Saint-Louis à Bapaume.

ARCHÉOLOGIE. — Eglise. Le clocher fut brûlé en 1698, et rebâti à cette époque ; la tour porte la date de 1548.

LIEUX-DITS. — La ferme du Valédon, qui fut autrefois un fief
important.

Les Prussiens sont entrés sur le territoire de Mory, pour la
première fois le 27 décembre 1870, au nombre d'environ trois
cents hommes, appartenant au 28° de ligne ; ils étaient accompagnés de quelques hussards. Jusqu'au 2 janvier, les réquisitions furent journalières. Ce jour-là, vers dix heures et

demie du matin, les chasseurs des 2ᵉ et 20ᵉ bataillons et les marins déployés en tirailleurs commencèrent le feu. Partant d'Ervillers, et ne rencontrant pas d'opposition sur leur gauche, ils vinrent prendre position au-dessus de Mory, sur le territoire de Béhagnies. Après avoir résisté à l'ennemi jusqu'à deux heures et demie, et voyant le vide se faire sensiblement dans leurs rangs, nos braves soldats durent se replier sur Mory, et se battre à la baïonnette dans le village avec un courage digne d'admiration. Vers le soir, l'aile gauche, composée en grande partie des mobiles du Nord, vint à leur secours; ils reprirent alors leurs positions. C'est alors que le général Robin faillit se faire tuer à la tête de son état-major. Après la bataille de Saint-Quentin, les Prussiens revinrent occuper Mory pendant cinq jours, du 22 au 26 janvier.

MOYENNEVILLE.

MOYENNEVILLE. — *Medoni villa*, *Mediana villa*, *Moyenville (1272)*.

HISTOIRE. — Saint Vindicien, dans son diplôme de 674, donne au chapitre d'Arras l'église de *Medoni villa*, ainsi que plusieurs manoirs et terres labourables (Baldéric). Girard, dernier évêque de Cambrai et d'Arras, donna l'autel à l'abbaye de Saint-Eloy, avec cette clause *sine persona*. Son successeur, Lambert, premier évêque d'Arras, confirma, le 21 octobre 1097, dans un synode tenu à la cathédrale d'Arras, la donation à l'abbaye de l'autel de *Mediana villa (Mirans)*. La dîme appartenait à l'abbaye de Saint-Eloy. La seigneurie principale fut toujours la propriété de l'abbaye de Saint-Eloy, mais l'abbaye d'Avesnes possédait aussi une autre seigneurie (centièmes de 1569, vingtièmes de 1757, centièmes de 1780).

Ce village parait avoir donné son nom à une famille. En effet on trouve dans une charte de 1106 un *Jodocus de Media-Villa*, cité comme témoin avec les seigneurs de Vitry, *de Vitriaco*, d'Hamelaincourt, *de Hamelincurt*, etc... *(Le Carp.)*

Le 29 septembre 1298 eut lieu à Moyenneville une enquête relative à des routiers qui désolaient le pays. (V. Ervillers.)

La seigneurie laïque était dès le XVIᵉ siècle, dans la famille de La Salle, qui exerça plusieurs charges municipales à Arras. *Eustache de La Salle*, seigneur de la Tour, *Moyenneville*, Mercatel, fut reçu bourgeois d'Arras, le 30 octobre 1534. Il épousa 1° *Antoinette Hustin*, 2° *Jeanne Gorliet*, 3° *Agnès Bondant* : du premier lit, il eut, entre autres enfants, *Pierre dit Pierrotin de La Salle*, seigneur de *Moyenneville*, et Mercatel, qui fut échevin d'Arras, et épousa *Marie Briois*, dame de Beauraing, fille d'*Antoine*, seigneur de Beauraing et de Terramesnil. Un de leurs sept fils, *Pierre de La Salle*, seigneur de Terramesnil, Beauraing, etc., marié à *Colette Turpin*, fut annobli le 15 novembre 1555 : il eut plusieurs filles, dont *Marie de La Salle* et *Marguerite*, qui épousa *Philippe du Chastel-de-Blangerval*, créé chevalier par lettres de Philippe II de 1565, membre du conseil de guerre, capitaine du château de Lille, gentilhomme de la bouche en 1574, gouverneur et grand bailli d'Oudenarde en 1607, et capitaine de chevau-légers. (*le Carpentier* et collect. Godin.)

Au XVIIᵉ siècle, la seigneurie de Moyenneville était passée dans la famille *de Jonglet*. Ainsi, *François Bernard de Bryas Royon* épousa *Jeanne Jonglet*, fille du seigneur de *Moyenneville*. Un bail à rente du 15 juillet 1702 parle de *Gabriel, Comte de Tholomez* et d'*Agnès de Jonglet* son épouse, fille de Florent *François de Jonglet*, chevalier, seigneur de *Moyenneville* (arch. dép.) Les vingtièmes de 1757 attestent aussi que la seigneurie était possédée en partie par une dame *de Jonglet*.

En 1780, on trouve un sieur Doncle mentionné comme seigneur.

ARCHÉOLOGIE. — L'église contient deux chapiteaux gothiques,

portant d'un côté l'effigie du Christ, de l'autre celle de la Vierge. Les moines de St-Eloy devaient pourvoir à l'entretien du chœur.

Un détachement ennemi de quatre-vingts hommes vint couper le chemin de fer, sur le territoire de cette commune, le 26 décembre 1870. Les Prussiens reparurent tous les jours jusqu'au 1er janvier 1871. Le village eut encore à supporter plusieurs réquisitions les 5, 6 et 7 janvier. Enfin, le 27, on vit pour la dernière fois, les Prusssiens traverser la commune au nombre d'environ deux mille hommes, cavalerie, infanterie et une batterie d'artillerie.

NOREUIL.

NOREUIL. — *Noureu, Noureuille, Noureuil, Noireul, Noirœul, Nœreul, Nourieul.*

HISTOIRE. — Le village n'était en 1226 qu'un hameau dépendant de la paroisse d'*Escoult*, et relevant du château de *Longastre*.

Deux chartes de 1205 et de 1206, dans lesquelles *Bauduin de Barastre*, gouverneur d'une partie du comté d'Artois, donne de grands biens à l'abbaye de St-Aubert de Cambrai, mentionnent comme témoin un chevalier nommé *Jean de Nœreul* ou *Nœruel*, ce qui indique qu'il exista une famille qui avait pris le nom du village. (*Le Carpentier*).

La seigneurie principale fut possédée par la famille *Le Merchier*, qui portait *de gueules à trois tours d'argent 2 et 1*. A la fin du XVe siècle, *Jacquemart Le Merchier*, écuyer, était seigneur de *Noureuil;* il était en outre écuyer ordinaire de la bouche du roi de France, et élu de Péronne, Roye et Montdidier. Son fils, *Gérard Le Merchier*, grainetier de la ville de Granvillers, fut aussi seigneur de *Noureuil*. Il eut pour fils *Jacques Le Merchier*, écuyer, seigneur de *Noreul* (*Le Carpentier*), ou de *Noureuil* (collect. Godin), qui mourut en 1554, et fut enterré avec sa femme, *Anne De le Candele*, dans l'église de la Madelaine à Cambrai. *Guillaume Le Merchier*, fils des précédents, fournit, le 4 mars 1565, un dénombrement de la terre de *Noureuil* (arch. dép.); il avait épousé *Léonore de Hennin Cuvillers*, c'est-à-dire de *Hennin-Liétard*. Après la mort de *Guillaume Le Merchier*, elle se remaria à *Jean des Wazières* (*Le Carpentier*). Les centièmes de 1569 mentionnent en effet comme seigneur M. *de Wazières*, et avant lui, M. *Le Merchier de Noureuil*. *Antoine Le Merchier*, fils du premier mariage, succéda à la seigneurie de *Noureuil*; il fut déclaré noble par sentence de l'Election d'Artois du 20 mars 1593 (Arch. dép.), et créé chevalier par l'archiduc Albert en 1618. Il épousa en premières noces *Marguerite du Fay*, dame *d'Hulluch*, et en secondes noces, en 1610, *Barbe de Haynin*. *François Le Merchier*, son fils, seigneur de *Noireuil* (*Le Carpentier*) et d'Hulluch (Collect. Godin), fut marié à *Anne de Bourgongne*, dont il eut un fils, *J.-B. Le Merchier*, seigneur de *Noureuil* et d'Hulluch. Ce dernier mourut en 1694, il avait épousé en 1652 *Jeanne de Béthencourt;* et une de ses trois filles, *Marie-Madelaine-Françoise Le Merchier*, dame *d'Hulluch*, fut mariée en 1686 à *Charles de Briois*. Une fille de ce mariage, *Françoise de Briois*, épousa en 1722 *François-Joseph de Coupigny*; la terre passa donc dans la famille de Briois (le dictionnaire de l'Académie porte en 1758 pour seigneur le *comte de Coupigny*), et ensuite dans celle de Coupigny. Un contrat de mariage du 26 avril 1783 prouve que la terre était encore à cette époque dans la possession d'un Coupigny (Arch. dép.); enfin, en 1789, elle n'était pas sortie de cette maison (*Harbaville*).

Une autre seigneurie exista en même temps dans le village; elle était possédée au XV⁰ siècle par la famille de Gomiecourt. Nous trouvons en effet que *Jacques-Philippe*, comte de *Gomiecourt*, qui se maria le 14 mai 1646 avec *Marie de Noyelles*, s'intitulait seigneur de *Noreuil* (Collect. Godin); de même son frère *François-Louis-Balthazar* et le fils de celui-ci *Domitien-*

Jean-Marie-François de Gomiecourt avaient la seigneurie de *Noreuil* (contrat de mars des 1er et 4 décembre 1696 *greffe du gros arch. dép.).* Cette seigneurie est probablement celle dont la famille Boucquel devint propriétaire. Un contrat de mariage du 17 octobre 1752 montre que *Félix Boucquel*, chevalier seigneur d'*Hamelincourt*, était fils de *J.-B.-Joseph Boucquel*, chevalier, seigneur de Lagnicourt, Sarton, *Noreuil* etc... D'après les vingtièmes de 1557 et les centièmes de 1780, la seigneurie, à ces deux époques, aurait appartenu à la famille Lefebvre.

Le village de Noreuil était du bailliage de Bapaume, du diocèse de Cambrai, du doyenné de Beaumetz-les-Cambrai.

ARCHÉOLOGIE. — L'église, bâtie à la fin du siècle dernier, ne présente rien de remarquable. Il existe une chapelle de N.-D. des Sept Douleurs qui est, depuis un temps immémorial, le but d'un pèlerinage ; démolie à la Révolution, elle a été rebâtie par un sieur Luc-Joseph Lefebvre.

Le 29 décembre 1870, deux cents cavaliers prussiens se rendant à Bullecourt et Riencourt, traversèrent la commune ; le même jour, cent cinquante hommes du trente-troisième de ligne vinrent faire une réquisition. Ces visites se prolongèrent jusqu'au 28 janvier 1871.

SAINT-LEGER.

SAINT-LEGER. — *Leodegarii fanum*, *Saint-Légier*, sur la Sensée et sur la voie romaine dite chemin de Saint-Quentin.

HISTOIRE. — Le président Hénault prétend que l'évêque Saint-Léger fut assassiné, en 678, dans une forêt de l'Artois, qui a retenu son nom. Un manuscrit d'Arras porte même que ce prélat fut décapité dans un lieu aujourd'hui nommé Saint-Léger, et situé entre Arras et Cambrai (*Harbaville*). La tradition du pays prétend que Saint-Léger eut les yeux crevés dans ce lieu. Mais les recherches historiques ont prouvé que saint Léger fut martyrisé dans la partie du bois de Lucheux qui avoisine le village de Sus-Saint-Léger.

En 1070, Eustache, comte de Boulogne, assigna à la collégiale de Lens une demi mesure de terre sur Saint-Léger, *in pago atrebatensi* (*Mirœus*). Plusieurs des seigneurs de Saint-Léger figurent aussi dans l'histoire. Un *Ansellus de Sto-Leodegario* est cité en 1096 comme témoin de la donation faite à l'abbaye d'Anchin par Anselme de Ribémont. On trouve encore en 1106 un *Brictius de Sto-Leodegario*, en 1197 un *Isaacus de Sto-Leodegario*, un *Jean Pavelon de Sto-Leodegario*. (*Le Carp*.)

Au commencement du XIII° siècle un *Anselme de Saint-Léger* épousa une *Jeanne de Bercus* (et non de Bergues comme le prétend le *P. Ign.*) (*Le Carpentier*). De même une *Guyotte de Saint-Léger* fut mariée à *Wyon de la Fayette*, qui fut capitaine de Selles en 1239. L'an 1416. *Mauroy* et *Gontrart de Saint-Léger*, avec les nobles exilés du parti bourguignon, font la guerre de partisans (*Meyer*) et *Mauroy de Saint-Léger* est créé chevalier, au couronnement de Louis XI, le 15 août 1461 (*Harbaville*). Mais on ne peut dire si ces seigneurs étaient membres d'une famille de Saint-Léger, ou bien si, appartenant à d'autres maisons, ils ajoutaient à leur nom celui de Saint-Léger. Il en est de même pour *Guyot de Saint-Léger*, écuyer, qui, à Azincourt, commandait une compagnie de treize écuyers (1415), et de *Guillaume de Saint-Léger* qui, à cette même bataille, servait dans la compagnie de *Henri de Bailleul* (*Clairembault* quittance des 13 octobre 1414 et 24 novembre 1415, M. *de Belleval, Azincourt*).

Le P. Ign. dit que la terre était dans la maison de *Bercus*, qu'elle fut possédée par un de *Bercus*, qui avait épousé une de *Beauffremetz*, et qu'une *Jeanne de Bercus* la porta dans la maison de *Flory*, ou *Floury*. Toutes ces assertions semblent inexactes : en effet l'on trouve qu'une *Jeanne de Bercus* fut mariée, au XIIIe siècle, avec un *Anselme de Saint-Léger*, et nulle part on ne voit que la famille de *Bercus* se soit qualifiée de seigneur de *Saint-Léger*. De même, ce fut une *Marguerite* ou *Magdelaine de Bercus* qui épousa, au XVe siècle, un *François de Beauffremetz* ; enfin on ne saisit aucune alliance entre les familles de *Bercus* et *de Flory*.

Mais une *Jacqueline de Beauffremetz* épousa un *Jean de Carnin* (et non de Carvin comme le dit *Le Carpentier*), qui fut échanson de Philippe-le-Bon : leur fils *Robert* épousa *Jeanne Floury*. La maison de Floury, qui est connue depuis le XIe siècle, était originaire du comté de Saint-Pol, et eut une assez grande illustration (*Le Carpentier*) ; elle posséda de bonne heure la terre de Saint-Léger. En effet, dès 1420, *Hughes Floury* est mentionné dans les archives de Saint-Aubert comme seigneur de *Saint-Léger* ; son fils *Georges*, son petit-fils *Anthoine* furent aussi seigneurs de *Saint-Léger*. Ce dernier eut plusieurs enfants, et parmi eux *Jeanne de Floury*, femme de *Pierre de Carnin*, et *Anthoine de Floury*, seigneur de *Saint-Léger* et de *Fontaines*, gouverneur de Gravelines, qui, de son mariage avec *Marie de Bournonville*, eut une fille. Cette *Marie de Floury*, dame de *Saint-Léger*, épousa *Hughes de Bournel*, seigneur d'*Estiembecque*, gouverneur de Bapaume, Douai et Orchies, c'est lui qui figure dans les centièmes de 1569. *Marie de Floury* mourut en 1573. Son fils *Maximilien de Bournel*, seigneur de *Saint-Léger*, institua pour héritier *Gabriel de Bournel*, son neveu, mais donna la terre de Saint-Léger à *Claude de Carnin*, son cousin par sa mère, c'est-à-dire le fils *de Jeanne de Floury*. Celui-ci possédait la seigneurie en 1586, puisqu'il figure dans un procès soutenu à l'occasion de la construction de la tour de l'église. En effet, dès 1584, le seigneur de Croisilles, qui prétendait des droits honorifiques, avait fait mettre ses armes sur cette tour ; mais *Claude de Carnin*, qui était en possession de la seigneurie, fit reconnaitre ses droits et rétablir ses armes en 1586 (*Le Carpentier, P. Ign.*, collect. *Godin*).

Ce *Claude de Carnin*, seigneur de *Saint-Legier*, *Fontaines-les-Quéant*, *Gomiecourt*, avait épousé *Marie de Markais*; il mourut le 3 octobre 1600, et du temps du P. Ignace, on voyait encore dans l'église leur tombeau en marbre blanc.

Le 8 mai 1602, nous trouvons un dénombrement servi par le sieur *de Carnin*, seigneur *de Saint-Léger*, au sieur de Bacquehem à cause de son château de Barástre (arch. dép. in-folio).

François-Adrien de Carnin, chevalier, seigneur de *Saint-Léger, Fontaines-les-Quéant*, épousa *Jeanne de Bergues Saint-Vinox*, héritière de la terre d'Ollehain; il mourut le 9 juillet 1679. Son tombeau et celui de sa femme, ceux de trois de ses enfants et d'un de ses frères, chanoine d'Arras et de Lillers, existaient dans l'église de Saint-Léger (P. Ign.).

Le fils de *François-Adrien de Carnin*, *Charles-François*, n'eut de sa femme, *Marie-Marguerite-Reine de France*, que deux filles. L'aînée *Marie-Maximilienne-Claire de Carnin*, était *dame de Saint-Léger* et *de Fontaines*, et elle épousa le 17 novembre 1711, *Charles-Dominique, marquis de l'Estendart*, seigneur de Verchocq etc. (Arch. dép. *greffe du gros*). C'est ainsi que le marquis *de L'Estendart* fut seigneur de *Saint-Léger* et de *Fontaines*. Son fils unique, qui fut page du roi Louis XV, porte-étendard aux gardes françaises, hérita de sa mère les seigneuries de *Saint-Léger* et *de Fontaines (P. Ign.)*, et mourut sans enfants, en 1736.

La sœur cadette de la marquise de *L'Estendart*, *Jeanne-Joseph de Carnin*, aussi qualifiée de dame *Saint-Léger et de Fontaines*, avait épousé un officier au service du roi d'Espagne, *le sieur de la Rozière*, qui devint, par la suite, mestre de camp de cavalerie, et lieutenant colonel du régiment de Brabant, et mourut à Paris, en descendant de carrosse (*P. Ign.*) Il laissa une fille unique, *Marie Reine de la Rozière*. Sa veuve se remaria à un officier, le sieur de Bellefosse, puis à un sieur Légal, qui avait fait fortune du temps du système de Law; mais elle n'eut pas d'enfants des ces deux derniers maris (*P. Ign.*). La demoiselle *de la Rozière*, héritière par suite du décès de son cousin, le *marquis de l'Estendart*, des terres de *Saint-Léger* et de *Fontaines*, épousa le 6 juin 1740, *Marie-Jacques*, *Eustache d'Aoust*, *marquis d'Aoust-Jumelles*, seigneur de *Bourcheuil* et des deux *Cuinchy*. La famille d'Aoust est une des plus anciennes du Ponthieu ; elle possédait déjà en 1196 le château d'Aoust près d'Abbeville, et de riches terres en Picardie (*Le Carpentier*). Une branche vint de bonne heure s'établir en Artois. Elle y jeta un vif éclat et devint titulaire du marquisat de Jumelles.

Le marquis *Jacques d'Aoust* figure, dans les vingtièmes de 1757, comme seigneur de *Saint-Léger*. Il mourut peu de temps après, et sa veuve, *Marie Reine de la Rozière*, épousa, en secondes noces, le sieur de *Languedove*, colonel d'infanterie et chevalier de Saint-Louis. Par lettres patentes du mois d'avril 1759, le roi, en récompense des beaux services militaires du sieur de *Langedove*, réunit les terre et seigneurie vicomtière de *Saint-Léger*, à la terre et seigneurie de *Fontaines*, pour ne composer à l'avenir qu'une seule et même terre érigée en marquisat sous le nom de *Languedove* (*Registre aux commissions du conseil d'Artois*). Dans cet acte on voit que la seigneurie vicomtière de *Saint-Léger* relevait de la terre et seigneurie de Barastre, et que, comme celle de *Fontaines*, elle était toujours la propriété de *Marie-Reine de la Rozière*. Les terres d'ailleurs revinrent bientôt à la famille d'*Aoust* pour n'en plus sortir; en effet en 1780 (centièmes), en 1787 (ordonn. du conseil d'Artois), le seigneur est toujours le marquis d'Aoust.

La branche des *Montmorency-Croisilles* prit aussi le titre de Saint-Léger. *Anthoine de Montmorency*, mort en 1529, fut le premier qui s'intitula seigneur de *Saint-Léger*. Il en fut de même de son fils *Bauduin*, de son petit-fils *Georges* et de son arrière petite-fille *Jeanne*, qui épousa *Philippe de Mérode*. Mais il est très difficile de savoir si cette terre leur appartenait en tout ou en partie, et de quelle manière elle leur était arrivée. Quoiqu'il en soit, au XVI° siècle les seigneurs de Croisilles prétendaient des droits honorifiques sur *Saint-Léger*, de là leur contestation avec la famille *de Carnin*.

ARCHÉOLOGIE. — La tour de l'église date de 1584 ; c'est un édifice carré et spacieux. L'église, rebâtie une première fois en 1665, a été reconstruite en entier en 1785. Vendue nationalement, elle fut rachetée par le marquis d'Aoust. Elle contient plusieurs bas-reliefs remarquables provenant de l'église Saint-Amé de Douai.

Le 26 décembre, vers deux heures de l'après-midi, les uhlans parcoururent le village en tous sens et se rendirent ensuite à Croisilles. Le lendemain matin, une bande d'environ cent quatre-vingts Prussiens arriva et se fit remettre les armes de la commune: elle les brisa sur place. Du 28 décembre au 2 janvier, Saint-Léger fut visité journellement par des éclaireurs prussiens. Le dimanche 22 janvier, vingt-cinq uhlans arrivèrent à toute bride de Vaulx-Vraucourt et forcèrent la boîte aux lettres. Le lendemain, quelques éclaireurs vinrent donner l'ordre de détruire les barricades construites par les troupes françaises. Enfin le 26, un corps de deux mille hommes d'infanterie, avec cent quarante hommes de cavalerie et un grand nombre de pièces d'artillerie de gros calibre, sous les ordres du général Strulberg, traversa Saint-Léger, se dirigeant sur Croisilles, et annonça aux habitants le siège prochain d'Arras. Dix fantassins se détachèrent de cette troupe et restèrent dans le village, formant une espèce d'avant-poste. Vers le soir, ce petit corps d'armée revint, et fit préparer des logements pour le recevoir. Deux heures après, un ordre les rappela à Bapaume : ils partirent emportant les réquisitions qu'ils avaient faites.

SAINT-MARTIN-SUR-COJEUL.

SAINT-MARTIN-SUR-COJEUL. — *Sancti Martini fanum.*

HISTOIRE.—Le 4 février 1152, le pape Eugène III, par une bulle adressée à l'évêque Godescalque, lui confirma la cure de ce village, sous le titre d'autel de Saint-Martin.

Dès le XV° siècle, la seigneurie était dans la famille de *Lameth*.

La tige de cette maison est un *Robert de Lameth*, qui vivait en 1212, et portait le titre d'écuyer de Bauduin comte de Flandre : il était le trisaïeul de *Thiébaut de Lameth*, seigneur de *Saint-Martin-sur-Cojeul*, qui fut marié à *Isabeau de Neuville-Vitasse*, et fut tué à Azincourt. Le petit-fils de *Thiébaut*, *Antoine*, seigneur de *Saint-Martin-sur-Cojeul*, passa au service de Louis XI, après la mort de Charles-le-Téméraire, et épousa, en 1460, *Jacqueline de Hénencourt*. Il eut pour fils *Philippe de Lameth*, qui fut gouverneur de Corbie, et eut pour femme *Anne*, héritière des *Bournonville*. Un des fils fut *Adrien de Lameth* de *Hénencourt*, seigneur de *Bournonville*, etc..., qui épousa *Anne d'Estourmel*, et fut seigneur de *Saint-Martin*, après la mort de son père et de son frère aîné. Sa sœur aînée était mariée à *Gabriel de Maulde*, baron de *Colembert* (**P. Ignace**). Le fils aîné d'*Adrien de Lameth*, *Jean*, fut aussi seigneur de *Saint-Martin*. La famille de Lameth existe encore et plusieurs de ses membres ont figuré dans notre histoire contemporaine.

Au XVIII° siècle, c'est la famille *Crepelle*, ou *Crépel* qui possède la seigneurie. Dans les vingtièmes de 1757, se trouvent mentionnés les héritiers du sieur *Crépelle*, pour les quatre cinquièmes de la seigneurie de *Saint-Martin*, et un sieur Denain pour l'autre cinquième.

Un bail de 1771, montre que le seigneur était *Placide-Joseph Crépel de Saint-Martin*, écuyer, conseiller du roi et couronne de France en sa chancellerie d'Artois (arch. dép.).

En 1772, des lettres patentes du roi autorisèrent *François-Jean Crépel* à vendre la seigneurie de Willerval et six mesures de terre au terroir de Lens, pour payer les deux cinquièmes de la terre de *Saint-Martin-sur-Cojeul* qu'il avait acquise d'*Eugène-Joseph Crépel*, son frère (*Cons. d'Artois*, arch. dép.).

Les centièmes de 1780 donnent aussi pour seigneur un sieur *Crépelle*. Cette famille était encore propriétaire de la seigneurie en 1786, ainsi qu'il résulte d'un jugement du conseil d'Artois du 21 mai (arch. dép. *cons. d'Art.*).

Mathieu Moulart, évêque d'Arras, naquit à saint-Martin en 1520 : son père était fermier du seigneur de Maulde, baron de Colembert. Mathieu Moulard fut d'abord bénédictin, puis successivement professeur à Louvain, abbé de Saint-Guislain en Hainaut, député aux états du Hainaut, député des provinces Wallonnes en Espagne et enfin évêque d'Arras en 1575. Il ne fit son entrée à Arras qu'en 1577, parce qu'il exigea qu'on le déchargeât de la pension payée au cardinal de Granvelle. Il fonda plus tard à Douai un collège qui porta son nom. Les troubles religieux le forcèrent à quitter momentanément son diocèse, et il en confia la direction à Jean Sarrazin, abbé de Saint-Vaast. C'est sous son épiscopat, en 1597, qu'eut lieu l'attaque de Henri IV sur Arras. Les bourgeois se portèrent courageusement sur les remparts, et par leur attitude forcèrent les troupes françaises à se retirer. Gazet rapporte que le succès fut dû en grande partie à l'évêque Mathieu Moulart, qui malgré son âge, vint sur les remparts encourager les habitants. Il mourut en 1600, à Bruxelles, où il s'était rendu pour une assemblée des Etats Généraux.

Un autre Mathieu Moulart, neveu de l'évêque, fut curé de Saint-Martin, et figure dans un procès au conseil d'Artois en 1688 (arch. dép.); il mourut en 1698, et fut enterré dans le cimetière.

Ce village était divisé en deux parties : l'une relevait du bailliage ou gouvernance d'Oisy, l'autre était vivement disputée entre le bailliage de Bapaume et la gouvernance d'Arras.

La cure était à la collation de l'évêque d'Arras et de son chapitre, et la dîme se partageait entre eux.

ARCHÉOLOGIE. — L'église a été bâtie en 1772 avec les souscriptions des habitants.

La commune fut visitée par les éclaireurs prussiens, les 26, 27, 28 et 29 décembre 1870.

VAULX-VRAUCOURT

VAULX-VRAUCOURT. — *Vallis, Vallum, Val, Vaus, Vaux.*

HISTOIRE. — Ce village est connu depuis une époque ancienne. Saint Landelin, disciple de Saint-Aubert, qui fonda les abbayes de Lobbes, de Crespin, de Vallers, naquit à Vaux en 623; il était fils du seigneur de Vaux.

Vaulx a donné son nom à une famille puissante que l'on suit depuis le XI° siècle jusqu'à la seconde moitié du XV°. Mais comme il y eut un très-grand nombre de familles de *Vaux*, il est assez difficile de bien établir la succession de celle de *Vaux en Artois*. Il ne faut donc citer comme seigneurs de *Vaux* que ceux qui apparaissent accompagnés de seigneurs de l'Artois et du Cambrésis. Un *Burcardus de Vallis* est témoin de la fameuse charte de 1071 donnée par Liébert, évêque de Cambrai, dans la cathédrale d'Arras. (*Le Carp.*). Sont cités avec lui : un *Ellebordus de Buschoi*, un *Balduinus* de *Wahencurt* (*Wancourt*) un *Robert*, avoué d'*Arras*, un *Wistachius de Novavilla*, un *Warnerius de Longastro*, un *Anselottus de Pas*, un *Frimoldus de Montigniaco*, etc. Un *Simon de Vallo* figure aussi comme témoin d'une charte de 1096, par laquelle *Bauduin Calderuns* donne à l'abbaye d'Anchin tous les héritages, fiefs alleux et esclaves, c'est-à-dire tout ce qui était de sa juridiction, en son village d'Inchy en Artois : cette donation fut confirmée par Anselme de Ribemont, comte d'Ostrevent et châtelain de Valenciennes, en présence d'une foule de seigneurs, qui portent les noms de villages d'Artois et du Cambrésis (*Le Carp.*) De même, une charte de l'abbaye d'Arrouaise de 1106, mentionne, comme témoins, *Lambertus del Vaux*, ainsi qu'un grand nombre de seigneurs de nos pays.

Le jugement de 1156, par lequel Thierry, comte de Flandre, annula l'accord fait entre l'abbaye d'Eaucourt et un chevalier, nommé Etienne, pour des biens situés à Courcelles-le-Comte, porte comme siégeant dans la cour seigneuriale *Widon de Vaus*, *Hughes son frère*, et Hughes de Blarville (*Godefroy*). En 1160 un *Nicaisin de Vaux* est témoin d'un acte de *Jean de Ramillies* dit *Dragon* (*Le Carp*.)

Nous trouvons un peu plus tard un *Roger*, seigneur de *Vaulx* et *Ecoust-Saint-Mein*, dont la fille *Wildebrande* épousa *Barthélémy de Gomicourt*. Ce *Barthélémy* et sa femme firent en 1212 *une révocation des droits qu'ils pourraient quereller en la terre de Vaulx*.

Suivant D. Gosse, cette terre aurait appartenu à la maison de Barastre, et aurait été vendue, en 1219, par *Bauduin de Barastre* à *Hévelon*, bailli de Bapaume, et, quelques années après, celui-ci aurait obtenu du comte d'Artois le droit de haute justice, à l'exception des cas réservés, le rapt, le meurtre et l'incendie. Mais même postérieurement à cette vente, on voit beaucoup de seigneurs du nom de Vaux.

Dans l'audience de la cour féodale du comte d'Artois, qui se tint au château de Bapaume, le mercredi avant la Saint-Laurent 1286, figure, comme homme du comte, à côté du sire de *Beaumès*, *Hévelon de Vaux*. Ce procès très-curieux était intenté alors par le Comte et les maire échevins de la ville de Boulogne. Ces derniers se plaignaient de ce que les gens du comte d'Artois voulaient leur ôter la justice dans leur ville et les environs. Les gens du comte d'Artois consultèrent le comte de Boulogne, qui déclara que cette justice lui appartenait, quoique son comté fût tenu en fief de celui d'Artois. Les plaids se tinrent à Arras, le mercredi après la Madelaine (24 juillet) 1286. Le comte de Boulogne comparut en personne, la ville par procureurs : l'affaire fut renvoyée à quinzaine à Bapaume (*Godefr*.)

Quatre ans après, en 1290, on trouve un acte dans lequel « *Niéveles de Vaus* (probablement le même que *Névelon*) écuièr, « déclare que *Ghérard de Vaus*, écuier dit *Hurtaus*, son homme, « a reconnu en sa présence, en celle de ses hommes ses pairs, « et des hommes du Comte, qui lui furent prêtés, avoir rendu à « Jaquemar Douchet, d'Arras, fils de Robert Douchet, toute la « dîme qui lui appartient à *Vaus* et tout le terrage, qu'il en a

« adhérité le dit Jaquemar, et l'a reçu a hommé demi-lige » (*Godefr.*).

Il est présumable que le *Neulés* ou *Nicolas de Vaux* dont parle D. Gosse, et qui, par donation de juillet 1301, choisit sa sépulture dans l'abbaye d'Eaucourt, et y fonda deux messes hebdomadaires, est le même qui figure dans le procès de 1286, et dans l'acte de 1290. D'après D. Gosse, ce *Neulés de Vaus* avait un fils nommé *Jean*.

Il est question au XIV° siècle d'un *Allart* et d'un *Collart de Vaux* dans un curieux texte des archives départementales, qui commence ainsi : « Chi après sensuivent les terres séant ou « terroir de *Vaulx* et de Frémicourt sur lesquelles *Jehan de Beau-* « *mès* prent terrage par la manière que s'ensuit, lequel terrage fu « *Allard de Vaux*. »

En 1376, un *Jean de Vaulx* était bailli d'Hesdin : en effet au haut de la copie d'une enquête ouverte par ordre de Louis VIII, en juillet 1216, on lit que cette copie a été faite par *Jean de Vaulx*, écuier, bailli d'Hesdin, le 28 septembre 1376 (*Godefr.*). De même, en 1378, un *Pierre de Vaux* est mentionné comme chevalier avec les sires de Haveskerque, de Buissy, de Hendecourt, etc.

Dom Gosse, dit avoir reconnu dans l'église de Vaux une pierre sépulcrale au « haut de laquelle se trouve un écusson « chargé de trois lions, deux et un en pointe. Elle est aussi ornée « de trois figures plates avec une épitaphe dont je n'ai pu lire que « les mots suivans Chi gist... seigneur de *Vaux* qui trespassa « en revenant du voyage de Jérusalem en l'an de grâce mil IIIIC « et XXXIII. Chi gist *Jehans* ses fils seigneur de Vaux qui tres- « passa en l'an de grâce mil IIIIC et XXXIX. Chi gist *Gué-* « *rard, seigneur de Vaux*, le susdit chevalier... qui fist... de cette « lame... en l'an de grâce mil IIIIC et XL au mois d'avril priez « Dieu pour leurs ames. »

Ce texte est fort curieux en ce qu'il indique les derniers seigneurs du nom de *Vaux* et les armes de la famille, qui étaient *trois lions deux et un en pointe*. Quelques auteurs cependant ont prétendu que ces armes étaient *d'argent à la bande de sable cot-*

toyée de deux cottices de même, mais cette assertion ne peut se soutenir en présence de l'inscription qui vient d'être citée.

Enfin D. Gosse rapporte que la seigneurie de *Vaulx* fut vendue, le 16 mai 1444, par *Simon de Gonnelieu* et *Jeanne de Vaulx*, sa femme, à *Hughes de Longueval*, capitaine de Bapaume, chambellan du duc de Bourgogne, mort sans enfants en 1458. Celui-ci, par son testament daté de Bapaume, du 24 juillet 1458, aurait fait don de la seigneurie de *Vaux* à son neveu *Jean de Longeuval*, fils de *Jean*, seigneur de *Cramailles*. D. Gosse ajoute que, jamais avant eux, la maison *de Longueval* n'ayait possédé à *Vaux* la moindre terre, mais il est en contradiction avec tous les autres auteurs. En effet on a vu dans la notice sur Bucquoy, que les textes constatent que dès le commencement du XII° siècle, les *Longueval* prenaient la qualité de seigneurs de *Vaux*. Ainsi *Landelin de Longueval* est qualifié de seigneur de *Vaux*, en 1140, dans une charte de l'abbaye d'Arrouaise : son fils, *Aubert*, et ses petits-fils *Watier*, *Aubert* et *Raoul*, sont mentionnés avec le même titre dans une charte de l'abbaye de Saint-Aubert. Mais D. Gosse conteste l'existence même de ces chartes, et accuse Le Carpentier d'erreur grossière. Ce dernier auteur n'est cependant pas le seul qui ait admis l'authenticité de ces documents ; d'autres, notamment Gélie, la Morlière et le P. Ignace, ont suivi la même opinion : il serait bien extraordinaire que pas un n'eut vérifié ce qu'il affirmait. Ne peut-on pas penser que, dans le siècle et le demi-siècle qui séparent Le Carpentier et le P. Ignace de D. Gosse, et, par suite des guerres qui avaient désolé le pays, ces titres avaient péri.

Quoiqu'il en soit, on trouve dans tous les généalogistes, sauf D. Gosse, toute une série de *Longueval* qualifiés de possesseurs du fief de *Vaux*, depuis *Aubert de Longueval*, qui fut tué en 1302, à la bataille de Courtrai. Après cet *Aubert*, vint un autre *Aubert*, son fils, puis *Alain*, son petit-fils, marié à *Idette de Beaumès*, fille du châtelain de Bapaume, et mentionné souvent dans les chartes des abbayes d'Arrouaise, d'Eaucourt, de Saint-Aubert, et du Vivier, pendant les années 1381, 1383, 1387.

Les deux fils d'*Alain*, *Jean* et *Alain*, furent tués à Azincourt.

Après eux apparaissent les trois frères *Charles*, *Renaud*, et *Jean* de *Longueval*, tiges des trois branches de *Longueval*. On n'est pas tout-à-fait fixé sur la question de savoir s'ils étaient les fils de *Jean* ou d'*Alain*. La Morlière, la Chesnaye des Bois etc... les prétendent fils d'*Alain* ; mais D. Gosse est ici d'accord avec Le Carpentier et le P. Ignace pour reconnaître qu'ils étaient fils de *Jean* tué à Azincourt. Seulement, au lieu de trois fils, il en énumère cinq ; 1° *Charles*, qui continua la branche des *Longueval* proprement dits, 2° *Renaud*, tige des *Thénelles-Buquoy*, 3° *Hughes* qui aurait acheté la terre de *Vaux*, et qui aurait été enterré au Mont-Saint-Quentin, 4° *Gilles* abbé de Saint-Corneilles à Compiègne, 5° *Jean* qui aurait épousé l'héritière du seigneur de Cramailles, et dont le fils *Jean*, marié à une *Miraumont*, aurait reçu de son oncle la seigneurie de *Vaux*. L'opinion de D. Gosse, sur *Jean de Longueval*, est en opposition complète avec les textes. En effet on peut suivre ce personnage, pour ainsi dire pas à pas, dans l'histoire : il fut gouverneur de Bapaume, grand bailli d'Hesdin en 1426, général dans le Milanais, gouverneur de Crévecœur et d'Arleux en 1464 ; il épousa *Marguerite de Bournel*, fille du seigneur de *Thiembronne*. Enfin il porta certainement le titre de seigneur de *Vaulx* ; peut-être l'avait-il reçu en legs de son frère *Hughes* ; en tous cas c'est en sa faveur que ce dernier aurait testé.

Ainsi l'achat de la seigneurie en 1444, si tant est qu'il ait existé, ne doit s'entendre que de l'achat d'une seigneurie, peut-être même la principale, existant sur Vaulx, concurremment avec une autre appartenant déjà aux Longueval. Ces derniers, par cet achat, ont réuni dans leurs mains toutes les seigneuries du village de *Vaulx* : en effet, à partir de cette époque, ils sont mentionnés comme possédant seuls cette terre.

Il existe dans l'église de Vaulx une très-curieuse épitaphe, qui donne toute la suite des Longueval-Vaulx et de leurs femmes, depuis *Jean de Longueval*, fils du *Jean*, dont on vient de parler : nous la reproduisons en entier, d'après M. le Gentil, et nous renvoyons à notre notice sur Bucquoy pour les détails historiques sur chacun de ces personnages.

S'ensuivent les noms des seigneurs et dames chy dedans enterrés. Premièrement chi gist le corps de noble et puissant seigneur messire Iehen de Longueval chevalier seigneur de Vaulx, Héninel, Villers-au-Flos, Cappy, Belloy, Visconte de Verneul, gouverneur et cappitaine des ville et chasteau de Bappalmes, lieutenant de M. le grand bastard de Bourgongne de sa compaignie de cent hommes darmes qui trespassa a Verneul la nuict des Rois lan de grace 1499 ⤳ près de luy ; gist le corps de noble et puissante dame madame Marie de Miraumont son espouse, dame de Beaumont fille aisnée de messire Robert chevalier seigneur de Miraumont conseillier et chambellain mareschal de lhoost et chappitaine de la garde du bon duc Philippe de Bourgoigne ectx laquelle trespassa a Verneul le iour de caresmaulx lan 1558 — chi gist aussi le corps de noble et puissant seigneur messire Adrien de Longueval fils ainé des susdicts seigneurs et dames chevalier seigneur de Vaulx, Héninel, Villers-au-Flos, Cappy, Tournel Travesi gouverneur et cappitaine des ville et chasteau de Bappalmes, conseillier et chambellain de Charles V^e roi des Espaignes et cappitaine de Hallebardiers allemans de sa garde lequel trespassa en la ville de Douay le XIIIe de iuill et 1534. Près de luy gist le corps de noble et puissante dame madame Anne de Courteauville dame de Reineghelst et de la Tour fille aisnée et héritière de messire Ioseph de Courteauville conseillier et chambellain du duc seigneur Charles de Bourgoigne laquelle trespassa le VIe de iuing lan 1539. Chy gist aussi le corps de noble et puissant seigneur messire Iehan de Longueval fils aisné dessusdicts seigneur et dame. chl^r seigneur de Vaulx, Henninel, Villers-au-Flos, Cappy, Reineghelst, Assiet-le-Petit de la bargagne d'Arras conseillier et maistre dhostel de lempereur Charles V^e et gouverneur et cappitaine des ville et cite d'Arras, et fondateur de cette nouvelle église, le quel trespassa en sa maison dArras le XVIe de may 1551 ⤳ pres de luy gist le corps de noble et puissante dame madame Iehenne de Rosimboz son espouse dame de Villers Longppe et de Canteleu fille aisnee de messire Pierre chevalier seigneur de Rosimboz en son conseillier et chambellain de lempereur Charles V^e et grande mere dhostel et chief des finances de madame Marguerite archiduchesse d'Aultriche et douagiere de Savoye tante du susdict empereur et gouvernante du Pays-Bas, etcx, laquelle avec son mary aussi fondatresse de ceste eglise trespassa

Chy gist aussi le corps de noble et puissant seigneur messire Maximilien de Longueval filz unicque des susdicts seigneur et dame en son vivant s^r de Vaulx, Héninel, Villers-au-Flos, Cappy, Reinenghelet ⤳ Assiet-le-Petit

Maximilien, qui figure le dernier sur cette inscription, fut gouverneur d'Arras, grand veneur et louvetier d'Artois, chevalier de Calatrava, conseiller d'Etat de Charles-Quint, et chef des finances. Il porta, le premier, le titre de *baron de Vaulx*; plus tard il acheta, d'un *Longueval Thenelles-Buquoy* (*D. Gosse*), l'une des seigneuries de Buquoy, et ensuite l'autre, d'un *Godefroy Stierch*, et fit ériger en comté, par lettres du 28 juin 1580, la terre de Bucquoy, ainsi réunie dans sa main. Il fut tué, en 1581, au siége de Tournay, et on lui fit à Lille, les 2 et 3 janvier 1582, des funérailles magnifiques (*Mss de la bibliothèque de Lille*). Sa femme était une *Marguerite de Lille*. On voyait, dans l'église des Récollets de Douai, une verrière représentant un losange de *Longueval* parti de *Lille*, qui avait été donné par sa veuve (*D. Lepez*).

Son fils est le célèbre *Charles-Bonaventure de Longueval*, dit *le Grand comte de Buquoy* (*v, not. sur Bucquoy*), qui fut chevalier de la Toison d'or, comte de *Buquoy* et de Gratz, baron Rosemberg, conseiller d'Etat du roi d'Espagne, général de son artillerie, gouverneur et grand bailli du Hainaut, général en chef de l'armée impériale en Bohême et en Hongrie. Il fut tué en 1621 à Neuhausel et enterré aux Cordeliers de Vienne ; il porta le titre de *baron de Vaulx*. Après lui, *Charles-Albert de Longueval*, son fils, comte de *Buquoy*, de Gratz et de Rosemberg, chevalier de la Toison d'Or, général de la cavalerie espagnole aux Pays-Bas, gentilhomme de la Chambre de l'Empereur et du roi d'Espagne, grand veneur et grand louvetier d'Artois, Gouverneur et grand bailli du Hainaut, et capitaine d'une compagnie d'ordonnance, posséda la *baronnie de Vaulx*. A sa mort, en 1664, cette baronnie passa à un des fils qu'il avait eus de sa femme *Guillemette de Croy*, *Charles-Philippe de Longueval*, qui fut créé *prince de Longueval* en 1688. Le fils de ce dernier, *Charles-Emmanuel, prince de Longueval*, marié à *Rose-Ange de Harrach*, fut le dernier *baron de Vaulx*, de la maison de *Longueval*. Le mauvais état de ses affaires le força à vendre plusieurs de ses terres, et parmi elles la *baronnie de Vaulx*, dont le revenu était considérable (*P. Ign.*). Elle fut achetée par *Guillaume-Alexandre de France*, qui avait été créé marquis de Noyelles, par lettres patentes de juillet 1698 :

il figure avec la seule qualité de *Seigneur de Vaulx* dans un procès soutenu en 1703 contre Ferdinand des Vignes ancien bailli de *Vaulx* (*jugement du 13 avril 1703 arch. dép.*).

En 1728, le *seigneur de Vaulx* ne prenait pas encore le titre de *baron* ; (*arch. dép. jugement du 22 janvier 1728*) mais dès 1738 *Charles, Alexandre de France* s'intitule *baron de Vaulx*, (*arch. dép.*) Dans tous les vingtièmes de 1757, sur *Vaulx, Eps-Herbeval*, Radinghem, Vincly, on lui donne la même qualité. Un de ses fils fut aussi *baron de Vaulx*.

En 1780, la baronnie de Vaulx était entre les mains de *M. de Bariscaile*.

Il existait aussi sur Vaulx un fief appelé *Saint-Martin*, il était, en 1757, la propriété d'un M. *Delaporte*. Ce fief resta longtemps dans la même famille, puisque nous trouvons, dans les papiers de l'élection d'Artois, en 1770, les titres constatant la noblesse de *Louis-François-Guisloin De Laporte*, seigneur de *Vaulx* ; et en 1785, une commission de la garde de la terre de *Vaulx* appartenant à M. *De Laporte*, commission donnée à Nicolas de la Haye.

ARCHÉOLOGIE. — L'église de Vaulx date du XVI° siècle, elle porte la date de 1564 formée par quatre ancres en fer donnant ce millésime : elle est remarquable. L'inscription, rapportée plus haut, en attribue la fondation à Jean de Longueval et à Jeanne de Rosimboz sa femme ; toutefois il faut remarquer que Jean de Longueval ne la vit pas terminer, puisque, d'après la même inscription, il mourut le 16 mai 1555. Jeanne de Rosimboz décéda, d'après le P. Ign. le 14 juin 1570. Cette église a fait l'objet récemment d'un excellent travail de M. le Gentil, et l'on ne peut mieux faire que de reproduire la description qu'il donne.

A l'extérieur l'église offre un vaisseau à trois nefs surmontées chacune de leur toit, et une tour d'une hauteur et d'une élégance peu communes. A l'intérieur elle montre les voûtes en pierre de de ces mêmes nefs soutenues par l'épanouissement entrecroisé des nervures de leurs piliers. Dans le mur de la basse nef de gauche, s'ouvrent quatre baies profondes, que ferment à la partie, supérieure, des arcades évidemment destinées à recevoir des monuments funéraires. Au sommet de ces arcades sont des écussons aux armes des Longueval. Au bas de la première arcade se trouve la pierre tumulaire du fondateur et de la fondatrice de l'église. Cette pierre, de 2 m. 10 cent. de long, sur 1 m. 55 de large, est en marbre noir, et porte deux figures couchées, sculptées en ronde bosse, les mains jointes sur la poitrine et la tête légèrement relevée par des carreaux à glands. Ce sont celles de Jehan de Longueval et de Jehanne de Rosimboz. Jehan de Longueval, tête nue, les cheveux presque ras et la barbe demi longue, est couvert d'une armure pleine, sur laquelle est passée une cotte à ses armes. A son flanc gauche, maintenue par des attaches, son épée, dont la fusée, sans pommeau, affecte la forme d'un coutelas ; l'un des quillons se recourbe de manière à protéger la main, la contre-garde est formée d'une petite coquille. Plat et large, le fourreau dénote une lame évidée, se retrécissant de la garde à la pointe. Les solerets à bouts carrés, suivant la mode du temps, s'appuient sur un levrier.

Jehanne de Rosimboz est coiffée d'un bonnet à la Marie Stuart, enveloppée d'une longue mante également armoriées, qui ouverte sur la poitrine, laisse voir le corsage boutonné se terminant en pointe liserée, et le devant de la robe : les pieds cachés par la jupe reposent aussi sur un chien griffon.

Jehan et Jehanne portent au cou la petite fraise droite, et aux poignets des manchettes tuyautées. Entre eux se trouvent, vers le bas, une paire de gantelets.

A droite de Jehan, à la hauteur de la tête, se trouve son écu : au même endroit, à gauche de Jehanne un autre écu simulaire.

L'inscription porte : « Chy dessoubs gist le corps de noble et
« pvissant seigneur messire Iehan de Longveval chier sei-
« gneur | de Valvx, Reinenghelst, Villers au Flos, Cappy, Assiet-
« le-Petit, Héninel et de la Bargaigne d'Arras etcetz, | conseiller
« et maistre d'hôtel de fev Lemprevr Charles V^e, Gouvernevr des
« ville et cité d'Arras qui tres | passa le 16e de may 1555 : gist
« aussi près du dict S^r le corps de noble et pvissante dame, ma-
« dame Jehanne de Rosimboz, sa feme dame de dessus d^{ts} de

« Vavlx etcetz, et de son chief, de celles de Villers Longpretz et
« Cantelev qui trespassa, le 17° de iving 1570 ». Dom Lepez dit
qu'il existait, à l'église des Bonnes-Nouvelles du faubourg St.-
Sauveur-lez-Arras, une verrière donnée par Jeanne de Rosimboz,
et la représentant ainsi que son mari : d'après la description
qui nous en est restée : cette verrière devait reproduire presque
entièrement la pierre de Vaulx.

Dans l'église de Vaulx existe le caveau sépulcral des Longueval; il est voûté en plein centre et a 7 m. 25 de long sur 3 m.,
10 de large et 2 m. 05 dans sa plus grande hauteur.

Sur toute la longeur, sont établies seize auges en pierre blanche,
dans lesquelles étaient déposés les cercueils de plomb, enveloppés
de chêne. Ces auges, placées bout-à-bout, sont jumelles et sup-
perposées; il y en a donc huit supérieures et huit inférieures : leur
largeur est de 80 c. et leur longueur de 1 m. 65 seulement : sur le
pourtour des auges se lisent les noms des personnes qu'elles ont
contenues.

Une allée règne autour du caveau, et dans la retombée des voûtes sont des écussons aux armes des Longueval ou des familles
alliées. Au chevet du caveau se trouve une pierre de 1m. 07, sur
0,87c. qui contient l'épitaphe reproduite plus haut. Elle donne les
noms des Longueval enterrés dans le caveau. Cependant il est bon
de faire observer que D. Lepez reproduit l'épitaphe suivante qui se
serait vue de son temps dans l'abbaye de Marolles. « Gist messire
« Adrien de Longueval, chevalier seigneur de Vaux, Héninel, Vil-
« lers-au-Flos, Cappy, gouverneur de Bapaume, décédé en 1534. »
De plus le même auteur rapporte que le cœur d'Adrien de Longueval était déposé dans l'abbaye de Crespin, et qu'un tableau y représentait ce seigneur armé, priant devant une Vierge; l'inscription de ce tableau, rapportée par D. Lepez, donne les mêmes titres
que ceux de l'inscription de Vaulx, seulement les armoiries portent au haut de la bande de vair médiane une petite croisette d'or.
Adrien de Longueval a-t-il été vraiment enterré à Vaulx?

Le caveau a été dévasté en 1793, et est aujourd'hui très-dégradé.
Les réparations et embellissements de l'église de Vaulx furent, en
1728, l'objet d'un procès soutenu par le seigneur, les curés et

marguilliers, contre les abbesse et religieuses de Berteaucourt ; celles-ci furent condamnées à fournir un tableau pour le maître autel et un processionnal (*arch. dép.*).

CHATEAU. — L'ancien château était une forteresse importante, dont la construction ou la reconstruction remontrait à une époque reculée. Une tour, dernier vestige de ce château, n'a été démolit qu'il y a trente ans. — Jehan de Longueval et Jehanne de Rosimboz en firent reconstruire un magnifique (*P. Ign.*). Un tiers subsiste encore aujourd'hui et peut donner une idée de sa grandeur et de sa richesse ; cette seule partie n'a pas moins de vingt-trois fenêtres de facades à chaque étage. La tradition prétend que les écuries étaient assez grandes pour que Charles-Albert de Longueval pût y faire loger le régiment de cavalerie dont il était colonel.

Il existe aussi à Vaulx un souterrain bien curieux, il part de l'emplacement de l'ancien château et se dirige vers Bapaume : on prétend qu'il aurait une étendue de sept à huit kilomètres.

VRAUCOURT.

LIEUX-DITS — *Vraucourt*, hameau.

Ce lieu est fort ancien et formait une seigneurie importante.

La terre fut d'abord dans la famille de *Saveuse* (*Le Carp. P Ign.*), mais elle passa de bonne heure dans la famille de *Montmorency-Croisilles*, et dès lors elle appartint à tous les propriétaires successifs de cette terre. (V. *Croisilles*). C'est pourquoi en 1757, le seigneur était le *prince d'Isenghien*, et en 1780, la Ctesse de *Lauraguais* (vingtièmes et centièmes).

A partir du 27 décembre, pendant treize jours consécutifs, la commune de Vaulx-Vraucourt eut à supporter les réquisitions d'environ trois cents Prussiens. Du 23 au 28 janvier, elle eut à loger une partie du 33° de ligne et un détachement de cuirassiers blancs.

WANCOURT.

WANCOURT. — *Wahenkurt, Waencort, Waencourt,* chartes des XI, XII et XIII° siècles.

Histoire. — Saint-Aubote, *Autbotus, Obodius* vint prêcher, au VII° siècle, l'Evangile dans ce village. Voici ce qu'en dit Gazet : « Sorti de son pays natal d'Hybernie ou de Leape, il s'en
« vint en la Gaule Belgique : il s'adressa premièrement aux con-
« fins du Hainaut et d'Artois, puis il s'arrêta quelque temps à
« l'environ de la ville d'Arras, s'employant en toute diligence à
« la prédication de la foi chrétienne, laquelle il confirma par beau-
« coup de miracles et entre autres au village de Wancourt près de
« ladite ville d'Arras l'an 674. Là il fit sourdre une petite fontaine
« pour la commodité des habitants, laquelle tôt après fut gâtée et
« infectée par un serpent qui saillit dedans, mais à la seule béné-
« diction du saint homme, il fut bientôt éteint et étant tiré dehors,
« l'eau en fut plus claire, plus nette et même plus saine et salu-
« taire pour la guérison de plusieurs maladies, comme fièvres
« et autres débilités, de façon qu'il y est honoré comme patron
« de l'église »

Le propre du diocèse d'Arras contient, à la date du 20 novembre, la leçon suivante. «*Multum celebratus memoria sancti Obodii tum apud Laudunenses, tum etiam in hac nostra diœcesi ac præcipue in pago Waltiensi dicto* (Wancourt) *ubi plurimum predicasse ac miraculis claruisse traditur.*

On voit encore à Wancourt l'emplacement de la fontaine de Saint-Obode.

En 1219 ou 1227, *Eustache de Neuville* fonda une abbaye de filles de l'ordre de Citeaux, qui prit le nom d'Abbaye duVivier, *Vivarium*, ou *Viviarum*. On prétend que ce seigneur, étant à la chasse et à la poursuite d'un loup, se trouva tout-à-coup embourbé avec son cheval sur l'emplacement de ce monastère. Se voyant en grand danger, il fit vœu de faire bâtir en cet endroit une abbaye. Sa prière ayant été exaucée, il commença la construction, et la poussa avec la plus grande activité. Le monastère fut transféré à Arras en 1640. En 1649 l'église et les bâtiments de Wancourt furent presque entièrement brûlés, néanmoins des vestiges ont subsisté très-longtemps : aujourd'hui l'on peut encore voir l'enclos de l'abbaye.

En 1414 le roi Charles VI voulant faire le siège d'Arras, après qu'il se fut rendu maître de Bapaume, vint camper à *Wancourt* et marcha à la vue et assez près de cette ville jusqu'à Wailly (*Monstrelet*).

Une famille ancienne et puissante porta le nom de *Wancourt*, ou plutôt *Waencourt*. Elle était issue des *Séchelles*; en effet elle portait *d'argent fretté de sable* et criait *Séchelles*.

Dans la donation de Liébert, en 1071, nous voyons mentionné comme témoin un *Balduinus de Wahencurt*. De même un *Jean de Wahencurt* figure, dans une donation faite en 1106, par un seigneur *d'Hamelaincourt* à l'abbaye de Saint-Aubert. Nous voyons aussi paraître un *Joannes de Waencurt* dans une charte célèbre de 1129, par laquelle Hughes, châtelain de Cambrai, et seigneur d'Oisy, à l'occasion du mariage de sa fille Clémence avec Guillaume avoué de Béthune, concède à l'abbaye de Saint-Eloi la justice de ce village.

Vers la même époque on trouve un *Simon de Waencourt* et sa femme *Amiçil Damery*. En 1197 *Jean de Waencort* donne vingt mencaudées de terre à l'abbaye de Saint-Aubert. L'acte est ainsi conçu. *Johannes dominus de Waencort omnibus ad quos etc. Innotescat quod ego devotione indutus uxoris meæ Adelviæ et sororis meæ Mathildis assensus pro meæ et earum vel antecessorum meorum salute Eccles. B. Auberti Camerac. sub hominum meorum testimonio in perpetuam contuli elimosinam XX mencaldos*

Atrebat. etc. S. Isaaci de S. Leodegario, Martini de Pallicorne, Johannis Pavellon de S. Leodegario Militum, S. Willelmi de Atrio (de Lattre) Eustachii de Atrio, Roberti Cornet hominum meorum, etc. An MCXCVII.

L'an 1198 *Bauduin d'Arleux* fit une donation à l'abbaye du Verger, du consentement de sa femme, *Agnès de Wancourt.*

L'an 1292, Guillaume, évêque de Cambrai, fit jurer avec une grande solennité aux habitants de la ville la paix et l'oubli de leurs inimitiés. Acte fut dressé du serment en présence d'une multitude de comtes, barons et chevaliers de Hollande, du Haynaut, de Clèves et de Brabant : de plus un certain nombre de seigneurs de Cambrai s'engagèrent à prêter leur concours à l'évêque et à contraindre par la force les rebelles à observer la paix. Parmi ceux qui se chargèrent ainsi d'assurer la sécurité publique nous voyons un *Joannes de Wancourt.*

Cette maison de Wancourt parait en effet avoir eu dans ce temps une grande puissance : elle était alliée aux plus célèbres maisons de nos pays. Vers la fin du XIII° siècle la fille de *Robert de Beaumés*, châtelain de Bapaume, maréchal héréditaire du Cambrésis, épousa un *Waencourt*. En 1299 on voit un *Simon de Créquy* marié à une *Jossine de Waencourt* (donation à l'abbaye d'Eaucourt). Au XIV° siècle, une *Gérardine de Beaucamp* épousa un *Gilles de Waencourt* dit *Watet*, et leur fille, *Gillette de Waencourt*, fut la femme d'un *Pierre de Lameth*. (*Le Carp.*)

Vers l'an 1350 le représentant de cette famille était *Jean de Waencourt*, sire de Pont-Rémy ; il épousa *Alix de Sempy*. Il en eut deux fils *Jean* et *Robinet*. *Jean* fut un des plus brillants hommes de guerre du XV° siècle. Le 14 octobre 1415, le roi d'Angleterre ayant atttaqué le château de Pont-Rémy, pour s'assurer un moyen de passer la Somme, *Jean de Waencourt* et ses deux fils « qui estaient chevaliers de haut courage et bien renommés » repoussèrent les Anglais et les forcèrent à s'éloigner. Cinq jours après *Jean de Waencourt* rejoignit l'armée du connétable avec un chevalier et douze écuyers, et s'y rangea sous la bannière du comte de Hainaut. Il fut fait prisonnier à Azincourt, tandis que *Robinet*, son frère puiné, y était tué. De sa femme

Isabeau de Ollehain, *Jean* eut deux fils : *Louis* tué à la prise de Saint-Denis en 1435, et *Philippe*, seigneur de *Pont-Remy* et de *Duin*. Ce dernier épousa *Marguerite Quiéret*, et n'en eut qu'une fille, alliée à *Edmond Duile*, écuyer (*mém. de P. Pénin*, titres *scellés de Clairembault*. M. *de Belleval*. Bataille d'Azincourt). Ce fut *Philippe* qui vendit en 1438 les seigneuries de *Wancourt*, *Guémappe*, *Héninel*, tenues en fief du château d'Arras, à *Philippe de Montmorency*, seigneur de *Croisilles*. (*Le Carp*.)

A partir de cette époque la terre de *Wancourt* ne fut plus séparée de celle de Croisilles et de Guémappe, *Jeanne de Montmorency* la porta dans la famille de *Mérode*, d'où elle passa dans la maison de *Gand-Villain*, par le mariage de *Marguerite de Mérode* avec *Philippe de Gand-Villain*, comte d'*Isenghien*, et enfin dans la maison de *Lauraguais* (*vingtième* de 1757 et *centièmes* de 1780). En 1789 la propriétaire était la malheureuse *comtesse de Lauraguais*.

Le 28 décembre 1870, quatre-vingts Prussiens environ, cavaliers et fantassins, traversèrent la commune de Wancourt, en revenant de Feuchy, où ils étaient allés dans l'intention de couper la ligne du chemin de fer. Ils y revinrent en éclaireurs, le 30 décembre 1870 et le 27 janvier 1871.

Paul LECESNE.

CANTON DE MARQUION

BARALLE.

BARALLE. — *Barala,* dans la chronique d'Arras et Cambrai, par Baldéric.

Le village de Baralle fut célèbre dès le règne de Clovis Ier, roi de France, qui y fonda un très-beau monastère en l'honneur de Saint Georges. Cette maison fut détruite par les Normands vers l'an 881. (Le Carpentier, *Hist. de Cambrai et du Cambrésis,* 3e partie, p. 164.)

Voici en quels termes Baldéric raconte cet évènement, qui, de son temps, au XIe siècle, laissait encore des traces nombreuses.

« Dans le village que ses habitants ont appelé Barala, il
« exista un monastère d'une congrégation canonique, fondé,
« dit-on, par le roi Clovis et consacré par St.-Vaast en l'honneur
« de St.-Georges. On y possédait en effet un bras de ce martyr.
« Les colonnes de marbre et les constructions anciennes et fort
« belles que l'on y voit encore aujourd'hui prouvent que ce
« monastère fût très-important et vénérable. Au temps de l'évê-
« que Dodilon (881-882), les chanoines de Baralle, voyant que
« la fureur des Normands se déchaînait sur cette province, que
« les choses saintes étaient profanées, et les maisons sacrées
« du Seigneur incendiées, prirent avec eux les saintes reliques et
« quelques objets de première nécessité et se réfugièrent dans
« notre Eglise, (à Cambrai où était Baldéric), et ils furent humai-

« nement accueillis par l'Evêque. Après avoir demeuré quelque
« temps en cette ville, estimant que les ennemis avaient quitté
« la contrée, ils demandèrent la permission de retourner en leur
« maison. L'Evêque, ne voulant pas y consentir, les engagea à
« différer leur départ, disant qu'ils devaient se défier de la malice
« des barbares, que leur retraite subite lui était suspecte et ca-
« chait quelque ruse, et qu'au lieu de suivre une opinion qui ne
« reposait sur rien, ils feraient mieux d'attendre une sécurité
« certaine.

« Ils se rendirent aux raisons de l'Evêque et consentirent à
« rester encore à Cambrai. Pourtant, peu de jours après, ils vont
« de nouveau trouver l'Evêque, assurant que l'ennemi s'est retiré,
« que tout est tranquille dans le pays, et que leur retour ne sera
« pas inquiété. — Quelle témérité vous entraîne? leur répond
« l'Evêque. Je ne crois pas du tout ce que vous m'affirmez: sans
« doute vous êtes trompés par l'opinion de gens mal informés.
« Je vous engage à rester encore ici ; restez ; près de moi, rien de
« ce qui vous est nécessaire ne vous manquera. Croyez bien que
« cette nation est féroce et pleine de ruses, et qu'elle n'épargne
« personne. Si vous allez imprudemment vous jeter dans leurs
« mains sanglantes, vous vous repentirez trop tard de votre
« inexcusable témérité. — Et comme les religieux persistaient dans
« leur demande et assuraient que tout était certainement tran-
« quille, l'Evêque finit par leur dire : puisque telle est votre
« manière de penser, eh ! bien, soit, je vous laisse la responsabi-
« lité de votre décision. Je retiendrai pourtant, pour ne pas l'ex-
« poser au danger, ce gage précieux du bras de votre Saint mar-
« tyr.

« Il agissait ainsi d'après une sorte de pressentiment, dans la
« crainte qu'un si grand trésor ne vînt à se perdre si les ennemis
« renouvelaient leurs invasions, et l'évènement prouva qu'il
« ne se trompait pas.

« Ayant donc reçu cette sorte de permission, ils firent leurs
« préparatifs de voyage et s'obstinèrent à se mettre en route :
« Insensés, qui refusèrent de suivre le conseil si sage du Pontife ! A
« peine avaient-ils fait trois milles hors de la ville, qu'ils furent sur-

« pris tout-à-coup par les Barbares, qui les égorgèrent. Leur
« monastère fut détruit, tous les environs, à l'exception des
« lieux fortifiés, furent mis à feu 'et à sang. Quand on rebâtit
« plus tard une toute petite Eglise, on n'y mit qu'un seul Prêtre,
« et le saint bras du martyr resta dans notre Eglise (de Cambrai)
« jusqu'aujourd'hui. » (*Baldéric, chronique de Cambrai et d'Ar-*
« *ras, livre second, chapitre onzième.*)

La terre de Baralle est une des plus anciennes du Cambrésis ; elle donna son nom à une famille noble dont est issu Geoffroy ou Godefroy de Baralle, trouvère du XIII° siècle. Il est probable que ce seigneur chansonnier est le même que Godefroy de Baralle, qui prenait la qualité de gouverneur d'Oisy en 1329. (*Archives hist. et litt. du Nord de la France*, tome 3, p. 161.)

En 1569, le seigneur de Baralle était M. de Brétencourt, et en 1757 c'était M. de Nédonchel. Le château de Baralle était habité en 1783 par dame Marie-Anne-Joseph de Douay, « douairière
« de haut et puissant seigneur messire Denis-Georges-Alexandre
« de Nédonchel, chevalier, vicomte de Staple, etc. » (*Archives dép. du Pas-de-Calais*. Arrentement du 6 juin 1783.)

A peu de distance du village se trouve une petite source appelée la fontaine de Saint-Georges, qui ne tarit pas, même dans les années de sécheresse. On voit encore, dans la cave d'une habitation particulière, d'anciens tombeaux maçonnés qu'une ancienne chronique fait appeler l'hermitage de Saint-Georges.

L'Eglise fut rebâtie peu avánt 1789. Le chœur était à la charge de l'abbaye d'Anchin. (*Ce monastère possédait une ferme appelée l'abbaye, qui est aujourd'hui une fabrique de sucre*). Le reste de l'église, sauf le clocher, fut reconstruit aux frais de Mme de Baralle et des habitants. Le seigneur du lieu, M. de Nédonchel, avait une sépulture de famille dans le chœur, et une porte latérale pour se rendre aux offices divins. Cette église est bâtie en briques, et couverte en ardoises ; elle a trois nefs, avec un chœur en hémicycle. La tour est carrée, surmontée d'une flèche de bois aussi couverte d'ardoises. Les colonnes sont cylindriques. La nef principale est cintrée, les deux autres sont fermées par des planchers horizontaux. Cet édifice fut vendu pendant la Révolution et on était décidé à le démolir lorsque les habitants s'emparèrent des échelles qui avaient été dressées pour enlever le plomb de la toiture. Peu de temps après, la commune racheta son église.

Le presbytère donné en 1699 par Jérôme Delmotte et Jeanne de Blary, sa femme, fut vendu comme l'église et racheté par la commune. Il a été beaucoup amélioré depuis quelques années.

On a retrouvé, dans la sablière de Baralle, des vases romains, des poteries d'une haute antiquité. On voit encore près de l'église, des statues anciennes, mutilées mais remarquables, dont M. Van Drival a parlé dans le tome Ier du *Bulletin de la Commission des Monuments du Pas-de-Calais*. C'est là aussi que se trouve la description et le dessin d'un curieux tableau que possède la même église.

BUISSY.

BUISSY. — *Bucceium, Buisseium, Bussium, Bucy et Bussi*, dans les Chartes.

L'église a été bâtie en deux fois. Le chœur pouvait être du XVIe siècle. L'ancien presbytère a été vendu en 1793. Le curé fut mis en prison à Arras ; il y resta pendant 18 mois ou 2 ans et fut ensuite renvoyé dans sa paroisse rongé de chagrin et accablé de fatigue.

On pense que l'église a été rendue au culte quand Baralle a été érigé en succursale. Buissy devint succursale en 1860. Sur trois cloches que l'église possédait, une seule a été conservée.

Hugues de Buissy fit donation de quelques biens à l'abbaye de Saint-Aubert de Cambrai. Il était fils de Thiébauld, seigneur de Buissy, vivant en 1102. (Le Carpentier, *Hist. de Cambrai et du Cambrésis*, 3e partie, page 335.)

Vers la fin du XVIIe siècle et au commencement du XVIIIe, la terre de Buissy appartenait à la famille Le Sellier. *Le 26 juillet 1691, Martin-François* Le Sellier, écuyer, seigneur de Bussy-Baralle, obtint de l'élection provinciale d'Artois une sentence qui le déclarait noble et issu de noble génération.

Depuis le milieu du XVIII° siècle, les seigneuries de Buissy et de Baralle sont entrées dans la maison de Nédonchel.

BOURLON.

BOURLON. — *Burgus longus*, dans les anciens titres.

Au VII° siècle, l'abbaye de Saint-Aubert de Cambrai possédait de grands biens à Bourlon ; à la Révolution elle avait encore une maison connue sous le nom de l'abbaye et 500 mencaudées de terre. Au milieu du siècle dernier, l'église ancienne qui se trouvait à la place de la chapelle funéraire de M. de Franqueville, étant devenue insuffisante, on construisit l'église actuelle, qui porte la date de 1754. Elle a coûté 18,000 francs à la commune. L'abbaye de Saint-Aubert a payé le chœur et fait placer les boiseries qui décorent encore aujourd'hui le fond du sanctuaire. La population s'est beaucoup accrue depuis la fin du XVII° siècle ; alors la moyenne des naissances n'était que de 25, elle est aujourd'hui de 60. La paroisse, composée de Bourlon et du hameau d'Elimont ne comprenait pas la partie du village actuel appelée Ribeauville, qui dépendait de la paroisse de Fontaine-Notre-Dame. Avant le milieu du XVIII° siècle, il y avait un curé et un vicaire. L'église avait 18 mencaudées de terre.

Joseph Le Bon vint un jour à Bourlon et fit sonner les cloches ; la plupart des habitants occupés aux champs sont sommés de se rendre à l'église. Après avoir harangué l'assemblée, il se rendit à l'abbaye pour y saisir Joseph Limelette et son épouse Philippine Breda, occupeurs de l'abbaye, qui avaient acheté leur ferme ; ils étaient riches, ils avaient acheté leur ferme avec 1,500 mencaudées de terre, ils étaient charitables, ils avaient de la religion et c'était leur crime. On les chargea brutalement sur une charrette ; Philippine Breda, qui est âgée, y est poussée à coups de pieds, et le lendemain la tête des deux époux tombe sur l'échafaud à Cambrai.

L'église fut rendue au culte en 1803.

L'église avait servi de grange et de fabrique de salpêtre. — Sur trois cloches on n'en conserva qu'une qui n'existe même plus aujourd'hui. Il y a actuellement deux cloches qui furent achetées et bénites en 1830, — Le 3 juin 1845 la tribune du chœur a été concédée à M. de Francqueville pour la somme de 1000 fr.

Le choléra a sévi dans cette commune en 1849.

En 1853, un établissement des sœurs de la Sainte-Famille fut fondé à Bourlon. Le logement fut fourni par M. de Francqueville.

Il y avait dans le village de Bourlon plusieurs fiefs et seigneuries appartenant à des familles nobles qui en prirent les noms, entre autres celles d'Elimont de la Busquière, de Bruneau, de la Salle, Du Bôsquel, etc. (Le Carpentier, *Hist. de Cambrai et du Cambrésis*, 3° partie, p. 296.)

En 1757, la terre de Bourlon était en propriété dans la famille de Francqueville, qui la possède encore aujourd'hui.

ECOURT-SAINT-QUENTIN.

ECOURT-SAINT-QUENTIN. — *Ahilcourt* en 670 et 1076 ; Hailcourt en 1195, et plus tard *Aycourt*.

Ce village formait une paroisse au commencement du VII° siècle; Adalbaud et Sainte-Rictrude, son épouse, en étaient les seigneurs. Après la mort de son époux en 640, Sainte Rictrude fonda l'abbaye de Marchiennes et lui donna la moitié de ses terres et de ses droits seigneuriaux sur les territoires d'Ecourt, Saudemont et autres lieux.

Vers 670, Saint Mauront, fils de Sainte Rictrude ayant fait bâtir une abbaye à Breuil, près de Merville, donna aux religieux de ce monastère l'autre moitié des droits seigneuriaux qui lui restaient sur Ahilcourt, Saudemont, etc. En 870, les moines du Breuil se retirèrent à Douai, et leur maison devint la collégiale de Saint-Amé.

En 1076, Robert le Frison confirma la collégiale de Saint-Amé dans la possession de tous les biens donnés par Saint Mauront à l'abbaye du Breuil; Gérard, évêque de Cambrai, confirma aussi les priviléges de Saint-Amé en 1081.

Le chapitre de Saint-Amé était collateur et décimateur de l'église d'Ecourt. Il est vrai que l'abbaye de Marchiennes avait aussi des droits seigneuriaux qui demeuraient indivis, mais les droits honorifiques de l'église et de la cure appartenaient au chapitre de Saint-Amé ; seul il percevait ces droits. Il avait reconstruit le chœur à ses frais en 1065, et le clocher longtemps avant cette date.

Pendant la Révolution, Ecourt-Saint-Quentin fut nommé Ecourt-le-Long. Le maire, qui avait été condisciple de Le Bon, usa de son influence pour faire mettre plusieurs personnes en liberté.

Les biens de la cure, qui comprenaient plus de 10 hectares, furent vendus.

En 1793, l'église devint temple de la Raison ; plus tard elle fut transformée en cense ou grange, fut rendue au culte en 1802. De ses trois cloches il ne lui en reste qu'une seule. Cette église a été restaurée en 1802. Des pèlerins assez nombreux venaient autrefois invoquer la protection de Saint-Quentin dans l'église paroissiale, mais cette dévotion tend à décroître, et on ne voit plus que de loin en loin quelques personnes venir s'agenouiller à l'autel du saint martyr. La relique de Saint Quentin, que possède l'église, est exposée à la vénération des fidèles le jour de sa fête.

Le bâtiment de l'église a été construit à plusieurs reprises ; il serait difficile de lui assigner une date. Dans le chœur il y a trois stalles, d'un travail remarquable, qui portent la date de 1617, mais malheureusement elles ont été mutilées pendant la Révolution.

Entre Ecourt et Saudemont il existait autrefois une voie romaine qui menait à Cambrai et à Tournai; elle traversait les marais, et on y a trouvé des armes, des poteries et des médailles.

EPINOY.

EPINOY. — Ce village est nommé *Spinetum, de Spineto*, etc., dans les chartes latines. Il a servi de berceau et de séjour aux princes de ce nom. Simon d'Epinoy, était gouverneur d'Oisy en 1250. (Le Carpentier, *Hist. de Cambrai et du Cambrésis*, troisième partie, p. 543.)

Florence de Verquigneul, abbesse du monastère de la Paix N.-D., à Douai, est née au château d'Epinoy-lez-Oisy, en 1559. (M. l'abbé Parenty, *Hist. de Fl. de Verquigneul*.)

La terre d'Epinoy était, au XVIIIe siècle, la propriété des comtes d'Oisy.

En 1752, les habitants firent reconstruire l'église; le chœur fut terminé plus tard aux frais de l'abbaye d'Anchin, qui devait fournir les ornements, le linge et les vases sacrés.

La tour avait été bâtie en 1551 et la flèche en 1733.

L'église et le presbytère furent vendus pendant la Révolution.

Lorsque l'église fut rendue au culte, en 1802, elle était dans un état déplorable.

La chapelle érigée sous le vocable de Notre-Dame de grâce était autrefois un lieu de dévotion très-fréquenté.

GRAINCOURT-LEZ-HAVRINCOURT.

GRAINCOURT–LEZ–HAVRINCOURT. — *Granicortis, Grinkort, Grinkurt.* M. Harbavillé dit que le premier nom a dû être *Gratiani-Curtis.*

Les seigneurs de Graincourt-lez-Havrincourt se firent remarquer, dès le XII⁰ siècle, par leurs libéralités envers plusieurs abbayes. Havide de Graincourt, fille de Watier de Graincourt, chevalier, fut prieure de l'abbaye de Fémy. Ce monastère eût une large part dans les donations des seigneurs de Graincourt. (Le Carpentier, *Hist. de Cambrai et du Cambrésis*, troisième partie, p. 631.)

Une abbaye de Fémy, située près du bois qui porte encore ce même nom, avait été fondée par un Anglais, peu de temps après l'établissement de l'abbaye d'Arrouaise. On l'a déjà mentionné à l'article du Trescault, Ier volume de ce dictionnaire, p. 315.

La famille de Cardevac d'Havrincourt est depuis longtemps en possession de cette terre.

L'église était desservie anciennement par un curé et un vicaire. On pense que l'abbaye du Saint–Sépulcre à Cambrai avait contribué à sa construction. Une pierre placée au-dessus du portail porte la date de 1533. La flèche, qui est l'une des plus élevées de l'arrondissement d'Arras, fut bâtie en 1814, aux frais des habitants. Le corps de l'église n'a rien de remarquable sous le rapport de l'art ; l'intérieur est trop petit, eu égard à la population.

Le 4 octobre 1758, fut bénite la troisième cloche de la paroisse, elle eut pour parrain « haut et puissant seigneur messire Louis « de Cardevac, chevalier, seigneur marquis d'Havrincourt, « lieutenant général des armées du roi, son ambassadeur à la « cour de Suède, gouverneur des ville et château d'Hesdin, etc., « et pour marraine Madame Anne-Gabrielle d'Osmond, marquise « douairière d'Havrincourt. »

Une ordonnance royale du 27 août 1823, autorise la reconstruction d'une chapelle qui avait été détruite pendant la Révolution, et qui est située à l'extrémité du territoire, sur la limite qui sépare les diocèses d'Arras et de Cambrai. On compte encore, chaque année, au 15 août, un grand nombre de pèlerins qui viennent honorer en ce lieu Saint-Hugues et Saint-Achart, pour être préservés de la fièvre. M. Deharveng, ancien maire de Graincourt, a payé cette chapelle de ses propres deniers.

La paroisse renferme deux confréries, l'une de Saint-Roch, qui est très-ancienne, et l'autre du Sacré-Cœur, érigée canoniquement le 17 juillet 1835. On fait chaque année, le 16 août à midi, une procession à laquelle on porte solennellement l'image de Saint-Roch. Cet usage, qui remonte à une très-haute antiquité, s'est perpétué depuis le rétablissement de la confrérie.

On vénère à Graincourt-lez-Havrincourt, un Christ qui a échappé comme par miracle aux profanations qui eurent lieu pendant la Révolution. La croix avait été rétablie après le Concordat, mais elle fut renversée par la tempête du 13 février 1833. Le 21 juillet suivant, on replaça solennellement le calvaire dans une chapelle que firent élever les habitants, afin de le conserver à l'abri des intempéries.

Il existe, en outre, deux autres petites chapelles, dont l'une dédiée à Saint Aubert, sur la grande route de Cambrai à Bapaume, et l'autre à Saint Joseph, au centre du village.

Voici encore, sur Graincourt, quelques documents tirés des recueils du P. Ignace.

« Cette seigneurie, qui est une baronnie de St-Vaast, était dans la maison de Beaufort au commencement du XV° siècle.

« Colart de Beaufort la donna par son testament à Antoine de Beaufort son second fils. Ce fief était vraisemblablement l'apanage des cadets. Antoine eut pour fils Jean de Beaufort qui posséda la baronnie de Graincourt et la transmit à Jean, 2° du nom, son fils aîné, père de Claude seigneur de Graincourt qui mouru sans postérité : car Adrienne de Beaufort, sa nièce maternelle, lui succéda dans cette terre. La seigneurie de Graincourt, changea donc alors de maître par le mariage de cette dame avec Messire Lamoral de Landas, seigneur de Louvigny, Florival, etc.

« La seigneurie de Graincourt entra donc ainsi dans la maison de Landas vers 1620 et s'y conserva jusqu'en 1719.

Le 23 novembre 1633, la même Adrienne de Beaufort, veuve de Lamoral de Landas, servit un dénombrement pour le fief de Graincourt à Messire Jean de Croy, seigneur suzerain de cette terre à cause de sa seigneurie de Ransart.

« En 1719, le baron de Graincourt, père du comte de Louvigny, député ordinaire et en cour des Etats d'Artois, vendit à Grégoire Watel, particulier d'Hendecourt, la baronnie et le domaine de Graincourt, se réservant le nom et les honneurs sa vie durant.

« En 1720, le même Watel, lieutenant du village d'Hendecourt en vendit le domaine au collége de St-Vaast à Douai, et la seigneurie à Vindicien Blin, écuier, conseiller, secrétaire du roi, audiencier en la chancellerie, près le parlement de Flandre, mort à Arras le 30 janvier 1748. »(Recueils T. II. folio 383.)

INCHY.

INCHY. — *Inceium*, *Incy*, dans les anciennes pièces historiques.

Il est fait mention de Hugues de Inchy, dans une lettre écrite par Regnaud, archevêque de Reims, à Lambert, évêque d'Arras. (*Extrait de Baluze*, tome 4, *Mémoires du P. Ignace* page, 70.)

Bauduin Kolderuns, seigneur d'Inchy, partit pour la croisade et s'y rendit célèbre.

Baldéric dit qu'en 1060, Saint Liébert, évêque de Cambrai, vin à la tête d'une troupe considérable d'hommes d'armes, attaquer Hugues d'Oisy, qui s'était réfugié au château d'Inchy, après avoir pillé les environs de Cambrai, et que ce château aurait été détruit de fond en comble, si Robert de Péronne n'avait intercédé puissamment en faveur dudit Hugues et du châtelain d'Inchy.

Vers l'an 1550, Louis de Gavre, chevalier, seigneur d'Inchy, donna aveu et dénombrement de cette terre à l'empereur Charles-Quint ; voici un extrait de cet acte : « Primes, je tiens de mon
« très-redoubté seigneur et prince la motte de mon chastel d'In-
« chy, lequel soloit estre clos et amasé notablement de plusieurs
« antiques et riches édifices, mais par les ennemis des pays fut
« pillié, démolly et arrasé environ l'an 1477, en laquelle ruyne
« y a esté jusque à ceste heure présente, laquelle motte est
« enclose de haulz et parfons fossez plains de soursses, fontaines
« et aultres eaues courants, etc. Item et au surplus, près de mon
« dict chasteau j'ai ma basse court et censse amasée de bonne
« moison manable, granges, estables et marécauchies, avecq
« aussy ung grand et puissant coullombier de bricques, couvert
« de thieulles, et au derrièrre de ma dite grange et marescau-
« chie, j'ai une grande place nommée le gros d'Inchy, ad pré-
« sent converty et mis en ung gardin arborié, lequel gros a esté
« clos et adwironné de haultz murs de pierres et de grandz, lar-
« ges et profondz fossez, etc. » (*Archives départementales du Pas-de-Calais*. Gouvernance d'Arras, B. 781).

Au mois d'août 1654, le maréchal de Turenne vint camper à Inchy avec ses troupes qui étaient au nombre de plus de 25,000 hommes. Plus tard, en 1656, l'armée de Turenne vint mettre le siège devant Condé et arriva à Inchy le 16 août ; elle quitta ce lieu pour passer la Scarpe et s'avancer vers la Lys à la fin d'août. Une partie de l'armée espagnole vint la remplacer à Inchy au commencement de septembre. (Le P. Ignace. *Additions aux Mém. du dioc. d'Arras*, tom. II, p. 517 et 558.)

Philippe de Widebien, chevalier, seigneur d'Ignaucourt, acheta en 1701 la terre d'Inchy du prince de Chimay, moyennant la somme de 180,000 fr. ; cette somme n'ayant pu être payée on fit une seconde vente sur la folle enchère, pour le prix de 135,000 fr. (Le P. Ignace. *Recueils*, tome Ier, p. 488.)

On voit, dans un dénombrement présenté au roi Louis XVI par dame Marie-Thérèse Zouche de Lalande, veuve de Robert-François Huvino, que la terre d'Inchy était échue à Pierre-François-Joseph et Alexandre-Denis-Joseph Huvino, enfants mineurs de ladite dame. Il est dit aussi, dans cet acte, que Robert-François Huvino avait hérité la seigneurie d'Inchy de Robert Huvino, son père « vivant, seigneur de Bourghelle et autres lieux, conseiller « secrétaire du Roy, lequel l'a acquis par décret à la cour du Par- « lement de Paris, en 1702, sur Philippe de Croy, prince de « Chimay, et dame Théodore de Gavre, son épouse, etc. » (*Archives départementales du Pas-de-Calais*. Gouvernance d'Arras, B. 77)

Le château d'Inchy fut vendu par M. Pierre-François-Joseph Huvino, à M. Albert Despretz de Quéant, le 26 août 1791. (*Archives départementales du Pas-de-Calais*. Contrat notarié.)

Par un diplôme de l'an 1098, lu à haute voix dans le monastère d'Anchin, en présence de l'archevêque de Reims, Manassès, évêque de Cambrai, déclare que « à Saint-Sauveur, lieu qui a « pris le nom d'Anchin à cause des eaux qui le ceignent, il a cédé « au frère Aymeric, abbé de ce même lieu, une certaine église « dédiée à Saint Martin, dans le village d'Incy, et il la remet fran- « che de toute charge et redevance pour être possédée librement « et à perpétuité par l'abbaye d'Anchin, avec tous les droits qui « y sont attachés. »

On pense que le chœur de l'église était entretenu par l'abbaye d'Anchin, le clocher par le seigneur et le reste par la paroisse.

L'église d'Inchy a trois nefs, le chœur est en hémicycle, la tour est appuyée de quatre contreforts et surmontée d'une flèche en bois, couverte d'ardoises ; cette tour paraît fort ancienne. Le grand portail est ogival, orné de deux petites colonnes à chapiteaux usés par le temps. Les quatre angles intérieurs de la tour sont aussi ornés de piliers ronds surmontés de moulures destinées à se réunir à une voûte. Dans l'intérieur des nefs les piliers forment des faisceaux de colonnes. Les fenêtres sont ogivales. Les nefs ne sont pas voûtées. Les fonts sont en beau grès et portent la date de 1555. L'église, la cure et les chapelles possédaient 44 hectares de terres. Après la vente de ces biens comme propriétés nationales on délibéra s'il fallait démolir ou vendre l'église. M. Dubuisson, ancien membre du Tiers-État, fut assez heureux pour faire avorter ce projet, il prétexta le besoin d'un lieu de réunion pour les séances du conseil et pour les assemblées publiques ; grâce à ce stratagème, l'édifice fut conservé. Néanmoins, les trois cloches furent descendues ; deux furent brisées et la plus petite fut conservée. Un habitant précipita sur le sol les statues des saints, mutila la chaire de vérité et brisa les cloches. La justice divine s'appesantit sur lui ; il tomba de son grenier et mourut des suites de cette chûte. Un autre révolutionnaire périt aussi malheureusement.

A l'époque du concordat l'église fut rendue au culte.

Le presbytère a été construit en 1825.

Il y a une école de filles fondée pour les sœurs Augustines d'Arras.

LAGNICOURT.

LAGNICOURT. — Anciennement *Laignicort, Lignicort, Lagnicort*.

Ce village est mentionné dans un titre de l'an 1243, au sujet d'un achat de dîme, fait par l'abbaye du mont Saint-Quentin, du diocèse de Noyon.

La seigneurie de Lagnicourt appartenait en 1569, à Adrien de Gomiecourt. Les comtes de Gomiecourt étaient encore propriétaires de ce domaine au commencement du XVIII° siècle; en 1736, il fut vendu à Jean-Baptiste Boucquel, et en 1783, nous le trouvons appartenant à « messire Pierre-Henri Boucquel, prêtre, chanoine de l'église d'Arras. » (*Archives départementales du Pas-de-Calais*. Vente du 25 février.)

« Jean Bernard, dominicain, vint au monde à Lagnicourt ; il entra au couvent de Douai, et s'appliqua entièrement à la prédication. Ses sermons sont rapportés par Ghilbert de la Haye, dans sa Bibliothèque de Belgique. Etant devenu aveugle, il ne cessa pas néanmoins de s'occuper de prédications. Il mourut le 2 février

1620, âgé de 67 ans, et fut inhumé à Douai. » (*Recueils* du P. Ignace, tome Ier, page 420 et tome II, page 222.

« On conserve huit gros volumes écrits de la propre main de Jean Bernard sur toutes sortes de sciences ; ils n'ont point été imprimés.

« Philippe Petit dans son histoire en français du couvent de Douai : la bibliothèque belgique de Valère André, l'Athène des Pays-Bas de Swertius, de Locre, dans sa chronique, Guillaume Séguier dans sa palme du rosaire et autres, font mention de Jean Bernard, Prieur de Douai vers 1606. On y conserve son traité du St-Nom de Jésus et celui du rosaire relié en un seul volume, ils sont tous deux en latin. (*Ibidem*).

MARQUION (*chef-lieu de canton*).

MARQUION. — *Marchionium*, M. Harbaville pense que ce nom vient de ce que ce village était situé sur les confins de l'Artois et du Cambrésis.

Régnier de Marquion, chevalier croisé, meurt dans la terre sainte en 1106. Cette terre relevait d'Oisy en 1244. Le Seigneur Jakèmes vendit, en 1266, le terrage de Marquion à l'abbaye de Cantimpré de Cambrai.

Les anciens seigneurs de Marquion firent plusieurs donations aux abbayes d'Eaucourt et du Verger.

Raoul *de Markion* était capitaine de la ville de Cambrai en 1280 ; il mourut au mois de juin de la même année. (Le Carpentier, *Hist. de Cambrai et du Cambrésis*, troisième partie, p. 771.)

Quelques siècles plus tard, les comtes d'Assignies, d'Oisy, devinrent propriétaires de la seigneurie de Marquion.

Pendant la révolution l'église servit de magasin d'approvisionnement pour l'armée, et même d'écurie.

Elle était arrivée à un état de délabrement complet, lorsque la commune, sur un plan de reconstruction proposé par M. Grigny, donna une somme de 24,000 fr. M. le curé donna 2,000 fr. et il fut imité par deux propriétaires qui en donnèrent autant. L'Etat, de son côté, accorda un secours de 6,000 fr. On atteignit ainsi 36,000 fr. chiffre du devis.

On construisit alors une belle Eglise romane, à trois nefs, longue de 34 mètres, large de 16 m 50, en briques et pierre blanche, et deux ans après le commencement des travaux, c'est-à-dire en juin 1867, elle fut consacrée par Mgr Lequette. L'ameublement est en harmonie avec l'architecture. Comme souvenir du passé on a conservé la tour antique, bâtie en grès, et assez solide pour braver encore bien des hivers.

OISY.

OISY. — *Oziacum, Oseium*, dans les titres anciens.

Ce bourg est situé sur une hauteur, à droite de la Sensée.

La terre d'Oisy était l'une des plus considérables de l'Artois; elle formait, avec celles qui en dépendaient, une châtellenie ressortissant à la gouvernance d'Arras, et sa juridiction s'étendait jusqu'aux environs de Bapaume.

Les chroniques sont remplies des démêlés des châtelains d'Oisy avec les Evêques de Cambrai, et il y aurait toute une histoire à écrire sur cette commune, dont on trouve le nom dès les premiers temps de la domination franque. Oisy fut assiégé, pris, brûlé plusieurs fois, dans le cours du XIe siècle et des siècles suivants.

On trouve, dans le *Puits artésien* (année 1838, par Nicolas Lambert, page 125,) une relation historique du siége d'Oisy, en l'an 1254.

Cette seigneurie passa vers la fin du XII° siècle dans la famille de Montmirail et ensuite dans celles de Coucy, de Bar, de Luxembourg, de Bourbom-Vendôme, etc. (*Dictionnaire* du Père Ignace ; — Bibliothèque de la ville d'Arras.)

Charles de Tournay, baron d'Oisy, obtint des lettres de chevalerie en 1627.

Par lettres patentes du mois de janvier 1665, la baronnie d'Oisy fut érigée en comté, en faveur de Philippe de Tournay. L'un des descendants de cette ancienne maison était, vers la fin du dernier siècle « haut et puissant seigneur messire Eustache-
« Joseph de Tournay d'Assignies, chevalier, comte d'Oisy, ancien
« mestre de camp, capitaine des gendarmes d'Orléans, seigneur
« de Méricourt, Bancourt, Sauchy-Cauchy et Rumaucourt, avoué
« d'Ecourt-Saint-Quentin et Saudemont, demeurant ordinaire-
« ment en son château d'Oisy. » (*Archives départementales du Pas-de-Calais*, acte notarié du 5 avril 1788.)

En vertu d'un arrêt du conseil d'Etat et des lettres patentes du roi de France, du 24 septembre 1703, un Hôtel-Dieu fut établi dans la commune pour les pauvres malades.

L'armée du maréchal de Villars vint camper à Oisy, en 1712 ; son quartier-général était établi en ce lieu.

Oisy compte au nombre de ses illustrations un de ses seigneurs anciens, Jean de Montmirail, honoré comme bienheureux. Guerrier intrépide, il fut l'ami particulier de Philippe-Auguste ; puis, désabusé du monde, il alla se renfermer dans l'abbaye de Longpont, diocèse de Soissons, où il mourut. Avant d'entrer en religion, le bienheureux Jean faisait de temps en temps sa demeure au château d'Oisy. Sa vie est dans les Bollandistes et dans Baillet.

L'Eglise d'Oisy, construite de 1854 à 1856 par notre illustre architecte Al. Grigny, a été plusieurs fois l'objet de descriptions et d'appréciations faites par les hommes les plus compétents Nous empruntons à M. le chanoine Van Drival ces passages d'une brochure qu'il a publiée en 1856, lors de la Consécration solennelle de cette belle Eglise.

« Tous ceux qui ont vu cette église sont étonnés de l'aspect

« grandiose et monumental qu'elle offre, surtout à l'extérieur....
« Le clocher est assurément l'un des plus beaux que l'on ait ja-
« mais exécutés, comme pureté de goût, comme délicatesse de
« formes, comme hardiesse de construction. Les tourelles sem-
« blent naître et sortir des tourelles pour porter bien haut cette
« flèche élancée, qui surmonte et termine gracieusement toute
« cette construction si délicate et si solide pourtant.... Voici ce
« que M. Grigny a réalisé avec 80,000 francs; une église de 50
« mètres de long, avec tour et flèche de 50 mètres de haut; trois
« nefs, bras de croix, dôme au-dessus de l'endroit où les bras de
« la croix coupent la longueur de l'église; 7 chapelles autour du
« chœur, avec petites nefs tournant autour du même chœur; pavé
« en carreaux émaillés dans les chapelles absidales, pavé en mar-
« bre dans le chœur, pavé en carreaux de trois couleurs dans tou-
« te l'église, formant, grâce à une savante combinaison, un ma-
« gnifique tapis ; clôture du chœur en pierre sculptée ; banc de
« communion en pierre sculptée ; autel en pierre sculptée avec
« de nombreuses statuettes, dont neuf entre autres sont la re-
« production des statuettes des neufs chœurs des anges de M. Bion,
« de l'Eglise des Dames du St-Sacrement d'Arras ; fonts baptis-
« maux en pierre sculptée, avec colonnes et dôme élevé, selon les
« prescriptions de St-Charles et l'usage constant de tous les siècles
« jusqu'au seizième, tant en Orient qu'en Occident. Voilà tout
« ce que cet architecte a su faire avec des moyens si restreints.
« Et, chose rare aujourd'hui, en ce temps de constructions légères,
« éphémères, peu sérieuses, et en général arrangées pour l'appa-
« rence, toutes les parties de cette vaste construction sont voû-
« tées, non pas avec de minces morceaux de bois et de plâtre, mais
« bien en bonnes et solides briques.... Une galerie en triforium fait
« le tour de l'église entière, au-dessus des arcades et travées : plus
« tard des statues de saints viendront occuper toutes les places
« vides que laissent les ouvertures de cette galerie....»

Ailleurs, le même auteur fait remarquer avec beaucoup de justesse, l'effet remarquable que produit l'église d'Oisy sur la colline en forme de mamelon où elle s'élève au milieu d'un pays généralement plat. En la voyant ainsi de loin dominer toute la contrée, dit-il, on pense involontairement, toutes proportions gardées, à la basilique de Bourges assise au haut de la colline d'où elle plane sur le Berry.

M. Van Drival a donné, dans la revue de l'Art chrétien, la description raisonnée des magnifiques fonts baptismaux qui sont une des beautés de cette magnifique église, aujourd'hui décorée de peintures murales et toute transformée encore par les soins de son dernier doyen M. Lamort.

Un autre objet d'art d'un genre différent a été aussi l'objet d'un travail spécial de M. Van Drival. C'est *la croix d'Oisy*, reliquaire orné de filigranes, de nielle, de pierres, chef-d'œuvre d'orfèvrerie qui appartient aujourd'hui à la famille Hary, et qui est déposé dans le local même de l'ancienne abbaye du Verger.

L'abbaye du Verger fut fondée par les seigneurs d'Oisy, en 1225. Les premières religieuses de ce monastère furent amenées de la maison de Blendecques. (*Gallia christiana*, tom. III, col. 185.—Gazet, *Hist. ecclés. des Pays-Bas*.—Le Carpentier, *Hist. du Cambraisis*. — Harbaville, *Mémorial historique du Pas-de-Calais*, etc.)... Dame Florence Werbier en était abbesse en 1754 ; on y comptait alors trente-cinq religieuses. Il ne reste, des bâtiments de l'abbaye, qu'une ferme et un quartier d'habitation qui était destiné aux Pères de l'ordre de Citeaux, chargés de la direction des religieuses.

Non loin de cette abbaye on voit un beau calvaire, et on trouve d'ailleurs dans Oisy plusieurs autres objets religieux d'un goût pur et qui rappellent le souvenir de l'homme distingué qui a longtemps dirigé le doyenné d'Oisy, M. l'abbé Lamort, l'un des membres les plus actifs de la commission des monuments historiques du Pas-de-Calais.

PALLUEL.

PALLUEL. — *Paloyel* dans les chartes.

Ce village avait, au XI° siècle, une forteresse qui fut détruite par l'armée de l'empereur Henri IV en 1102. Il relevait d'Oisy dès 1244.

Les abbayes de Marchiennes, d'Arrouaise, du Verger et de Prémy, eurent part aux libéralités des seigneurs de Palluel.

Le chœur de l'église fut reconstruit en 1766. La nef est de la même époque, mais le clocher porte la date de 1582. Cette église était dans un triste état de pauvreté quand elle fut rendue au culte en 1802. Les comtes d'Oisy, qui étaient seigneurs de Palluel, donnèrent des secours pour sa construction.

Le presbytère fut bâti en 1842, avec les ressources de la commune.

PRONVILLE.

PRONVILLE. — *Peronna villa* dans les anciens titres.

Ce lieu a eu au moyen-âge une forteresse importante, qui fut détruite au commencement du XIV° siècle, pendant la courte irruption des Flamands en cette contrée en 1303 : il en reste des vestiges.

Il a donné son nom à une famille noble qui portait pour armoiries : *de gueules à la croix engrelée d'argent*. Watier, sire de Pronville, vivait en l'an 1230 avec Mathilde, son épouse, et Jean son fils aîné. Godefroy de Pronville fut tué à la bataille d'Azincourt.

Hugues de Wasselin de Lannoy était seigneur de Pronville en

1596. Le 23 décembre de la même année, il fut fait chevalier par Philippe II, roi d'Espagne.

Messire Arnould-Joseph Mairesse possédait le domaine de Pronville vers le milieu du siècle dernier. En 1780, il y avait quatre seigneuries dans l'étendue du territoire; elles appartenaient à MM. Mairesse, Rouvroy de Libessart, Lefebvre de Noureuil et à Mme de Maulde.

L'église actuelle est très-belle; elle fut construite en 1768. Le clocher est plus ancien.

QUÉANT.

QUÉANT. — Une famille noble portait le nom de cette terre au XI° siècle; de cette famille était issu Baldéric, évêque de Noyon, qui donna ses biens de Quéant à l'abbaye de Grand-Camp en 1113. (Harbaville, *Mémorial historique*, tome Ier, page 218).

L'abbaye de Saint-Aubert de Cambrai y possédait une ferme en 1569; une autre ferme, celle des Becqueaux, appartenait à M. de Beaumont; mais la seigneurie du lieu était tenue par le cardinal de Créquy, évêque d'Amiens : elle tomba ensuite dans la famille Despretz.

On croit qu'il y a eu un couvent de Templiers au lieu nommé les Sept-Cloches, probablement parce qu'on y a entendu autrefois sonner sept cloches. Il ne reste plus de ce couvent que de nombreux fragments d'épaisses et larges tuiles enfoncées dans la terre à une certaine profondeur. Un terrain, enclavé aujourd'hui dans les dépendances du château, s'appelait le Courtil de l'Evêque.

Il paraît certain que l'église fut bâtie, du moins en partie, par l'abbaye de Saint-Aubert de Cambrai. Le rapprochement de divers chiffres qu'on y trouve en plusieurs endroits font conjecturer que ce fut en 1520. Elle fut privée de son mobilier pendant la Révolution, mais on ne dit pas qu'elle ait été vendue. On n'aurait conservé que l'autel de la Sainte Vierge, avec son rétable et la statue, les six stalles qui se trouvaient dans le chœur, avec quelques parties de boiseries, la magnifique pierre des fonts baptismaux et la plus grosse des trois cloches qui, refondue en 1810, servit à former les trois que possède aujourd'hui cette église.

La statue dont nous venons de parler a été dessinée et publiée dans le bulletin de la Commission des Monuments historiques du Pas-de-Calais, tome 1ᵉʳ page 208. Le rapport sur les divers objets d'art chrétien que renferme l'église de Quéant, inséré dans ce même volume après lecture faite en assemblée générale du 10 août 1855, est de M. l'abbé Van Drival. Nous ne pouvons mieux faire que que de le reproduire ici.

« J'ai constaté dans l'église de Quéant, canton de Marquion,
« la présence d'une statue de pierre que je ne craindrais pas de
« signaler comme une des plus belles œuvres de statuaire chré-
« tienne qui existe dans le département. Elle représente la
« Vierge-Mère souriant à son enfant, et tout aussitôt que les yeux
« se portent sur cette noble image, on ne peut s'empêcher de
« penser à celle qui décore le portail sud de la cathédrale d'Amiens,
« celui dit de St-Honoré ou de la Vierge dorée. Le caractère
« de cette œuvre d'art est large, plein de noblesse et de pieuse
« grandeur, la majesté, la douceur, la sainte joie respirent dans
« la personne de la mère, qui semble converser doucement avec
« son enfant divin. Toutes les conditions iconographiques sont
« scrupuleusement remplies. L'enfant est sur le bras gauche, la
« Ste-Vierge a les cheveux épars, symbole de virginité, le voile,
« la tunique, le manteau, primitivement peints de diverses cou-
« leurs symboliques destinées à exprimer l'idée de la *Panagia*
« des Grecs, les pieds couverts d'une chaussure également sym-
« bolique; en un mot, rien ne manque à cette statue pour en faire
« un objet très-remarquable au double point de vue du beau
« naturel et du beau chrétien. Il me semble qu'elle est du XIVᵉ
« siècle. Elle n'a plus la raideur, l'immobilité des âges précédents,
« elle n'a pas non plus la perfection de formes, un peu molles et
« affadies, du siècle qui a précédé ce que l'on est convenu d'ap-
« peler la Renaissance.....

« Là encore, dans cette même église de Quéant, existent des
« fonts baptismaux tout couverts de sulptures, qu'à leur caractère
« à la fois plein de simplicité et de sens chrétien, je crois fort
« anciens. Ces sculptures sont trop maniérées, trop pénétrées
« de symbolisme, pour être de la renaissance : volontiers je leur
« attribuerais une origine reculée. Comme le bas de la cuve bap-
« tismale est caché dans la terre, à cause de l'habitude fâcheuse
« que l'on a prise de combler le sol des chapelles baptismales,
« dans lesquelles toujours on descendait autrefois, le bas de cette
« construction est invisible encore, et il sera intéressant de tout
« dégager, pour rendre d'ailleurs à l'ensemble ses proportions
« harmonieuses.

« Cette église de Quéant est vraiment heureuse entre toutes :
« car, outre cette statue et ces fonts, elle a encore une voûte en
« planches avec modillons ornés de figures du XII° siècle, peut-
« être du XI°. Les trois nefs, à toits séparés, sont pleins de carac-
« tère ; sa tour crénelée, fortifiée de quatre tourelles apposées en
« encorbellement à chacun de ses angles supérieurs, et ornée
« plus récemment d'une flèche élancée, est à la fois gracieuse et
« forte ; en somme toute cette église forme un monument plein
« d'intérêt comme architecture, comme sculpture, comme icono-
« graphie et symbolisme chrétien. »

RUMAUCOURT.

RUMAUCOURT. — *Romualdi Curtis*, *Rumolcourt*, *Rumaci-court*. Rumauld paraît venir de Romuald.

On trouve, dans l'ouvrage du docteur Escallier sur l'abbaye d'Anchin, un contrat où il s'agit de la concession d'un autel et de terres à Rumaucourt, faite par Guy, prévôt de N.-D. de Cambrai, et par son chapitre, à l'abbayé d'Anchin, sous certaines conditions, en 1136.

La seigneurie principale du lieu appartenait aux comtes d'Oisy.

En 1569, l'abbaye d'Anchin y possédait une ferme.

La seigneurie de la cour appartenait en 1757 à M. Demazières, elle consistait en un château avec dépendances.

L'église porte la date de 1771.

Il y a une confrérie de Saint Liévin depuis 1740.

SAINS-LES-MARQUION.

SAINS-LEZ-MAQUIONS. — *Sanctum, Villa Sanctis.* Ce village fut ainsi appelé après le martyre de sainte Saturnine. Il existait déjà au VII° siècle

L'église de cette paroisse est ancienne; elle a aujourd'hui pour patronne sainte Saturnine, dont on conserve des reliques et dont la fête se célèbre solennellement chaque année avec une neuvaine et des pèlerinages. La tradition fait connaître que cette vierge martyre fut assassinée en cet endroit et qu'elle fut enterrée dans le terrain où est maintenant le cimetière, sous un tombeau en marbre, au pied duquel les pèlerins et les pieux habitants vont s'agenouiller afin d'obtenir, par son intercession, les grâces qu'ils demandent à Dieu.

Sainte Saturnine, née en Allemagne de parents nobles et riches, quitta son pays pour demeurer vierge. Le jeune seigneur qui la recherchait en mariage ayant découvert le lieu de sa retraite, au milieu des troupeaux où elle croyait être bien cachée, vint l'y trouver, et la voyant toujours dans les mêmes résolutions de se vouer entièrement à Dieu, se mit dans une si grande colère qu'il trancha la tête à celle qu'il voulait épouser. A une certaine distance du lieu où ce crime fut accompli, on voit une grosse pierre sur laquelle la jeune martyre alla elle-même déposer sa tête lorsqu'elle fut séparée de son corps. (Le même miracle arriva aussi pour Saint-Denis.) Cette pierre se voit encore dans la principale rue du village de Sains, en face du chœur de l'église ; les habitants ne manquent jamais de la décorer, pour servir de reposoir dans les processions.

Les femmes enceintes ont recours à Sainte Saturnine pour obtenir une heureuse délivrance. On l'invoque aussi pour les maladies des bestiaux ; elle est représentée tenant un fuseau à la main et deux vaches à ses côtés, allusion évidente à ce qui vient d'être dit. (*Chronique de Cambrai et d'Arras par Baldéric*, livre II. — *Mémorial historique et archéologique du Pas-de-Calais*, tome Ier, page 220. »

Il y eut à Sains un monastère de filles établi près du tombeau de la sainte. Il fut détruit par les barbares. Au XIe siècle il n'existait déjà plus et il n'a jamais été rebâti.

En 1780, M. Desvignes était seigneur de ce village.

Dans l'église de ce village, qui porte les indices d'une grande ancienneté dans plusieurs parties, on remarque une belle charpente ornée, dans un parfait état de conservation et d'entretien.

On a trouvé à Sains beaucoup d'antiquités, et ces trouvailles ont été l'objet d'un rapport inséré dans le bulletin de la Commission des monuments historiques du Pas-de-Calais, M. de Cardevacque en est l'auteur.

Martin de Sains, chevalier, joûte au tournoi d'Auchin en 1096.

SAUCHY-CAUCHY.

SAUCHY–CAUCHY. — *Sauthy-Cauchie, Saulchy-en-Cauchy.* Sauchy vient du mot latin *Salicetum*, endroit planté de saules, et le mot Cauchy est l'altération de Chaussée. Cette dénomination résulte de la position du village, sur la voie romaine de Cambrai à Tournay, qui était une chaussée empierrée.

Il y avait à Sauchy-Cauchy une forteresse qui fut détruite en 1158 par Simon d'Oisy. Tout porte à croire que ce château était situé au centre du village, à l'endroit où est aujourd'hui la ferme dite de la Tour. On remarquait encore, au siècle dernier, des constructions importantes, ce qui indiquerait qu'il y a eu autrefois d'illustres familles dans cette localité. M. Duthillœul cite Pierre Godefroi, seigneur de Rumaucourt et Sauchy-lez-Cauchie, et Pasques Gaudin, sa femme, qui, en 1127, donnèrent tous leurs biens seigneuriaux à l'abbaye d'Oisy. Froissart parle aussi d'un Tilman de Sauchy, fait chevalier en 1342. D'après des actes de 1221, Sauchy relevait de la châtellenie d'Oisy.

Au XIV⁰ siècle, Sauchy-Cauchy était un bénéfice à la collation de l'abbaye d'Anchin, à laquelle cette paroisse payait une redevance annuelle de 232 livres. L'église fut bâtie en 1760 ; M. d'Assignies, comte d'Oisy, en posa la première pierre. Il existait, avant cette époque, une grande chapelle qui tenait lieu d'église. La nouvelle a trois nefs. On remarque dans cette église un arbre artificiel dont les branches s'élèvent en trois principaux étages ; il porte le nom de l'*Arbre de la Vierge,* et existait déjà au XVI⁰ siècle. Il aurait été érigé aux frais des habitants, en conséquence d'un vœu formé à l'occasion d'une épidémie qui cessa à la suite de prières publiques. L'Arbre de la Vierge est entretenu par trois mayeurs qui représentent toute la paroisse. Ces mayeurs doivent être des hommes mariés et sont nommés pous troir ans; leurs femmes portent, dans le village, le cierge de la Vierge. Avant de quitter leurs fonctions, ils tont tenus de renouveler à leurs frais la décoration du monument, ainsi que le cierge, et de payer l'honoraire de trois offices célébrés chaque année, à l'honneur de la Sainte Vierge : le jour de l'Assomption, le second dimanche de septembre et le jour de la Présentation. Les nouveaux mayeurs prennent possession de leur charge le 8 septembre, et ce jour là on fait la procession dans les rues de la paroisse, avec la statue et la bannière de la Sainte Vierge. Pendant les mauvais jours de 1793, quelques révolutionnaires détruisirent les choses saintes avec frénésie. On raconte qu'ils moururent dévorés par un feu interne qui leur causait les plus affreuses souffrances. On vendit cinquante mencaudées de terre appartenant à la fabrique et vingt-huit à la cure. Le presbytère ne fut pas vendu, mais il fut transformé en auberge et en salle de danse ; il a fallu le reconstruire.

L'église a été vendue pour 13,600 fr. en assignats, mais ce prix fut réduit en numéraire à 204 fr. Des habitants la rachetèrent pour 400 fr. et la rendirent à la commune.

Le clocher a été rebâti en 1857, par M. Grigny, architecte. Cette construction élégante est en briques, style roman.

Quatre chapelles qui servaient de stations aux processions religieuses, et que la piété des fidèles avaient érigées sur divers points de la paroisse, furent détruites pendant la Révolution. Les habitants se cotisèrent en 1810, à l'effet d'en rétablir une qui porte le nom de chapelle du Calvaire. En 1822, M. Carlier fit construire à ses frais celle de N.-D. de Bon-Secours, au-dessus du mont Denoyé, près du bois de M. de Montblanc. Mlle Leloive en éleva une autre en 1830, près du chemin qui conduit à Baralle ; elle est dédiée à N.-D. du Mont-Carmel.

Il existe dans la paroisse deux confréries, dont l'une, dite de Sainte-Croix, est établie depuis longtemps ; l'autre, dite du Sacré-Cœur, a été érigée le 11 novembre 1831.

Les comtes d'Assignies d'Oisy étaient seigneurs de Sauchy-Cauchy, comme on peut le voir à l'article Oisy.

SAUCHY-LESTRÉE.

Avant 1789, l'église de Sauchy-Lestrée, *Salsium* ou *Salicetum instrata* ou *Salsium monachorum*, était une paroisse sous le vocable de Saint Aubert, district de Beaumetz, archevêché de Cambrai. Elle dépendait de l'abbaye d'Anchin qui nommait à la cure ; on la transforma en grange pendant la Révolution, mais elle ne fut point vendue.

Le presbytère a été reconstruit en 1841.

Sauchy-Cauchy, *Sauchi-Lestrée* et *Sauchi-le-Court*, ont jadis servi de berceau à des familles qui ont laissé des marques de leur piété dans les abbayes d'Anchin, du Verger, de Prémy, de Saint-Aubert, et dans les églises cathédrales de Cambrai et d'Arras. (Le Carpentier, *Hist. de Cambrai et du Cambrésis*, tome II, p. 995. »

A. GODIN.

INVASION ALLEMANDE DANS LE CANTON DE MARQUION.

Grâce à leur situation plus éloignée du département de la Somme, plusieurs communes du canton de Marquion eurent moins à souffrir de l'invasion allemande que leurs voisines de Bapaume, Bertincourt et Croisilles. Toutefois les déprédations commises par les éclaireurs prussiens, le passage d'une colonne ennemie qui emmena comme ôtages trois principaux habitants du bourg d'Oisy, constituent des faits trop importants pour être passés sous silence. Nous leur consacrerons donc un chapître, destiné a compléter le travail de notre regretté collègue, M. Godin.

Les uhlans firent leur apparition à Bourlon et Graincourt-lez-Havrincourt le 27 décembre 1870. Deux jours après, une première réquisition était opérée dans cette dernière commune par 100 hommes, hussards et fantassins du 68° régiment.

Mais ce ne fut qu'après la bataille de Bapaume que le canton fut envahi. Les 3 et 5 janvier 1871, Inchy et Lagnicourt voyaient passer des patrouilles de cuirassiers blancs. Le 3, un fort détachement de la garnison de Cambrai, vint en reconnaissance jusqu'à la fabrique de Graincourt. Une quinzaine de coups de fusil furent tirés sur des éclaireurs prussiens au lieu dit, *A la borne de deux lieues :* un d'eux fut blessé.

Dès le lendemain de la bataille de Saint-Quentin, la commune d'Inchy fut traversée par 1000 hommes appartenant à différents corps allemands et bavarois et se dirigeant sur Marquion. Bourlon, Baralle, Lagnicourt, Pronville, Quéant, reçurent leur visite.

Le 23 Janvier 1871, une colonne composée d'environ 2300 hommes, 400 chevaux et 3 canons, vint passer la nuit à Marquion et se dirigea, dans la matinée du 24, du côté d'Arleux en passant par Sauchy-Cauchy, Sauchy-Lestrée et Oisy : Arrivés à Sauchy-Cauchy, à sept heures du matin, au nombre de 300 hommes d'infanterie, ils en repartirent à deux heures de l'après-midi, après avoir sommé le maire de leur livrer 25 vaches, toute l'avoine battue dans la commune et une somme de 10,000 francs. Comme on ne pouvait réunir cette réquisition, trop forte pour une localité si peu importante, le maire et deux conseillers municipaux furent emmenés en ôtages jusqu'à Saint-lez-Marquion, où on les mit en liberté, moyennant une rançon de 4,000 francs.

La veille, vers quatre heures du soir, deux lanciers envoyés en éclaireurs et suivant le chemin de grande communication d'Oisy à Metz-en-Couture, firent leur apparition sur le territoire de Sauchy-Lestrée ; ils furent bientôt suivis d'un petit détachement de quinze hommes environ. Le 24, avant le jour, de nouveaux éclaireurs traversèrent la commune, et pendant toute la journée, ce fut un passage continuel de cavaliers et de fantassins, voyageant par groupes de 10 à 12 hommes. La colonne composée de trois compagnies d'infanterie, d'artillerie avec quatre pièces de campagne et une centaine de lanciers du 5ᵉ régiment, s'arrêta à Sauchy-Lestrée : un capitaine se rendit chez le maire de la commune et le somma de se mettre en mesure de remettre le lendemain à dix heures du matin, au major commandant le détachement, une somme de 10,000 francs, 20 vaches grasses, toute l'avoine battue existant dans les greniers ainsi que les attelages nécessaires au transport ; puis la colonne reprit sa marche vers Oisy. Le 25, onze heures n'étaient pas sonnées que le détachement faisait sa réapparition dans la commune. Le maire demanda un sursis de quelques heures qui lui fut accordé. Toutefois, ne se fiant pas à la parole de ce magistrat, l'ennemi demanda des ôtages et s'empara de MM. Cormont Louis et Herbaut Louis, qui furent immédiatement emmenés à Havrincourt. Le lendemain le maire vint lui-même trouver le major et parvint à délivrer les prisonniers en versant une somme de 500 francs et après avoir fourni 90 hectolitres d'avoine et deux chevaux. A midi la colonne prussienne avait évacué la commune.

Le bourg d'Oisy-le-Verger fut l'une des localités les plus fortement éprouvées par l'occupation ennemie; 400 fantassins et 80 uhlans y séjournèrent trois heures le 24 janvier 1871. Les Prussiens, à leur arrivée, demandèrent 25,000 francs, toute l'avoine battue qu'il y avait dans la commune et 40 bêtes à cornes. A force de pourparlers sur la somme exigée, on obtint une réduction de 10,000 francs, ce qui mettait la contribution de guerre à 15,000 francs sur lesquels il n'y avait encore malheureusement que 9,000 de versés à 11 heures du matin. Les Prussiens emportèrent cet à compte en enjoignant de compléter la réquisition le même jour, ou au plus tard le lendemain matin. Après avoir fait descendre sur la place de la Mairie les conseillers municipaux et les notables habitants réunis à la demande du commandant de la colonne ennemie, celui-ci choisit parmi eux MM. Moreau et Facon, conseillers municipaux, et Billoir, docteur en médecine. Il les fit monter sur un chariot découvert et sans une botte de paille, par un froid glacial de plus de dix degrés. Ils furent emmenés à Masnières (Nord) comme ôtages, où ils arrivèrent à 10 heures du soir, après être restés onze heures sans boire ni manger.

Nous avons trouvé dans l'*Indépendant de Douai*, l'incident qu'on va lire sur l'arrestation des ôtages d'Oisy.

« La nuit du mardi au mercredi 25 janvier 1871, M. le docteur Billoir, MM. Moreau, président de la société de Secours mutuels d'Oisy et les deux autres ôtages ont couché sur de la paille au corps de garde d'Havrincourt, et il ne leur a pas été offert un morceau de pain ; ceux d'entr'eux qui n'avaient pas déjeuné mardi, n'ont rien mangé pendant trente-six heures ; c'est-à-dire du lundi soir au mercredi à neuf heures du matin, heure à laquelle M. le marquis d'Havrincourt informé de la captivité de M. le docteur Billoir et de M. Moreau-Varlet, a conjuré le colonel prussien de les autoriser à déjeuner au château, ce qui leur a été accordé.

« Le même jour on a expédié les 10,000 francs restant à payer sur 25,000 fr. réquisitionnés, avec 60 hectolitres d'avoine, espérant obtenir la liberté des ôtages ; au lieu de cela, sans faire la moindre observation sur la quantité d'avoine fournie, non plus qu'à l'occasion des bêtes à cornes qui faisaient défaut, le chef de corps d'armée prussienne a fait remettre au commissionnaire chargé de porter l'argent et de surveiller l'arrivée de l'avoine, une note par laquelle il exigeait, mais, cette fois, du canton, une nouvelle réquisition de 80,000 francs. Comme il était de toute impossibilité pour la commune d'Oisy-le-Verger de faire face à une pareille contribution qui était le prix exigé pour la mise en liberté des ôtages, le maire de cette commune s'adressa à M. le maire de Marquion à l'effet de provoquer une réunion de tous les maires du canton au chef-lieu, la réquisition étant explicitement à la charge du canton. M. Lenain, qui remplissait alors ces fonctions, s'est empressé d'y accorder son concours. MM. les maires du canton de Marquion furent convoqués ; un certain nombre se rendirent à l'invitation. Pendant ce temps-là les ôtages étaient transférés à Péronne, puis dans la citadelle d'Amiens, où il restèrent dans une chambre infecte pendant trois semaines. Chaque jour ils avaient à peine dix minutes pour se promener sur un trottoir de deux mètres de large sur quinze de longueur. Pendant toute leur captivité, ils n'eurent chacun qu'une botte de paille pour se coucher. On peut se figurer les angoisses qu'ils durent endurer par le froid intense de cette époque. »

Un détachement de 250 hommes poussa une pointe jusqu'à Palluel le 25 janvier 1871. Près d'Arleux il fut repoussé par les francs-tireurs qui lui tuèrent quelques hommes ; il revint alors sur ses pas. Arrivés près de Marquion, les deux tiers de la troupe s'arrêtèrent à l'endroit dit le *Four à chaux* sur la route de grande communication n° 3, et se firent servir à dîner ; l'autre partie rentra dans le village et un grand nombre de fantassins polonais se mirent à piller une grande quantité de vêtements, d'argent, de valeurs, etc.

Dans cette même matinée, tandis que le gros de la colonne se dirigeait vers Arleux, des reconnaissances avaient lieu du côté de Vis-en-Artois, et même jusqu'à Boiry-Notre-Dame, où l'ennemi fut repoussé par des francs-tireurs. Enfin, le 24, vers deux heures, Marquion était complétement et définitivement évacué.

Sains-lez-Marquion eut la visite de l'ennemi le 24 janvier à trois heures du soir. 50 cavaliers et plus de 150 fantassins (5⁹ régiment de Westphalie) stationnèrent à la première maison dite *Les Lanciers*, avec deux pièces d'artillerie. La cavalerie fit irruption dans la commune, s'adressa aux autorités municipales et les somma de délivrer sans délai toute l'avoine battue, 20 vaches et 8,000 fr. Les pourparlers avec l'ennemi n'ayant servi qu'à l'impatienter et attirer les menaces d'incendie et de pillage, il fallut s'exécuter ; mais forcément il y eut quelques retards, et une soixantaine au moins de fantassins pénétrèrent dans les habitations, les greniers, les étables, faisant emplir les sacs d'avoine, détachant les bêtes à cornes, enlevant deux chevaux fins à M. Lemaire-François, tout le tabac des bureaux et divers objets tels que montres, chaussures, lard et eau-de-vie. 133 hectolitres d'avoine ayant été conduits à la maison commune, l'ennemi envahit la place, réquisitionna quatre chariots pour les conduire à Péronne et se retira avec 2,000 fr. en espèces et 12 vaches.

Enfin le 28 janvier une dernière réquisition venait épuiser les ressources des habitants de Quéant, Pronville et Lagnicourt.

A. DE CARDEVACQUE.

CANTON de PAS

AMPLIER.

AMPLIER. — *Ampleias villa, Amplier-lez-Orville, Ampliés.*

Le nom de cette commune vient du mot *Ampliare* qui signifie *agrandir* : nous savons en effet qu'Amplier doit son origine aux développements successifs d'Orville qui, ne pouvant plus contenir dans son enceinte le nombre toujours croissant de ses habitants, donna naissance à cette seconde bourgade, sous les rois de la deuxième race. Elle est mentionnée, sous le nom d'*Ampleias villa* dans le diplôme de Charles-le-Chauve de 877, qui assigne deux manoirs sur ce village à l'abbaye de Marchiennes. (*Miræus. Diplomatica Belgica*).

Dès l'année 1138, l'abbaye de Saint-Michel y possédait des terres importantes. (P. Daire. *Histoire du doyenné de Doullens*).

Au XI° siècle, Amplier figure parmi les fiefs qui avaient été donnés à la collégiale de Saint-Pol par le comte Roger, et il est désigné comme étant situé *in terra Maisnil*, d'où les historiens ont conclu qu'il dépendait alors de cette seigneurie. (Turpin, *Comit. terv. hist.*)

Son église, construite au XVII° siècle, a remplacé une ancienne *maison-forte* dont il reste quelques vestiges. Des fouilles pratiquées dans la *motte* d'Amplier ont amené la découverte de vieilles armes et de tombeaux.

Une maladrerie y fut également fondée, à la suite des croisades; mais il est impossible d'en retrouver l'emplacement.

Amplier était gouverné par les mêmes seigneurs qu'Orville dont il était un fief, et dépendait, comme son chef-lieu, du diocèse d'Amiens. A raison de sa position sur la frontière de Picardie, ce village était gardé par six hommes de la gabelle pour empêcher le transport du sel et du tabac ; un poste surveillait aussi le pont qui était fermé par une barrière pendant la nuit.

Le *Petit-Amplier*, quoiqu'appartenant, sous le rapport civil, à la commune d'Amplier, a toujours dépendu de l'église de Terramesnil, ce qui est surabondamment justifié par sa position topographique.

BIENVILLERS-AU-BOIS.

BIENVILLERS-AU-BOIS. — *Binviller, Banvillers, Bienvillers-Saint-Etton.*

Bienvillers (*Viviani villarium*, domaine de Vivien), est une des plus importantes communes du canton de Pas, puisqu'elle a une population de 1100 habitants. Son histoire commence dès le VII° siècle où nous voyons saint Etton, évêque missionnaire d'Irlande, évangéliser ce village (650-661) et y fonder un sanctuaire qu'il enrichit des reliques du pape saint Clément, et qu'il dédia à saint Jacques ; c'est ce qui résulte des extraits suivants de chartes retrouvées dans la muraille de l'ancienne église : *In hoc loco Hyberniensium episcopus Etto mansionem habuit. Hic reposuit Etto Hyberniensis episcopus de corpore sancti Clementis papæ et martyris.* (*Hist. ecclesiast. des Pays-Bas*, par *G. Gazet*, p. 156.) Aussi le souvenir de saint Etton est-il toujours resté vivant dans ce pays qui l'honore d'un culte particulier : on conserve encore aujourd'hui dans le cimetière de cette paroisse, qui est sur la hauteur à un kilomètre de l'église, une grande pierre sur laquelle le saint disait la messe, d'après la tradition locale. Cette pierre, actuellement exposée à toutes les injures de l'air, marque l'emplacement d'une vaste chapelle qui avait été construite, en 1508, en l'honneur de saint Etton : cette seconde église ne devait servir, dans le principe, que trois fois par an, afin de ne point diminuer l'importance de l'église Saint-Jacques ; mais il arriva que, pendant la guerre d'Espagne, cette dernière fut incendiée en 1637, et que dès lors tous les offices durent être célébrés à l'église Saint-Etton. Mais lorsque Saint-Jacques fut reconstruit, une lutte s'établit entre les habitants des deux quartiers pour la priorité d'une paroisse sur l'autre. Le résultat de cet antagonisme fut, en 1720, la ruine de l'église Saint-Jacques, qui avait été privée par sa rivale de presque tous ses revenus ; et il n'a fallu rien moins qu'un arrêt du Conseil d'Etat, rendu le 29 décembre 1731, pour ordonner la reconstruction de Saint-Jacques et l'entière démolition de l'église Saint-Etton. Quoique depuis cette époque il n'y ait plus eu qu'une seule paroisse, le schisme a continué entre les *Jacobites* et les *Ettonistes*, comme on les appelait alors, et il est curieux de retrouver aujourd'hui ces deux partis qui ont survécu à toutes nos révolutions.

Si l'église actuelle de Bienvillers ne date que de 1733, il n'en est pas de même de sa tour qui est une des plus anciennes du diocèse d'Arras et dont on fait remonter l'érection au XIVe siècle.

Il résulte d'une charte de 1099 que la cure était à la nomination de l'Abbé de Saint-Vaast.

Un pèlerinage, dont l'origine est au moins contemporaine de la fondation de l'église de Saint-Etton (au XVIe siècle), existe encore dans cette paroisse et attire chaque année une foule considérable de personnes qui viennent prier ce saint missionnaire pour la conservation de leurs bestiaux : sa fête patronale se célèbre le 10 juillet. Cette dévotion populaire explique pourquoi ce village s'appelait autrefois Bienvillers-Saint-Etton ; mais aujourd'hui on ne le connaît plus guère que sous le nom de Bienvillers-au-Bois, quoique l'immense forêt dont il était entouré ait disparu par suite d'une série de défrichements.

La seigneurie de Bienvillers relevait directement du roi de France, à cause du Château d'Arras dont elle dépendait. Alain de Longueval, seigneur de *Banvillers* où il demeurait, fut tué à la bataille d'Azincourt, en 1415. C'est un des seigneurs de cette terre, nommé Hellin, qui retrouva, en 1618, les chartes dont nous avons parlé ci-dessus. La maison de Beaufort, et celle de Croy-Solre ont également possédé cette seigneurie qui fut vendue, en 1736, à la famille de Fromentin, moyennant la somme de vingt-quatre mille livres.

Le Château-fort se trouvait à l'extrémité de la rue du Four ; mais il a disparu, ainsi que le bois dont il était environné. En 1637, cette citadelle était occupée par quinze cents Espagnols de la garnison d'Arras, lorsque le comte de Nanteuil, gouverneur de Corbie, vint l'attaquer le 22 novembre, à onze heures du soir, avec toute sa compagnie de cavalerie. « Il fit appliquer une bombe à la muraille de la forteresse qui fit un tel effet qu'il y eut brèche pour passer deux hommes de front. Les Espagnols s'assemblèrent au bruit pour empêcher les Français d'entrer dans le fort; ceux-ci s'en rendirent néanmoins les maîtres, après une grande résistance. » (*Mém. du P. Ignace*, t. VII, p. 854.)

Comme souvenirs de cette guerre avec l'Espagne, Bienvillers a conservé un souterrain-refuge dans lequel ses habitants furent contraints de se retirer, et a donné le nom de *Champ-Bataille* à l'endroit où eut lieu le combat. Quant au canton appelé les *Bretagnes*, il paraîtrait avoir été le théâtre d'un engagement avec l'armée anglaise, lors de ses incursions dans notre pays à la fin du XIV° siècle. (*Mémorial d'Harbaville*, t. Ier, p. 223.)

Pendant l'invasion allemande (1870-71) cette commune a été une des plus éprouvées par la guerre et a subi une perte de plus de 28,000 fr.

La chapelle Saint-Joseph, qui se trouve sur la route de Monchy-au-Bois, a été construite en 1694.

Avant la Révolution, le domaine seigneurial de *La Bazèque*, qui appartient aujourd'hui à la commune de La Herlière, dépendait de Bienvillers-au-Bois : c'était une ferme dans une position peut-être unique en Artois, puisqu'elle s'étendait sur 360 arpents de terres labourables au milieu d'un bois de 550 mesures ; elle rapportait, en 1737, 12,000 livres de rente à son propriétaire.

D'après la tradition du pays, saint Etton demeurait à La Bazèque et se rendait souvent à l'église de Bienvillers, en faisant trois stations qui ont été longtemps indiquées par des croix : la première, auprès de la ferme ; la deuxième, sur la chaussée d'Arras à Amiens ; et la troisième entre Humbercamps et Pommier. La Bazèque était une étape sur l'ancienne voie romaine, comme son nom même l'indique (du mot *Bastaga,* poste pour le transport des munitions.) Elle a longtemps appartenu à la maison Imbert de Lille, qui avait un hôtel à Arras, rue des Trois-Faucilles. En 1752, l'écuyer Imbert, maréchal des camps et armées du roi, obtint de Louis XV l'érection de La Bazèque en comté, et y fit bâtir, la même année, une habitation seigneuriale (*Additions aux Mém. du P. Ignace,* t. IV, f. 249.) Cette terre était affermée à la famille Brongniart qui l'occupait depuis qu'Antoine, l'un de ses membres, écuyer et sieur du Cauroy, était venu se fixer à Bienvillers en 1620.

COUIN.

COUIN. — *Couvin, Couvin, Covin, Coing.*

Deux étymologies sont données pour la signification de ce nom : les uns le font venir du mot celtique *Gwen,* blanc, attendu que les côtes marneuses de ce village présentent des crêtes blanches de toutes parts. D'autres le font dériver de *Covin, Cavin, Cavinum, Cavum,* creux, parce que l'Authie s'y est creusé une vallée profonde.

Une partie de cette terre était tenue de l'abbaye de Corbie (*Recueils du P. Ignace,* t. IV, f° 14), et l'autre dépendait de la châtellenie de Pas depuis l'année 841. Adam, seigneur de Couin, d'après une Charte de 1203, était en même temps Prévôt de Pas. Plus tard la seigneurie appartint à la famille de Beaufort, et enfin à celle de Landas de Louvignies, dont un des ancêtres eut la garde des fils du roi Jean à la bataille de Poitiers (septembre 1356).

On tient par tradition dans ce village qu'autrefois la commune était bâtie le long de la rivière qui borde le cimetière actuel sur lequel se trouvait l'ancienne église : les guerres du XVIe siècle détruisirent toutes ces constructions, y compris le château, et l'on rebâtit la nouvelle paroisse sur le haut de la colline.

A la place de l'église primitive, on éleva une chapelle dédiée à saint Pierre qui est devenue le but d'un pélerinage fréquenté ; la statue du saint est en pierre artistement sculptée et porte la date de 1661.

La nouvelle église de Couin a été construite, à la fin du XVIe siècle, sous la domination espagnole et est sous le vocable de Saint-Pierre-aux-Liens.

Son château est également une construction des temps modernes.

Il est probable que le village de *Coing*, suivant une ancienne orthographe, a donné naissance à celui de *Coigneux* qui lui est contigu. Sur la colline qui s'élève entre ces deux communes existait autrefois le *château de Rossignol* où est né le général baron Alexandre Cavrois (janvier 1774).

FAMECHON.

FAMECHON. — *Framechionium*.

C'est un petit village de 438 habitants, sur l'ancienne voie romaine, confiné entre une haute colline et la Kilienne qui arrose sa vallée : une source se trouve au bas de la montagne et forme un ruisseau qui va se jeter dans cette rivière. « En 1733, ce lieu consistait en trois rues, nommées la Haute, la Grande et la Basse ; la Haute contenait cinq maisons ; la rue du milieu, appelée aussi la Grande Rue était composée de dix maisons ; la troisième, dite la rue Basse, est le long de la rivière, où étaient trois maisons et le moulin. On voit que ce village forme une espèce de croix. » (*Mémoires du P. Ignace*, t. V, p. 493.) Depuis un siècle, Famechon ne s'est pas beaucoup agrandi. C'est pourtant une paroisse ancienne, puisqu'elle figure comme dépendance du prieuré de Pas, en 1138, sous le nom de *Framechionium* (domaine de Framchilde). Son château passe pour avoir été occupé par les Templiers au XIII° siècle, ce qui explique pourquoi son emplacement s'appelle *le Temple*. La seigneurie de Famechon, dont les armes étaient « *D'or, à deux fasces d'azur, accompagné de neuf merlettes de gueules* », appartenait, en 1330, à Mahieu de Rebèke qui fit donation de plusieurs pièces de terre à la maladrerie de Saint-Ladre. Elle passa ensuite dans la famille de Brimeu, puis dans celle de Belvalet, en 1612, dont un des membres a été fondateur du monastère de la Paix, à Arras. Enfin, en 1698, cette seigneurie arriva, par mariage, à la famille de Sainte-Croix de Venant qui la fit ériger en marquisat et la conserva jusqu'à la Révolution. Le marquis de Venant d'Yvergny habitait à Arras l'hôtel Caulier, situé dans la petite rue Saint-Jean. (*Les Rues d'Arras*, par A. d'Héricourt et A. Godin.)

L'église, dédiée jadis à Saint-Genès, avait été reconstruite en 1700, mais elle fut entièrement démolie en 93. Malgré le rétablissement du culte catholique après le Concordat, Famechon ne releva point ses anciens autels, en sorte que le protestantisme en profita pour s'emparer de la place abandonnée et finit par ériger, en 1836, un Temple en bois remplacé aujourd'hui par un édifice en pierres. Ce fut le signal de la résurrection de l'église qui, dès l'année suivante, fut consacrée sous le vocable de Notre-Dame.

Il y avait plusieurs fiefs à Famechon : le premier, dont le nom indiquait l'origine, s'appelait le *Vivier Chatelain* ; une tour érigée dans les temps anciens y existait encore au XV° siècle : elle fut rasée pendant les guerres qui suivirent.

Sur le point le plus culminant de la commune s'élève l'ancien fief d'*Hurtebise*, dont la situation justifie bien l'étymologie ; ce mot vient en effet du tudesque *ort*, dont on a fait *hurte*, endroit, ce qui veut dire lieu exposé à la bise. Ce domaine a longtemps appartenu aux Le Sergeant, seigneurs d'Hennedecordel.

Enfin, c'est sur la limite de Famechon et de Thièvres qu'avait été fondée, par les seigneurs de Pas, *la Maladrerie de Saint-Ladre*, près de laquelle s'éleva bientôt un groupe de maisons. En 1724, on disait encore la messe dans sa chapelle, dont les murailles de pierre blanche tombaient en ruine seize ans plus tard : « Cette chapelle était en cul-de-lampe, et avait deux croisées à l'une desquelles on voyait encore cette année (1740) au cintre en dehors, une croix semblable à celle que les pauvres orphelins portent ordinairement sur la poitrine, à droite ou à gauche de leur robe. » (*Mém. du P. Ignace*, t. VII, p. 431.)

L'année suivante, Domitien Ansart, fils puîné du seigneur de Pas, utilisa ces ruines pour y construire une chapelle en l'honneur de N.-D. des Affligés.

Depuis la suppression de la maladrerie, des difficultés se sont élevées entre les municipalités de Pas et de Famechon, relativement aux biens qui en provenaient.

A côté de cet établissement se trouvait une ancienne ferme dont l'emplacement en a retenu le nom de *Pré de la Cense*.

FONCQUEVILLERS.

FONCQUEVILLERS.—*Foncviller, Fomquevillers, Foncqvillers.*

Foncquevillers (*Fulci Villarium*, domaine de Foulques), doit probablement son origine à Foulques, ministre du roi Charles-le-Simple, qui échangea, en 897, l'abbaye de Saint-Vaast contre celle de Saint-Médard de Soissons. Le sire de *Foncviller*, assistait comme pair d'Artois aux plaids de 1285 ; et plus tard nous voyons Jean de Mailly donner cette seigneurie à son frère Mathelin de Mailly, par une transaction du 10 février 1428. (*Mémoires* du P. Ignace, t. VII, p. 210). D'ailleurs, cette terre était divisée en trois seigneuries qui appartenaient originairement au Chapitre d'Arras, au Commandeur de Haute-Avesnes, et à l'Abbaye Saint-Médard de Soissons qui avait en outre le patronat de la cure. Cette abbaye céda ses droits à la famille Adin de Moncheaux, qui prit fin, en 1703, dans la personne de messire Charles de Moncheaux, inhumé dans l'église d'Hannescamps. Cette part fut transmise à Charles Prudhomme d'Ailly, seigneur de Foncquevillers et d'Hannescamps qui disposa de son premier titre en faveur du chevalier de Gonon et mourut en 1746. (*Recueils* du P. Ignace t. Ier, f. 423.)

Un autre tiers de cette seigneurie était possédé, au XVIe siècle, par la famille de Bassecourt qui le transmit par alliance à la famille Cauvet. Il fut ensuite acheté par la maison de Mol dont la dernière héritière, Isabelle de Mol, le fit passer par mariage dans la famille Théry, en 1685.

Enfin, pendant toute la durée du XVIIIe siècle, nous trouvons les de Gantès portant le titre de seigneurs de Foncquevillers, Ablainzevelle et Rebecq. L'un d'eux, Michel Ignace de Gantès, qui épousa en 1723 Jeanne de Leval, fut inhumé avec elle au milieu du chœur de l'église de Foncquevillers où un mausolée de marbre blanc était érigé à leur mémoire : nous en avons retrouvé quelques fragments chez un habitant de la commune, ce qui nous a permis d'apprécier quelle devait être la richesse de cette sépulture. Les armes de la famille de Gantès (*D'azur emmanché de 4 pièces d'or, mouvantes en chef*), et celles des de Leval *(D'argent, à une croix de gueules, chargée d'une vivre d'azur, brochant en chef)*, étaient sculptées en tête de l'épitaphe : les deux écussons sont surmontés d'un casque taré de front, et ont pour *tenants* d'un côté la Prudence ayant en mains un miroir et le serpent symbolique, de l'autre, la Justice armée du glaive et portant une balance. Le dessin de ce mausolée tout entier se trouve aux Archives départementales du Pas-de-Calais (Section des plans et cartes). Voici quelle en est l'inscription principale :

D. O. M.

ICY REPOSENT LES CORPS DE NOBLE MICHEL IGNACE DE GANTÉS, ÉCUIER, SEIGNEUR D'ABLAINZEVELLE, DE REBÈQUE, DE SAINT-MARCQ ET DE CE LIEU DE FONCQUEVILLERS, DONT IL A ÉTÉ PATRON, FILS AINÉ DE NOBLE MICHEL DE GANTÈS, ÉCUIER, SEIGNEUR

DE VALBÔNNETTE, CAPITAINE DE CAVALERIE AU RÉGIMENT ROYAL DES CRAVATES, DÈS 1684, ET ÉLU CONSUL DE LA VILLE D'AIX EN PROVENCE, SA PATRIE, DÈS L'AN 1694, ET DE NOBLE DAME JEANNE HYACINTHE DE HANNEDOUCHE, DÉCÉDÉ EN SON CHATEAU D'ABLAINZEVELLE, LE 10 DÉCEMBRE 1752, AGÉ DE 68 ANS.

ET DE SON ÉPOUSE NOBLE DAME JEANNE ÉLISABETH DE LEVAL, VEUVE DE LOUIS ERNEST DE MARBAIS, ÉCUIER, SEIGNEUR DU VERVAL, ET FILLE DE JACQUES DE LEVAL, ÉCUIER, SEIGNEUR DE LA MARCHE ET DE PONCHE, ET DE DAME JEANNE DE LEVAL, MORTE AGÉE DE 65 ANS AUDIT ABLAINZEVELLE, LE 13 JUILLET 1749, APRÈS AVOIR ÉTÉ MARIÉE EN SECONDES NOCES AVEC NOBLE MICHEL, PAR CONTRAT REÇU LE 31 OCTOBRE 1722 PAR CUVILLERS ET P. GELÈS, NOTAIRES D'ARRAS.

GISSENT AUPRÈS D'EUX LEURS DEUX PETITES-FILLES, SÇAVOIR NOBLE DEMOISELLE ROSALIE-ADÉLAÏDE DE GANTÈS, MORTE LE 20 OCTOBRE 1753, ET NOBLE DEMOISELLE CHARLOTTE-VICTOIRE DE GANTÈS, MORTE LE 22 DU MÊME MOIS ET ANNÉE, TOUTES DEUX FILLES DE NOBLE FRANÇOIS-MICHEL BERNARD DE GANTÈS, SEIGNEUR DES DITS LIEUX.

PRIEZ DIEU POUR LEURS AMES.

Sculpsit Bracquet, 1753.

A gauche et à droite de cette inscription brillaient les seize écussons des familles nobles avec lesquelles les défunts étaient alliés. La maison de Gantès avait contracté mariage avec les familles suivantes : Hannedouche en 1687, Crose en 1634, Roberty en 1581, Forbin en 1540, Reysson en 1506, Reysson (autre branche) en 1434, Castellane en 1405, et Gombert en 1378. Voici les alliances de la famille de Leval : de Leval (autre branche) en 1681, Citey en 1639, Payen en 1605, Belvalet, Delesauch, Raulin en 1543, Raoust en 1500, et Parolle en 1400. Une légende explicative, gravée sur les bords de la pierre, apprend enfin que la maison de Gantès s'est illustrée par des exploits militaires et avait été décorée de divers ordres : on sait du reste que Louis XV lui accorda, en juillet 1770, des lettres de Chevalerie avec la couronne de comte.

La seigneurie de Foncquevillers était tenue tant du Château d'Arras que de celui de Bucquoy. (Bouthors, *Coutumes locales du bailliage d'Amiens*, p. 278.) Sa coutume particulière fut rédigée en 1507.

Des fouilles qui furent faites sur le territoire de cette commune, en 1570, amenèrent la découverte d'une grande quantité de pièces d'or portant l'effigie de Marc-Antoine, proconsul sous Jules César. (*Projet de Dictionnaire historique. Mss. de l'Académie d'Arras.*)

Avant 1637, Foncquevillers possédait un château-fort occupé alors par les troupes espagnoles : mais le 7 août de cette année, il fut attaqué par le comte de Nanteuil, gouverneur de Corbie, et obligé de se rendre en même temps et dans les mêmes conditions que celui d'Hébuterne, c'est-à-dire qu'après avoir été livré au pillage, il fut entièrement rasé. (*Mémoires* du P. Ignace, t. VII, p. 580.)

Le territoire de cette commune renferme un immense souterrain-refuge, dont la porte d'entrée était placée dans l'église, et qui était en communication avec ceux des villages environnants : sa construction remonte aux guerres du XVIIe siècle.

L'église, dédiée à la Vierge, a été construite en 1605 : c'est ce qui résulte d'une inscription gravée au-dessus du petit portail. Quant au clocher, il ne fut élevé qu'à la fin du siècle, en 1683 : c'est une tour large et carrée, bâtie en pierres blanches et couronnée d'une flèche de bois.

Il existait autrefois un pèlerinage à la chapelle de Saint-Liévin, qui a été démolie en 93, et n'a été réédifiée qu'en 1830 à l'angle des chemins de Souastre et de Sailly-au-Bois.

La ferme de La Haye, dépendante de Foncquevillers, faisait partie de la seigneurie de Sailly-au-Bois : c'était jadis une forteresse dont il restait, au siècle dernier, des vestiges de fossés et une tour antique qui avait été convertie en pigeonnier. Elle avait pour seigneur le comte de Belleforière.

Depuis 1790 jusqu'en 1805, Foncquevillers était un chef-lieu de canton et siége de justice de paix : il ne comprit dans son ressort, jusqu'en 1801, que les communes de Bienvillers-au-Bois, Gommecourt, Hannescamps, Hébuterne, Monchy-au-Bois, Puisieux,

Sailly-au-Bois et Souastre; mais, de 1801 à 1805, il eut l'honneur d'être placé à la tête du canton actuel de Pas tout entier. Aujourd'hui le seul avantage de cette commune sur les villages voisins, c'est d'avoir un bureau de poste. (*Voir les Annuaires du Pas-de-Calais pour l'an X*, p. 176, et les années suivantes.)

GAUDIEMPRÉ.

GAUDIEMPRÉ. — *Goudemprium, Goeudiempré, Gudiempré, Guldienpré.*

Gaudiempré (*gaudiale pratum*, pré réjouissant, belle prairie), est situé sur l'ancienne voie romaine d'Arras à Amiens, ce qui explique comment les Templiers y avaient fondé un *Hôpital* dans lequel on recevait les voyageurs et les pèlerins. Cet hôpital était le chef-lieu de l'une des trois seigneuries qui partageaient le village et se trouvait au centre d'un domaine borné par des grès sur lesquels était gravée une petite croix : voilà pourquoi la terre des chevaliers de Malte, successeurs des Templiers, portait le nom de seigneurie *dans les croix*, pour la distinguer des deux autres. La cense de l'Hôpital, ou Commanderie de Gaudiempré, a été longtemps occupée par la famille d'Antoine-Joseph Cavrois qui relevait du Commandeur de Haute-Avesnes; on en voit encore les anciens bâtiments, et notamment la chapelle dans laquelle on a dit la messe jusqu'au commencement du siècle dernier.

Le second fief, appelé domaine de Beaucamp (*Bellocampus*), dépendait de la châtellenie de Pas : nous citerons, parmi ses possesseurs, Nicolas de Beaucamp, sire de Berles et de Monchy-au-Bois en 1235, et au XVIIIe siècle, la famille Boucquel qui avait aussi les seigneuries d'Orville et de Sarton. Il ne reste rien de ce manoir qui était situé au-dessus de la *fontaine* et qui a donné son nom au ruisseau qui passe au pied de Gaudiempré.

La troisième seigneurie relevait aussi du château de Pas : son premier titulaire connu est Baude de *Gudiempré*, écuyer, qui fit partie de l'expédition d'Oisy, en 1254. Dans le siècle suivant, nous voyons la seigneurie passer à Pierre Collart, puis à la famille Bon de Saveuse au XV° siècle, à la famille Obert en 1578, et enfin, en 1740, à la famille Ansart. Wallerand Obert, seigneur de Gaudiempré, qui obtint une sentence de noblesse le 24 mars 1589, a laissé une *Relation manuscrite des troubles de 1578,* survenus dans la ville d'Arras.

Sur l'emplacement du château, aujourd'hui complètement détruit, on a retrouvé des débris de bâtiments, des tombeaux et des pierres tumulaires.

Les coutumes de Gaudiempré ont été rédigées en 1507.

L'ancienne église de ce village, située dans l'étendue des croix, suivant l'expression que nous avons expliquée plus haut, dépendait du prieuré de Pas, en 1138, et avait elle-même la paroisse de Grincourt pour annexe. Elle avait été reconstruite, vers 1760, dans des proportions telles qu'elle passait pour le plus bel édifice de la contrée : malheureusement elle fut entièrement démolie pendant la Révolution, et n'a été remise qu'en 1852 dans l'état où nous la voyons aujourd'hui. La tour seule a échappé à ce désastre : bâtie en bonnes pierres blanches, pendant l'année 1620, elle a été terminée par un mur d'appui crénelé au milieu de chaque face, et surmontée en 1713 d'une flèche octogone également en pierre.

Depuis sa reconstruction, l'église a été mise sous le vocable de Saint-Nicolas, et n'a plus eu que comme patron secondaire saint Antonin qui était autrefois l'objet d'un pèlerinage très-fréquenté : on l'invoquait, comme saint Etton à Bienvillers, pour préserver les bestiaux des maladies contagieuses. (*Recueils et additions* du P. Ignace. *Passim.*)

GOMMECOURT.

GOMMECOURT. — *Goumencourt, Goumecourt.*

Le nom de cette commune paraît dériver de *gummi cortis*, où l'on retrouve cette terminaison *court*, si fréquente dans notre pays et qui vient de *cor*, type du mot latin *cortis, curtis*, enclos ou demeure ; le radical *gummi* rappellerait les forêts qui couvraient toute la contrée et dans lesquelles les matières résineuses devaient abonder : aujourd'hui encore, Gommecourt est boisé en grande partie.

Ce petit village, appelé *Goumencourt* en 1283, dépendait de la châtellenie de Bucquoy, et son seigneur était homme-lige de celui d'Hébuterne ; il paraît même que le fils aîné du seigneur d'Hébuterne prenait le titre de Gommecourt.

Très-anciennement il s'y trouvait un château-fort élevé sur une motte, selon l'usage du temps, et environné de fossés revêtus en pierres : il disparut, comme ceux des alentours, à l'époque des guerres du XVIIe siècle, et a fait place au château moderne qui existe aujourd'hui. (*Dictionnaire* du P. Ignace.)

Une charte du mois de juin 1310, relative à cette seigneurie, est conçue dans les termes suivants :

« A tous chiaus ki ches presentes lettres verront et orront, je Gilles li Varles, salut. Sachent tout ke je aveue a tenir en fief à sept sols et demi de relief de très-haute dame noble et poissans madame la comtesse d'Artois ches choses ki sansievent, chest à savoir : quatre mencaudées de terre a hanaule pau plus pau moins séans u terroir de Goumecourt, lesquels choses dessus dites je soloie tenir de Gillon de Goumecourt avant ke il four fesist se terre envers madame la comtesse devant dite. Et en thémoins de che je ai ches presentes lettres scelées de men proppre scel ki furent faites en l'an de grasce mil trois chens et dis, à l'entrée du mois de juing. » (*Original en parchemin.* — *Chartes d'Artois.*)

Nous voyons cette terre successivement possédée : au XIII° siècle, par Robèrt ; — au XVI°, par Hugues de Fleury, gouverneur de Bapaume, mort en 1556 ; — ensuite par la famille de Carnin-Lillers, dont le dernier seigneur, mort glorieusement à la bataille de Guastella en 1734, l'avait vendue, dix ans auparavant, à Lamoral François Emmanuel de Fromentin, qui joignit bientôt à ce titre celui de Bienvillers-au-Bois et fut inhumé, en 1747, dans l'église de Gommècourt : il avait à Arras un hôtel situé dans la rue du Saumon. Ses descendants conservèrent la seigneurie jusqu'en 1789.

L'église de Gommecourt n'était originairement qu'une chapelle; construite en dehors du village, sur l'emplacement du cimetière, elle fut transférée auprès du château, en 1700, et est restée jusqu'à nos jours sous le vocable de Saint-Martin.

GRINCOURT.

GRINCOURT. — *Grincourt-lez-Pas.*

Grincourt (*Granicortis,* que M. Harbaville propose de traduire par *Gratiani Cortis,* demeure de Gratien), est le plus petit village du canton : les quelques maisons qui le composent se cachent sous les arbres de sa vallée arrosée par la Kilienne, au pied du bois du château de Pas. Cette seigneurie, qui dépendait de la châtellenie de Pas et du comté de Saint-Pol, fut vendue par le duc de Longueville à la maison de Fournel, passa par mariage dans la famille de Beaufort et de Croix en 1592 ; enfin, elle appartint au XVIII° siècle à M. de Landas qui possédait en même temps la terre de Couin.

Une partie de cette seigneurie paraît avoir été possédée par la maison de Cuinghem, au XVII°siècle, et par les Blin de Grincourt, au siècle suivant.

L'ancien fief de Beaulieu, situé à Grincourt, était un manoir environné de prairies, sur une étendue de sept journaux de terre.

L'église de Grincourt, autrefois annexe de Gaudiempré, était dépendante du prieuré de Pas, en 1138. Elle est dédiée à la Vierge et a été rebâtie en 1720, puis en 1786 dans de telles proportions relativement à la population du village, qu'il faut en trouver l'explication dans le pèlerinage à *Notre-Dame-Marchette* qui attirait jadis des milliers de visiteurs. Cette dévotion doit son origine à la découverte d'une statue de la Vierge qu'un berger trouva dans la terre pendant le mois de mars, ce qui lui fit donner le nom de *Marchette* par les habitants du pays. (*Hist. de Saint-Kilien*, par l'abbé Cuvillier, p. 88.) La statue fut jetée au feu en 1793, mais la tête, n'ayant pu être consumée, a été enfouie dans une prairie voisine. Le pèlerinage du 25 mars, quoique moins suivi que par le passé, existe encore aujourd'hui.

Le plus ancien monument de Grincourt est le clocher de son église qui a été bâti en 1615.

HALLOY.

HALLOY. — *Halloy-lez-Orville, Halloye.*

Les historiens ne s'entendent pas sur l'étymologie de ce nom : les uns le font dériver de *hall* qui signifie lieu couvert, maison (d'où on a fait *hallus*, hallier); d'autres prétendent qu'il vient de *Allodium, Alloi, Alleu,* parce que cette terre, dépendante de la paroisse d'Orville, était exempte de toute redevance à l'égard de son seigneur : le nom de *Francs-Champs,* donné à une section d'Halloy semble confirmer cette dernière interprétation. Quoi qu'il en soit, la contrée était jadis couverte de forêts, dont il ne reste que le bois de Fétel; et si, dès le XIIIᵉ siècle, nous y trouvons l'existence d'un hameau, il n'y eut, jusqu'en 1756, ni église, ni cimetière. Les habitants d'Halloy, trop peu nombreux alors pour constituer une paroisse, étaient compris dans celle d'Orville, et c'est dans son cimetière qu'ils étaient inhumés, ce qui explique pourquoi la route qui relie ces deux communes s'appelle encore le *chemin des morts.*

Halloy, sur la limite extrême de l'Artois, appartenait à la sénéchaussée de Saint-Pol. (*Recueils du P. Ignace*, t. IV, f. 90); il était divisé en plusieurs fiefs, dont les coutumes ont été rédigées en 1507. La principale seigneurie appartint, jusqu'en 1694, à la famille Dufay, et passa alors dans les mains de Fouache, seigneur de Boulan et de Vadencourt, dont les descendants l'ont conservée jusqu'à nos jours. Une autre seigneurie était l'apanage de Maximilien de Gosson, seigneur d'*Halloye* en 1582 qui eut pour successeur messire Ferry de Pressy : ensuite la famille de Madre en fut titulaire jusqu'au XVIIIe siècle.

L'église, dédiée à saint Eloy, bâtie de 1756 à 1762, démolie pendant les troubles révolutionnaires, n'a été reconstruite qu'en 1825 : elle n'offre par conséquent aucun intérêt historique.

Halloy est traversé par la route nationale d'Arras à Amiens : c'est là que, le 18 septembre 1827, Charles X, en quittant pour toujours cette province d'Artois dont il avait porté le nom, reçut du cardinal de La Tour d'Auvergne cet adieu resté célèbre : « Sire, ici finit mon diocèse et commencent mes regrets. » (*Notice artésienne sur le voyage du Roi à Saint-Omer, 1827*).

HANNESCAMPS.

HANNESCAMPS.— *Hanescamp, Hanneschamp, Hanecamps.*

S'il faut en croire l'étymologie de ce nom, Hannescamps, appelé *Hanneschamps*, en 1269, doit son origine à des émigrants du Hainaut, *Hannonum Campi*. Il ne fut qu'un hameau dépendant de Bienvillers-au-Bois jusqu'en 1733, époque où il fut érigé en cure indépendante. Son église, sous le vocable de Saint-Martin, a été rebâtie en 1720 par le seigneur de l'endroit.

Anciennement, le château consistait en « un corps de logis irrégulier, petit, obscur, et fait de briques pour la plus grande partie. Il était appuyé d'une tour de même, ronde, hors d'œuvre et un peu plus élevée que le bâtiment; là était l'escalier, selon l'usage des derniers siècles. L'an 1723, le seigneur de ce lieu fit commencer sur le même terrain le château que l'on voit à présent : il consiste dans l'aile droite d'un corps de logis entre cour et jardin, partie de pierres, partie de briques, une terrasse de cinq à six pieds de hauteur du côté de la cour. » (*Recueils du P. Ignace*, t. Ier, f. 423.)

Ce nouveau château, après avoir échappé aux destructions de 93, fut démoli sous la Restauration : il n'en reste qu'un pan de muraille, près de l'église avec laquelle il communiquait par une porte aujourd'hui fermée.

Les coutumes d'Hannescamps furent rédigées en 1507.

Les plus anciens seigneurs d'Hannescamps, à notre connaissance, étaient de la famille de Nédonchel (XVe et XVIe siècle), à laquelle succédèrent les Allard de Croix de Drumetz dont le dernier descendant mourut à Arras en 1634.

La seigneurie passa alors à la famille Adin de Moncheaux qui s'éteignit dans la personne de messire Charles de Moncheaux, mort en 1703 et inhumé dans l'église.

Une pierre tumulaire, enchâssée dans la muraille, rappelle encore aujourd'hui le lieu de sa sépulture : elle est en beau marbre noir et mesure 1 m. 05 de hauteur sur 70 c. de largeur. L'épitaphe parfaitement conservée est ainsi conçue:

Cy-devant

reposent les corps de messire

Charles de Moncheaux

chevalier, seigneur et patron de Foncquevillers,

Hanecamps, Vuavans, Beauvoir, Rivière,

Moncheaux, etc., décédé le 29 novembre 1703;

et Dame Marguerite-Gertrude de Beaufort

son épouse décédée le 17 d'aoust 1693,

et auprès d'iceux reposse aussy damoiselle

Jenne Joseph de Moncheaux leur fille

décédée le 19 octobre 1689.

Requiescant in pace.

Deux écussons accolés l'un à l'autre sont sculptés au-dessus de cette inscription: ils sont surmontés d'une couronne de marquis et d'un casque *d'argent à sept barreaux tarés de front.* L'écusson de droite, qui appartient à la famille de Moncheaux, est *d'azur, fretté d'argent de six pièces.* Les autres armoiries sont celles des Beaufort qui portent: *De gueules, à un château flanqué de deux tours d'argent, pavillonnées et girouettées de même avec un pont-levis aussi d'argent, pour entrer dans la porte, qui est fermée de sable : franc-quartier d'azur, chargé de trois jumelles d'or.*

Enfin, autour de l'épitaphe, figurent les armes de tous les alliés de la famille, ce qui porte à seize le nombre de ses quartiers de noblesse; avec les de Moncheaux nous trouvons les maisons de Bauduin Ramilly, L'Amiot, Bassecourt, Du Val, Cornaille, Couronel et Dassonneville; les de Beaufort comptent leurs alliances avec les familles de Riez, de Leval, Couronel (autre branche), Belvalet, de Loez, Paien et Herlin-Belacourt.

Charles de Moncheaux eut pour successeur Charles Prudhomme

d'Ailly, son gendre, qui reconstruisit l'église en 1720, et mourut sans enfants au château d'Hannescamps en 1746 : il avait à Arras un hôtel situé dans la rue des Balances. (Voir dans *les Rues d'Arras*, t. II°, p. 199, le nom des hôtels occupés par Louis XV et sa suite lors de son séjour à Arras en 1744). La seigneurie appartint enfin à la famille de Beauffort qui possédait encore le château à l'époque de la Restauration et le fit démolir.

Hannescamps est, non-seulement par rapport à sa population (256 hab.), mais même d'une manière absolue, la commune du canton qui a le plus souffert de l'invasion allemande; car, si les Prussiens n'y ont séjourné qu'une quinzaine de jours (du 26 décembre 1870 au 9 janvier 1871), ils y firent des réquisitions pour la somme énorme de 53,800 francs.

HÉBUTERNE.

HÉBUTERNE. — *Herborcisterna, Herbuterne, Hellebuterne, Hesbuterne.*

Cette grande commune, appelée *Herborcisterna* dans le diplôme d'Hincmar en 870, dépendait de la châtellenie de Bucquoy. Son plus ancien seigneur se nommait Othon, au XII° siècle; Robert, son fils aîné, n'eut qu'une fille qui fit passer la terre dans la maison de Béthune, par son mariage avec Guillaume de Béthune, mort en 1340 : c'est lui qui assista à l'Assemblée de Corbie destinée à terminer les différends qui s'étaient élevés entre la comtesse Mahaud et les nobles de la province d'Artois. La seigneurie d'Hébuterne changea ensuite plusieurs fois de maîtres, jusqu'à ce qu'elle fût arrivée dans la famille de Melun et d'Epinoy, à qui succéda, en 1724, le prince de Rohan-Soubise.

C'est à Hébuterne que vint camper le duc de Bourgogne, alors qu'il était en lutte contre le roi Louis XI ; jamais ce village ne vit une telle armée qui devait s'élever à 80,000 hommes avec 1,400 chariots d'artillerie et de munitions (1472).

Deux siècles après, son château-fort qui était défendu par les Espagnols, fut attaqué par le comte de Nanteuil, gouverneur de Corbie qui arriva vers minuit (6 août 1637) et fit mettre le canon en batterie à cinquante pas de la muraille : « Il ordonna ensuite à six trompettes de sonner et à douze tambours de battre en même temps, pendant qu'on jetait quelques grenades dans le fort. Leur effet, joint au bruit et à la première décharge du canon et de la mousqueterie, étonna si fort les Espagnols, que voyant quatre des leurs tués, et surtout celui qui faisait le guet et qui était tombé mort d'une haute tour, ils demandèrent à capituler, croyant que l'avant-garde de l'armée du roi avançait pour les envelopper.... Les Français entrèrent alors dans le fort où tous les hommes furent faits prisonniers, excepté les vieillards et les malades. » (*Mémoires du P. Ignace*, t. VII, p. 580.) Inutile d'ajouter que le château fut rasé complétement. Les habitants d'Hébuterne durent à leur tour, pour échapper à toutes les horreurs de la guerre, s'enfermer dans un vaste souterrain-refuge qui subsiste encore.

Les coutumes particulières de ce village furent rédigées en 1507.

La paroisse d'Hébuterne est fort ancienne : dès 870, nous la voyons attribuée à l'abbaye de Saint-Vaast, (Mirœus. *Annal. belg.* 690), ce qui explique pourquoi elle a pour patron le premier évêque d'Arras. En 1148, l'évêque Godescale accorde son autel au Chapitre de la Cathédrale. (Locrius. *Chronicon belgicum.*— *Gallia Christiana*, t. III, p. 326). A la fin du XVe siècle, de Briois, chapelain titulaire d'un bénéfice à Hébuterne, aumônier du roi Charles VIII, fait donation à cette église de quarante-six mesures de terre ; ce bénéfice était la chapelle même que l'on voit encore sur la place du village.

Le clocher et sa flèche, construits en briques, ont été élevés en 1731. L'église, d'une grandeur remarquable, a été rebâtie, vers 1772, en forme de croix latine.

HÉNU.

HENU. — *Henus*.

Ce nom vient du mot celtique *hen*, vieux, ou *hain*, bois; il révèle en tous cas une antiquité reculée. Le village est situé en grande partie sur un plateau élevé et s'étend jusqu'au pied d'une colline où passe le ruisseau de Beaucamp.

Hénu dépendait du château de Pas, et faisait partie du comté de Saint-Pol, du moins jusqu'en 1445 : c'est par Achard de Hénu que commence, en 1184, la série de ses seigneurs, continuée par Simon, en 1203; par la famille de Beauval, au XV° siècle, à laquelle succédèrent les Leroy et les Wattines : Anne de Grenet, veuve de Renom des Wattines, se remaria avec Jean d'Héricourt, à qui elle apporta en dot la terre d'Hénu. Enfin la maison de Coupigny, dont la sépulture se trouvait dans une chapelle de l'église paroissiale possédait cette seigneurie pendant le XVIII° siècle. (*Mémoires du P. Ignace*, t. III, p. 142).

On y voyait anciennement un château à trois étages, flanqué de deux tours en pierres, qui fut détruit pendant les guerres d'Espagne et remplacé par le château actuel : il renfermait une chapelle à l'usage particulier du seigneur de l'endroit.

L'église, consacrée à saint Nicolas, dépendait du prieuré de Pas, en 1138. Ayant été reconstruite en 1774, elle ne dut son salut, pendant la Révolution, qu'à l'énergie avec laquelle les femmes de ce village s'opposèrent à sa démolition.

Les coutumes d'Hénu furent rédigées en 1507. Entre Hénu et Couin, on a découvert, il y a plusieurs années, des fondations avec des débris de chapiteaux et des fûts de colonnes enfouis dans la terre; ce seraient, d'après la tradition locale, les restes d'une ancienne maison de Templiers.

HUMBERCAMPS.

HUMBERCAMPS. — *Hendebercamp, Henderbercamp, Humberchamp-en-Artois*.

Ce village, dépendant de la châtellenie de Pas, avait pour seigneur, au XIII⁰ siècle, le sire de Fieules. Un titre énumérant les fiefs du comté de Saint-Pol nous apprend que cette terre passa, en 1473, des mains de M. de Dampierre dans celles de Bon de Saveuse qui avait en même temps la seigneurie de Gaudiempré. (*Fiefs du comté de Saint-Pol*, p. 541. *Archives départementales de Lille*.) Nous la retrouvons au XVI⁰ siècle dans la famille de Luxembourg et de Melun, et au XVIII⁰ dans la maison du marquis de Cottesne, duc de Guines et comte de Souastre.

Lorsque tout le pays entre Arras et Doullens fut dévasté en 1637, les habitants d'Humbercamps se retirèrent, à l'exemple des villages voisins, dans un souterrain encore existant. Ces espèces de refuges, que l'on retrouve dans beaucoup de communes, doivent avoir une origine ancienne et servaient d'abri contre les invasions ennemies : ils furent utilisés pour la dernière fois pendant les guerres du XVII⁰ siècle. Sur ce sujet, nous renvoyons le lecteur au savant travail que M. Narcisse Cavrois a publié dans sa *Notice historique sur le canton de Bertincourt*.

L'église Saint-Barthélemy, reconstruite en 1726, a été démolie pendant la Révolution, et relevée de ses ruines en 1808 : son curé était nommé autrefois par l'Abbé d'Anchin. La tour seule est ancienne et date du commencement du siècle dernier.

ORVILLE.

ORVILLE. — *Orevilla, Orreville, Aureavilla, Audriacavilla, Odreïavilla, Odriacavilla, Onreville, Orteville.*

Ce mot, dérivé de la langue celtique, vient de *or*, rivière, ou de *odre* qui signifie bord, et de *vil*, demeure : c'est un nom de situation. (Bullet, *Mémoires sur la langue celtique.*) Orville est en effet bâti en amphithéâtre sur les rives de l'Authie et adossé à une colline couronnée de bois. Cette commune, dont la population actuelle s'élève à 654 habitants, est traversée par la route départementale de Doullens à Péronne, et se trouve à 6 kil. de Doullens, à 33 d'Arras.

Orville remonte à une haute antiquité : sa forêt servait de temple aux Druides qui y célébraient leurs mystères, ainsi que le témoignent encore aujourd'hui les noms donnés à ses carrefours : place des Rouvrois (*robora*, chênes), place des Fées.

Sous la domination romaine, et surtout après la conquête des Francs, cette bourgade acquit une importance aussi rapide que surprenante, puisque son ancien camp retranché fut converti en *villa*. ou résidence royale : (Le *Capitulaire de 800*, de Villis et le titre XIX du 2ᵉ *Capitulaire de 813*, donnent des détails circonstanciés sur l'aménagement de ces villas) ; on sait en effet que les rois de la première race n'avaient pas d'habitation fixe, mais qu'ils séjournaient, suivant les besoins de leur gouvernement, dans différents châteaux, tels que ceux de Lens et de Vitry-en-Artois. Orville partagea ce privilége, et c'est dans son enceinte que Charlemagne a signé notamment une charte en faveur d'Adon, abbé de Corbie, en 769, *XVII kal. apr. anno I cùm regnare cepit. Actum in Audriacâ villâ in Dei nomine feliciter.*

Les successeurs de Charlemagne continuèrent de venir à la villa d'Orville ; Charles le Chauve, en 865, y donna des ordres pour mettre les côtes et les passages des rivières à l'abri des incursions des Normands. (*Annales de Saint-Bertin.* — *Dom*

Bouquet, t. VII.) Louis le Bègue, son fils, s'y trouvait lorsqu'il apprit la mort du roi, en 877. (*Mém. du P. Ignace*, t. Ier, p. 19.) Orville fut détaché du domaine royal, en 918, pour devenir une des sept châtellenies du comté de Saint-Pol, nouvellement érigé en faveur d'Adolphe, petit-fils de Bauduin Bras-de-Fer : il portait à cette époque le titre de VILLE.

Le comte Roger, en 1050, fit donation de l'autel d'Orville à la collégiale de Saint-Pol ; cette offrande fut confirmée en 1175 par le pape Alexandre III. (*Turpin*.)

En 1096, le chevalier Ernold, châtelain d'Orville, joûta au tournoi qui fut donné pour célébrer la fondation de l'abbaye d'Anchin. (*Turpin*.)

Nous voyons, en 1150, Robert et Bauduin d'Orville, fils de Gosselin, qui se disaient cousins d'Anselme III, de Pas. (*Dom Lepez*, t. II. — *Chronologie de Le François*, Manusc. 308 de la bibl. d'Arras.)

Un autre seigneur d'Orville, appelé Anselme, fit en 1187 un traité avec l'abbé d'Anchin pour la perception des dîmes sur le territoire de la Vicogne. (*Dom Grenier*.)

Quelques années plus tard (1191), un second Ernold accorda à la collégiale de Saint-Pol une part des dîmes qu'il percevait sur Orville.

En 1207, Hugues Tachon, seigneur de ce lieu, hérita une partie de la terre d'Aubigny par le décès de Bauduin Miette, son cousin germain. Il amortit avec sa femme Gertrude la dîme que Pierre, sieur de Frévillers, avait donnée au prieur d'Aubigny avant de partir de ce pays pour faire la guerre aux Albigeois. (*Chronique d'Aubigny*.) Cette même Gertrude offrit au Chapitre d'Amiens deux muids de blé à prendre sur le moulin d'Orville. (P. Daire, *Histoire du doyenné de Doullens*, 1784.)

Nous trouvons, en 1382, dans le matrologue d'Hesdin, une convention passée entre Jean d'Amiens, chevalier, seigneur d'Orville, et Agnès sa femme. (*Plusieurs notes importantes nous ont été communiquées par M. Em. Delaporte, instituteur primaire à Orville, qui prépare une histoire complète de cette localité.*)

A cette époque, on signale l'établissement d'une *maladrerie* où étaient enfermés les *Ladres* atteints de la lèpre d'Orient : elle était située au nord d'Orville, du côté d'Hurtebise, à l'endroit appelé *Les Larrys* où l'on en voit encore des vestiges aujourd'hui.

Avec le XIIIe siècle nous arrivons à la création de l'*Echevinage* d'Orville, qui ouvre l'ère de ses libertés locales ; l'histoire ne nous a transmis que le nom de deux échevins : Jean de Rigauville en 1500, et Pierre Choquet en 1502. Sa *Charte communale* date de 1218 ; la rédaction de sa *Coutume* eut lieu en 1507.

Il nous faut ici remarquer combien Orville avait conservé sa prépondérance sur le pays environnant; après avoir été un *castrum* romain et une *villa* franque, il était devenu une ville forte, ceinte de murailles et percée de trois portes : la rue actuelle *des fossés* nous permet d'indiquer une des limites de cette ancienne citadelle. Les fortifications disparurent à la suite des guerres qui signalèrent la fin du XVIe siècle. On raconte en effet qu'en 1597, l'armée espagnole, maîtresse d'Orville, s'y réunit le soir du 10 mars, sous les ordres d'Hernand Tello, gouverneur de Doullens, et qu'elle marcha dans la nuit sur Amiens dont elle s'empara le lendemain. (Dusevel. *Histoire d'Amiens.)* Henri IV reprit Orville le 29 août suivant, après un combat livré sur la frontière des diocèses d'Amiens et d'Arras dans lequel il défit les Espagnols. (*P. Ignace, add. aux Mém.*, t. 1, f°. 13).

Pendant le XVIIe siècle (1635-1640), Orville fut désolé par l'incendie qui dévasta tout le pays et força ses habitants à se réfugier dans des souterrains qui existent encore aujourd'hui.

La seigneurie d'Orville, qui avait appartenu à la famille de Longueville, puis à la duchesse de Nemours, et à ses héritiers les princes de Conty et de Carignan, fut possédée jusqu'en 1740 par la maison de Croix de Drumez. Vint ensuite M. de Gentillet qui eut pour successeur Jean-Antoine de Créqui, lequel mourut à Frohen-le-Grand (Picardie), le 15 décembre 1762, où il fut inhumé dans l'église. Nous trouvons après lui, le comte Alexandre de Brandt de Marconne, « l'un des Trente de l'Académie d'Arras » qui décéda à Marché-le-Pot le 30 août 1776. Le comte Hugues de Créquy-Canaples, dernier du nom, habita d'abord à Orville le chef-lieu du fief de Rigauville (en face du cimetière), puis il quitta cette demeure trop exigue pour se fixer au château de Caumesnil. C'était un caractère fort original, comme on pourra en juger par cette réponse qu'il fit un jour à quelqu'un qui lui demandait pourquoi il restait célibataire : « J'attends, dit-il, qu'on vienne me demander en mariage. » Et de fait, il accepta la main d'une jeune Irlandaise, Marie de Comerford, qui était entrée chez lui comme servante, et qui, après l'avoir épousé, l'empoisonna en 1785, et s'enfuit dans son pays natal avec toutes ses richesses. Le malheureux comte, qui avait abandonné la foi de ses ancêtres, s'est rendu célèbre par une lettre, rapportée dans les Œuvres de Voltaire, dans laquelle il défend au curé d'Orville de faire aucune prière publique pour lui. Il fut enterré, selon sa volonté, dans un coin du jardin du château, debout et sans tombeau, afin, disait-il, « d'être plus prêt pour la résurrection. »

Ce comte de Créqui, surnommé le Barbu, eut pour successeur le vicomte Charles de Béranger, et enfin, M**re** Jean Guislain Boucquel de Beauval, dernier seigneur d'Orville, qui dût s'expatrier pour échapper au glaive de la Révolution.

Orville possède une église, dédiée à saint Martin, dont la fondation remonte au XI**e** siècle ; de cette époque il reste un vieux pan de muraille, avec compartiments et dessins. Détruite en 1793, elle a été reconstruite par M. Havransart, le plus célèbre curé de cette paroisse, auteur d'un volume de poésies et de fables qui ne sont pas sans mérite.

La châtellenie d'Orville comprenait, outre le bourg, les endroits suivants :

Amplier, Halloy, Sarton, Thièvres, Caumesnil et Terramesnil.

Les quatre premiers, qui forment aujourd'hui des communes distinctes, sont décrits ailleurs.

Caumesnil vient de *Masnile, Mesnil* qui signifie maison, et *Cau Calidus*, chaud ; cette étymologie nous indique que c'était une résidence d'été. Château féodal au moyen-âge, Caumesnil avait été compris dans la donation faite en 1050 à la collégiale de Saint-Pol. Après avoir donné asile aux Templiers, il devint une prison d'Etat, dans laquelle Louis XI fit enfermer, pendant sept ans, la fille aînée du malheureux Jacques d'Armagnac, duc de Nemours, qui fut décapité en 1477.

Ruiné pendant les guerres du XVIIᵉ siècle, l'ancien château fut remplacé, en 1763, par une construction nouvelle qui n'offre aucun intérêt architectonique.

Caumesnil possédait une chapelle appelée l'*Exécuterie*. Ses coutumes furent rédigées en 1507.

En 1852, le Petit-Caumesnil, ancien fief de *Clama*, a été distrait du territoire d'Orville pour être rattaché à celui d'Halloy.

Terramesnil, qui fait partie du département de la Somme, dépendait d'Orville avant 1793. Son origine remonte au moyen-âge. Il y avait une maladrerie au XVIᵉ siècle.

PAS.

PAS. — *Passum, Passus sancti Martini, Pas-en-Artois*.

HISTOIRE GÉNÉRALE. — Le canton de Pas, situé dans la partie la plus méridionale du département du Pas-de-Calais, est actuellement composé de 23 communes dont la population totale s'élève à 13,566 habitants. Divisé en deux régions bien distinctes, dont la première et la plus étendue est appelée le *haut canton*, et embrasse en effet un plateau élevé, il présente dans le *bas canton*, des vallées profondes, étroites d'abord, puis s'élargissant toujours jusqu'aux confins de la Picardie. Quelques bois, disséminés sur son territoire, offrent des promenades ravissantes, tout en contribuant à la salubrité de l'air. Enfin, trois rivières arrosent ses campagnes, et rendent les plus grands services à l'industrie et à l'agriculture. C'est d'abord la *Kilienne* (*Fons Chilleni*), dont la source, cachée dans les bois de Warlincourt, forme un étang devant lequel s'élève une chapelle dédiée à saint Kilien : cette rivière descend successivement à Grincourt, Pas, Famechon, et se jette dans l'Authie, près du pont de Thièvres, après avoir, dans son modeste et utile parcours, fait tourner sept moulins. La *Kilienne* a été quelquefois appelée *rivière de Pas*, mais elle est plus généralement connue sous le nom qui rappelle le miracle de son origine : c'est en effet à la prière de saint Kilien qu'elle a jailli de la montagne « pour satisfaire les besoins d'une population qu'une longue sécheresse avait réduite à la dernière extrémité. » (*Histoire de Saint Kilien*, par M. l'abbé Cuvillier, p. 87.)

La Kilienne se grossit à Pas du *Ruisseau de Beaucamp*. Cet affluent prend sa source dans un bois du même nom sur le territoire de Saint-Amand, passe au pied de Gaudiempré et d'Hénu et fait, à Pas, sa jonction avec la Kilienne derrière l'église. Le voisinage de ces deux rivières réunies, dans lesquelles se rendent toutes les eaux de deux longues vallées, a occasionné jadis des inondations qui ont atteint six pieds de hauteur dans l'église de Pas : c'est pour se mettre à l'abri de ce fléau, qu'on a pris soin de relever considérablement le niveau de ce monument, à l'époque de sa dernière reconstruction en 1761. Des travaux importants ont été exécutés en 1847, pour détourner le cours du Beaucamp et le reporter au pied de la colline ; l'ancien lit fut comblé et servit à élargir la route qui traverse le bourg.

Enfin l'*Authie*, dont la Kilienne n'est elle-même qu'un affluent, sort d'une colline au sommet de laquelle était l'ancien château et baronnie de Rossignol (commune de Coigneux, près de Couin.) Elle justifie l'étymologie de son nom (*Alta*, profonde) et devient, presque à sa source, une rivière importante et renommée pour ses excellentes truites : dans le canton de Pas, elle arrose les territoires de Couin, Thièvres, Sarton, Orville et Amplier ; puis elle passe à Doullens, à Auxi-le-Château, et sert de limite aux deux départements de la Somme et du Pas-de-Calais jusqu'à son embouchure dans la Manche.

Le canton de Pas a été formé des anciennes châtellenies de Pas et d'Orville, qui dépendaient du comté de Saint-Pol, et d'une partie de la châtellenie de Bucquoy qui ressortissait à la Gouvernance d'Arras. Le décret du 22 janvier 1790 l'avait divisé en deux cantons : 1° le canton de Pas faisait partie du district d'Arras et comprenait les communes d'Amplier, Couin, Famechon, Gaudiempré, Grincourt, Halloy, Hénu, Humbercamps, La Herlière, Orville, Pas, Pommier, Saint-Amand, Sarton, Thièvres et Warlincourt. — 2° Le canton de Foncquevillers, placé dans le district de Bapaume, était composé des communes de Bienvillers-au-Bois, Foncquevillers, Gommecourt, Hannescamps, Hébuterne, Monchy-au-Bois, Puisieux, Sailly-au-Bois et Souastre. Lorsque la loi du 8 pluviôse an IX vint réduire le nombre des justices de paix, on forma un seul canton comprenant les vingt-trois communes actuelles, mais ce fut Foncquevillers qui en devint le chef-lieu et qui conserva ce titre jusqu'en 1805, époque où il fut attribué définitivement au bourg de Pas. (*Annuaires et Almanachs du Pas-de-Calais pour 1792, l'an X (p. 176) et suiv. jusqu'en 1806.*

La plus remarquable de ses routes était l'ancienne voie romaine d'Arras à Amiens qui passait par Gaudiempré, Pas, Famechon et Thièvres. Lors des fouilles qui furent faites en 1743, près de La Cauchie, on retrouva cette voie à une profondeur de douze pieds ; les couches siliceuses et calcaires qui la composaient, étaient entièrement broyées. On suppose qu'elle a été rechargée, au VI° siècle, par les soins de la reine Brunehaut qui fit réparer les nombreuses chaussées qui portent son nom. (Harbaville. *Mémorial historique*, t. Ier, p. 176.)

Aucun chemin de fer ne traverse jusqu'ici le canton de Pas : nous espérons cependant que la ligne projetée d'Arras à Doullens, avec stations à l'Arbret et à Mondicourt, viendra le tirer d'un isolement qui lui a été fort préjudiciable.

L'histoire de ce canton se confond avec celle des châtellenies dont il a été composé : nous mentionnerons seulement, comme événements intéressant toute la contrée, les guerres du XVI° et du XVII° siècle, entre la France et l'Espagne. A cette époque néfaste, tout le pays fut dévasté, pillé et brûlé, à tel point qu'en 1638 les terres restèrent en friche, et que les habitants sans asile durent s'abriter dans des souterrains qu'on retrouve encore dans plusieurs villages. Ces cachettes s'appelaient *muches*, mot patois qui vient du latin *mus*, rat, souris, taupe. (*Dictionnaire du patois de la Flandre française ou wallonne*, par Louis Vermesse.)

Le canton de Pas ne devait pas échapper aux horreurs de l'invasion allemande qui s'étendit dans une partie de l'arrondissement d'Arras : à l'exception des cinq communes de Couin, Gaudiempré, Halloy, Hénu et Humbercamps, toutes les autres furent, plus ou moins, occupées par les Prussiens. C'est le 11 décembre 1870 qu'ils firent une première apparition simultanément à Amplier, Orville et Warlincourt (Bellevue); mais à partir du 25 décembre, c'est-à-dire quelques jours après la bataille de Pont-Noyelles, ils envahirent tout le canton pour ne le quitter définitivement que le 3 février 1871, après la conclusion de l'armistice. Pendant cette occupation désastreuse, ils accablèrent les habitants de réquisitions diverses qui atteignirent le chiffre de 190,000 fr., et qui frappèrent surtout les communes de Bienvillers, Hannescamps et Puisieux. Aussi le canton de Pas conservera longtemps, avec ceux de Bapaume, de Bertincourt et de Croisilles, le souvenir de ces funèbres jours.

HISTOIRE LOCALE. — Pas (1), chef-lieu du canton et siége de la Justice de paix, est un grand bourg situé au confluent de la Kilienne et du ruisseau de Beaucamp, sur l'ancienne voie romaine d'Amiens à Arras, connue plus tard sous le nom de chaussée Brunehaut. Son territoire embrasse une étendue de 1046 hectares : on l'appelle *Pas* du mot latin *Passus* qui signifie passage, défilé; c'est qu'en effet cette commune est resserrée au fond d'une vallée longue et étroite, dominée de chaque côté par des hauteurs dont la plus escarpée se nomme *Montagne Saint-Pierre* sur laquelle croissent des herbes odoriférantes qui forment un excel-

---

(1) M. Pierre-François Legrand, ancien notaire à Pas, est l'auteur d'un volumineux manuscrit, composé de vingt-cinq liasses, dans lequel il a recueilli les notes les plus précieuses et les plus complètes sur l'histoire de Pas-en-Artois. Pour assurer la conservation de ce travail considérable, fruit de longues années de recherches, M. Legrand vient de l'offrir aux Archives de l'Académie d'Arras, qui lui en a témoigné sa reconnaissance en lui décernant le titre de Membre correspondant.

lent paturage : *le bois du Châtelet* couronne l'autre colline. Plusieurs titres anciens désignent cette localité sous le nom de *Passus sancti Martini*, pour rappeler le séjour que saint Martin y fit au IV° siècle, mais elle est connue plus généralement sous la dénomination de Pas-en-Artois, pour la distinguer de Pas-en-Picardie, hameau des environs de Montdidier, dépendant de la commune de Rubescourt.

Actuellement, Pas est un point central vers lequel converge un grand nombre de routes qui le mettent en communication avec tous les pays environnants : il se trouve à six lieues d'Arras, son chef-lieu d'arrondissement, à trois petites lieues de Doullens, à sept lieues d'Amiens et de Saint-Pol.

Sa fondation remonte aux premiers temps du Christianisme : sans connaître exactement quelle pouvait être son importance à cette époque, nous savons que, dès le IX° siècle, il avait le titre d'*Oppidulum*. petite place forte (Malbrancq. *De Morinis*, t. I°'), et qu'à partir de ce moment il ne fit que s'accroître jusqu'au XV° siècle où il est devenu une véritable *ville*, entourée de murailles et défendue par des tours et des créneaux. Les guerres qui désolèrent toute cette contrée, pendant les XVI° et XVII° siècles, ruinèrent la ville de Pas qui prit alors le titre de Bourg qu'elle a conservé jusqu'aujourd'hui.

PRIEURÉ. — Le plus ancien établissement de Pas est son prieuré, qui ne doit pas être de beaucoup postérieur au passage de St-Martin dont il portait le nom. Nous nous garderons bien de tomber dans l'erreur de plusieurs auteurs qui ont confondu ce prieuré avec l'église collégiale dont la fondation n'eut lieu que plus tard ; mais ce qui est vrai, c'est que cette collégiale, après avoir été supprimée par Alvise, évêque d'Arras au XI° siècle, fut réunie au prieuré auquel elle passa avec les biens qui en dépendaient. Le prieuré avait été déjà l'objet de donations nombreuses, notamment de la part d'Anselot, seigneur de Pas en 1071, qui est cité comme son principal bienfaiteur. Alvise ne se contenta pas de fondre en une seule les deux institutions ; il voulut assurer plus complètement l'avenir du prieuré, en l'affiliant à l'abbaye de Saint-Martin-des-

Champs à Paris, et en stipulant, comme condition de cet acte, que le prieur serait tenu de fournir une portion congrue aux sept cures qui en dépendaient, à savoir Pas, Famechon, Mondicourt, Sainte-Marguerite, Grincourt, Gaudiempré et Hénu. (Turpin. *Tervan. Comit. hist.*). Telle est l'origine du droit qu'avait le doyen de Pas de prélever la septième gerbe sur les moissons de ces paroisses.

Le nom du plus ancien prieur connu est Saswald qui fut nommé en 1147. Depuis ce moment, le prieuré n'a pas cessé d'appartenir à Saint-Martin-des-Champs jusqu'au commencement du XVIIIe siècle, époque où il passa, par voie d'échange, aux Bénédictins anglais qui résignèrent ce bénéfice, en 1712, à Dom Jean Dubois, natif de Pas, abbé de Ham près Lillers. C'est lui qui fit reconstruire, en 1733, le nouveau prieuré, dont les bâtiments adossés à l'église existent encore aujourd'hui, et il en jouit jusqu'en 1747, année où il le céda à son petit neveu Jean Jacques René Desmazures, né à Pas en 1734 : le rapprochement de ces deux dates, nous montre que le nouveau titulaire était à peine âgé de 14 ans ; mais le prieuré, ayant été mis en commende, était devenu séculier, et René Desmazures, qui ne dépassa jamais le degré de clerc tonsuré, le conserva jusqu'à sa mort, en 1783 ; il fut remplacé par Jean-André Blanc qui y resta jusqu'à la suppression des Ordres monastiques. A cette époque le prieuré, dont les revenus s'élevaient à 9,000 livres, était desservi par trois religieux. Ses armes étaient: *d'or, à un chevron de sinople, chargé à la pointe d'une molette d'argent. (Armorial d'Artois.*, mss. de d'Hozier, publié par Borel d'Hauterive.)

COLLÉGIALE. — Nous venons de voir que Pas a possédé, pendant quelque temps, une église collégiale : il est probable qu'elle fut fondée au IXe siècle, alors que les dévastations des Normands forcèrent les curés des environs à se réfugier dans l'intérieur de cette bourgade qui était devenue une forteresse ; c'est ce qui explique comment la collégiale avait sept prébendes affectées précisément aux cures qui restèrent plus tard dépendantes du prieuré, après sa fusion avec lui. Cette collégiale existait encore au temps du chroniqueur Baldéric (1), qui écrivait vers 1082; seulement comme ses revenus avaient été, depuis plus d'un siècle, donnés en récompense aux chevaliers militaires de Saint-Jean de Jérusalem, elle était tombée dans un état d'indigence tel qu'Alvise, évêque d'Arras, porta la question de sa suppression à un synode qu'il tint dans sa cathédrale, en 1138. C'est ainsi que finit la collégiale et que son Chapitre fut réuni au prieuré de Pas, avec le consentement des parties intéressées et l'autorisation du roi Louis le Gros.

ÉGLISES. — L'importance de Pas au XV° siècle nous est encore démontrée par le nombre des églises qu'il renfermait ; on n'en comptait pas moins de trois, sans parler des chapelles particulières.

Le plus ancien de ces monuments, et celui-là même qui a survécu aux autres, c'est l'église Saint-Martin : elle était autrefois commune au prieuré et à la cure, ce qui donna lieu, en 1732, à une constestation entre les deux autorités ; pendant l'instance du procès, le curé cessa d'officier au maître-autel et se servit de l'autel de la Vierge qui se trouve dans la nef de droite. Saint-Martin est donc aussi ancien que le prieuré dont il dépendait ; il était à l'origine construit en bois, comme toutes les églises de cette époque ; mais pour mettre fin aux incendies qui détruisaient souvent ces édifices, on fit usage de la pierre à partir du X° siècle. La tour et le clocher furent élevés en 1523, mais ils s'écroulèrent en 1766 et furent rebâtis avec les mêmes matériaux en 1774, ce qui explique comment le millésime de la première construction est inscrit sur la pierre formant la clef de voûte du portail actuel. Quant à l'église elle-même, elle fut brûlée pendant la guerre de 1636, et rétablie peu de temps après ; enfin en 1761, comme elle menaçait ruine, on la démolit pour en reconstruire une plus grande et plus régulière qui sert encore de paroisse aujourd'hui.

(1). Il dit en effet : *In viculis Lucau* (Lucheux) *et Pas duæ basilicæ* SUNT *canonicorum, quæ, postquam quoque militaribus viris in beneficiis traduntur, ad inopiam elapsæ sunt.* (*Chronique,* livre 2, ch. XIV.)

C'est un édifice à trois nefs solidement établies : on remarque dans le chœur une peinture estimée, représentant la Résurrection du Christ.

Les autres églises de Pas étaient : d'abord Saint-Nicolas, situé sur l'emplacement du cimetière actuel, puis Saint-Pierre-au-Val qui était à gauche sur la route de Famechon, et qu'il ne faut pas confondre avec Saint-Pierre-au-Mont, qui fut construit plus tard, derrière l'église Saint-Martin, au delà de la Kilienne : avant la Révolution, Saint-Pierre-au-Mont n'était plus qu'une chapelle au milieu d'un cimetière qui portait son nom ; il avait été compris dans la destruction générale de tous les édifices de la ville pendant le XVII° siècle.

SEIGNEURIE. — Pas était l'une des sept châtellenies du comté de Saint-Pol et fut érigé, dès l'année 918, en baronnie-paierie. Cette châtellenie s'est formée dès le principe des dix villages provenant de la subdivision des centenies en doyennés, au temps de Clovis, et qui n'est autre que la dizaine de l'époque de Charlemagne ; ce sont, par ordre alphabétique : Famechon, Gaudiempré, Grincourt, Hénu, Mondicourt, Pas, Pommera-Grena, Saint-Amand, Souastre et Warlincourt. Couin est venu s'y adjoindre en 841, et enfin La Bazèque, Humbercamps et Sailly-au-Bois en 918. Il faut y ajouter le domaine de Beaucamp et la maladrerie de St-Ladre, dont nous aurons l'occasion de parler plus loin : sa mouvance s'étendait ainsi sur dix-sept terres à clocher, comme on disait autrefois.

D'après la carte de Beaulieu, Pas était, au XVII° siècle, un bourg « privilégié » et le chef-lieu d'un « gouvernement, » mot qui était pris dans le sens de châtellenie ou bailliage. (*Plans et cartes des villes d'Artois*, par le chevalier de Beaulieu, in-4° oblong, vers 1654. Voir la *Carte du Gouvernement de Pas,* au n° 12). Les armes de cette baronnie étaient : « *de gueules au lion d'argent.* »

A raison de son importance, il nous a paru intéressant de donner la liste complète des seigneurs de Pas, d'autant plus qu'elle est inédite et qu'elle nous permettra de raconter avec ordre les principaux faits historiques qui doivent fixer notre attention.

Anselme Ier de Pas existait vers l'année 1050 : c'est le premier seigneur qui nous soit connu. Il avait eu sans doute des prédécesseurs qui portaient le même nom, depuis la fondation de la châtellenie dans le siècle précédent, mais nous n'avons sur ce point aucune donnée certaine.

Son fils, Anselme II, est plus connu sous le nom d'Anselot, diminutif de son véritable nom. C'est le principal bienfaiteur du prieuré de Pas; il paraît avoir vécu jusqu'en 1097.

Robert, fils d'Anselot, eut pour successeur en ligne directe, vers 1129, Anselme III. Nous savons que c'est sous l'administration d'Anselme, que le prieuré de Pas, augmenté de la collégiale, fut donné à l'abbaye de Saint-Martin-des-Champs. Une charte nouvellement retrouvée nous apprend qu'Anselme III est l'auteur d'une donation importante à l'abbaye de Clairmarais. Il avait pris part à la seconde croisade et vivait encore en 1154. (*Bulletin historique des Antiquaires de la Morinie*, 4° vol. p. 452, charte d'Anselme, comte de Saint-Pol).

Anselme IV fut aussi un des héros de la seconde croisade, pendant laquelle il eut l'honneur de défendre victorieusement le château de Daron, dans l'Idumée, dont la garde lui avait été confiée par le roi de Jérusalem, et mérita cet éloge que nous en a laissé le célèbre Guillaume de Tyr : « *Vir nobilis et in armis strenuus, religiosus ac timens Deum.* » Il mourut en 1176.

Baudouin, son fils (1176 à 1217) suivit l'exemple de ses ancêtres, et s'enrôla également dans l'armée des croisés. De retour en France, il eut la gloire d'assister à la bataille de Bouvines (1214) : cette même année, il amortit le prieuré de Pas.

La seigneurie continue de passer de père en fils : Hugues dit Plonket (de 1217 à 1237) ; — Gilles (de 1237 à 1274) ; — Jacques (de 1274 à 1298) : il résulte d'une charte de cette époque (*Archives de l'abbaye de Cercamp*) que ce seigneur, appelé aussi Jakemes, ratifia, en mars 1284, une donation de cinq livres parisis de rente annuelle, faite par Gilles son père à l'abbaye de Cercamp. Jacques ne laissait à sa mort qu'une fille, Alix de Pas, qui porta la seigneurie dans une autre famille par son mariage avec Jean de Créquy, seigneur de Heilly : celui-ci eut pour successeurs Jean II, son fils (1315), puis Mathieu, son petit-fils (1322-1350). Jacques Ier de Heilly, frère de Mathieu (1350-1365) transmet son héritage à son fils Jacques II (1365-1408) : c'est de son temps que Philippe-le-Hardi, duc de Bourgogne, séjourna à Pas, les 2, 3 et 18 juillet 1401, époque de ses démêlés avec le duc d'Orléans, pendant la démence de Charles VI. (*Rapport de M. Gachard, archiviste de Belgique*, in-8°, Bruxelles, 1843, p. 210.)

Viennent ensuite Jean III, mort en 1413 ; — Jacques III, décédé en 1415 ; — Agnès de Héilly, sœur et héritière des précédents, est citée comme bienfaitrice du prieuré de Pas (Turpin : *Tervan, com. hist.*) : elle épousa en premières noces Jacques de Bailleul-Doulieu, et Beaugeois, seigneur d'Inchy, en secondes noces. Le fils de ce dernier, Philippe d'Inchy, vendit la seigneurie, en 1452, à Louis de Luxembourg, comte de Saint-Pol, qui mourut en 1475. Après son fils Jean (1475-1476), nous rencontrons Pierre, son second enfant (1476) qui fut dépossédé par le roi Louis XI en faveur de Guy Pot, son chambellan. Cette usurpation dura aussi longtemps que la domination de Louis XI sur l'Artois, mais lorsque cette province fut de nouveau séparée de la couronne de France, Marie de Luxembourg, fille de Pierre, reprit ses droits sur la seigneurie de Pas, qu'elle vendit, en 1506, à Guillaume de Montmorency, qui la lui rétrocéda cinq ans après. Elle vécut encore jusqu'en 1546 et fut témoin de quelques exploits militaires qui signalèrent l'année 1522 ; c'était au temps de la trop fameuse rivalité de François Ier et de Charles-Quint ; les lansquenets de la garnison d'Arras étaient venus mettre le siége devant Doullens : le duc de Vendôme profita de la division qui se mit dans leur armée pour les refouler et raser plusieurs châteaux des environs, parmi lesquels se trouvait celui de Pas. A la fin de cette même année, les Anglais, alliés de Charles-Quint, avaient envoyé un détachement de 600 hommes dans ce bourg, où il fut surpris par les Français qui le taillèrent en pièces. C'est ainsi que cette contrée, qui était sur la limite des états belligérants, eut beaucoup à souffrir, et se serait écriée volontiers avec Horace :

Quiquid delirant reges, plectuntur Achivi.

Marie de Luxembourg laissa la seigneurie à son fils François, qui mourut la même année, et transmit ses droits à sa sœur Marie, laquelle épousa Léonor d'Orléans, duc de Longueville. Cette seconde Marie survécut à son époux et conserva la terre de Pas jusqu'à sa mort arrivée en 1601. François, son fils, la posséda jusqu'en 1631, et Henri d'Orléans, son petit-fils, jusqu'en 1663. Ici se place un épisode de la guerre que Louis XIII venait de déclarer à l'Espagne : le 22 juillet 1635, le duc de Chaulnes vint, à la tête de 6000 hommes de pied et de 800 chevaux, attaquer le bourg de Pas qui était encore sous la domination espagnole. Les habitants, nous dit la chronique (*Recueils* du P. Ignace, t. III, f. 13), firent d'abord feu sur les Français, à la faveur d'un fort et d'une tour où ils s'étaient retranchés. Mais, lorsque l'assiégeant eut mis en ligne ses quatorze pièces de canon et une armée qui ne comptait pas moins de trois cents gentilshommes volontaires, les défenseurs du fort ne tardèrent pas à comprendre que toute résistance était devenue inutile et demandèrent composition ; ce fut encore une fois la ruine du château et d'une partie du bourg qui fut dévastée et livrée à l'incendie. Louis XIV continua l'œuvre de son prédécesseur et acheva la conquête de presque tout l'Artois par la conclusion du traité des Pyrénées (1659) dont les art. 37 et 41 spécifiaient la réunion du bailliage de Pas à la couronne de France.

En 1663, Henri d'Orléans transmit la seigneurie à son fils Jean-Louis-Charles d'Orléans qui eut pour héritière, en 1694, sa sœur Marie d'Orléans, duchesse de Nemours. Celle-ci vendit la châtellenie, en 1698, à Jean-François Ansart, seigneur de Gonnehem qui mourut cinq ans après. Son fils, Antoine-François Ansart la revendit, en 1716, moyennant la somme de 92,000 livres, à Joseph-Sylvestre de Virgile, gentilhomme verrier du comté d'Eu en Normandie : on estimait à cette époque que la terre de Pas pouvait donner un revenu de 3,600 livres. A la mort de son père (1748), Louis-Henry de Virgile devint baron de Pas, et céda ses droits, en 1759, à son neveu Charles, décédé en 1761, et à sa nièce Marie-Louise Angélique : c'est elle qui vendit pour la dernière fois cette seigneurie, en 1765, à Jean-Antoine de Fourmestreaux, dont l'une des filles épousa, en 1787, Augustin-Joseph Le Mesre du Bruisle, écuyer, et la fit ainsi entrer dans la famille qui occupe le château actuel de cette commune. M. de Fourmestreaux, qui avait été obligé d'émigrer, retrouva en 1801, ses biens qui avaient été mis sous le séquestre.

Quant au château de Pas, nous savons qu'il constituait autrefois une véritable citadelle, flanquée de tours et entourée de fossés ; plusieurs fois ruiné par les guerres, notamment en 1522 et en 1635, et toujours reconstruit comme château-fort, il fut démoli à la fin du siècle dernier, et remplacé par le nouveau château qui date de 1780, mais qui n'a été complètement achevé qu'après la Révolution.

Comme dépendances de la seigneurie de Pas, nous devons citer le fief d'Abecourt, situé du côté de Mondicourt ; — le fief de Riquelieu, ferme avec une chapelle sur la route de Famechon ; — enfin la Maladrerie de Saint-Ladre, confinant au territoire de Thièvres.

MALADRERIE. — Cette maladrerie fut fondée par les seigneurs de Pas, à une époque fort ancienne, pour recueillir les pauvres lépreux ; le premier document authentique qui en fasse mention est un acte de 1206 par lequel Bauduin de Pas lui fait don d'un muid de blé. Indépendamment de cette maison, Pas avait un Hôpital ou Hôtel-Dieu dont on fait remonter la fondation au XIII° siècle ; et lorsque la maladrerie fut supprimée, ses biens ont été transférés à l'hôpital de Pas, en vertu d'un arrêt du roi en date du 20 juin 1698. Plus tard, et même dans ce siècle, la commune de Famechon en a demandé la restitution, ce qui a fait l'objet d'un long procès dont le dernier mot n'est pas encore dit.

ECHEVINAGE. — Comme complément de cette histoire, il nous reste à parler de l'Echevinage. On sait que le roi Louis-le-Gros battit en brêche l'autorité toujours croissante des seigneurs par l'institution et l'affranchissement des *communes*. Pas jouit de bonne heure de ce privilége, puisque sa charte communale de 1188 fait déjà mention d'une *Mairie* : et dès le siècle suivant commence la liste non-interrompue de ses maires ou mayeurs. Le plus ancien mayeur connu se nommait Jehan Balmès, qui fut élu en juin 1253, et le dernier mayeur, qui avait aussi le titre de Conseiller du roi, fut Désiré Cavrois, lequel cessa ses fonctions en juin 1707, date de la suppression de l'échevinage de Pas. Le pouvoir royal, qui était devenu assez fort pour se passer des communes, en avait ainsi aboli un grand nombre. L'échevinage fut alors remplacé par un syndicat qui dura jusqu'à l'établissement des municipalités en 1789. Depuis cette époque, deux maires ont surtout bien mérité de la commune de Pas pour leur bonne administration : ce sont MM. Louis de Fourmestreaux et le général Louis-Joseph Cavrois.

L'année 1707, déjà mémorable à cause de la suppression de l'échevinage, l'est encore à un autre point de vue : nous voulons parler de l'abolition de cette célèbre confrérie à la tête de laquelle était ce qu'on appelait *le Roi des Guétifs*. Son nom vient de *questif, quasi quæstuarius à quærendo*, ce qui veut dire, chétif, mendiant, celui qui fait la quête. (*Mémorial historique d'Harbaville.*) Cette institution rappelle celle du roi des Ribauds, de même qu'il y eut aussi à Pas, un *Roi des Grosailles* et un *Roi des Fourdriniers* (*Comptes de Pas pour l'année 1565*); mais la réputation du roi des Guétifs les a bien dépassés, puisqu'aujourd'hui encore, à deux siècles de distance, elle est conservée par la tradition locale. « Ce magistrat des Guenilles, » comme l'appelle un auteur, « élu toujours parmi le menu peuple, » commandait une sorte de milice irrégulière, destinée à faire la police de la cité. Il est certain que, dans son principe, cette compagnie dût rendre des services réels, et qu'au XVe siècle, au temps des ducs de Bourgogne, elle était très-estimée et très-populaire ; nous en trouvons la preuve dans les différents priviléges dont jouissait son chef, puisqu'il était exempt d'impôt (*Registre aux centièmes de 1569*), et qu'il avait une certaine part dans la coupe des bois seigneuriaux, sous la condition expresse qu'il n'aurait jamais chez lui plus de deux fagots à la fois, l'un lié et l'autre délié.

Avec le temps la compagnie des Guétifs ou *Francs-hommes* dégénéra rapidement, au point qu'elle n'était plus, à la date où elle disparut, qu'une institution ridicule et burlesque.

L'almanach d'Artois pour 1770 nous raconte que le roi des Guétifs rendait chaque année deux visites aux échevins : le jour du renouvellement de la loi, et le jour de la fête de saint Martin, patron de la paroisse. Les Francs-hommes recevaient alors un peu d'argent pour se divertir entr'eux.

Les plus curieuses attributions de ce singulier roi étaient de connaître des querelles et *batteries* de cabaret, lorsqu'il n'y avait pas *navrure à sang coulant*, et surtout des différends entre maris et femmes. Ainsi apprenait-il qu'une femme usurpait l'autorité maritale, aussitôt il faisait battre la chamade, convoquait ses joyeux sujets au-devant de sa maison et présidait la réunion, assis sur une large pierre qui existe encore aujourd'hui sur la place du bourg. Lorsqu'il avait rendu sa sentence, il montait sur un âne, conduisait ses francs-hommes à la maison désignée et arrachait une paille de la couverture : à ce signal convenu, toute la bande se précipitait sur le toit qu'elle enlevait prestement, et justice était faite. Il paraît qu'on pouvait quelquefois, moyennant finance, se rédimer de cette *vergoigne*, qui fut abolie définitivement en 1707. (*Almanach d'Artois* pour 1770. — *Annuaire statistique du Pas-de-Calais* pour 1814, p. 165.)

Nous ne pouvons terminer l'histoire du bourg de Pas sans mentionner le séjour que les troupes allemandes y firent pendant la guerre désastreuse de 1870-71. Sans nous arrêter aux autres réquisitions, rappelons au moins que, le 31 janvier 1871, 1,500 Prussiens s'y présentèrent pour imposer au canton une contribution de 100,000 francs, et que, sur le refus qui leur fut opposé, ils n'hésitèrent pas à saisir trois des plus honorables habitants de la localité, et à les emprisonner dans la citadelle d'Amiens à titre d'ôtages. L'armistice ne tarda pas à mettre fin à ces vexations qui avaient profondément irrité toute la contrée.

POMMIER.

POMMIER. — *Pomerias, Pomerium, Pommiers.*

Dans le diplôme d'Hincmar, en 870, Pommier est appelé *Pomerias*, mot qui venait de *Pomarium*, verger : cette paroisse était comprise dans les possessions de l'abbaye de Saint-Vaast. Au XIIe siècle son autel fut donné au Chapitre d'Arras par l'évêque André. (*Gallia Christiana*, t. III, p. 327. — Lemire. *Ann. belg. chron.*).

L'église dédiée à Saint-Martin, était originairement du côté des bois de Bienvillers, à l'endroit où se trouve maintenant le cimetière, parce qu'à cette époque le village lui-même s'y trouvait. Mais lorsque, par suite de changements successifs, la population s'est déplacée pour se fixer plus à l'ouest, l'église a été transférée à cette nouvelle place en l'année 1563 : on érigea une chapelle sur l'emplacement qu'elle occupait dans le cimetière. Chose assez singulière, la tour de Pommier, qui subsiste encore aujourd'hui, est antérieure à la construction de l'église, puisqu'elle date de 1548 ; elle a été ornée d'une flèche hexagone en 1700, ce qui en a fait une des plus belles et des plus hautes de la contrée. L'église venait d'être rebâtie en 1770, lorsque les destructions de 93 n'en firent plus qu'une immense ruine ; ce n'est qu'en 1828 qu'on acheva de la reconstruire.

Parmi les seigneurs de Pommier, nous pouvons citer un chevalier Bauduin en 1193, la famille de Melun dans les siècles suivants, et la maison du marquis de Cottesne, duc de Guînes, qui avait aussi la seigneurie d'Humbercamps.

En 1553, l'empereur Charles-Quint confisqua la dîme de Pommier qu'il offrit au Chapitre d'Arras pour l'indemniser des pertes qu'il avait éprouvées pendant les dernières guerres. Ce sont ces mêmes guerres qui occasionnèrent la construction des refuges-souterrains de ce village.

Les coutumes de Pommier ont été rédigées en 1507.

PUISIEUX.

PUISIEUX. — *Pusiaux, Puiseus, Pluisieux, Puiseux-au-Mont, Puiseux-au-Val.*

Puisieux a été ainsi appelé parce que ce village forme une sorte de *puits* ou vallée profonde dans lequel se rendent les eaux de toutes les hauteurs environnantes qui y forment un torrent, lequel se déverse dans la rivière de Miraumont.

Cette commune, qui est la plus populeuse du canton de Pas (1347 habitants), était divisée autrefois en deux parties bien distinctes : Puisieux-au-Mont qui était une seigneurie de Picardie, appartenant à l'élection de Péronne, — Puisieux-au-Val qui dépendait de la châtellenie de Bucquoy, en Artois. Chacune de ces sections avait son seigneur et son église, du moins dans les temps anciens, car au siècle dernier l'église de Puisieux-au-Val, qui était située sur la place, avait cessé d'exister; il n'en restait plus que les fondations de sa tour qui ont disparu aujourd'hui.

Nous trouvons, dans le XIII° siècle, un sire Adam, dit *Caigne*, et son fils Simon, qui portèrent successivement le titre de seigneur de Puisieux. (Godefroy. *Inv. chron.*, t. Ier.) Dans les temps modernes, la terre de Puisieux-au-Val a appartenu jusqu'au siècle dernier à la famille de Longueval qui possédait aussi la seigneurie de Bucquoy; elle passa ensuite à M. de France, marquis de Noyelles.

Quant à la seigneurie de Puisieux-au-Mont, c'était sur son territoire que se trouvaient l'église et le château ; elle appartint pendant plusieurs siècles à la famille de Melun dont les armes furent sculptées sur la tour de ce village avec le millésime de 1572 ; puis elle arriva à Pierre Havet et à Ferdinand-Joseph Le Brun qui la vendit, en 1741, à Fleury Le Roux, son dernier possesseur.

On voit à Puisieux les traces d'un ancien château-fort, ainsi que d'une maison habitée par les Templiers au XIII° siècle. A cette même époque les *Francs Plaids* se tenaient en plein air sous l'*ormel,* sur une place du village qui en a retenu le nom de Place des Plaids. (*Mémorial d'Harbaville,* t. I*er*, p. 234.) Deux autres endroits, appelés *les Anglais* et la rue *des Lances,* ont consacré le souvenir des expéditions militaires dont ce territoire a été le théâtre au XIVe siècle.

Puisieux-au-Val avait une chapelle Sainte-Marguerite à la collation de l'abbesse d'Avesnes ; nous avons vu plus haut que son église avait été détruite au XVIIe siècle. C'est ainsi que l'église de Puisieux-au-Mont, dédiée à Saint-Denis, devint l'unique paroisse de la commune ; elle avait été détruite pendant la guerre de 1710 (*Dictionnaire du P. Ignace),* mais, à raison de l'agrandissement de sa circonscription, elle fut rebâtie dans de vastes proportions. Le clocher actuel a d'abord été terminé en 1729 : c'est un édifice carré, fait de pierres blanches et de grès, et couronné d'une flèche. Dans la seconde moitié du XVIIIe siècle s'éleva la nouvelle église qui est très-spacieuse et composée de trois nefs terminées par un chœur en hémicycle.

La commune de Puisieux comprend deux hameaux : Serre et Bailliescourt.

SERRE, *Sert, Sartum,* lieu défriché, a une population de 200 habitants. Il formait, en 1732, un véritable village de 40 feux, avec église et seigneurie : son église ou chapelle, dédiée à la Vierge, était régulièrement desservie par le clergé de Puisieux, moyennant une redevance qui avait été convenue entre le curé et le seigneur, en 1726. (*Mémoires* du P. Ignace, t. VII, p. 173) ; aujourd'hui l'office divin n'y est plus célébré que deux fois par an.

La terre de Serre, située sur l'extrême limite d'Artois, dépendait du comté de Bucquoy et rapportait deux mille livres de rente ; (Godefroy. *Invent. chron.,* t.1) ; elle avait été cédée, en 1670, par le duc de Brissac à François Boucquel, dont la fille l'apporta en mariage à Bloquel, baron de Wismes, qui en resta seigneur jusqu'en 1789 : ce dernier possédait un hôtel situé sur la place Sainte-Croix, à Arras.

Un incendie détruisit trois fois de suite (1736-1738) la ferme ou maison seigneuriale, ce qui amena l'arrestation de plusieurs hommes soupçonnés d'en être les auteurs : ils furent conduits à Arras et renfermés dans les cachots de la Cour-le-Comte d'où ils ne sortirent que pour être brûlés vifs.

BAILLESCOURT est un petit hameau qui relevait du comté de Saint-Pol au XIII• siècle, mais qui finit par dépendre de la gouvernance d'Arras. Au siècle dernier il ne consistait plus que dans une cense, l'église et le presbytère : la cure était à la nomination de l'Abbé de Saint-Acheul. L'église fut rebâtie vers 1700 et continue de servir au culte.

D'après une charte de 1203, Bode Becket était seigneur de Baillescourt. Avant la Révolution, cette terre appartenait à la famille Proyart.

« Près de cette ferme, et dans une situation assez dominante, on voit des redoutes unies par des lignes qui se prolongent jusqu'à Miraumont. La partie de ce territoire en a retenu le nom de canton des *Lênes*. La forme de ces ouvrages me fait croire qu'ils ne remontent pas plus haut que l'époque de la guerre de 1635 à 1640, et qu'ils ont été élevés par les Espagnols pour protéger le bassin de la rivière d'Encre, qui a servi de limite aux possessions de la maison d'Autriche du côté de la France. » (*Mémorial d'Harbaville*, t. I, p. 235.)

— La commune de Puisieux tout entière a beaucoup souffert pendant l'invasion allemande, en 1870-71 ; elle a subi des pertes très-considérables qui se sont élevées jusqu'au chiffre de 43,450 fr. Sa situation sur la route d'Amiens à Arras (par Bucquoy) l'exposa aux allées et venues continuelles des troupes françaises et prussiennes, et à toutes les conséquences de la guerre.

SAILLY-AU-BOIS.

SAILLY-AU-BOIS. — *Saltiacum.*

Ce nom composé forme en réalité un pléonasme, puisque Sailly vient de *saltus* qui signifie bois ; mais cette redondance de mots devint nécessaire pour ne pas confondre ce village avec les autres paroisses d'Artois qui ont la même dénomination.

Sailly-au-Bois était divisé en deux sections, séparées par le ruisseau qui le traverse et qui va se jeter dans l'Authie : sur la rive gauche se trouvait l'ancienne paroisse avec la plus grande partie du village appartenant à la Picardie ; la rive droite, qui était sur l'Artois, comprenait la nouvelle paroisse, le château et le bois.

L'église paroissiale de Sailly était donc originairement sur la Picardie, et s'appelait aussi *église d'en haut;* ce n'était guère qu'une grande chapelle, dédiée à la Vierge, et placée au milieu du cimetière : aussi a-t-elle servi de sépulture aux seigneurs de l'endroit. Cette chapelle qui avait déjà le titre de cure en 1362, existe encore aujourd'hui.

La translation de la paroisse à *l'église d'en bas,* dédiée à saint Jean-Baptiste, remonte au temps de la domination espagnole : à cette époque les seigneurs de Sailly, trouvant plus commode de ne pas sortir de leur province pour aller à l'office divin, firent ériger la chapelle du château en cure qui était à la nomination du Chapitre d'Arras. La tour actuelle porte le millésime de 1749, date de son érection : quant à l'église, elle fut reconstruite en 1778 et n'eut pas trop à souffrir des excès qui désolèrent la fin du dernier siècle.

La seigneurie de ce village dépendait de la châtellenie de Pas : en 1243, nous voyons le sire Bauduin de Sailly *in bosco* donner à Saint-Vaast cinquante mencaudées de terre, et confirmer trente ans plus tard, un arrangement conclu entre le Chapitre d'Arras et Simon, seigneur de Saint-Amand. Son successeur assistait comme pair aux plaids du comté, en 1285. Cette terre, qui avait le titre de baronnie, passa par mariage dans la famille de Saveuse, au XV° siècle, et arriva définitivement à la maison de Belleforière, dont est sorti le comte Jean-Maximilien-François de Belleforière, colonel d'infanterie, qui fit placer, en 1680, dans l'église de Sailly-au-Bois un marbre noir à la mémoire de ses ancêtres qui y étaient inhumés.

Il paraît qu'en 1748 cette seigneurie était en litige entre les familles de Belleforière et de Créquy-Frohen, mais elle resta à la première de ces deux maisons. (*Recueils du P. Ignace*, t. II, f. 106.)

Le château de Sailly, situé près de la nouvelle église, était autrefois une forteresse dont il est resté longtemps des traces de fossés ou retranchements. (*Titres d'Artois*, p. 317, archives de Lille.) Il était contigu à une forêt, près de laquelle un combat s'est livré au XVII° siècle et qu'on nomme encore *Bois de bataille*, en souvenir des expéditions militaires dont elle fut le témoin.

Le soir de la bataille de Bapaume (3 janvier 1871), Sailly-au-Bois fut envahi par un détachement de cavalerie prussienne qui y passa la nuit.

Deux hameaux dépendent de Sailly-au-Bois : Muternoy et Colincamp.

MUTERNOY est une cense qui fut rebâtie en 1724 par les Brigittines d'Arras, à qui elle avait été vendue à la fin du XVII° siècle. C'était une dépendance de la châtellenie de Pas.

COLINCAMP, sur l'ancienne frontière de Picardie, est une terre que Marie de Habarcq, décédée en 1570, avait apportée en mariage à Gilles de Lens.

SAINT-AMAND.

SAINT-AMAND. — *Saint-Amand-lez-Pas, Saint-Amand-lez-Souastre.* — *L'Union.*

C'est saint Amand, premier abbé de Marchiennes, qui a donné son nom à cette commune, dont il est le patron, parce qu'il vint évangéliser ce pays vers 626, devançant ainsi de quelques années les prédications de saint Etton à Bienvillers-au-Bois, et de saint Kilien à Warlincourt. La première église fut construite dans le cimetière actuel, à l'extrémité du village, où se trouve encore une ancienne chapelle d'une architecture remarquable; ce n'est que dans les siècles suivants que la paroisse fut transférée à la place qu'elle occupe maintenant. La tour date de 1597, mais l'église a été reconstruite en 1763. André, évêque d'Arras au XIIe siècle, donna l'autel de ce lieu au Chapitre de sa cathédrale. (*Gallia christiana*, t. III, p. 327.)

La seigneurie de Saint-Amand relevait de celle de Sailly-au-Bois, et était d'ailleurs comprise dans la châtellenie de Pas. C'est ce qui nous explique comment Bauduin, seigneur de Sailly, put confirmer en 1273, un arrangement qui venait d'être conclu entre Simon, seigneur de Saint-Amand, et le Chapitre d'Arras relativement aux biens que ce dernier possédait sur cette paroisse. La seigneurie fut achetée plus tard par Ferdinand de Cardevac qui eut pour successeur son troisième fils, l'aîné ayant acquis la terre d'Havrincourt, et le cadet ayant reçu en partage celle de Gouy-en-Artois. Au XVIIIe siècle elle appartenait au seigneur de La Bazèque.

Saint-Amand eut aussi un château dont les tours existaient encore au XVe siècle.

Pendant la Révolution, cette commune changea de nom et fut appelée L'UNION. (Arrêté du district d'Arras, en date du 13 nivôse an II.)

SARTON.

SARTON. — *Sartum, Sarto, Certon.*

Situé sur l'Authie, ce village indique par la signification de son nom (*Sartum*) un ancien défrichement. Le premier document qui en fait mention remonte à 1096, année dans laquelle Régnier de Sarton prit part au tournoi d'Anchin. Nous voyons ensuite, en 1192, qu'un chanoine de Picquigny, appelé Wallon, et natif de Sarton, rapporta d'Orient le chef de saint Jean-Baptiste qu'il donna à la cathédrale d'Amiens, et offrit en même temps à l'église de son pays natal un doigt de saint Georges : cette dernière relique y fut vénérée jusqu'à la fin du siècle dernier, et aujourd'hui encore une procession a lieu chaque année autour du village, le 23 avril, en souvenir de cette ancienne dévotion.

Un prieuré y fut fondé en 1104, et l'on remarque qu'en 1184 il était desservi, en l'absence du prieur, par Bernard, abbé de Marmoutier, qui résidait à MONPLAISIR, hameau dépendant de Sarton. Les armes de ce prieuré étaient : *d'azur, à une barre palée d'argent et de gueules de six pièces.* (*Mss. de d'Hozier, armorial d'Artois.*) D'après un titre de 1207, Milon de Sarton est indiqué comme pair du château de Pas.

En 1230, Anselme, sire de Sarton, s'oblige jusqu'à concurrence de soixante-dix livres parisis envers les mayeur et échevins de Pas, « *quod ego feci*, dit-il, *proprium debitum meum pro venerabili meo Hugone Plonket D^{no} de Passu et Matildi uxore ejus.* » (*Chronologie de Le François.*)

La duchesse de Chaulnes, dame de Sarton, obtint pour sa terre une sauvegarde de Henri IV, le 25 mai 1595. (*Puits artésien*, t. IV.)

Sarton, exposé, comme les autres villages, aux guerres du XVIIe siècle, eut aussi son souterrain-refuge.

La seigneurie de ce lieu, dont les armes étaient « *d'argent à l'aigle de gueules*, » appartint successivement aux familles d'Ongnies, de Forceville et Boucquel de Beauval dont le dernier descendant, messire Jean Guislain, fut en même temps dernier seigneur d'Orville : il paraît du reste bien établi que Sarton était compris dans la châtellenie d'Orville.

Une chapelle existait autrefois au lieu dit la fontaine Jacquette ; elle avait été bâtie, en 1632, par Adrien de Forceville, lieutenant du roi à Doullens.

SOUASTRE.

SOUASTRE. — *Suastre.*

Souastre (*Savarts,* lieu en friche) dépendait de la châtellenie de Pas. Au XIIe siècle l'autel de cette paroisse fut donné au chapitre d'Arras par l'évêque André, en même temps que celui de Pommier et de Saint-Amand. L'église, dédiée à saint Vaast, et le clocher ont été reconstruits en 1662 : c'est un édifice à trois nefs qui servait de sépulture aux seigneurs de l'endroit. On voit encore à l'entrée du chœur une grande dalle sur laquelle sont représentés un chevalier et une dame : l'inscription presque effacée nous apprend que c'est le tombeau de Jean de Bonnières, décédé le 8 février 1566, et de sa femme Claudine d'Halluin : l'écu des Bonnières est *Vairé d'or et d'azur ;* celui de la famille d'Halluin est *D'argent, à trois lions de sable, armés, lampassés et couronnés d'or.*

La seigneurie de Souastre, dont les armes étaient « de *sinople, fretté d'argent* » passa successivement dans les familles de Séchelles, de Moncheaux, et de Bayne, dont l'héritière, Jeanne de Bayne, épousa Guillaume de Bonnières : c'est ainsi que cette terre arriva, en 1424, à la famille de Bonnières, dont une branche prit ensuite le nom de Guînes-Souastre. Au mois de mars 1676, la seigneurie fut érigée en comté en faveur de Charles-Ignace de

Guînes de Bonnières, qui habita le château pendant quelques années et finit par se retirer dans l'hôtel de Souastre situé dans la rue des Jongleurs, à Arras. (Voir les *Rues d'Arras*.) Son père avait fait rebâtir, en 1671, la chapelle du château qui se trouvait au-dessus de la porte du donjon et qui avait été fondée, en 1317, par le seigneur Bauduin et sa dame Marguerite de Rely. Le château a été complètement démoli : jusques dans ces dernières années, on en reconnaissait l'emplacement où se trouvaient des restes de fossés et de souterrains ; mais le bois-taillis qui protégeait ces ruines a été défriché en 1860, ce qui a entraîné le nivellement du sol.

Comme signe de la haute seigneurie de Souastre, des fourches patibulaires en bois étaient placées à l'est du village, sur le chemin de Bienvillers. (*Mémoires du P. Ignace*, t. VI, p. 400-405.)

THIEVRES.

THIÈVRES. — *Teucera, Theucheia, Thieuvres, Tièvres, Thièvre.*

Thièvres est l'ancienne *Teucera*, station romaine à mi-chemin d'Amiens à Arras qui est marquée sur la carte théodosienne. Cette commune, traversée par la chaussée Brunehaut, se trouve au confluent de l'Authie et de la Kilienne ; mais, indépendamment de ces deux rivières, son territoire produit des sources nombreuses, notamment la fontaine Saint-Pierre qui jaillit presque au pied de l'église et qui fait tourner un moulin à quinze minutes de cet endroit : son eau est considérée comme un remède dans certaines maladies.

L'ancienneté de Thièvres est donc incontestable : dès 1269, sa terre dépendait de la châtellenie d'Orville et du comté de Saint-

Pol par conséquent. Jean de Novion en était seigneur en 1297. (*Histoire du doyenné de Doullens*, par le P. Daire, p. 146.) Après lui, nous rencontrons les familles de Habarcq et de Béthencourt, ensuite le duc de Longueville qui vendit cette seigneurie à M. Haudouart dont les descendants directs ont continué de la posséder. (*Mss. n° 8546, de la bibliothèque Richelieu.*) Une partie du village a été incendiée pendant la guerre de 1638.

Son église, dédiée à Saint-Pierre, fut brûlée en 1705 et rebâtie l'année suivante aux frais de la commune : elle est quelquefois visitée par des pèlerins qui vont boire l'eau de sa fontaine miraculeuse. Une partie de cette paroisse s'étend sur le département de la Somme où elle forme une commune distincte.

Thièvres est la patrie du trop célèbre Pierre-Joseph Porion, qui fut, en 1791, évêque constitutionnel du Pas-de-Calais.

Il n'est pas étonnant que des fouilles dans le sol de cette commune aient amené des découvertes intéressantes : ainsi on y a trouvé, pendant ce siècle, des armes gauloises et onze tombeaux de pierre dans un terrain qu'on a appelé depuis lors *Champ à Lugets*. (*Luget, lujiau* signifie cercueil, en patois, du mot latin *loculus*.)

WARLINCOURT.

WARLINCOURT. *Vallincourt, Walincourt, Warlincourt-lez-Pas.*

Warlincourt (*Vallis Cortis,* enclos de la vallée) est un village agréablement situé au milieu des bois. C'est sur son territoire que se trouve la source de la Kilienne qui sort d'une fontaine près de laquelle a été construite une chapelle en l'honneur de saint Kilien. Il est en effet de tradition constante que cet évêque missionnaire, originaire d'Irlande, vint évangéliser ce pays (645-

670) et que, parmi les miracles qu'il opéra pour convertir ses habitants, il fit jaillir cette source du sein de la montagne, ainsi que nous l'avons raconté plus haut.

L'eau de cette fontaine, exceptionnellement limpide et abondante, est très-estimée dans tout le pays environnant : bien des fois elle a été employée pour la guérison des maladies, ce qui nous a déterminé à la faire analyser. Nous en avons donc demandé l'examen chimique à M. Pagnoul, le savant professeur du collége d'Arras, qui a bien voulu nous faire connaître en ces termes le résultat de son expérience :

« Le titre hydromètrique d'une eau représente d'une manière générale son degré d'impureté, c'est-à-dire la proportion des matières minérales qu'elle renferme. Les eaux qui alimentent la ville d'Arras, et qui sont considérées avec raison comme très-bonnes, marquent 24 à 26°; les eaux du Crinchon à sa source, à Rivière, 26°; les eaux de la fontaine saint Kilien, 22°, 5.

« Parmi les matières minérales, le carbonate de chaux est utile dans une certaine mesure lorsque les eaux sont destinées à l'alimentation : or un litre d'eau de la fontaine donne par évaporation
   un résidu pesant   0$^{gr.}$, 264
et se décomposant ainsi :
   Carbonate de chaux 0, 201
   Autres matières salines 0, 063

« Ces matières salines diverses sont formées elles-mêmes de silice, d'alumine, de fer, d'alcalis, etc., dans la même proportion que les bonnes eaux de notre département. Le sel considéré comme nuisible, le sulfate de chaux, qui n'existe que dans des proportions extrêmement faibles dans les eaux d'Arras, se trouve en quantité moindre encore dans la fontaine saint Kilien.

« Je n'ai pu constater dans ces eaux, d'ailleurs parfaitement limpides, inodores, et sans saveur, aucune trace sensible de matières organiques.

« Enfin je n'ai pu y découvrir aucune substance anormale. Ces eaux sont donc très-bonnes, PLUS PURES MÊME QUE CELLES DU CRINCHON A SA SOURCE, mais ne paraissent douées d'aucune qualité spéciale. »

Ainsi la science reconnaît que l'eau de la fontaine saint Kilien est supérieure aux meilleures eaux de notre département, mais elle ne découvre en elle aucune vertu naturelle curative. Et cependant cette eau a rendu ou donné l'usage de leurs membres à des enfants noués et perclus ; chaque année, principalement au mois de juin, on voit des mères qui viennent y plonger ceux de leurs enfants qui sont atteints d'infirmités, et qui souvent y trouvent leur guérison. Cette eau doit avoir par conséquent une vertu surnaturelle.

Telle est aussi l'origine du célèbre pèlerinage qui a lieu à la chapelle saint Kilien depuis un temps immémorial et qui attire, chaque année, un grand nombre de visiteurs. Autrefois, la fontaine était fermée à clef, mais aujourd'hui son eau est laissée à la libre disposition de tous ceux qui veulent en user. La chapelle est construite sur des fondations très-anciennes, puisqu'elles paraissent remonter au XII° siècle : « Elles sont formées de silex artistement taillés, présentant une surface parfaitement lisse. » (*Histoire de saint Kilien,* par M. l'abbé Cuvillier.) Cet oratoire fut rasé pendant la Révolution et n'a été réédifié qu'en 1865.

La cure de Warlincourt était à la nomination de l'abbé du Mont-Saint-Eloy : son église paroissiale, dédiée aussi à saint Kilien, était située sur la place avant 1793, époque où elle fut entièrement détruite ; et malgré le rétablissement du culte après le Concordat, la commune resta sans église jusqu'en 1820. Le temple fort médiocre, qu'on érigea alors, a été très-heureusement remplacé, en 1857, par un édifice en pierres.

La seigneurie de Warlincourt, qui était de la châtellenie de Pas, avait ses armes « *d'azur, au lion d'argent, armé et lampassé d'or, l'écu semé de trèfles d'argent.* » Elle appartint successivement aux familles de Beauval, de Beaufort, des Wattines, de Coupigny, et enfin à la maison de Beaulincourt.

Le fief des Crèques était un démembrement de la seigneurie principale ; nous le voyons possédé, pendant les deux derniers siècles, par Crespieul, Antoine Le Carlier, Charles Archambaut de Duglas, auquel succéda définitivement messire Boudart, seigneur de Couturelle.

Il y avait enfin, à Warlincourt, une troisième seigneurie qui appartenait aux religieuses de la Thieuloye : pendant le XVI° siècle, elles donnèrent en arrentement plusieurs terres qui dépendaient de ce fief, et elles en touchèrent, en 1650, un droit seigneurial de 1,700 florins qui servirent à agrandir le couvent qu'elles venaient d'établir dans la ville d'Arras. (*Mémoires du P. Ignace*, t. VII. — *Recueils, passim*.)

Les coutumes de Warlincourt furent rédigées en 1507.

BELLEVUE, hameau dépendant de cette commune, est situé sur la route nationale d'Arras à Doullens ; il n'existe que depuis 1760 et n'a de remarquable que sa situation sur une hauteur qui domine la vallée du canton de Pas.

Louis CAVROIS-LANTOINE.

CANTON DE VIMY

ABLAIN-SAINT-NAZAIRE.

ABLAIN-SAINT-NAZAIRE. — *Ablainum. (Cart. d'Annay. — Cart. St-Vaast. — Cart. d'Art.*) (*1217), Ablog, Ableng* (St-Genois 1337), *Ablaing (1248), Ablins, Ablans* (St-Genois). Le nom de St-Nazaire est celui du patron de son église et surtout de l'hospice d'aliénés qui s'y trouvait et qui avait un grand renom pendant le Moyen-Age.

HISTOIRE. — Ablain n'est connu dans nos chroniques qu'en 1096 par la présence au tournoi d'Anchin de Sicher et Alexandre d'Ablaing. Un peu après, Sicher de Carency épousait Berthe d'Ablaing et réunissait ainsi les deux seigneuries; puis nous voyons en 1109, Théry et Sicher d'Ablain, témoins d'une donation faite à l'abbaye St-Eloy par Robert d'Arémines; en 1206, Gérard du Carieul vendit à l'église Notre-Dame d'Arras le tiers de la dîme d'Ablain et de la grange destinée à la renfermer. En 1217, Nicolas d'Ablaing est témoin d'un échange fait entre le chapitre d'Arras et un avoué d'Arras, seigneur de Béthune (*inv. St-Genois*). En 1232, Bauduin Caperon d'Ablaing reconnaît tenir de St-Vaast une dîme à Ablain. (*Cart. d'Art.*)

En 1270, Hugues d'Ablain, chanoine d'Arras, fonda une chapelle à l'Hôtel-Dieu d'Arras, et aussi, dit-on, un hospice d'aliénés à Ablain.

En 1311, Pierre d'Ablain, était vice-châtelain de Douai.

En 1309, un fief d'Ablain appartenait au comte de Haynaut.

En 1248, Oda de Ablaing lègue à l'abbaye de la Brayelle-les-

Annay, onze mencauds de blé sur Harnes. (*Arch. de cette abb.*)

En 1322, les comptes des receveurs d'Artois citent « la chastelaine d'Arras, héritière pour la terre d'Ablaing que Madame d'Artois a acaté de li, léquelle est tenue de madite dame en pairie du castel de Lens. »

En 1689, Nicolas de Toustain, seigneur de Carency, céda à M. Boistel du Cardonnois, seigneur du Carieul, tous ses droits sur la terre d'Ablain, à la réserve des droits et titres seigneuriaux.

Il y avait outre ces seigneuries, des fiefs, entre autres celui d'Hondescot, appartenant aux de Pressy, puis aux de Drach, et qui avait pour siége un château que nous décrirons plus bas.

Sur la hauteur qui domine tout le pays est une chapelle dédiée à Notre-Dame de Lorette; elle a été bâtie en 1723 par Florent Guilbert, mais des débris d'architecture ogivale trouvés tout auprès, prouvent qu'une autre plus ancienne s'y dressait auparavant.

Ce village souffrit souvent pendant les guerres qui désolèrent ce pays; on trouve encore gravé sur un des murs de la tour de l'église dans l'embrasure d'une des ouïes ces mots : *Mémoire que la veille de St-Laurent de l'an 1654 les Franchois ont venu ataquer cest place, et les paisans ont....*

En 1537, une lettre d'Eustache de Croy, évêque d'Arras, autorise Michel de Pressy, seigneur d'Hondescot-lez-Ablain, à poser dans l'église à gauche du maître-autel un siége pour lui et ses successeurs. (*Arch. du marq d'Aoust.*)

ARCHÉOLOGIE. — Les restes d'une motte entourée de fossés se voient encore près de l'église : c'était sans doute le siége de l'ancienne seigneurie, et peut-être la place d'un castrum antique ou d'un castel antérieur au XIII° siècle.

La seigneurie d'Hondescot, placée au bout du village opposé à l'église, avait son siége sur un donjon entouré de fossés pleins d'eau; on y voyait encore, il y a peu d'années, une grosse tour carrée garnie dans le haut de grands moncharabis et surmontée d'un toit conique terminé par une belle ornementation en plomb. Il ne reste plus que les fossés, une tourelle octogone et quelques bâtiments peu anciens.

Vis-à-vis de l'église on voit quelques restes des constructions de l'ancien hospice, et derrière se dressaient il y a peu d'années les murs d'une sorte de chapelle fortifiée, nommée encore le fort S¹-Philippe. C'étaient deux hauts pignons, dont l'un percé d'une porte ogivale dans le bas, était surmonté d'un large tuyau en maçonnerie avec rainures, dans lequel glissait une herse, et flanqué d'une tourelle octogone garnie d'un escalier en grès. Contre ces pignons et contre les murs qui les reliaient l'un à l'autre sont collés des culs-de-lampe, avec naissances d'arcs doubleaux et de voûtes dans le style du XIII⁰ siècle.

L'hospice avait une grande renommée, et son patron saint Nazaire était visité par beaucoup de pèlerins; on y a frappé des médailles religieuses dont plusieurs nous sont parvenues. La tradition veut que Loyse, fille du prince de Bourbon-Carency, y retrouva la guérison d'une folie intense qu'avaient occasionnée des peines d'amour, et que ce fut à cette occasion que son père construisit en 1505, la magnifique église que nous voyons encore. Cependant M. de la Fons Mélicocq a trouvé dans les archives de Lille une pièce qui déclare que l'église ayant été brûlée pendant la guerre, les manesglisiers de l'église d'Ablain en 1487 ont obtenu du roi de France des lettres-patentes en forme de sauvegarde et protection, et qu'ils en sollicitent de semblables de l'empereur Maximilien. (*Picardie, novembre 1856.*)

L'église est de style ogival tertiaire, elle a trois nefs séparées par des piliers formés de quatre colonnes engagées portant voûtes avec arcs-doubleaux et rosaces. Elle est terminée par une abside à cinq pans et éclairée par des fenêtres dont plusieurs meneaux et roses étaient tombés. Un élégant jubé en pierre séparait le sanctuaire des nefs, il fut détruit au XVIII⁰ siècle. On voit quelques pierres tombales dans les murs, une seule de 1524 est intéressante; au dehors on remarque des figures grotesques grimpant sur les archivoltes des fenêtres, une rampe taillée à jour qui cache le toit de toute la façade principale, et surtout le portail. Il est flanqué de piliers avec niches et clochetons, est garni de voussures et de niches, et a son archivolte ornée de belles feuilles de choux et d'un bouquet, surmontée d'arcatures et de galeries du plus bel effet. Cette église vendue en 93 fut rachetée et conservée par les habitants. On la restaure dans ce moment.

ACHEVILLE.

ACHEVILLE. — *Ascevilla, Hacgueville.*

Histoire.— En 1070, Eustache de Boulogne donne à la collégiale de Lens, des terres labourables sur Acheville, Caseseville, *terram arabilem*. (Harb.)

En 1129, Raynol archevêque de Rheims, confirme les droits et propriétés de l'abbaye d'Hénin-Liétard sur les autels de St-Martin, de Rouvroy et d'Acheville (Dancoisne) : aussi un religieux a toujours, depuis lors jusqu'en 1793, administré la cure de cette commune ; et en 1326, Jean de Fampoux, son abbé, reconstruisit la chapelle Notre-Dame.

En 1569, le cahier des centièmes d'Acheville indique comme seigneur Adrien d'Oignies, chevalier. Cette seigneurie passa successivement dans les familles de Neuville, de Lannoy, de Bournonville, puis dans celle de Duras en 1727, par le mariage d'Angélique de Bournonville avec Jean-Baptiste de Durfort, duc de Duras.

Acheville avait en outre des fiefs : l'un appartenait au XVIe siècle à Guy de Marchiet, échevin d'Arras. Sur une pierre tombale de l'église des Grands-Carmes d'Arras, on voyait aussi le nom de Jean Mullut, conseiller d'Artois et seigneur d'Acheville.

Acheville souffrit beaucoup pendant les guerres, et fut presque rasé en 1710.

Archéologie. — Aux deux extrémités du village, vers Bois-Bernard et vers Vimy ont été exhumées des tombes du IIIe siècle, par incinération, les secondes étaient assez communes, car les vases étaient assez grossiers. Mais les premières du côté de Bois-

Bernard étaient plus intéressantes, elles contenaient beaucoup de vases, dont un en terre blanche, très-grand, puis des plats, des coupes et soucoupes, rouges, noirs et gris, et des cruches dont une en terre rouge autrefois dorée, et ornée d'une tête ornant le dessus de l'anse.

A côté de ces tombes sont des fondations, un four à cuire le pain, des tuiles à rebord et d'autres objets du même temps.

L'église n'offre aucun intérêt : elle est petite, basse, étroite et sans ornements.

Autrefois une croix de grès se dressait sur le chemin d'Arleux ; son croisillon fut enlevé en 93, et le fut qui porta pendant la révolution le nom de longue borne a lui-même disparu depuis.

ACQ.

ACQ. — *Ascum en 862, Acq en 1269.*

HISTOIRE. — Acq a presque toujours appartenu aux seigneurs d'Ecoivre, les d'Oisy, les Longueval et les Soissons-Moreuil.

Asc est cité pour la première fois dans nos chroniques au sujet du combat que Bauduin de Fer, forestier de Flandre soutint, en 862, sur son territoire contre les troupes du roi Charles-le-Chauve, (*juxta Ascum*); quelques auteurs regardent même comme un trophée de cette victoire, ces deux grandes pierres levées qu'on voit encore entre Acq et Ecoivre. Nous n'en dirons rien ici parce que ce monument est situé sur le territoire de cette dernière commune. Quant au combat lui-même, ce n'est pas ici le lieu d'en discuter la réalité.

En 1269, Asc est encore cité pour une aprise ou exécution judiciaire, qui peint bien les inconvénients de ces pouvoirs rivaux qui se partageaient les communes. Les gens du comte de St-Pol y avaient brûlé la maison d'un criminel, et le lendemain ceux du comte d'Artois, pour ne pas laisser empiéter sur ses droits, en incendièrent deux autres et firent une saisine sur le village (Godefroy).

ARLEUX-EN-GOHELLE.

ARLEUX-EN-GOHELLE. — *Arleusium, Arlodum*, peut-être de *Allodium Aleux*.

Lieux dits : La Conscience, La Gouvernance, Bernandoise, Puits à Marne, Couture.

Histoire. — Ce village se divisait en deux parties. Le haut Arleux appartenant à l'évêque d'Arras avait au XVIII° siècle 25 maisons, et le bas Arleux qui dépendait de la collégiale St-Pierre de Lille en avait 45.

En 1066, Bauduin V donna son domaine d'Arleux à la collégiale de Lille. (*Arch. de Lille*).

En 1070, Albert de Carency y donna quelques terres à l'abbaye Saint-Eloy.

En 1263, pour terminer les différents qui existaient au sujet du four banal, intervint entre les deux seigneurs une transaction qui régla la nomination, la révocation, et les devoirs du fournier qui fut placé sous l'autorité des échevins. (Tailliar, *Colleg. St-Pierre de Lille*), la coutume fut rédigée en 1507.

Archéologie. — Dans le terrain de l'ancienne ferme de la collégiale s'ouvrent des galeries souterraines qui se prolongent, dit-on, assez loin ; elles forment plusieurs rues qui sont voûtées, près de leur orifice du moins, et qui rayonnent autour d'un centre commun.

Dans le haut Arleux est une grande pierre dressée sur laquelle est sculptée en relief une croix fleurdelisée : elle a été donnée à la commune par M. Leroux du Chatelet qui l'avait trouvée près du mont Saint-Eloy; on a surmonté cette pierre d'une croix en fer, la pierre offre les caractères du XVIe siècle.

Près d'elle est l'église et une maison de plaisance qui a appartenu longtemps aux évêques d'Arras. Mgr de la Tour d'Auvergne vint y séjourner pendant plusieurs étés : ce fut lui qui fit décorer l'église qui est toute moderne du reste, mais grande et bien éclairée.

Le territoire d'Arleux contient des fondations antiques aux lieux dits Les Grands douze vers Bailleul et sur les hauteurs du côté de Villerval.

AVION.

AVION.— *Avions (1218), Abia. (Cartulaire d'Annay.)*

HISTOIRE. — La seigneurie principale appartient d'abord à la famille dite d'Avions. L'un des seigneurs, Jean d'Avions et de Salau, chevalier, donne un dénombrement au châtelain de Lens en 1386. Elle passa ensuite aux de Coupigny; l'un d'eux au XVIe siècle la vendit avec celles de Bois-Bernard, Méricourt, etc. aux Béthune-Desplanque. Elle resta dans cette famille jusqu'au XVIIe siècle, leurs armes étaient figurées sur l'église. Elle passa ensuite à Enlart d'Arras, sire de Campeau, qui l'acquit d'un héritier des de Béthune, le vicomte de Saint-Venant. Enfin elle passa aux d'Armolis. Avion possédait en outre au XIVe siècle plusieurs fiefs ou seigneuries, celui de la Motte appartenant à Pierre de Sains, un autre à Pierre de Rœux dit le Borgne, écuier de Charles VI, un troisième à Gilles de Montigny, chevalier, un quatrième à Guillaume de Bonnières, gouverneur d'Arras, un cinquième à Bauduin de la Fosse et un sixième à Jean d'Ablain.

Ces fiefs se sont ensuite confondus en deux seigneuries principales, celle dont nous avons parlé plus haut, et une seconde appartenant aux d'Eclebec, sires d'Aix, qui la vendirent avec celle d'Aix-Noulette aux frères Lart.

L'évêque d'Arras avait aussi un fief sur cette commune, comme le prouve l'acte confirmatif des biens de cet évêché donné en 1152 par le pape Eugène III.

Enfin l'évêché de Boulogne y possédait aussi quelques droits.

En 1218, Jean de Frelin donna à l'abbaye de la Brayelle-lez-Annay une part du revenu de son château d'Avions (*Cartul. de cette abbaye.*)

Dans le marais était un château établi sur une motte assez grande et entourée d'eaux. Il fut continuellement attaqué pendant les guerres si fréquentes alors dans ce pays : il fut pris bien des fois, mais il se releva bien des fois aussi. Pendant le règne de Charles-Quint, il était occupé par une garnison espagnole qui fut attaquée par un fort parti de Français : mais sa résistance fut si belle que plusieurs assauts furent repoussés, et que les Espagnols eurent le temps de venir à son secours; aussi Charles-Quint récompensa les officiers qui la commandaient par des titres de noblesse. Parmi eux nous trouvons un Bassecourt et un Baillencourt.

ARCHÉOLOGIE. — Le donjon d'Avions est tombé, avec ses tours et son pont-levis. La motte qui le portait a été rasée elle-même ainsi qu'une autre plus petite qui l'accompagnait. Dans toutes deux on a trouvé des débris gallo-romains qui prouvent une origine voisine du II° siècle. Je citerai notamment de belles médailles du haut empire trouvées dans la première ; une tête de cerf en terre cuite, une bèche, des vases et une médaille retirés de la seconde.

Du côté d'Eleu, au lieu dit Abia, sont des fondations antiques ; et d'autres plus modernes, mais très-importantes existent dans la propriété de M. Piéron-Leroy et prouvent qu'un château a dû y être bâti. Au milieu de ces débris ont été trouvés des vases en verre et en terre, des cuillers en étain fin et de forme antique, et une belle croix en or. Tous ces objets portent les caractères du XVIe siècle.

L'église est simple, fut renversée par l'ennemi en 1640, et fut plus tard relevée à l'exception de la tour qui était restée debout, par Mathias Leroy lieutenant du roi. Elle est grande, divisée en trois nefs par des colonnes cylindriques, mais ses voûtes sont en plafond, et elle n'offre de curieux que ses autels latéraux du XVIIe siècle, garnis encore de grosses et belles colonnes torses. La tour est ogivale et les angles sont flanqués tout au haut d'encorbellements qui ont dû porter des tourelles ou des clochetons, cantonnant une flèche médiane qui sans doute y avait été élevée.

BAILLEUL-SIR-BERTHOULT.

BAILLEUL-SIR-BERTHOULT.— *Balliolum, Belliolum, Bailul, Bailloelt en 1070, Baillol XIIe siècle, Cart.-St-Vaast.*

HISTOIRE. — En 1047, Guy, seigneur de Bailleul figure dans une charte du comté de Flandre.

En 1070, Eustache Cte de Boulogne donne sur ce village, Balliolum, une terre à l'église de Lens ; en 1096, Bauduin de Bailleul figure au tournois d'Anchin.

Bertout de Bailleul semble avoir donné au village son nom. C'était un vaillant guerrier qui se distingua pendant la croisade, et qui voyant à son retour son projet de mariage avec la fille du sr de Harnes, repoussé malgré des promesses antérieures, prit les armes avec ses vassaux pour laver cet outrage dans le sang : le combat se livra près de Bailleul, et les deux ennemis s'entretuèrent, dit la tradition. (Harbaville. Dutilleul.)

La seigneurie passa plus tard par mariage dans la famille d'Antoine Gerbesse, qui dut la vendre, ayant été exilé pour ses opinions politiques. L'abbaye de St-Vaast propriétaire d'une autre seigneurie importante la lui acheta. Mais le roi ne ratifia pas cette acquisition, et le nouvel acquéreur fut Alexandre Leblanc qui la passa ensuite à la famille d'Assignies.

La coutume de Bailleul rédigée en 1507 le 6 septembre nous a été conservée.

En 1710 les Hollandais se logèrent à Bailleul et y établirent un corps de garde.

ARCHÉOLOGIE. — Le territoire de Bailleul est traversé par la chaussée romaine d'Arras à Tournay ; on y trouve aussi des fondations, des souterrains et des restes de fossés situés sur la hauteur du côté d'Arras et qui semblent avoir porté un petit castrum de même époque ; quelques fondations moins importantes existent aussi du côté d'Arleux.

Les terrassements du chemin de fer des houillères ont aussi mis au jour une belle tombe antique, composée de larges pierres calcaires, disposées sans ciment en forme de coffre, et renfermant de beaux vases en terre et en verre, et un trépied en fer.

Le château principal existait près de l'église, il était garni de tours, de fossés et de créneaux, mais il est tombé et on n'a conservé que son mur d'enceinte garni de petites tours à ses angles.

Un autre donjon avait été élevé, dit-on, par Bertout, qui, fils cadet, ne pouvait habiter le castel de ses pères, héritage de son frère. Il était situé près de la chaussée romaine, et l'une de ses tours carrée resta debout jusqu'à la fin du XVIII° siècle et tomba alors, ne laissant autour de ses ruines que des fossés demi comblés qui s'y voient encore.

L'église est moderne, sauf une partie de la tour, qui est ogivale. Elle a 3 nefs, a été rebatie après les guerres de 1710 et fut terminée en 1718. La tour fut relevée en 1720, et n'a conservé qu'un pan de mur de l'ancien clocher qui était ogival.

BEAUMONT.

BEAUMONT. — *Bellomonte, Biaumont, 1218, Cart. S.-Vaast, S. Gen. en 1274.*

Lieux-dits : — La Justice, la Maladrerie, voie Ste-Marguerite, Noirs champs, la Motte, petit Beaumont, les Croix, la Sorchelle, les Boscots.

Histoire. — Vers 360 Biaumont ou Bellomons est évangélisé par St-Martin qui y fonde une église (Harbaville.)

Le 1er juillet 1274, Jean de Biaumont se reconnait créancier du comte d'Artois pour frais de tournoi.

En 1213, Amalric de Biaumont est témoin d'une vente faite à l'abbaye de la Brayelle-lez-Annay par Marc de Béthonsart (*Cartul. de cette abbaye.*) Cette terre passa ensuite à Ferdinand de Cardevacque au XVIIe siècle. Sa fille porta cette terre par mariage à Jérôme Lazaro, qui mourut sans enfants, et la seigneurie passa aux Dailly-Sarrazin, puis aux Labucquières et aux Bassecourt.

Une autre grande seigneurie, dite fief d'Audreuil, appartenait aux Belvalet qui la vendirent en 1680 à Christophe de Beaurains, dont une fille la porta plus tard au s^r de Douai seigneur de Gouves

Parmi les autres fiefs moins importants on voit ce qui est possédé par les Payens de la Bucquière et par les Bassecourt.

Archéologie. — Ce village est traversé par l'antique voie d'Arras à Tournay.

On y voyait aussi deux mottes : l'une qui avant la révolution portait un calvaire et qui contenait une tombe en pierre renfermant un squelette accompagné d'armes en fer et rouillées.

La seconde beaucoup plus grande n'a pas été rasée, on en a seulement retiré des grès assez nombreux, et quelques objets que je n'ai pu voir, mais que je crois anciens ; elle est traversée par

deux puits qui, dit-on, conduisent à des souterrains; après la révolution on y bâtit une chapelle qui est tombée depuis lors.

Entre Beaumont et Hénin, au lieu dit le Tilloy, j'ai exploré une sépulture magnifique garnie de vases en verre et en terre, d'un miroir métallique, d'agraffes, etc., contenue dans un caveau composé d'un tube garni de grès bruts superposés sans ciments et recouvert par deux grandes et larges pierres.

L'église est moderne, l'ancienne avait été détruite en 1710 puis rebâtie, puis renversée à la révolution. La tour seule, en grès, lourde et massive, datant de 1505, était restée debout ; mais elle tomba et fut remplacée par une construction en briques historiées, et qui bien qu'un des premiers essais de M. Grigny dans ce genre, est cependant remarquable, quoi qu'on ait été forcé de la maintenir moins haute que ne le voulait le savant architecte.

Du château il ne reste que le mur d'enceinte flanqué aux angles de tours rondes et tronquées.

Je ne serais pas étonné que la motte eût autrefois porté un castrum romain qui peut-être a donné au village le nom de Bellomons.

BOIS-BERNARD.

BOIS-BERNARD. — *Bos en 1328, Bois en 1231; (Cartulaire d'Annay.)*

HISTOIRE. — Cette commune se divisait en deux seigneuries: l'une ecclésiastique appartenant à l'évêque d'Arras, et l'autre séculière et qui resta longtemps dans la famille du Bos ou du Bois. Dès 1231 Bauduin du Bos apparaît comme témoin d'une vente faite par Hugues d'Antoing. (*Rép. de l'abb. de la Brayelle.*)

En 1248 ce Bauduin à qui le comte d'Artois Robert avait accordé les droits de haute, moyenne et basse justice, excepté le rapt, le meurtre et l'incendie, augmente son fief ou sa redevance envers ce prince, et lui accorde quatre hommages : celui d'Ablain d'Auti, chevalier, de Jacques Desplanque, de Gilles dit prêtre et de Gilles d'Ongnies, chevalier qui tenait de lui l'hommage de Colars d'Acrin. (*Cart. d'art. pièce 41.*)

En 1250 un compromis rédigé par l'abbé de St-Eloy, et Renaud de Beronne, décide que le roi a dans les villes de Bois-Bernard et d'Ouppi la connaissance du vol, du rapt, du meurtre, du duel et du sang répandu, et qu'une convention faite entre l'évêque et le seigneur du Bos, ne pouvait préjudicier aux droits du roi (*Ibid.*)

En 1262 Bernard du Bos fut témoin d'une vente faite à l'abbaye de la Brayelle par Hugues d'Antoing. (*Arch. de l'abb.*)

A Bernard succédèrent Martin qui avait la justice vicomtière, avec la mairie dite du Bos, puis Soudan qui hérita de la Motte et de la justice vicomtière d'Ouppi et Martel qui fut nommé chevalier à cause de sa bravoure ; nous possédons plusieurs sceaux de ces seigneurs.

En 1545 cette famille possédait encore Bois-Bernard : car nous voyons Jean du Bos, écuyer, seigneur de Bois-Bernard et d'Oppy assister comme témoin au contrat de mariage de Hugues de Gosson avec Marie de Poie. (*Arch. de la fam. d'Aoust.*)

Peu après cette terre passa aux Coupigny, puis aux Béthune-Deleplanque et aux ducs de Duras. Bois-Bernard, dont le château avait été renversé par les Flamands en 1303, cessa d'être la résidence des seigneurs ; on voyait seulement en face des fortifications du château le pilori et les poteaux seigneuriaux, siège de la justice sur les communes de Bois-Bernard, Oppy, Achevin, Montigny, Hénin, car Bois-Bernard relevait de cette dernière commune, comme Montigny ressortait de Bois-Bernard.

Le village fut plusieurs fois rasé, notamment en 1303, puis en 1654, et 1710.

ARCHÉOLOGIE. — Le territoire longe au sud-est la voie antique d'Arras à Tournay et au nord-est celle de Cambray à Lens. Le village est posé sur une hauteur, et là se montrent encore de profonds et importants travaux, qui ont protégé le château du Moyen-Age, mais qui pourraient bien avoir autrefois constitué un castrum romain. Il forme une enceinte rectangulaire de 70 mètres de côtés entourée de parapets et de fossés profonds de 7 à 8 mètres. Dans les parapets des angles sont des fondations importantes, et l'un d'eux plus élevé porte le nom de Motte et pourrait bien avoir porté le pretorium. On y a placé une batterie de canons en 1710. Cette première enceinte était entourée d'une seconde extérieure dont la partie du nord a seule été conservée, elle est moins élevée que la première, a 40 mètres de largeur et est aussi protégée par un profond fossé et par deux parapets intérieur et externe. Chacun de ces trois parapets successifs est inférieur à celui qui le précède d'un mètre au moins. On prétend que de longs souterrains sont creusés sous ce souterrain; j'ai trouvé au milieu des fondations un éperon à pointe en acier damasquiné en or, et une main en marbre blanc. L'enceinte centrale avait plusieurs sorties situées au milieu des faces sud-ouest dans la direction de l'église qui a été bâtie dans la deuxième enceinte et au nord-ouest, vers le village.

Dans le village on trouve de grandes et anciennes fondations, j'ai retiré d'un vieux puits autrefois comblé des vases antiques, qui semblent mérovingiens, derrière le château est un cimetière et des fondations du III° siècle, aux Hersins.

L'église renversée en 1716 est moderne et sans intérêt.

La tradition attribue, comme il arrive souvent pour les antiques constructions, ces terrassements aux templiers qui n'ont cependant jamais rien possédé sur Bois-Bernard.

Nous possédons plusieurs sceaux.

CARENCY.

CARENCY. — *Carenciacum, Carenchy.*

HISTOIRE. — On assure que St-Aignan prêcha l'Évangile à Carency vers le VI siècle et qu'il y fit jaillir une fontaine qui porte son nom et elle est le but d'un pélerinage encore bien suivi.

Dès le X° siècle, cette commune nous prouve l'existence de ses seigneurs dans la personne de Bauduin, fils de Robert 1er, seigneur de Béthune, qui s'intitule seigneur de Carency dans l'acte de confirmation des biens de l'abbaye de St-Bertin en 1033. (Comte d'Héricourt).

Au XII° siècle, Elbert ou Eubert de Carency donne différentes propriétés à l'abbaye St-Eloi-sur-Ablain, Arleux, Bouvigny, Camblain. Il est représenté sur son scel à cheval, l'épée nue dans la main droite et de la gauche portant son écu : d'une face avec l'exergue, *Sigillun Ilberti Carenci*. Son tombeau était placé dans l'église de l'abbaye St-Eloi. (Duchesne).

Sa fille porta cette terre dans la famille de Cayeu.

En 1202, Arnould de Carency souscrit à la reconnaissance des droits de l'église St-Barthélemy de Béthune, faite par Guillaume, avoué d'Arras, seigneur de Béthune (St-Genoit).

En 1219 un autre seigneur de Béthune Daniel, avoué d'Arras, ordonne que les 10 livres qui appartenaient à son très cher Arnould de Carenci, chanoine de Béthune seront payés en monnaies plus fortes que celles ayant cours en France. (Id).

En 1220, Guillaume de Kayeu, seigneur de Carency, vend à Daniel, avoué d'Arras, ce qu'il possédait à Bruay, forcé à cela, dit-il, par pauvreté et nécessité

En 1147, ce même seigneur s'obligeait envers Daniel avoué d'Arras à ne toucher de la terre de Carency que le strict nécessaire, jusqu'à l'acquittement des dettes contractées envers lui par l'héritier de Carency (16).

Un peu plus tard, Nicolas de Condé obtint Carency par son mariage avec une demoiselle Catherine de ce nom, elle est figurée sur son scel portant un épervier sur le poing ; mais ils n'eurent qu'une fille, qui épousa Renaud de Calent, puis Jacques de Chatillon dont les enfants héritèrent Carency.

En 1355, une dame de Chatillon épousa Jacques de Bourbon, qui devint chambellan du roi Louis VI.

En 1451, un de ses héritiers des mêmes noms était comte de la Marche, pair et connétable de France et fut blessé à la bataille de Crécy. Pendant la passagère occupation des Anglais il fut banni et privé de tous ses biens.

En 1516, Isabeau de Bourbon porta cette terre en mariage à d'Escart, mais en 1586 Claude d'Escart ayant été tué en duel par le baron de Biron, sans laisser de postérité, cette terre fut vendue au duc d'Aremberg. Puis elle passa aux Bethencourt, dont les armes sont encore figurées dans l'église, puis aux Tonstain de Frontebosc, qui la firent ériger en marquisat. Nicolas de Toustaint avait épousé Rénée de Mailloc dont l'écu, trois maillets, est figuré sur l'église. Enfin Carency passa aux de la Basinières, puis aux de Dreux, et enfin aux Montmorency.

ARCHÉOLOGIE. — Ce territoire offre des souvenirs des temps antiques dans les dépendances du château et au Bon-Piéton où ont été trouvées des haches en pierre; et des fosses circulaires dont le fond recelle des débris antiques. Au champ des lignes, vers Villers, existe un cimetière dont plusieurs tombes sont en pierre.

Le château montre encore une tour, quelques murailles de style romain, et surtout une vaste galerie souterraine très curieuse. Dans la tour existe aussi une voûte plein-cintre, avec arcs doubleaux formés de moulures carrées à angles émoussés, des ouies flanqués çà et là de restes de colonnades, un escalier et une cheminée pratiqués dans l'épaisseur des murailles, un escalier en grès à pente douce et recouvert de voussures en retraits conduit au souterrain situé à environ 14 mètres au-dessous du sol. Leur largeur est de 1 mètre 70 centimètres, la galerie principale est coupée perpendiculairement par huit allées transversales peu longues parfois, mais souvent obstruées par des éboulements. La maçonnerie est en pierres calcaires de petit appareil, le sol est pavé de grès et offre une double pente et des rigoles aboutissant à un creux central, percé d'une perte d'eau.

Au bout de la galerie est une sorte de large cheminée, montant jusque dans l'épaisseur d'une muraille d'une tour carrée et aboutissant à une grande meurtrière. Les voûtes n'ont pas d'arcs doubleaux, leurs arêtes sont vives et sans moulures.

Dans la cour est un grès assez fort et en dessous une espèce de puits plus large dans le bas que dans le haut, que l'on croit avoir servi d'oubliette, et qui ressemble aussi aux anciennes fosses d'aisance. Cependant on a trouvé dans le fond, des ossements de volailles, deux longs éperons, le bout d'or d'une gaine de poignard, un débris de côte de maille, des testons de vases et des débris de fer, consommés par la rouille, aucun ossement ne s'y trouvait lorsqu'on le découvrit il y a peu d'années.

Le château touche à l'église et avait contre elle une chapelle dans laquelle les seigneurs assistaient aux offices. Elle tomba en 93, et lorsqu'il y a peu d'années M. Scaillerez fit des fouilles en dessous, il trouva plusieurs tombes, notamment deux caveaux contenant deux squelettes assis dans des fauteuils en pierre.

L'église est moderne et n'offre pas d'intérêt.

La chapelle ogivale élevée sur la fontaine de St-Aignan a disparu aussi, on ne voit plus que la belle maçonnerie qui lui sert de réservoir.

Enfin en divers endroits du village on voit des restes d'épaisses murailles, et les pieds droits d'une large porte qui indiquent l'étendue et l'importance de l'ancien château.

La motte qui porte le calvaire contient des tombes, plusieurs ont été mises à jour, lorsqu'on en ébrêcha un coin pour l'élargissement d'un chemin.

DROCOURT.

DROCOURT. — *Drucort, Draucourt*.

Histoire. — Cette terre était la propriété d'abord de la famille de la Tramerie, puis d'Hertains dont un membre mort à Liège en 1729 avait marié sa fille avec le Cte de Ste-Aldegonde de Noircarme, seigneur de Boursmarais, qui en hérita.

Un dénombrement présenté à Philippe le Hardi, duc de

Bourgogne, le 29 novembre 1385, l'est encore par Jean de la Tramerie.

Le chapitre d'Arras avait aussi une partie de Drocourt, qui lui rapportait 34 mencaudés de blé et 10 chapons par an, mais il le vendit en 1533, en ne se réservant que la dîme, pour obtenir les 6,400 livres qu'il dut payer à Charles-Quint pour frais de la guerre.

ARCHÉOLOGIE. — Drocourt était traversé par l'antique voie de Cambray à Lens. On trouve sur ses bords quelques débris antiques, notamment à la Casonnière, au Bralin, où sont les fondations de maisons incendiées mêlées à des testons de vases et autres débris gallo-romains.

Dans la tour de l'église est la base d'un fond baptismal romain cantonnées de quatre colonnettes avec bases à moulures cylindriques.

A côté est une pierre tombale portant dessiné en creux, un personnage entouré d'un portique ogival, et une inscription, le tout très-fruste. Mais une autre tombe très-curieuse a été trouvée dans la sacristie, ayant les figures retournées en dessous. Elle représente un seigneur armé de pied en cap et sa femme revêtue de brillants atours, tous les deux couchés sur la pierre l'un près de l'autre les mains jointes, et les pieds posant sur des chiens.

Voilà tout ce que Drocourt peut offrir d'intéressant. Son église est moderne et petite et son château a complètement disparu.

ECOIVRES.

ECOIVRES. — *Squavia en 674, Squavrius pagus en 1130, Ecouvres, Ecoisvres en 1328, Cart. d'Art. Esquavius XII° siècle (Cart. St-Vaast).*

HISTOIRE. — Cette commune est très-ancienne : car nous la

trouvons reprise en 674 parmi les donations faites à l'église d'Arras par saint Vindicien. Déjà alors l'abbaye St-Eloy y avait établi un collége pour ses novices, dans lequel saint Vindicien aimait à venir se reposer des fatigues de l'épiscopat. Il voulut même y être inhumé après sa mort, et plus tard les bâtiments ayant été renversés par les Normands et abandonnés, la forêt envahit bientôt tout ce terrain et nul ne songea plus à la tombe du saint évêque après la tourmente. Cependant au milieu du Xe siècle, des jeunes gens la découvrirent par hasard et des miracles qui s'accomplirent à cette occasion ayant attiré l'attention du clergé, on fit la levée du corps et on le plaça dans un reliquaire qui fut déposé dans la cathédrale d'Arras. Depuis cette époque et jusqu'à la révolution, une députation du clergé se rendait tous les ans le jeudi de l'octave de l'Ascension, au milieu du grand bois d'Ecoivre, où elle avait reposé pendant plus de 300 ans, et y faisait des prières.

En 1068, l'église d'Ecoivre fut donnée à l'abbaye St-Eloy par l'évêque Liébert.

Au milieu du siècle suivant, Robert le Frison Cte de Flandre, lui donna aussi les marais situés entre Ecoivres et Anzin, et que les moines convertirent bientôt en magnifiques prairies. Une maladrerie y fut établie au XIIe siècle près du bois; les malades venaient à l'église et n'y pouvaient entrer que par une petite porte qui les introduisait dans un espace réservé pour eux.

Quant au temporel, Ecoivres appartint d'abord aux comtes d'Oisy, il passa ensuite aux Longueval puis aux Moreuil. En 1129, le seigneur abandonna toute la justice à l'abbaye St-Eloy. Cependant bien des contestations surgirent encore plus tard au sujet des droits seigneuriaux entre ces deux autorités.

Après les Moreuil, Ecoivres passa en 1670, aux Mathon dont une héritière donna par mariage cette terre à la famille de Brandt de Galametz qui la possède encore.

L'église d'Ecoivres était desservie par un religieux de St-Eloy qui avait titre de prieur.

Ecoivres est aujourd'hui réuni à la commune de St-Eloy, aussi bien au temporel qu'au spirituel; il eut sa coutume révisée en 1507.

ARCHÉOLOGIE. — Nous avons parlé plus haut (à la commune d'Acq) du combat que le forestier de Flandre, Bauduin de Fer, soutint contre le roi Charles le Chauve sur les territoires d'Acq et d'Ecoivres. Quelques auteurs ont regardé comme les trophées de la victoire que remporta le forestier, deux grandes pierres levées qui existent encore sur le territoire de cette dernière commune. Mais l'opinion la plus accreditée aujourd'hui regarde ces pierres comme des peulvans celtiques dont elles ont tous les caractères, la masse, 3 à 4 mètres de hauteur, et la rudesse, car elles ne portent aucune trace du travail de l'homme. Les fouilles pratiquées autour de ces pierres un peu avant la révolution par M. le comte de Brandt de Galametz, membre de l'Académie d'Arras, firent découvrir des cadavres, des cuirasses et des armes, mais ces objets ayant été perdus, il est difficile d'en préciser l'âge. D'ailleurs ce pays a été bien souvent le théâtre de combats meurtriers, notamment en 840, en 980, en 1567, et ces tombes ne prouveraient pas l'âge des pierres levées.

L'église est toute moderne à l'exception de la tour qui date de 1632 (M. de Cardevacque) elle est ogivale, carrée, flanquée de contreforts peu élevés qui font penser que sa base du moins est plus ancienne, peut-être romane. La flèche octogone en pierre est garnie sur les arêtes de têtes de moines et de hures de sangliers alternées, et terminée par une pierre ornée de moulures portant la croix et la girouette.

Avant la reconstruction de l'église qui eut lieu en 1834, on voyait quelques restes de l'ancienne, entre autres un mur latéral garni de colonnes engagées et d'arcades qui semblent romanes ; la base de ce mur en grès peu équarris semblait aussi très-ancienne.

Le château est moderne.

ELEU DIT LEAUWETTE.

ELEU. DIT LEAUWETTE. — *Ailoex XII° siècle*, *Ailois*.

HISTOIRE. — Cette commune fort petite ne paraît pas avoir eu de seigneurs particuliers, aussi en trouvons-nous peu de mentions dans les titres ou dans les chroniques; nous voyons seulement en 1070, le comte de Boulogne donner à la collégiale de Lens une charrue et six courtils sur ce village, et le pape Eugène III donner en 1152 son autel à l'évêque d'Arras.

Mais si son importance a été presque nulle au Moyen-Age, nous allons voir qu'il pourrait en avoir été autrement dans les temps antiques, en étudiant son territoire.

ARCHÉOLOGIE. — Eleu est traversé par les voies antiques d'Arras à Estaire et peut-être par celle de Cambray à Lens et Béthune. Tout son territoire recèle des débris antiques, et diverses parties offrent des caractères très-remarquables sous ce rapport. Commençons donc par les plus importants.

Entre cette commune et Lens est le mont Eleu, qui touche aux deux localités qui sont très rapprochées l'une de l'autre. Ce mont assez élevé, côtoyé de deux côtés par la Souchez et d'un autre par la voie d'Arras, est découpé en cinq étages du côté de la rivière. Chacun d'eux est garni de parapets et de fossés, et partout se trouvent des débris antiques. La plate-forme supérieure est longue de 190 m. large de 90, chacun des gradins a 30 m. de largeur. Du côté de Lens la pente est plus douce, mais là aussi existaient des fossés larges et profonds de 3 mètres, et des parapets. Nous avons retrouvé vers l'Est les bases d'une tour ronde.

Sous ce mont existent des souterrains, et à sa base, au Sud et à l'Est, sont des cimetières du III° siècle, un autre Mérovingien est un peu plus loin à Lens.

Autour de ce mont fortifié étaient des petits forts qui semblent avoir été ses ouvrages avancés de défense. A Lens, qui partout recèle d'antiques objets, c'était le château, et sur la droite la Motte du châtelain; vers Avion c'était les deux Mottes. A Eleu c'était un fort dont on voit les terrassements qui entourent l'église ; dans le marais vers Liévin était la motte Boyeffe, enfin près du chemin targette, étaient d'énormes fondations ainsi que vers Salau. Tous ces endroits ont été fortifiés et nous montrent des débris antiques et des monnaies. Peut-être était-ce le vieux Eleu des Romains près duquel Aétius surprit et culbuta l'armée de Clodion. *(Voir sur ce sujet M. Harbaville, Mémorial, M. Ter-ninch, Etude sur l'Attrebatie, Augustin Théry, récits mérovingiens, Taillart.)*

Derrière l'église qui n'offre pas d'intérêt sont d'autres fondations au lieu dit *Abia* qui peut-être sont l'origine du village et du nom d'Avion.

FARBUS.

HISTOIRE. — En 1267 était seigneur de Farbus Bauduin de Harchicourt, chevalier. Farbus fut alors assigné comme douaire à Jeanne son épouse. (*(Cart. d'art. pièce 108.)*

Cette seigneurie se confondit ensuite avec celle de Vimy et passa aux Lalaings, puis aux Ringraves de Salins, ensuite aux La Vieuville. Vers le XV* siècle, ce sont ces derniers seigneurs qui firent rédiger les coutumes de Farbus en 1507. Enfin l'écuier Quarré, seigneur de Boiry-St-Martin s'en rendit acquéreur et l'a transmise à ses héritiers.

L'abbaye de St-Vaast possédait l'église et touchait une partie de la dîme.

En 1091, Gérard, évêque de Cambrai et d'Arras, accorda divers priviléges aux églises de Farbus et de Thélus.

ARCHÉOLOGIE. — Près de cette commune est la fontaine de

Saint-Ranulphe, qui est placée sur la colline au-dessus de la vallée. La tradition prétend qu'elle n'a jamais tari, et qu'elle a jailli miraculeusement lorsque ce saint, épuisé de soif, frappa la terre de son bâton.

L'église est moderne, mais on y voit une pierre tombale ancienne. Elle est moins large dans le bas que dans le haut et représente une sorte d'arbre héraldique garni de six feuilles mais sans ornements ni effigies.

Autour de la pierre on lit : *ci gist Tieby...*

Nous avons les sceaux de Tattars de Farbus (qui fut, en 1302, poursuivi comme faux monnayeur), (Godefroy, *Arch. d'Art.)* et de Bauduin de Harchicourt, propriétaire de Farbus en 1237.

FRESNOY.

FRESNOY. — *Fraxinetum, planté de Frenes.*

LIEUX-DITS. — Mahu, les Waringues, les Noires terres, les Moldries, les Truites, Chapelle blaise, Carlurette, le Gros grès, Tinard, Ronville.

HISTOIRE. — En 1560, l'abbaye d'Avesne-lez-Arras acquit le domaine de Fresnoy pour remplacer un prieuré situé dans le Cambrésis qui avait été vendu. (Harbav.)

On dit aussi que le nom primitif de Fresnoy est St-Amand ou Ronville et qu'il était placé au lieu-dit le Wez-de-Ronville, près d'un couvent de religieuses.

ARCHÉOLOGIE. — L'église est moderne et le village n'offre rien d'intéressant, mais au lieu-dit Tinard ou Wez-de-Ronville est un ancien cimetière qui contient des couches formées de pierres dressées et superposées sans ciment. Au milieu sont des fondations que je n'ai pu explorer.

Tout auprès dans la direction de Fresnoy, est le champ des Noires terres, qui contient des fondations anciennes.

L'emplacement d'un buisson existant encore à Tinard fut témoin, dit la tradition, de l'apparition à minuit d'un autel et d'un prêtre squelette qui attendirent plusieurs fois un aide volontaire. Il s'en présenta un à la fin, le garde de l'abbaye, qui servit la messe et apprit ensuite de la bouche décharnée de l'officiant qu'ayant oublié pendant sa vie de célébrer en ce lieu les saints mystères pour un de ses paroissiens il était depuis lors retenu en purgatoire, qu'à la fin cependant il avait obtenu de venir réparer sa faute au lieu témoin de son oubli, à l'heure de minuit, pourvu qu'il trouvât quelqu'un pour l'aider à remplir ce devoir ; puis il remercia le garde terrifié et disparut.

On trouve aussi des débris romains dans le village vis-à-vis la place publique.

GAVRELLE.

GAVRELLE. — *Gaurelle, Gaverella XIIe siècle (Cart. S. V.)*

LIEUX DITS. — Camp des camps, le Ronval, Terrain fosse.

HISTOIRE. — Ce village appartenait depuis très-longtemps à l'abbaye de St-Vaast qui entretenait plusieurs religieux pour diriger la culture et desservir l'église; mais en 1098 le Synode d'Arras modifia cet usage, et n'autorisa plus l'abbaye qu'à présenter à l'évêque pour desservir l'église un prêtre séculier de son choix. Quant à la ferme elle fut louée. (*Cart. de St-Vaast.*)

En 1176, Bomart de Gaverelle, homme de St-Vaast, déclare à Bauduin, comte de Hainaut, les droits de l'abbaye dans la ville de Haspre. (*Inv. c. c. de Lille, St Genoit.*)

En 1201, dans une chartre donnée à la commune d'Estrées-sur-Canche, figure comme représentant de l'abbé de St-Vaast, Willelm, mayeur de Gavrelle.

En 1243 à côté de cette seigneurie principale existaient d'autres fiefs moins importants. Ainsi en 1243, Gossuin de St-Albin chevalier reconnaît tenir en fief lige de Robert, comte d'Artois, Wagnonville et le vivier qui s'y trouve, ainsi que son fief de Gavrelle, et il déclare avoir donné en mariage à Gossuin son fils, ce fief de Gavrelle dont il devra faire hommage au comte, à condition qu'après la mort de Gossuin père, ces deux fiefs seront tenus en un seul hommage. (St Genoit, *Ar. de Lille*.)

On y trouvait aussi les fiefs de Rœux-en-Gavrelle, relevant du roi à cause de son château de Lens, et appartenant aux Prévost de Vailly, aux Caudrons.

Le 15 mars 1384, Jean de Ponchiel, sire de Bailleul, et messire de Bertouille donnèrent au châtelain de Lens dénombrement d'un autre fief, dit du Madeulx, qui plus tard fut donné en rentes à Colas du Maignil pour douze couronnes par an.

Le 17 mai 1385, Philippe Cossète donnait dénombrement pour un autre fief.

Le 9 avril 1385, Jean de le Wardeau en avait fait autant, et cette formalité était en outre remplie pour d'autres petites seigneuries par :

Guillaume d'Alle, le 10 juillet 1386.

Jean Billart, le 23 mai 1385.

Jean de Bos, le 9 avril de même année.

Et Bernard de Bailleul.

Les pauvres jouissaient aussi du droit de parchons c'est-à-dire de cueillir et arracher les éteuilles que les cultivateurs étaient tenus de laisser à une hauteur déterminée.

En 1307, un certain Eloy Hairin, gouverneur de Lille, voulut s'emparer, disent les chroniques de St-Vaast, de la terre de Gavrelle appartenant à l'abbaye, et il vint à la tête de troupes armées pour occuper la ferme et ses dépendances, voulant obtenir par la force ce qu'il n'avait pu avoir par des procédures. Mais arrivé contre la porte, un mal subit s'empara du coupable, il tomba de cheval au milieu d'effrayantes convulsions, et les gens terrifiés le portèrent au château de Fampoux, où il resta longtemps entre la vie et la mort. Enfin il reconnut sa faute, promit de la réparer, et obtint sa guérison. Mais alors la convoitise parla plus haut que la raison, il réunit de nouvelles bandes armées et revint à Gavrelle, où cette fois il trouva la mort, car de nouveau il tomba de cheval, se brisa la jambe et la gangrène acheva sa punition.

ARCHÉOLOGIE. — On trouve sur le territoire de Gavrelle des débris antiques, au fossé du Ronval, vers Fampoux, et au mont Facon.

Dans le village était une motte qui a presque disparue, et çà et là on retrouve l'entrée de galeries souterraines qui sont en partie obstruées.

L'église est moderne, mais la ferme abbatiale a conservé quelques parties anciennes : une vaste grange divisée en trois nefs par des piliers en bois, une belle et haute cheminée en grès, et des souterrains dont l'entrée aujourd'hui bouchée était dans le pigeonnier.

Près de là était aussi un cimetière mérovingien, qui contenait bon nombre de corps entourés de grès alignés et superposés, puis des lances, des sabres, des colliers, vases, bijoux etc.

GIVENCHY-EN-GOHELLE.

Juvenciacum, Givenchy, Juvenchi (XII° sièlce, Cart. St-Vaast).

HISTOIRE.—Les diverses seigneuries de Givenchy appartenaient à l'abbaye de St-Vaast, à celle d'Etrun, aux Templiers de Haute-Avesnes, au chapitre, au couvent de la Paix d'Arras, et à la famille Gherbode de Lille.

En 1070, Eustache, Cte de Boulogne donnait à la collégiale de

Lens un courtil à Givenchy. Le cartulaire de St-Vaast mentionne diverses terres de cette abbaye à Givenchy et Givenchiel son hameau.

En 1218, Hugues de Jivenchi était témoin d'une donation faite à l'abbaye de la Brayelle-lez-Annay par Jean de Fertin, seigneur de Douvrin. (*Cart. d'Annay.*)

En 1224, ce même seigneur vendit à cette maison ses biens sur Markèfe.

ARCHÉOLOGIE. — On voit à Givenchy la Motte boulant haute et escarpée et à côté des fissures, dites l'abîme, qui absorbent toutes les eaux pluviales qui s'y rendent des environs; ce sont sans doute d'anciens souterrains.

Au-dessus de l'église, au haut du mont, est la Motte du catel remplie de fortes fondations et couvrant des galeries souterraines, elle est entourée de fossés.

Les bois de Givenchy portent des noms curieux, de l'Abîme, du Temple, des Aulnes, de Willerval, de l'Hermite, du Gros-Prêtre, des Récollets, puis les bois Martin, Mespleau, Gigy, la Place, à Fosse, etc.

Dans ces bois on remarque une grande motte entourée de fossés, du côté de Souchez dans celui du temple, sont de grandes et antiques fondations. Dans celui de la fosse est une grande excavation circulaire, peut être un oppidum celtique, car assez près de là on a trouvé une hache en cuivre.

L'église ancienne est petite et sombre, on y voit une cloche datant de 1770 et qui provient de l'église St-Nicolas-en-Lattre d'Arras, elle est nommée cloche l'évêque et porte une inscription.

IZEL-LEZ-EQUERCHINS.

*IZEL-LEZ-EQUERCHINS. — *Izez, Izers-en-Lens, Izel en 1102.*

Lieux-dits. — La Sorchelle, du Marbre, cours Louis, la Fosse, la Place-d'Armes, du Mesnil, la Motte, de l'Hermite, Vieux Calvaire, de Croquilly, la Grosse Borne, Mont de Cailloux.

Histoire. — En 1098 l'évêque donna à l'abbaye de St-Vaast l'église et des biens sur cette commune ; des moines y furent placés jusqu'au XIIe siècle ce qui valut à la ferme qu'ils habitaient le nom de l'Abbaye. St-Vaast possédait en outre la dîme et la seigneurie, plus une partie de la justice (*Cart. Saint-Vaast*, Mirœus). Cependant la seigneurie vicomtière semble avoir été réservée aux comtes d'Artois, car en 1340 la comtesse Jehanne la porta au duc de Bourgogne, Othon.

Plus tard un sergent d'armes de Charles VI, Martin de Cossette en était possesseur et comptait parmi ses vassaux, Jean de Bodard. Guillaume de la Croix, Pierre Souchebot, demoiselle Alize de Loncepois, Philippe de Willerval, Jean de Jonennes, Marguerite de Servins, Thomas de Bailleul, Raoul de Flammeng, le sieur de Fresnoy.

Izel avait en outre le fief de Haute-Court vers Equerchins, donné par l'abbé Philippe de Gavrelle, pour doter le collège de St-Vaast à Douai.

Archéologie. — L'époque celtique est représentée à Izel par ces nombreuses haches de pierre qui se retrouvent dans un champ situé vers Mauville, et peut-être par ces souterrains qui sont creusés dans plusieurs endroits du village sur la hauteur, vers Vitry surtout. L'un d'eux se dirige vers le champ des Vingt-Quatre qui renferme des fondations et des tombes du IIIe siècle; il consiste en un corridor étroit sur lequel s'ouvrent des cellules qui ont servi d'habitation aux hommes et aux bestiaux.

Un autre situé un peu plus bas, contre un cimetière mérovingien, ne contenait qu'une chambre au haut de laquelle un tube en tuiles à rebords antiques disposé dans la terre remontait presque jusqu'à la surface du sol.

On trouve aussi à Izel des médailles gauloises, entre autres celle d'Andobru, chef atrébate.

Entre les chemins de Beaumont et d'Hénin se remarque une espèce de camp retranché, entouré de fossés, qui ont été comblés.

Dans ce village est une motte autrefois entourée de fossés et qui contenait beaucoup de grès qui en ont été retirés sans précaution, ce qui ne permet pas de déterminer son âge. Elle est placée sur le bord de la rue dite *des tombeaux* parce que tout le long de son parcours on retrouve des sépultures antiques; tout au haut elles sont mérovingiennes, et j'y ai trouvé des tombes à auge en pierre, des vases, des bagues, des boucles, des sabres.

L'église est ancienne, bâtie toute en grès, mais elle a été retouchée et modifiée tant de fois par des restaurations en briques qu'elle n'offre plus d'intérêt.

MÉRICOURT.

MÉRICOURT. — *Merecicortis, Meuricourt en 1070, Mederici cortis, minori-curia*.

HISTOIRE. — En 1152, le pape Eugène III citait l'église de cette commune parmi les possessions de l'évêché d'Arras.

En 1222, Michel de Harnes donnait à l'abbaye de la Brayelle-lez-Annay deux mesures d'avoine à prendre sur ses terres de Méricourt, (*Cart. d'Annay.*)

Un manuscrit appartenant à M. de la Fons-Mélicocq et remontant à 1326 parle d'un moulin à vent situé à Méricourt (*Molendium ad ventum... ville de Mericourt.*) Il parle aussi de Méricourt in Vico du Temple.

En 1384 Jean seigneur de Méricourt eut pour fils Robinet d'Ollehain, prince de Bergues, dont les descendants possèdent encore ce hameau d'Ollehain.

En 1549, Méricourt passa de Paillart à son fils Jean qui le vendit à Ponthus de Tournay. Celui-ci le passa aux Coupigny puis aux comtes d'Oisy au XVIᵉ siècle. Enfin en 1790, cette terre fut achetée par la famille Le Gentil.

En 1708 un parti impérial vint mettre cette commune à contribution, et ne trouvant plus d'argent prit pour ôtages seize habitants dont le curé, qu'il emmena, mais il fut attaqué près de Richebourg par les Français, et pendant la mêlée les Méricouriens purent s'évader et regagner leur village.

ARCHÉOLOGIE. — Les noms de Mederici Curtis et de Minori-Curia, indiquent assez l'origine de ce village que nous prouvent en outre les restes de constructions et les tombes gallo-romaines que l'on y trouve; ces débris de fondations se trouvent aux lieux-dits, la Longue Borne, Baillon, etc.

Au premier endroit ont été trouvés deux sépultures, l'une par incinération renfermée dans une sorte de caisse formée de six grands carreaux assemblés; au milieu était une grande urne en verre renfermant les ossements calcinés du défunt, autour d'elle étaient quatre vases plus petits, l'un en verre, trois en terre.

A côté était un grand coffre formé de longs grès plats quoique bruts : il avait 2 mètres de long sur un de hauteur et de largeur; dans l'intérieur étaient les restes de bois et de longs clous ayant composé un cercueil, et au milieu un cadavre entier, avec des monnaies d'Adrien et de Trajan, une clef et d'autres objets; une autre grande pierre appuyée contre ce coffre recouvrait un autre squelette d'un aspect rachitique et idiot.

A Baillon était une autre sépulture sans cercueil avec des vases des fibules et autres objets indiquant le IIIᵉ siècle.

Au Moyen-âge Méricourt avait un château bâti sur une motte et qui est tombé depuis longtemps.

L'église est grande et bien bâtie à 3 nefs avec colonnes en pierres bleues, ses murs sont revêtus de belles boiseries en chêne et son sol est recouvert d'un pavé de marbre, mais elle est moderne; sa tour a été bâtie en 1700, sa flèche posée en 1729, et ses nefs sont du même temps.

MONT-St-ÉLOY.

MONT-St-ÉLOY. — *Mons-Sti-Eligii, Mons, albus*.

HISTOIRE.— L'emplacement de ce village n'était qu'une bruyère aride qui avait nom *Mons Albus* à cause de la blancheur de son sol sablonneux, quand au VIIe siècle le célèbre Eloy, d'abord orfèvre du roi Dagobert, puis évêque de Noyon, vint y planter une pauvre cellule pour y chercher la solitude. Bientôt quelques disciples se fixèrent auprès de lui, et un couvent se forma que les Normands renversèrent au IXe siècle. Près d'un siècle après, en 928, cette maison fut rétablie par l'évêque Fulbert, puis elle prospéra si bien que peu de temps après elle était l'une des plus riches abbayes de moines Augustins.

Elle avait cependant subi bien des vicissitudes, plus d'une fois ses religieux avaient été tués ou chassés par des troupes armées, et elle-même avait été pillée et renversée. Elle put cependant vivre grande et prospère jusqu'en 1793, époque qui la vit tomber comme toutes ses sœurs. Depuis lors ses vastes et belles constructions élevées pendant le XVIIIe siècle ont presque toutes été détruites ainsi que son église, et ses deux tours jumelles sont elles-mêmes bien compromises, et menacent d'une ruine imminente si on ne les restaure au plus tôt.

Les abbés de St-Eloy avaient obtenu la seigneurie de St-Eloy en 1185, du chevalier Hugues de Couchy, châtelain de Cambrai. En 1209, ils firent planter des vignobles sur le versant méridional du mont avec défense aux religieux de boire dans la maison d'autre vin que celui de ce cru. En 1315, l'un d'eux entoura son abbaye de fossés et de remparts dont quelques parties subsistent encore. La permission leur en avait été accordée par Jean sans Peur duc de Bourgogne, moyennant foi et hommage rendus à lui et à ses successeurs.

Au XV° siècle, Jean Bullot abbé bâtit l'église paroissiale du village, acheta un refuge à Arras et éleva une seconde enceinte de murailles autour de l'abbaye.

En 1514 les abbés obtinrent le droit de porter la mître, la crosse et autres insignes de l'épiscopat.

En 1654 Condé avait établi garnison à St-Eloy; mais Turenne vint l'en déloger et y placer le marquis d'Hocquincourt avec un corps de troupes important.

Enfin en 1735 commença la reconstruction totale de l'abbaye que la révolution vint interrompre et renverser soixante ans à peine plus tard.

ARCHÉOLOGIE. — Le territoire de St-Eloy recelle des débris antiques qui de loin en loin sont découverts. Il y a peu d'années, c'étaient des tombes du III° siècle avec de beaux vases en terre blanche élégante, des urnes cinéraires et d'autres objets curieux. Il y a deux ans c'était une tombe du II° siècle, avec son cadavre non brûlé, enfermé entre des grés alignés et superposés sans ciment et accompagné de fibules, monnaies et autres accessoires ordinaires des sépultures de cette époque.

De l'abbaye il reste peu de monuments anciens.

NEUVILLE-St-VAAST

NEUVILLE–St-VAAST. — *Novavilla, XII° siècle.*

HISTOIRE.— Dès l'an 870 Hincmar, archevêque de Rheims donnait à l'abbaye de St-Vaast la moitié de ce village.

En 1098 l'évêque ajouta à cette donation celle de l'église et de ses revenus.

Au XIII° siècle l'abbaye accordait à Neuville une charte d'émancipation.

A côté de cette propriété et seigneurie en était une autre accessoire; ainsi en 1202 Eustache de Neuville apparaît comme consentant une donation de 60 livres par an, faite par Guillaume avoué d'Arras en faveur de son frère Conon (*St-Génois.*)

Cette seigneurie avait pour siége une maison de briques à étage et constituait une baronnie de St-Vaast.

ARCHÉOLOGIE. — On trouve sur le territoire de Neuville, d'antiques fondations, des caves et des souterrains aux lieux-dits : l'Allemant et les écouloirs. Dans le bois étaient de grandes fosses circulaires dites fosses à loups, qui pourraient bien être les emplacements d'habitations ou d'oppida celtiques. Sous la ferme de St-Vaast, dite *l'abby*, est un souterrain qui conduit à un moulin de pierre situé à plus d'un kilomètre.

L'église assez moderne est grande, bien percée, et séparée en trois nefs par des colonnes cylindriques et des arcades ogivales ; elle a été bâtie par l'abbaye en 1681, mais elle n'a pas de voûtes et des plafonds les remplacent; le chœur a ses arcades et ses voûtes cintrées et ses fenêtres sont ogivales ; on l'a décorée depuis peu avec goût.

La tour est surmontée d'une flèche en charpente assez élégante.

NEUVIREUIL.

NEUVIREUIL. — *Nova Virella, Novella au XI° siècle, Nœufvirelles, Nevirelle, XII° siècle.* (*Cart. de St-Vaast.*)

HISTOIRE. — Le nom de Nova Virella indique assez que sous les Romains, cet établissement a été formé dans les derniers temps, peut-être même devons-nous y voir une habitation qui a succédé à celle dont nous avons trouvé les ruines à Viréüil (Virella) commune de Rouvroy.

En 1097, Lambert, évêque d'Arras, donna son autel à l'abbaye St-Eloy, celle de St Vaast possédait aussi une partie de la dîme.

Il paraît de bonne heure dans nos archives du Moyen-Age. En 1210 Nicolas de Neuvireuil était témoin d'une donation de deux mesures d'avoine faite à l'abbaye d'Annay par Agnès de Bailleul. (*Cartul. d'Annay.*)

En 1217 ce même Nicolas lui donne à son tour six mencaudées de blé.

En 1213, Hugues de Neuvireuil est témoin d'une vente faite sur Tinques à l'abbaye d'Annay par Marc de Béthonsart.

Neuvireuil passa ensuite à la famille de Gomiecourt qui la vendit en 1736 à Wartel, lieutenant de la cité d'Arras pour la somme de 55,000 fr. Celui-ci en fut exproprié peu après en faveur du sieur de Corbie de Bléqui qui y fit bâtir un château en 1747. Enfin cette terre arriva dans la famille des comtes Duchatel qui la possèdent encore.

ARCHÉOLOGIE. — Nous remarquons en passant deux endroits du territoire de Neuvireuil : les dix-huit, et les quatre qui renferment des fondations antiques ; il s'y trouve aussi une cave ou un puits mal bouché, car un cheval s'y est enfoncé en labourant, il y a peu d'années, et il a été bien difficile de l'en retirer.

Le Moyen-Age n'a rien laissé d'intéressant, l'église est moderne, petite et sans caractère, le château n'existe plus, et nous ne nous arrêterons un instant qu'à la chapelle du Dieu flagellé sise entre Neuvireuil et Bois-Bernard et qui contient une statue en chêne bien vieille. Elle était autrefois fort visitée, car des sentiers ou chemins y conduisent de tous les villages voisins : Bois-Bernard, Quiéry, Beaumont, Izel, Neuvireuil, Oppy, Fresnoy.

Une légende prétend que la statue est arrivée en ce lieu d'une manière surnaturelle, et que trouvée par un berger dans un buisson, autour duquel ses chiens rôdaient avec inquiétude, et enlevée par lui, elle se retrouva deux fois transportée au même endroit par une main invisible. La chapelle chétive et pauvre, rebâtie en 1710, est entretenue par une famille de Neuvireuil qui est aujourd'hui liée au premier magistrat de la ville d'Arras, par le mariage d'une fille unique Mlle Flament.

OPPY.

OPPY. — *Wipii et Wlpi au XIIe siècle, Ouppi (XIIe siècle Cart. de St-Vaast.) Ouppy, 1308, Cart. Art.*

LIEUX-DITS. — Voie des Clercs, le Paradis.

HISTOIRE. — En 1152, le pape Eugène III confirmait l'église d'Oppy à l'église d'Arras.

En 1248, la dîme d'Oppy était partagée entre cette église et l'abbaye de St-Vaast.

En 1228, Bauduin d'Oupi vendit douze journeaux de terre à Robert, doyen de la cathédrale d'Arras, qui les donna à l'abbaye de Mareuil (Comte d'Héricourt).

En 1248, Ouppy appartenait au seigneur de Bois-Bernard, Jakemes du Bos, seigneur de la Motte d'Ouppy.

En 1295, il avait passé à Gilles de Berlette (d'Hericourt) et fut ensuite acheté par Agnès le Bourgeois, femme de Mathieu Théry, seigneur du Blocas.

En 1522, le seigneur d'Oppy était Charles de Cardevacque, et sa petite fille Marie, en épousant Jérôme Lazaro, noble Génois, lui passa cette terre qui retourna ensuite en 1637 à Ernestine de Cardevacque, épouse de Chrétien de Sarrazin. Le tombeau de ces derniers se voyait encore en 1790 dans le couvent des Clarisses d'Arras, ils y étaient représentés couchés sur une natte, et les mains jointes.

En 1741, l'hôpital St-Jean-en-Lestrée d'Arras acquit une partie de la seigneurie d'Hardecourt, sise à Oppy. (*Cart. départ. 18° reg.*)

La seigneurie d'Oppy relevait en partie de celles de Willerval et de Bailleul.

En 1766, un seigneur d'Oppy marié à Marie-Catherine Michelet, possédait la seigneurie d'Eppeville (Noyonnais) (*Picardie 1866 à 68.*)

Le château d'Oppy appartient aujourd'hui à M. le Marquis de Le Josne Contay.

En 1793, Oppy devint chef-lieu de canton sous le nom d'Oppy La liberté ?

ARCHÉOLOGIE. — Le mot Oppy semble dériver de celui d'Oppidum, et, en effet, on trouve dans le parc du château une vaste motte, autrefois bâtie, entourée de parapets dans le haut, de larges fossés et de tranchées avancées dans le bas; à côté sont des fondations romaines contre l'antique voie d'Arras à Tournay qui passe tout auprès. De semblables débris se retrouvent aussi aux fourches du côté de Neuvireuil.

Près de la motte était aussi une vaste cendrière que l'on a vidée il y a peu d'années, et l'on y a trouvé une jolie statuette en terre cuite, ancienne et représentant Marie la vierge mère, là était sans doute le four banal.

L'église d'Oppy, démolie depuis trois ans, remontait au XII° siècle; quoique mutilée elle était encore intéressante par ses baies taillées à lancettes, et dont les côtés étaient bizautés, et par la série d'arcades portées sur des corbeaux de pierres diversement décorées, et entourant des feuilles, des têtes ou d'autres ornements curieux.

La tour autrefois plus large dans un sens que dans l'autre a ses arcades et ses baies en plein cintre. Ces dernières sont coupées par une colonne portant deux arcades intérieures. Elles sont entourées d'une archivolte imbriquée composée de billettes cylindriques et alternées. Une de ces ouïes est en partie couverte par un machicoulis qui surplombe une petite porte d'entrée de la tour.

La base des murs formée de grès presque bruts noyés dans un mortier de ballast doit être très ancienne.

QUIÉRY-LA-MOTTE.

QUIÉRY-LA-MOTTE. — *Kierry en 630, Chierri XII® siècle, Quiercy en 1384, C. art.*

Lieux-dits. — La Sorchelle, Chemin du Bois, la Justice, à la Motte, Bonguigneule, justice de Blangy, Ramilly-sous-le-Château, à la Croix, à la Pipe, Mayeserie, le Coche, la Tête de Mort, la Lampe, à la Fosse, Méresse, le Guet, la Brayelle.

Histoire. — Vers 360, St-Martin prêcha l'Évangile, bâtit une église à Quiéry qui devait donc être assez populeux déjà.

En 682, son seigneur était Sigefroy, de lignée royale, dont la veuve Ste Berthe habita un instant son château avant d'aller dans une autre de ses terres, Blangy, bâtir un monastère où elle se retira avec plusieurs de ses filles; une autre Ste Emma épousa un roi d'Angleterre.

En 1137, Regnaud, archevêque de Rheims décida que la cure donnée par Ste Berthe et l'évêque Alvise à l'abbaye de Blangy, paierait à l'évêque d'Arras 3 marcs 1t2 d'argent.

En 1272, Drieu, sire de Chiéry avait vu sa fille enlevée par le sire d'Havrincourt, poursuivit les coupables jusqu'au château de ce dernier et en fit le siège. Mais il périt en maudissant sa fille, frappé par le fer des assiégés. Dès lors le remords harcela la fille coupable, qui finit par perdre la raison, et mourut à un an d'intervalle le même jour et à la même heure que son père.

En l'année de sa mort le sire de Chiéry avait donné à l'abbaye de Beaulieu divers biens.

En 1372 naquit à Quiéry Pierre des Essars, dont le renom s'étendit bien loin; il avait secouru le roi d'Ecosse contre les rois Anglais, Richard II et Henri IV, et avait été fait prisonnier. Il fut racheté par son pays. Il s'attacha alors au duc de Bourgogne,

Jean sans Peur, devint prévost de Paris, grand bouteiller, grand fauconnier, puis premier président en la chambre des comptes, souverain maître des eaux et forêts, surintendant des finances, et gouverneur de Nemours, Montargis et Cherbourg.

Ce fut lui qui arrêta Jean de Montague, grand maître de la maison du roi, et qui mit un impôt sur les Parisiens, ce qui lui attira de nombreux ennemis. Aussi malgré les sages réformes et les soins qu'il avait pris d'assurer les subsistances et de détruire le brigandage, malgré bien d'autres mesures utiles, finit-il par succomber. Un parti puissant alla l'assiéger dans la Bastille, le fit prisonnier, lui fit un procès dont l'issue était décidée d'avance, et Pierre des Essarts périt décapité sur la place des Halles à Paris, le 2 juillet 1413.

Plus tard Quiéry passa à la famille de Bournonville, puis aux de Duras qui ne le perdirent qu'à la révolution.

A côté de cette seigneurie principale était un fief dit de la Motte qui a donné son surnom au village. C'était une forteresse bâtie au haut d'un tumulus, entouré de fossés plein d'eau, dans laquelle logeait Louis XIV en 1667 pendant le siége de Douai; mais la Motte et le donjon ont été rasés, et sur leurs débris s'est élevée une ferme dite encore de la Motte. Elle appartenait dans les derniers temps à l'abbaye de St-Vaast, et aux chapelains de la cathédrale.

ARCHÉOLOGIE. — Le territoire de Quiéry contient des débris romains au Marquay et aux Seize; on y a trouvé quelques tombes du IIIe Siècle, on montre aussi dans le village un puits creusé, dit la légende, par le fuseau de Ste Berthe, mais qui plutôt sans doute dépendait de son château. Il est garni de grès bruts disposés sans ciment, et présentant plutôt l'aspect d'un trou poligonal que d'un cylindre. On dit qu'il n'a jamais tari, il doit être très-ancien.

L'église a été rasée en 1710, rebâtie et démolie en 1793, elle n'offre aucun intérêt. Deux mottes qui s'élevaient l'une au lieu dit la Motte, l'autre à l'entrée du village du côté opposé, ont été rasées et contenaient beaucoup de pierres. A côté de cette dernière était un pont de grès traversant le fossé qui aujourd'hui n'a plus d'eau, car l'Escrébieux, qui autrefois sourçait à Izel, ne jaillit plus aujourd'hui qu'au bout de Quiéry, vers Equerchins.

La chapelle Notre-Dame des Affligés, bâtie en 1745 entre Izel, Neuvireuil, Bois-Bernard et Quiéry, est également tombée.

ROUVROY.

ROUVROY. — *Roveroit 1070, Rouvroi, Rouvroy* 12° (C. S. V.).

HISTOIRE. — De ce village, quarante-quatre maisons appartenaient autrefois à la Flandre et trente-six à l'Artois, sa juridiction se divisait également entre l'abbaye de St-Vaast et la châtellenie de Lille.

En 1070, Eustache de Boulogne donnait à l'église de Lens un courtil et une terre à labour à Roveroit. (Mor.)

En 1129, Raynold archev. de Rheims confirma à l'abbaye d'Hénin six morceaux de terre à Rouvroy.

En 1148, l'évêque Godescale donna au chapitre d'Arras l'autel et l'église de Rouvroy. (Harb.)

L'abbaye de St-Vaast avait à Rouvroy une rente de 15 deniers, 2 chapons, 11 pains de Mayda.

La seigneurie passa successivement dans les maisons de Rouvroy puis elle se confondit avec celle d'Hénin-Liétard, et appartint aux de Coupigny, de Ranchicourt, de Bournonville et de Duras.

Le 28 juillet 1785, la seigneurie et terre de Rouvroy fut vendue par M. de Duras à Jean-Baptiste Dubrulle ainsi que celle de la Motte en Acheville et de terré-fossé en partie, cette terre relevait alors du roi à cause de son château de Lens, et du seigneur comte d'Egmont à cause de son marquisat de Wavrin (titre Dubrul)).

BÉTRICOURT.

BÉTRICOURT. — *Bétricourt en 1102.*

BÉTRICOURT dépendait de Fouquières avant 93 pour le spirituel, et se trouve repris depuis le XI° siècle parmi les possessions de l'abbaye de St-Vaast; il était alors une espèce de prieuré, et eut pendant longtemps une chapelle dont nous avons retrouvé quelques restes.

Villers-la-Motte était une autre seigneurie possédée en 1682 par Pierre de Maulde.

ARCHÉOLOGIE. — On trouve autour de Bétricourt des souterrains et des caveaux à portes bouchées par des moëllons superposés sans ciments, des fossés circulaires avec bans et débris de foyers, puis des haches et des monnaies celtiques.

A côté est un cimetière du IV° siècle riche en vases de terre, de verre, d'étain et d'objets divers, puis un autre plus moderne, avec quelques tombes à auges.

Au Champ des Dix étaient trois petits cimetières riches en vases, miroirs métalliques, bagues, etc.; deux sont du III° siècle, un autre du IV°.

A Villers-la-Motte ou Vireuil est un tumulus nommé sur les cartes du XVI° siècle tombeau de Brennus. Il contient des débris gallo-romains. A côté sont des tombes du II° siècle, à droite, d'autres plus modernes à gauche, près du chemin d'Oppy. Un peu plus près du village est une cave du IV° siècle, non voûtée, maçonnée en calcaires de petit appareil, garnie de marches en pierres calcaires recouvertes de tuiles plates et d'un banc. Cette cave remplie de grosses tuiles plates à rebord et courbes, contenait une paire de meules portée sur un fut de colonne orné de feuilles en briques dont la base est un tronçon de chapiteau, puis une monnaie de Constantin, la carcasse d'un âne, et quelques autres petits objets.

Près de la Motte est une fosse circulaire, garnie de grès bruts superposés, mais qui n'a pas été explorée. Les sépultures humaines se retrouvent dans toutes les parties du village; près de l'église on a trouvé trois corps, un au milieu enterré debout, deux autres couchés à ses pieds à côté de vases en plomb et en terre très-anciens.

L'église, grande, à trois nefs, est moderne et simple, sa tour est assez belle, on y trouve quelques ornements d'argenterie, croix, lampes, ornés de ciselures datant du XVIIe siècle.

M. Dancoisne possède un scel du XVe siècle qui porte en exergue, *Sigillum Mikiel* de Roveroi, seigneur de Billi.

SOUCHEZ.

SOUCHEZ. — *Sabucetum en 540, Souchières en 1380.*

HISTOIRE. — Nous trouvons ce village sous le nom de Sabucetum dans le testament de saint Remy, qui le donnait à l'église d'Arras en 540.

En 1213 il fut dévasté par l'armée du comte de Flandre, Ferrant; il était alors fortifié, car il est repris dans les chroniques sous le nom d'Oppidulum Sabuceti.

Il fut détruit encore en 1303 par les Flamands, puis en 1380 par les Anglais.

Louis XI vint y camper en 1464, et logea chez Martin Cornille, receveur des aides d'Arras.

Enfin de nouvelles dévastations le mutilèrent pendant les guerres du XVIIe et du XVIIIe siècle, et son château relevé, renversé, puis rebâti de nouveau, y logea en 1648 et en 1654 des garnisons envoyées par le prince de Condé, qui culbuta et remplaça cette dernière fois la cavalerie de Turenne, et enfin il tomba pendant le XVIII° siècle, et ne se releva plus.

Souchez a aussi été visité par les allemands au mois de Décembre 1870. Une colonne volante y fit une pointe hardie et enleva un assez grand nombre de mobilisés qui s'y trouvaient. Cette colonne venait d'Aubigny. Ceci se passait le 28 Décembre.

ARCHÉOLOGIE. — Souchez que nous trouvons en 540 dans le testament de saint-Remy, était déjà habité sous les Romains, car M. le comte d'Héricourt a reconnu un cimetière du III° siècle près du bois de Wazel, et des terrassements qui pourraient bien être ceux d'un castrum ; autour d'un autre bois, à la maladrerie, je crois avoir constaté l'existence d'un cimetière mérovingien.

Le château était une grosse tour carrée garnie de créneaux et surmontée aux deux bouts opposés de pignons en gradin, il était entouré de fossés pleins d'eau.

Près de l'église était une autre tour carrée garnie aussi de machicoulis, qui tomba en 1740 pour faire place à une belle habitation.

Enfin un peu plus loin était la cense seigneuriale du Carieul, entourée d'eau, mais dont les constructions sont modernes.

L'église est plus intéressante, sa tour me semble remonter à l'an mil environ ; les nefs ne datent que du XVI° siècle.

Les baies supérieures de la tour sont remarquables par les trois colonnettes et les arcades cintrées et à moulures cylindriques qui les décorent, et la corniche se distingue par une série de têtes ou consoles qui la soutiennent, et dont le caractère est très-ancien. Chaque angle de la tour est en outre flanqué d'une colonnette, et la base est appuyée par huit contreforts peu saillants et qui ne montent que jusqu'au premier étage.

L'église a trois nefs séparées par de lourds piliers cylindriques, n'ayant pour chapiteaux que des moulures superposées. Les fenêtres et les arcades sont encore ogivales, mais de la renaissance, et les nefs ne sont couvertes que par des lambris recouverts de chaux.

Cette église possède une croix de procession romane et assez curieuse. On y remarque les emblèmes des quatre évangélistes.

Près de l'église est une belle et grande croix de grès portée sur un escalier conique de sept marches.C'est une haute colonne monolithe, de 6 mètres de haut, ornée d'une base assez haute et d'un chapiteau fleuri qui porte un grand croisillon.

Sur la base on lit le nom de Jehan de Maregny qui est sans doute le même que celui qui figure comme baron d'Artois et seigneur de Souchez en 1259, dans les actes des plaids tenus à Arras. (Olivier de Vrée.)

Une rente de 12 francs, encore payée, est affectée à son entretien, mais rien ne nous dit quelle a été l'origine de ce monument.

THÉLUS.

THÉLUS. — *Telodium, Theulodium, Teuluth, Tillut Teluch, Tyulu,* XIIe siècle (C. S. V.). *Theluch,* IIIe siècle.

HISTOIRE. — Au VIIe siècle vivaient à Thélus deux grands personnages, Ranulphe et son fils Hadulphe qui semblent avoir occupé dans la société civile un rang assez élevé.Chrétiens fervents ils s'occupaient activement à convertir les habitants barbares du pays, et le premier paya de sa vie cet apostolat: car il fut martyrisé le 9 novembre 700. Son fils se fit religieux de Saint-Vaast, en devint abbé en 710, puis fut élevé en 717 à l'évêché de Cambray et d'Arras. Ils avaient donné tous leurs biens, entre autres Thélus, à ce monastère, longtemps avant leur mort: cet acte de donation est réel, car déjà en 674, le diplôme de St-Vindicien cite comme appartenant à St-Vaast, cette commune qui fut affectée plus tard en 870 par l'archevêque Hincmar pour subvenir aux besoins des religieux. (*Ad necessaria fratrum*) (*Mirœus*).

La maison de St-Ranulphe fut convertie en prévôté jusqu'en 1098, et alors elle fut louée à un fermier qui exploita les terres par des colonnes cylindriques qui portent des arcades ogivales, le chœur voûté en plein cintre est orné d'arcs doubleaux posés sur des culs-de-lampe assez simples, mais on sent dans les moulures, dans la forme presque carrée des fenêtres, la décadence du style ogival. En effet l'église ne date que de 1540.

Mais on remarque sous l'autel le cercueil à auge dans lequel reposa pendant longtemps le corps de St-Ranulphe. Il est en pierre calcaire, long de 2 mètres 15 centimètres, large de 0,52 centimètres au milieu, sa profondeur en creux est de 8 centimètres, il est plus large à la tête qu'aux pieds.

Une pierre plate de même longueur et largeur que la tombe, bombée au dessus et épaisse au milieu de 16 centimètres lui sert de couvercle.

Avant la révolution on voyait aussi dans le chœur une pierre tombale représentant en ronde bosse un homme et une femme couchés, elle a disparu.

La famille de Boiry vient d'ériger sur la place une assez grande chapelle ogivale; la ferme de l'abbaye n'est pas remarquable, mais on a constaté, en dessous, l'existence de galeries souterraines.

VILLERS-AU-BOIS.

VILLERS-AU-BOIS. — *Villarium nemorense*.

Les seigneurs de Villers étaient baronnets d'Artois au XIIe siècle, plus tard il passa à la famille des barons de Cuinchy, puis aux Hondenoves.

Le seigneur de Carency avait aussi un fief sur Villers, et aussi un four banal que les habitants rachetèrent moyennant une rente annuelle.

ARCHÉOLOGIE. — Villers, comme l'indique son nom de villa, est que les moines avaient défrichées. Elle porte encore le nom de l'Abby, et fut rebâtie au XV⁰ siècle par l'abbé Jean de Méricourt.

Les reliques de St-Ranulphe furent transférées dans l'abbaye, au XII⁰ siècle; mais son cercueil en pierre est resté à Thélus et nous l'étudierons tout à l'heure.

Au XIII⁰ siècle Thélus formait la limite de la châtellenie de Lens qui avait une juridiction très-étendue.

En 1337, Jehan de Théluch comparut devant le garde de la prévôté de Paris comme administrateur du baillage d'Hesdin; c'était sans doute, ou un baron de St-Vaast, ou un possesseur de fief.

En 1404, Thélus fut détruit de fond en comble, pendant l'invasion anglaise.

En 1640, les mêmes dégâts se renouvelèrent, et son église, moins la tour, fut détruite.

En 1707, les Français placèrent sur la motte située sur la place de Thélus un corps de garde, dans lequel les habitants du village furent contraints de faire le guet.

En 1710, l'armée française campa près du village, et son général, le duc de Bourbon, se logea dans une de ses fermes pendant quatorze jours.

Au lieu dit le Vert-Tilleul étaient autrefois les potences de la justice prévôtale du comte de Flandre.

ARCHÉOLOGIE. — Sur le sol de Thélus se trouvent des fondations et des souterrains, surtout du côté de Bailleul; sur la place est une motte bien amoindrie mais qui sans doute était un tumulus ou un petit castrum.

A l'extrémité du village du côté d'Arras, se dressait avant 93 une belle croix de grès, elle fut alors renversée et sans doute brisée.

Dans le village à droite de l'église, du côté de Farbus, est un cimetière antique, on y a trouvé il y a quelques années en abattant des arbres plusieurs belles urnes.

L'église est assez moderne, quelques parties anciennes ont été retouchées et n'ont plus grand caractère. Elle a trois nefs séparées d'origine antique; on trouve les débris de cette époque du côté de l'ancien hameau d'Etréelle; près de là, dans les bois, on a aussi trouvé, sous de grosses pierres, des cadavres ayant près d'eux des vases grossiers.

Dans les bois ont été exhumés il y a deux ans des tombes du III° siècle par incinération, et contenant de beaux vases en terre de toutes formes et de toutes couleurs.

L'église n'est pas intéressante, mais on remarque son cimetière entouré de pierres hautes et peu larges fichées en terre pour former clôture; et dans l'intérieur deux croix de grès sans valeur historique.

On voit aussi dans les bois, des restes de mottes, de fosses et d'enceintes qui pourraient remonter à l'époque gauloise.

VIMY.

VIMY.— *Vimiacum, 1152, Vimi-Goel en 1255.*

HISTOIRE. — En 1152, le pape Eugène III accorde l'autel de Vimy à l'église d'Arras et le nomme Vimiacum. (*Harb. Aub. Mir.*).

En 1231, Théobald de Vimy est témoin d'une vente faite à l'abbaye de la Brayelle-les-Annay, par Hugues d'Antoing et d'Espinoy. (*Cart. de cette abb.*).

En 1239, Robert comte d'Artois déclare que Jacques, fils de feu Etienne Corcol, a reconnu en sa présence avoir vendu du consentement d'Etienne son fils et héritier à Mme Adam de Vimi, ce qui lui appartenait dans le fief de Baudimont et qu'il a reçu le dit Adam pour son homme (Saint-Genois).

Ce maître Adam, qui a donné son nom à un fief et à une porte d'Arras, fit bâtir ou rebâtir un donjon au haut de la motte qui s'élevait au milieu de Vimy.

En 1263, une lettre de Jean Mauchions et de Marguerite sa femme, déclare la vente faite à Robert Damoiseau d'Artois, du four et du cellier de Baudimont et de tout ce qui leur était échu en ce lieu par la mort de M° Adam de Vimy, tel que 98 chapons, 56 poules, moyennant 8 livres 10 sous, 9 deniers maille de rente. (Saint-Genois).

Les Lallaing possédèrent ensuite cette commune et lui donnèrent une charte d'émancipation; l'un d'eux Procope de Lallaing, comte de Rennebourg, donna deux boisseaux de terre sur lesquels Hugues d'Arras et Mabile sa femme bâtirent un hôpital pour les malades et les pauvres voyageurs. (Saint-Genois).

Ces mêmes seigneurs y fondèrent une léproserie, ou maladrerie qui subsista jusqu'en 1698, et fut alors réunie à l'hôpital d'Arras.

Après les Lallaing vinrent les Rhingraves de Salms, qui résidaient en Flandre, et ne possédèrent qu'une partie de Vimy; le reste, un tiers, appartenait aux Melun-Epinoy, plus tard les Briois en furent possesseurs.

Et puis à côté de ces deux seigneuries s'étaient formés des fiefs moins importants; l'évêque d'Arras partageait la dime, avec le chapitre et avec l'hôpital.

Vimy fut plusieurs fois ravagé par les guerres, et je ne répèterai pas ici ce que j'ai dit plus haut. (1) Je trouve cependant dans Meyer le récit d'un siége que le château de Vimiacum soutint en 1358 contre les Navarais. Il fut pris et devint le siége, le centre des opérations de ces audacieux partisans. Mais Guy de Châtillon, comte de Saint-Pol, de qui relevait ce château fit un appel à tous les chevaliers du pays, qui vinrent au nombre de plus de 2000, et après un siége long et meurtrier de sept mois, ils parvinrent à s'en emparer. Je ne sais si le Vimiacum de Meyer est bien notre Vimy.

Un arrêté du district d'Arras du 16 nivôse an II, réunit l'hôpital de Vimy à l'hospice d'Arras.

---

(1) On trouve dans les anciens registres civils de navrants et curieux détails sur les ravages causés à Vimy pendant la guerre de 1708.

ARCHÉOLOGIE. — Le plus ancien monument connu de Vimy est le vaste tumulus qui se dressait près de la place; il avait 13 mètres de hauteur sur 110 de diamètre et était entouré de larges fossés. Quand on le détruisit il y a quelques années, l'on y découvrit : 1° dans le bas, sous les fondations du donjon, qu'habitaient les seigneurs de Vimy, un caveau de 4 mètres de côté dans les murs latéraux duquel étaient quinze trous longs et étroits qui contenaient chacun un squelette, au centre de ce caveau était un vaste ossuaire recouvert de terre.

Sous cet hypogée étaient trois couches de cercueils formés de pierres disposées sans ciment, et contenant des cadavres. Ces couches étaient séparées par deux mètres de terres rapportées et différentes les unes des autres, quant à leur nature.

Les cercueils du dessus et du dessous étaient placés sans ordre, mais au milieu ils étaient disposés de manière à former trois cercles concentriques, les pieds tournés vers le centre. Dans l'un des corps on trouva un fer de javelot qui était fixé dans un des omoplates ; au reste, tous ces cadaves appartenaient à des hommes jeunes encore à l'exception de deux qui annonçaient une femme et un enfant enfermés dans le même cercueil avec un homme.

Ces corps me paraissent appartenir à l'époque gauloise et leur disposition en cercle rappelle plusieurs autres découvertes faites ailleurs, notamment celle de St-Etienne de Vauvray qui montra aussi un grand nombre de cadavres disposés de la même manière sur trois couches superposées, et sous une grosse pierre voisine d'un manoir (*Voir Picardie année 1859, art. de M. Gomart; voir aussi Guilbert de Nogent, M. l'abbé Cochet, etc*. Il y a quelques années on trouva aussi au haut du faubourg St-Nicolas une douzaine de cadavres placés également en cercle.

Sous la motte ont aussi été reconnus des souterrains ayant au moins 20 m. de long, et 2 m. de large, maçonnés et voûtés. De distance en distance étaient des anneaux en fer suspendus à des clous ou crochets. Leur entrée était en dehors de la motte sous une tour appelée tour Melle. (*Souvenir sans doute de la famille de Mellun.*)

Le territoire de Vimy contient aussi des fondations gallo-romaines, notamment à la Queue-Madame et au Champ des Gaugues. M. Tamboise y a trouvé il y a quelques années un puits rempli de grès, de tuiles à rebords et de testons de vases et conduisant à des galeries souterraines qui n'ont pas été explorées. A côté était un cimetière du IIIe siècle, avec ses urnes et ses vases de différentes sortes et parfois assez élégants, qui sont devenus la propriété de l'entrepreneur du chemin de fer des houillières.

Le moyen-âge a légué à Vimy la tour et les fonts baptismaux de l'époque romane, et l'église de 1550: la tour simple est carrée dans le bas, montre dans le haut sur chaque face une baie à plein cintre, divisée par un meneau, qui se bifurque dans le haut pour former deux arcades ogivales primitives, et l'archivolte zigzagué qui l'entoure. La corniche est soutenue sur une série de petites arcatures portées sur des billettes.

Les fonts baptismaux cylindriques sont cantonnés par quatre colonnettes à chapiteaux, le tout supportant un tambour carré sur les côtés duquel sont sculptés en bas-relief des chimères ou monstres bizarres.

L'église ogivale a perdu ses voûtes et les meneaux de ses fenêtres en 1635, on vient de la restaurer avec goût.

On trouve dans une ferme du côté d'Avion deux beaux sommiers en chêne sculptés et qui proviennent sans doute du château. Sur l'un on lit : Che fit faire et ouvrer Jean de Folencourt... Jean du Gardin monnûr en l'an de grasse M. V°. XVII.

Sur l'autre est écrit d'un côté : P. huic domui l'an MXVII le 22 mai. Sur l'autre :

Huit magnier de gens sont dont il n'est nul mestier
De femme plinderesse, de Joly berquier
Hardiesche de prêtre, de couart chevalier
Orgueil de povre hôme, de rogneux patigier
De juge convoiteux, de puant barbier.
Pour l'an de grasse mille chincq cens XVII.

WILLERVAL.

WILLERVAL. — *Villeri Vallis.*

Histoire. — Les chroniques et les titres ne nous parlent de Willerval qu'en 1070 en nous montrant son seigneur Vascon, figurant comme témoin dans une charte de l'évêque Liébert (Harb). Presque en même temps, un autre fondait une pauvreté dans sa commune. En 1281, Jacques de Willerval est expert pour la division des terres de St-Vaast d'avec celles du comte d'Artois.

Au XII° siècle cette commune appartenait aux Gérards de Sains dont nous retrouvons encore plusieurs pierres tombales très-curieuses.

L'une d'elles en relief représente, dit-on, celui qui fait prisonnier pendant la croisade ne recouvra la liberté que grâce à son chien qui l'avait accompagné, et qui revint, dit la légende, à Willerval portant sous son collier un avis que Gérard envoyait à ses vassaux. Ceux-ci dépêchèrent aussitôt l'un des leurs au secours du malheureux captif qui fut ainsi racheté avec une rançon recueillie en partie dans le pays.

Willerval passa ensuite aux familles de Monchy, de Wisme et de Lannoy. Un membre de cette dernière famille déchargea le chapitre d'Arras de l'hommage d'un énorme fromage de primeur pesant 50 livres, et qu'on devait conduire tous les ans au seigneur de Villerval sur un chariot neuf attelé de chevaux blancs, et conduit par un homme vêtu d'habits et de gants blancs.

En 1529, la famille d'Oignies, héritière de Willerval, fit bâtir l'église ogivale qui vient de tomber et l'enrichit de vitraux peints, elle fut consacrée par l'évêque Paul Boudot.

En 1612, les archiducs Albert et Eugénie érigèrent cette terre en comté, mais peu après son possesseur Jérôme fut tué au siège d'Arras, ne laissant qu'une fille, et la seigneurie fut vendue en

1676 pour 36,000 livres à Jérôme du Riez, qui la transmit à ses héritiers.

Le château, qui n'est tombé qu'il y a peu d'années avec ses tours, son pont levis et ses créneaux, avait été agrandi et modifié en 1700 par l'adjonction de trois grands corps de logis. Pendant la guerre de 1710 il fut occupé par le comte de Tilly, général hollandais, il fut menacé de ruine par le maréchal de Villars qui, étant à Vimy, avait remarqué ses tours et craignait qu'il ne tombât entre les mains de l'ennemi; mais le seigneur du Riez intercéda si bien auprès du maréchal qu'il obtint sa conservation.

Mais en 1737 on rasa les deux tours du pont levis ; et 1832 vit raser le château et les bois si bien percés qui entouraient le village.

ARCHÉOLOGIE. — Près de Willerval était un établissement romain assez important et qui porte encore le nom de ville d'Attimont, on y a trouvé bien des objets, caves avec chenets en bronze historiés, statuettes, vases, monnaies romaines, du haut et du bas empire ; mais tout cela a été dispersé, et je n'ai pu en obtenir que peu d'échantillons.

L'église bâtie en 1529, mais dont le portail remontait au XIIIe siècle, vient d'être démolie; mais on a conservé les nombreuses et si curieuses pierres tombales qu'elle contenait; malheureusement ; beaucoup sont détériorées. On y voit des spécimens bien curieux, des effigies non-seulement des Gérards de Sains, mais des autres seigneurs qui leur ont succédé, puis celles d'un seigneur de Beaumetz-lez-Loges, Mullet du Petit Rieux, mort en 1622, et bien d'autres pierres remarquables quoique souvent mutilées.

Dans une des tombes placées sous l'église, on a trouvé des vases en terre, percés de trous sur les côtés, et que jusqu'à la fin du Moyen-Age on continua de placer près des cadavres.

A. TERNINCK.

CANTON DE VITRY

BELLONNE.

BELLONNE.— *Bellonna*, situé sur une hauteur dite, le *Mont-de-Bellonne*.

Histoire. — Suivant la tradition, un temple dédié à la déesse Bellonne aurait donné son nom à ce village. L'autel de Bellonne fut accordé à l'évêque d'Arras en 1152 par le pape Eugène III *(Locrius, chron. belg.)*. La terre de Bellonne appartenait, en 1286, à Watier d'Anthoing, chevalier, marié à Catherine d'Estrées, fille de Raoul, maréchal de France (Démarquette. *Histoire du comté de Harnes*) et relevait de la principauté d'Epinoy. Avant le XV° siècle, la maison de Montigny-en-Artois était propriétaire de la seigneurie de Bellonne. Elle entra dans celle de Soissons-Moreuil par le mariage d'Ade de Montigny, dame de Bellonne, fille de Wable et de Perrine de Raineval, avec Raoul ou Rogues de Soissons, seigneur de Moreuil, 1419. Ce dernier la vendit à Isabeau de Ghistelle, troisième femme de Robert de Béthune, vicomte de Meaux. Elle était alors estimée cent livres, monnaie d'Artois, de revenu annuel. Isabeau fit don de la terre de Bellonne, en 1434, à Raoul d'Ailly, vidame d'Amiens. Plus tard elle appartint au sire de Tenremonde, comte d'Estrées, branche de Béthune.

La coutume de ce village fut rédigée en 1507.

En 1710, le maréchal de Montesquiou, contraint d'abandonner La Bassée, se retira sous les murs de Lens, puis à Vitry, et l'armée des alliés vint camper entre Courrières et Lens. Montesquiou ayant passé la Scarpe à Vitry, fit rompre les ponts et s'installa à Bellonne. Les alliés parvinrent néanmoins à traverser la rivière et il y eut une violente escarmouche près du village entre des hussards des deux partis.

La retraite des Français s'étant accentuée sur Arleux, Malborough vint camper à Bellonne avec les troupes hollandaises, anglaises et hanovriennes ; le prince Eugène prit ses cantonnements le long de la Scarpe avec les troupes impériales, danoises et saxonnes.

Pendant cette guerre, l'église fut détruite; elle avait trois nefs et datait de 1532. Les cloches furent cassées et volées pas les soldats, le clocher seul resta debout : toutes les maisons du village disparurent. L'église fut rebâtie en 1715 après le paix d'Utrecht. Elle renferme deux tableaux sur bois, anciens et ayant une certaine valeur. Ils représentent l'Annonciation et l'Adoration des rois Mages.

On rapporte qu'il y avait autrefois dans cette paroisse un curé-doyen qui, probablement en sa qualité de chevalier de Malte, pouvait dire la messe en bottes, avec l'épée au côté et le sabre sur l'autel.

Le dernier seigneur de Bellonne fut M. de Charmande.

BIACHE-St-VAAST.

BIACHE-St-VAAST, *Bigartium*, *Biache-sur-la-Scarpe*, figure dans le diplôme de l'archevêque Hincmar de 870, qui reconnaît ce lieu au nombre des possessions de l'abbaye de Saint-Vaast (*Mirœus, Dipl. Belg.*) L'autel lui en fut conféré en 1098 par l'évêque Lambert.

Les archives de Douai renferment des lettres en parchemin du

3 octobre 1364, concernant un accord passé entre les échevins de cette ville et les religieux de Saint-Vaast, qui fixe la largeur des *Ventelles*, des trois moulins que l'abbaye possédait à Biache et qui devaient être ouvertes jour et nuit.

Lors du siége d'Arras en 1654, les Français mirent des garnisons à Biache, Neuville-Vitasse, et dans d'autres châteaux .(D'Héricourt. *siéges d'Arras*).

Le 2 Juin 1710, Louis Arnaud Brichanteau, marquis de Nangis et maréchal de camp, s'empara, avec le comte de Broglio, du moulin et de la redoute que les Anglais avaient élevée près de Biache. L'ennemi s'étant emparé de Douai, le maréchal de Villars établit son quartier-général à Oisy; de là, il fit couper la digue qui séparait les marais de la sensée de ceux de la Scarpe, de manière à détourner la rivière et priver ainsi d'eau les nouveaux maîtres de cette ville. De Villars fit en outre élever des forts et des retranchements nombreux le long de la Scarpe depuis Biache jusqu'au pont du Gy. En 1712, après la reprise de Douai on rendit à la rivière son ancien lit près de ce village.

La seigneurie de Biache appartenait à l'abbaye de Saint-Vaast.

On y remarque de nos jours un établissement considérable de métallurgie dans lequel on fabrique de la monnaie de cuivre.

BOIRY-NOTRE-DAME.

BOIRY-NOTRE-DAME. — *Bariacum, Buricellum, Bourech*.

HISTOIRE.— Ce village dépendait de l'église métropolitaine de Cambrai d'où il semble avoir tiré le surnom de Notre-Dame.

Baldéric, dans sa chronique de Cambrai et d'Arras, rapporte

un événement assez remarquable arrivé en 1064, dans cette paroisse.

Le Bienheureux Liébert, évêque de Cambrai et d'Arras, était venu consacrer l'église qui avait été brûlée, et donner la confirmation ; pendant la nuit qu'il passa dans la *manse* du chapitre de Notre-Dame, Hugues d'Oisy, son ennemi acharné et qui épiait toutes ses démarches, comme le dit Baldéric, et après lui M. Harbaville, cerne la maison, en brise les portes, et après avoir tué ceux qui lui opposaient de la résistance, il se présente devant la chambre où reposait le saint évêque. C'est en vain que Wilbald, son prévôt, veut en défendre l'entrée et faire à son supérieur un rempart de son corps; il paie de sa vie ce noble dévouement; Hugues l'abat à ses pieds, s'empare de la personne du prélat et le transporte sans vêtements, tel qu'il l'avait surpris au lit, en son château d'Oisy. Liébert y fut détenu dans une tour jusqu'à ce qu'il fût délivré par les siens et la princesse Richilde (*Chro. Cam. lib.* III. *Cap. 69*).

Le Castel où Liébert fut arrêté, devint plus tard une ferme qui passa, à l'époque de la révolution, dans la famille de Waringhem. En 1855, on retrouva les ossements du chapelain et des serviteurs du prélat. Voici comment les journaux racontèrent cette découverte :

« En creusant le corps de logis pour égaliser le terrain, on a
« trouvé dans la cuisine, première pièce d'entrée, cinq cadavres
« à 20 ou 25 centimètres du pavé, et dans une chambre contigüe
« encore un cadavre (celui du chapelain Wilbald, sans doute).
« Ces ossements, gisant dans une espèce de sable et à l'abri de
« l'atmosphère, sont bien conservés. On a transporté au presby-
« tère ce qu'on a pu, pour donner, après bientôt trois cents ans,
« dans le cimetière de cette paroisse, une sépulture chrétienne aux
« restes de ces infortunés martyrs.

En 1415, l'église métropolitaine de Cambrai, plaidait contre l'abbaye de Marchiennes parce que celle-ci exigeait que le terroir de Sailly fut séparé de celui de Boiry.

Dans la vente que Henri IV fit à Jean de Montluc, seigneur de Balagny, maréchal de France, par contract du 12 juin 1594, de la terre d'Oisy, il accepta nommément les droits qu'il avait, à cause de cette terre, sur celle de Boiry-Notre-Dame.

L'église fut plusieurs fois détruite par le feu et la guerre. La tour porte le millésime de 1577. Les pilliers, les murs, portent l'empreinte de nombreuses et anciennes réparations.

BREBIÈRES.

BREBIÈRES. — *Berberia.* (*Cart. de St-Vaast, 1169.*) Brebiers.

HISTOIRE. — Ce village est fort ancien ; le diplôme de Charles le Chauve de 871 confirma la donation faite à l'abbaye de St-Amand par Gozlin, d'un moulin et d'autres propriétés à Brebières. En 1038, Albéric, abbé de Marchiennes, cède deux moulins situés sur Brebières, à Bauduin, comte de Flandre comme *fidèle advoué et défenseur de son église.* (*Le Carp. Histoire de Cambrai.*)

Brebières a donné son nom à une noble famille connue avant l'an 1100, dans la personne de Paul, *Paulus de Berberus*, chevalier qui joute au tournoi d'Anchin en 1096. Le pape Eugène III conféra, en 1152, l'autel de ce village à l'évêque d'Arras.

Nous retrouvons, en 1135, le chevalier Jean de Brebières, comme bienfaiteur de l'église de St-Aubert de Cambrai ; puis en 1315, un autre chevalier Jean de Brebières, sire de Caudry en Cambraisis, et enfin, en 1322, Simon de Brebières, écuyer. A partir de cette époque, on ne rencontre plus de traces de cette maison.

Brebières avait un échevinage composé d'un mayeur nommé par le seigneur, et de sept échevins qui se choisissaient eux-mêmes.

Nous avons retrouvé dans un titre des archives de Douai du

mois de février 1203, les noms de plusieurs de ces *eskivins* : Michel et Hannon de Brebières, Jehan Platier, et Huon le Molinier (*Men. de la soc. roy. de Douai,* 1841).

En 1224, Brebières dépendait de la chatellenie de Lens, et le tiers du marais relevait du comte d'Artois en 1245.

En 1242, Beauduin, chatelain de Lens, reconnait devoir tous les ans à Robert, comte d'Artois, cent sols parisis pour la troisième partie du marais de Brebières qu'il lui avait donnée. (*Novembre 1242. — premier Cartulaire d'Artois, pièce 88.*) En 1243, ce même Bauduin donne à son fils la *ville* de Brebières avec ses appartenances, à condition de la tenir en fief lige du comte d'Artois. (*Rép. des chartes d'Artois.*)

En 1251, Agnès de Sailly donna à l'abbaye de la Brayelle-les-Annay, six mencaudées de froment à prendre sur ses revenus de Brebières.

En 1302, après la bataille de Courtray, où la chevalerie française éprouva un premier échec, le comte de Namur qui commandait l'armée flamande, s'avança près du village de Brebières et non loin du fossé *Boulenrieu* qui servait de défense et de limite à la Flandre du côté de l'Artois. De ce poste, les Flamands désolaient une partie de la province, et étendaient leurs ravages jusqu'à l'abbaye du Mont-St-Eloi. (*D'Héricourt, sièges d'Arras*).

Brebières eut sa coutume particulière en 1507.

Au milieu du XIV° siècle, la terre de Brebières appartenait à la famille de Lallain. Le chevalier Simon de Lallain en était seigneur en 1586, et propriétaire du château appelé le *vieil chastel de la ville de Brebières,* ainsi que de la motte sur laquelle s'élevait de nombreuses constructions entourées de fossés.

A la fin du XVI° siècle, elle passa dans la famille de Lannoy. Bonne de Lannoy l'apporta en mariage à Philippe de S¹ᵉ-Aldegonde, seigneur de Noircarmes. Ils donnèrent entre autres terres à François Lamoral leur fils aîné, celle de Brebières. Leur héritier Eugène, la laissa à sa sœur Isabelle qui épousa son cousin Maurice de S¹ᵒ-Aldegonde, baron de Mingoval, le 11 juin 1656, et lui apporta en dot la terre de Brebières. Ils la vendirent en 1665 à Jean

Wattier, qui la donna en mariage à sa fille Marie-Louise, épouse de Jacques-Procope Hanot.

La principale seigneurie de Brebières jouissait d'un droit de chaussée sur la grande route d'Arras à Douai ; une barrière et un préposé avaient été établis à ce sujet au hameau dit *le Cocq*.

Le château de la Brayelle était autrefois un agréable séjour où logea Louis XIV. Messire Florisse Le Vasseur, chevalier, seigneur de Valhuon, l'était aussi de la Brayelle en 1615. Il était commissaire ordinaire des archiducs en Flandre, Artois, Hainaut et Cambraisis, et avait épousé Marie de Berthoudt, veuve de Jean de Blondel, oncle maternel de Ferdinand de Cardevacque.

Arnould de Surques, seigneur de la Brayelle, était échevin de Douai en 1721 : son fils Jean devint conseiller de cette ville en 1731.

En 1710, les alliés occupèrent Brebières, et le comte de Tilly logea au château de Lebucquières. Il existe encore de nos jours un hameau et une ferme de ce nom. Anciennement, le château renfermait une chapelle privée et formait un fief et seigneurie vicomtière appartenant à la famille Payen de Lebucquières. Les seigneurs de cette maison eurent de nombreux démêlés avec les jésuites de Douai au sujet de plantations d'arbres le long des chemins qui traversaient leurs propriétés. Le Parlement de Paris, saisi de ces contestations, décida en 1722, que « en Artois les seigneurs n'avaient droit de planter que sur les chemins vicomtiers allant aux bourgs, villes et marchés voisins. »

Nous citerons encore le château d'Angoumois, situé au-dessus de Courcelles et appartenant aux seigneurs de Lebucquière, et la seigneurie de l'évêque d'Arras qui possédait à Brebières la dîme, l'autel, la redevance du château de la Brayelle et de grandes propriétés avec une ferme située près de l'église.

De nos jours, Brebières est le lieu d'une exploitation agricole très-importante, dans laquelle l'élevage des bestiaux a valu à son propriétaire-gérant, M. Pilat, les plus grandes distinctions honorifiques.

CAGNICOURT.

CAGNICOURT.— *Kangnicurt, Kanicort, Cannicort, Cavenignicourt, Cavenicourt.(Chartes. XI, XII, XIIIe, siècles.*

HISTOIRE. — La terre de Cagnicourt fut donnée par testament, en 1080, par Sohier, châtelain du Vermandois, à son fils cadet. Guyon de Cagnicourt joute au tournois d'Anchin en 1096. Ce chevalier est cité dans une charte de Robert, Comte de Flandre de l'an 1100, dans laquelle il donne la cense de Quéant à l'église de Saint-Aubert de Cambrai. (Le Carp. *Hist. de Cambrai*). En 1152, l'autel de Cagnicourt fut accordé au chapitre d'Arras par le pape Eugène III. Les héritiers de Guyon de Cagnicourt imitèrent ses libéralités envers cette abbaye et celles d'Ostrevent et du Verger, 1195.

Hugues de Cagnicourt fut capitaine d'Oisy et épousa Agnès d'Habarcq. Ils laissèrent une très-belle postérité qui s'établit en Artois et en Flandre. Le Comte d'Oisy était en 1246, seigneur haut justicier et domainier de ce village. La terre de Cagnicourt tomba par succession dans la maison de Baudain-Villers, chambellan héréditaire du Cambraisis. Plus tard, Du Vinot de Lille, fils du seigneur d'Inchy, acheta la terre de Cagnicourt.

Une autre seigneurie appartenait dans ce village au doyen et aux chanoines de Saint-Piat à Seclin.

Cagnicourt fut chef-lieu de canton en 1795.

En 1871, les vivres nombreux que renfermait le village de Cagnicourt, tentèrent l'avidité des Prussiens. Leurs éclaireurs vinrent y piller tout ce qui put exciter leur convoitise.

CORBEHEM.

CORBEHEM.— *Corbehna*, (1203).

HISTOIRE. — Ce village, situé sur la Scarpe, a eu des seigneurs qui ont presque toujours résidé en Cambraisis. Jean de Corbehem figure au tournois d'Anchin en 1096. L'un de ses successeurs, Waroke de Corbehem, fut grand-prévôt de Cambrai en 1282.

Simon de Corbehem, chevalier, est mentionné dans les actes de Saint-Aubert de Cambrai en 1391.(*Le Carp. Histoire de Cambrai.*) Une partie du village de Corbehem était tenu de l'évêché d'Arras, dès l'an 1148.

La terre de ce lieu a été longtemps possédée par la maison d'Oignies.

Léonore Hyppolite d'Oignies l'apporta en mariage, 28 novembre 1614, à Charles-Philippe d'Oignies, comte d'Estrées, baron de Rollancourt, seigneur de Berlettes. La seigneurie de Corbehem fut aliénée de leur vivant. Plus tard, en 1730, le baron de Bahenghem la vendit au sieur de Cambronne de Douai. (*Arch. du Baillage de Lens. P. Ignace, Mém. Tome IV.*)

ARCHÉOLOGIE. — L'église de Corbehem, composée d'une seule nef, date de 1555. Le chœur, construit en 1786, est orné de deux tableaux assez estimés, réprésentant St-Mathieu et St-Jean.

DURY.

DURY. — *Duriacum*, (*Charte de l'abbaye d'Anchin, 1202*).

HISTOIRE. — Le hameau ou château de Pellicorne, situé en Artois près de Dury, a été le berceau d'une famille célèbre, avant l'an 1100. Le chevalier Marton Pellicorne, sieur de Dury, joute au tournois d'Anchin, 1096. Adam de Dury était abbé d'Anchin en 1202. Jean Pellicorne, seigneur de Dury, était capitaine d'Oisy, en 1382. Nicolas Pellicorne de Dury, écuyer, mourut en ôtage victime de la tyrannie de Baraffin à Cambrai, sous le roi Louis XI. (*Le Carp. Hist. de Cambrai.*) Ce village était une des quatre paroisses de la châtellenie de l'Ecluse dès le XIII° siècle.

La terre de Dury appartenait, au commencement du XV° siècle, à Jean de Bourlon, chambellan du Roi Charles VI. Plus tard elle fût la propriété du sieur Martinse de Lille, seigneur de l'Ecluse. Enfin, en 1746, Diedemont, chevalier, seigneur de la Rianderie, et bailly de Phalempin pour le roi, était propriétaire de la seigneurie de l'Ecluse, Dury, Eterpigny, etc., etc.

La seigneurie ecclésiastique appartenait à la cathédrale de Cambrai. En 1685, l'archevêque Jacques Théodore de Bryas, céda à l'évêque d'Arras, Gui de Sève, à titre d'indemnité, les cures de Dury et d'Eterpigny. Il existait anciennement un château-fort à l'entrée du village du côté d'Arras ; il a été complètement démoli, et on n'en voyait déjà plus qu'un pan d'épaisse muraille en 1733.

Lors de l'invasion allemande, les uhlans vinrent à Dury et annoncèrent aux habitants l'arrivée d'un corps de 3000 hommes pour lequel ils commandèrent des vivres ; mais une surprise les attendait, au moment où les éclaireurs s'approchèrent de l'abreuvoir pour y conduire leurs chevaux, une douzaine de coups de fusils retentirent et l'un d'eux tomba mortellement blessé : le cheval emporta son cadavre.

ETAING.

ETAING. — *Stagnum*. Suivant M. Harbaville, ce nom dérivait de la situation de ce village au milieu des marais qui bordent la Sensée.

HISTOIRE. — Etaing dépendait de la châtellenie de l'Ecluse, dès l'année 1224. Un détachement français fut défait sur son territoire par les Espagnols en 1555. (*Duthillœul. — Petites hist.*).

L'ancienne église, bâtie en 1753, fut démolie à l'époque de la révolution. Elle a été reconstruite en 1841 aux frais des habitants.

ETERPIGNY.

ETERPIGNY. — *Estrepignies, Estrepagny, Etrepigny.*) (1045-1146).

HISTOIRE. — Eterpigny était une *mansion*, ou lieu de gîte, établie par les Romains le long de leurs grandes voies. En effet, on a retrouvé une de ces chaussées sous la Sensée, rivière qui traverse la commune. « Elle fut découverte, dit M. le baron Des
» Lyons, au milieu de marais assez étendus, dans le voisinage
» de Saudemont, d'Ecourt-Saint-Quentin et de Hamel. Elle était
» de 3 pieds plus bas sous l'eau ; sa longueur de 366 toises et
» sa largeur de 18 à 24 pieds. Cette levée était composée d'un
» lit de craie blanche dont la hauteur différait ; sur ce lit on en
» avait posé un second de cailloux, partout égal pour l'élévation ;
» enfin, sur ce second lit on avait placé des grès bruts, et de
» grosseur différente ; liaisonnés avec de la même craie et du gra-

» vois. Les plus longs et les plus larges de ces grès étaient posés
» sur les bords, la force de huit hommes réunis suffisait à peine
» pour les remuer. Une singularité, c'est que sous cette chaussée
» se trouve une couche de tourbes d'une épaisseur de 2 à 6
» mètres. » On a souvent rencontré dans les terrains qui avoisinent la Sensée et notamment dans l'endroit appelé de nos jours l'*Arbre de Mont*, et à peu de profondeur, des arbres entiers debout, d'autres renversés, des bois travaillés, des pilotis, des carcasses entières d'animaux de grande espèce, des meubles, des ustensiles dont on reconnait l'usage, des vases, des moules à tourbes, des armes et des médailles ; tout y annonce les traces d'un de ces grands cataclysmes que la surface de notre globe a si souvent éprouvés. M. le Comte de Caylus parle, dans son rapport, d'une partie de médailles grand bronze qu'on lui avait envoyées, dans lesquelles se trouvaient des Néron, des Trajan, des Antonins d'une parfaite conservation. Quoique cette chaussée ne soit point indiquée sur les itinéraires, il est plus que probable qu'elle doit son origine aux Romains et qu'elle était de celles qu'ils nommaient *longsponts*. (Tacite. Annal. lib. Ier). « Sa direction,
» dit M. Guilmot, nous est indiquée par les villages auxquels
» elle a donné son nom, Sauchy-Cauchy, Sauchy-Lestrée, Eter-
» pigny ; il parait qu'en partant de Cambrai, elle était commune
» avec celle d'Arras, qu'elle quittait un peu au-dessus de Rail-
» lencourt pour se diriger sur Vitry. »

Eterpigny est mentionné dans les titres de Saint-Vaast à la date de 1045 et 1156. Ce village dépendait de la châtellenie de l'Ecluse et était divisé en quatre seigneuries : deux sur l'Artois, une dépendant de la châtellenie de Lille, et la quatrième en Cambraisis. Cette dernière appelée *Ligny-les-Eterpigny* dans le catalogue des lieux composant la gouvernance d'Arras, et l'une de celles situées en Artois, appartenaient au sieur Fruleux d'Arras. L'autre seigneurie d'Artois se nommait *Le Péage* ou *Paiage*. Le chef-lieu de ce fief était situé à l'entrée du village du côté de Remy. Il renfermait une maison seigneuriale avec fossés et ponts-levis, bâtie par un seigneur de la maison de Coupigny; cette seigneurie fut le patrimoine des sires de Remy jusqu'en 1668 : elle relevait du roi à cause de son château d'Arras. Enfin la principale seigneurie dépendait de l'Ecluse et par suite de la châtellenie de Lille.

La Sensée traverse le village d'Eterpigny et y reçoit les eaux du Cojeul, de la Riviérette, du Hourton et du ruisseau d'Hamblain-les-Près.

ARCHÉOLOGIE. — L'église dépendant autrefois de la métropole de Cambrai, a été bâtie en 1779. Placée sous le vocable de saint Martin, elle a trois nefs qui ont reçu de nombreux embellissements en 1836, grâce aux largesses de M. le baron d'Herlincourt. Le maître-autel porte la date de 1659, et est surmonté d'un tableau de prix représentant le Christ sur la croix, et qui a été donné par Mlle de la Rianderie. Cette église renferme des fonts baptismaux très-anciens ; ce monolithe en grès repose sur une base en pierre et porte la date de 1540. Le clocher, surmonté d'une flèche élevée, a été construit en même temps que l'église ; sur le contour supérieur de la cloche on lit en caractères très-détachés l'inscription suivante : *Je fus nommée Marie Fortvnez par Pierre Ignace Covppé et par Marie Françoise Covppé).*

Sur la base, on avait dessiné en relief une statue équestre représentant saint Martin, de son sabre coupant en deux son manteau et en donnant la moitié à un pauvre qui implore sa pitié à genoux. De chaque côté de ce bas-relief se trouvent ces mots : « *Appelle les fidèles* ». Du côté opposé à cette dernière inscription on voit écrit : « MDCCLXXXVI ».

Enfin, au bas de l'église, au milieu de la nef principale, on retrouve une pierre tombale d'une assez belle conservation et portant cette inscription : *Ci gist le corps de noble hommè Jacques-François de Marisy, vivant écuyer, commissaire d'artillerie, fils de Claude, vivant aussi écuyer, seigneur de Pressy-Notre-Dame, commissaire d'artillerie, et de dame Marie-Claire de Lichtewelde, décédée au Péage le 28 d'Octobre 1699, pour le repos de l'âme duquel il est fondé à perpétuité dans l'église d'Eterpigny un obit qui se doit chanter à pareil jour.*

FRESNES-LES-MONTAUBAN.

FRESNES-LES-MONTAUBAN.— *Frasinetum, Frasnes.* (Titres de Saint-Vaast, 1024.)

HISTOIRE. — L'évêque d'Arras, Lambert accorda en 1098, l'autel de Fresnes à Dom Alold, abbé de Saint-Vaast. Pendant le règne de Philippe-Auguste, le territoire d'Arras et la province presque entière furent en proie à une soldatesque avide que le comte de Flandre, Ferrand, avait soudoyée en tout lieu. Elle brûla le village de Fresnes-les-Montauban. (*Locrius-Chron. belg.* — *d'Héricourt : Siéges d'Arras*). En 1303, ce village fut de nouveau ravagé par les troupes flamandes.

Il y avait à Fresnes une seigneurie appartenant à l'abbé de Saint-Vaast avec droit de justice. En effet, on rencontre fréquemment dans les archives locales ces mots : *Messieurs les Mayeur, eschevins, gens de loi, corps et communauté, administrateurs des biens, des terres et de la seigneurie de la paroisse de Fresnes-les-Montauban.* Dans l'état des villes de Flandre et d'Artois, fait en 1787, on lit : *Fresnes-les-Montauban subdélégation d'Artois, justice seigneuriale.* Ce village fut longtemps sous la domination des Espagnols; il leur fut enlevé par le maréchal de Turenne, sous le règne de Louis XIV.

ARCHÉOLOGIE. — L'église moderne et simple n'offre rien de curieux ; on y voit seulement dans la nef une dalle fraîche qui recouvre la sépulture de Nicolas Le Cat et de Marie Silvain, sa femme, qui avaient fait de grandes donations à cette paroisse.

Deux hameaux dépendent de Fresnes : 1° Montauban, *Mons-Albanus* situé sur la hauteur le long de la route d'Arras à Douai. Cité dans les titres de Saint-Vaast de 1045, Montauban fut cédé à cette abbaye en 1099. La Maladrerie fondée au XIII° siècle, fut réunie à l'hôpital d'Arras en 1698. Les coutumes de Montauban ont été rédigées le 26 septembre 1507. Nous y remarquons les passages suivants.

« Item par la coustume du dit lieu, toutes et quantefois qu'aucuns héritages tenus du dit eschevinage vont de main à autre par succession pour les deuement appréhender, convient relever iceux héritages à Messieurs de Saint-Vaast d'Arras pour le quel relief on paie de ce que on dit avoir esté de la seigneurie Messire Herlin de la Brayelle deux deniers de relief, et de ce qui est du tenement de la dite église de Saint-Vaast le dixième denier de la valeur ou priserie et à la vente, cédition et transport pareillement.

» Item quant aux amendes, quiconque fait sang, il est à soixante sous parisis d'amende qui est au prévost de Saint-Vaast, et quand aux autres forfaitures, ils s'y règlent suivant les coustumes du dit lieu de Saint-Vaast.

» Item les dits religieux ont es dites villes et terroirs de Fresnes-et-Montauban, droit de terrage qui se prend et cueille sur plusieurs terres de ce chargées. . . . .

. . . .

» Item au dit lieu il y a droit appartenant aux dits religieux tels que de chacune pièce de vin que l'on y vend leur en appartient quatre lots et pour chacun tonneau de cervoise deux lots.

. . . . » Item les dits sieurs de Saint-Vaast sont seigneurs ruyers de tous les flots et flegards du dit eschevinage. . . . .

Signé : Maitre Martin Leprévost, Leclercq, Jean Bailleul, Louis Leroy, Jean Liévin, etc., etc.

2° MAUVILLE, *Malavilla*, métairie, ferme qui plus tard devint un château entouré de deux ou trois chaumières. Toutefois ce lieu eut jadis une grande importance. En effet, au XI° siècle c'était un village sur lequel S¹-Vaast prélevait la dîme, et son seigneur, Thierry de Mauville, fut un des preux chevaliers qui s'enrolèrent sous la bannière du Comte de Flandre pour aller porter aide et assistance à l'évêque de Cambrai, retenu prisonnier dans le château d'Oisy, 1254 (*Harbaville*).

En 1303, Mauville fut brûlé par les Flamands; moins heureux que ses voisins, il ne se releva pas de ce désastre et resta dépeuplé. A peine une dizaine de maisons se reconstruisirent autour du château ; les autres habitants allèrent s'établir dans les villages voisins et laissèrent végéter pauvre et chétive leur ancienne commune. Lors de l'organisation de 1800, Mauville ne comptait plus que 17 habitants, ce qui n'empêche pas qu'il prit rang parmi les villages du département et forma une commune où tout le monde était fonctionnaire. Mauville possédait, avant la révolution, une superbe chapelle dotée de rentes importantes ; elle fut entièrement démolie en 1792.

GOUY-SOUS-BELLONNE.

GOUY-SOUS-BELLONNE. — *Gaugiacum* (877) *Goy-la-Motte*.

HISTOIRE. — Un diplome de Charles-le-Chauve, 877, donne à l'abbaye de Marchiennes la terre de Gouy, *Villam Gaugiacum in pago ostrebanno* (Aubert le Mire. — Olivier de Wrée, *Sceaux de Bourgogne*). Il est encore fait mention de Gouy, *Gaugiacum*, dans une charte de Philippe d'Alsace, comte de Flandre de 1176, qui concéde à l'abbaye de Marchiennes le droit de *Gavenne*. Ce monastère possédait aussi la cure, la dîme et les droits de justice. Il avait accordé aux habitants de Gouy un échevinage dont il eut souvent à se plaindre. (Harbaville). Il existait dans ce village une seconde seigneurie.

On y voyait autrefois un monastère de Ste-Rictrude, filiation de celui de Marchiennes.

ARCHÉOLOGIE. — L'église, construite en grès, paraît être la plus ancienne de toutes celles du canton de Vitry. Elle n'a qu'une nef, et deux bras de croix terminés par une voûte en planches qui est peu élevée. Le patron en est saint Georges, en l'honneur duquel il existait autrefois un pèlerinage très-suivi. La fontaine de ce nom fournissait une eau très-salutaire pour les maux d'yeux. (*Chron. locale*).

HAMBLAIN-LES-PRÉS.

HAMBLAIN-LES-PRÈS. — *Hambling*, *Hamblain-la-Prée*, *Hamblain-le-Prez*.

Histoire. — L'autel de ce village fut donné à l'abbaye de St-Vaast par l'évêque Lambert en 1098, et la possession lui en fut confirmée en 1102 par une bulle du pape Pascal II. (*Locrius, chron. belg.*)

La seigneurie d'Hamblain faisait partie du comté d'Oisy et était possédée anciennement par la maison de Luxembourg. Marie de Luxembourg la porta dans celle de Bourbon par son mariage en secondes noces, 1487, avec François de Bourbon, comte de Vendôme. Elle fut bisaïeule de Henri IV, qui aliéna ce domaine en 1601. Dans son dénombrement de 1559, Pontus d'Assonville se disait aussi seigneur d'Hamblain; quoiqu'il en soit, il est incontestable que l'abbaye de Saint-Vaast possédait en ce village une seigneurie, sa coutume en fait foi : elle porte...... article 8. « Au » dit lieu d'Hamblain, il y a plusieurs héritages que l'on dit » soyetez (société) et sont de telle nature qu'aux dits seigneurs » de Saint-Vaast appartiennent la moitié des ablais croissans et » venus à meurisson sur iceux ; que les possesseurs d'iceux sont » tenus de mener en la grange à un des religieux. »

Une partie des habitants d'Hamblain était obligée d'envoyer moudre ses grains au moulin de Biache et cuire son pain au four banal. Tous ses habitants eurent conjointement avec l'abbaye de Saint-Vaast, un grand procès qu'ils perdirent en 1576, au conseil de Malines, contre les habitants de Sailly et ceux de Marchiennes. Les premiers voulaient empêcher les seconds d'envoyer leurs bestiaux dans le grand marais d'Hamblain. Il intervint entre eux une transaction dans la même année.

Il existait à Hamblain un ancien château-fort avec tours et fossés. Il fut tour à tour au pouvoir des alliés et des Français ; ceux-ci l'occupèrent de 1710 à 1712. Bâti en 1705, il fut démoli en 1722 ; il avait appartenu à M. Foacier de Ruzé.

Il existait un ancien retranchement le long duquel coule le ruisseau dit le *Trinquis* et que l'on nomme vulgairement le *Vieux-Trinchis*, pour le distinguer du nouveau que le fameux baron de Quincy, alors au service de l'Espagne, fit élever avant que Louis XIV ne se fût rendu maître de Douai.

La Prée ou *Les Prés* est le nom d'une ferme. Selon une tradition populaire, elle servait de relais pour les voitures allant d'Arras à Bouchain; elles étaient alors conduites par des bœufs que l'on mettait pâturer en relayant un certain temps.

ARCHÉOLOGIE. — On découvrit en 1840, sur ce territoire, un caveau solidement maçonné qui fut détruit par les ouvriers au moment de sa découverte. Il renfermait des armes et des vases de l'époque romaine. Tout fut brisé et dispersé.

L'église est ancienne, les transept sont du XVe siècle, les trois autels ont de belles boiseries, datant de François Ier à Louis XIV.

Sur les murs de la chapelle latérale de l'église bâtie en 1455, on lit l'inscription suivante : *L'an 1565 les Franchois passèrent le pont Véron et le jour St.-Eloy perdirent la vie*, etc., etc

Près du chemin de Boiry à Malvaut, on voit des fondations antiques formant 3 chambres se succédant en ligne droite ; à côté sont d'autres bâtiments plus légers. On y voit des tuiles à rebords, un puits machicoulé en grès brut; on y a trouvé un fut de colonne. Ce Malvaut forme une colline assez élevée.

100 mètres plus près du village est un champ dit *Lancri*, où l'on trouve des monnaies saucées ou en argent.

Entre Hamblain et Pelves se trouve dans les champs un chemin composé de craie et de silex se dirigeant de Pelves à Hamblain, et on le retrouve de l'autre côté du village allant vers la ferme de La Prée. La tradition dit que ce sont les restes d'un chemin d'Arras à Bouchain par Sailly, Tortequesne, Estrées.

Quant à la croix d'Arras, pierre de trois mètres de hauteur, située autrefois en face des cinq chemins de Biache, Boiry, Pelves, Sailly et Hamblain, elle a été renversée en 1820 pour servir de passerelle au-dessus du *Trinquis*, de manière à pouvoir aller facilement à Vitry.

HAUCOURT.

HAUCOURT. — *Haucurtium, Alticurtis, Alticurtia, Haukurt, Haucurt, Haukort, Alkurt.*

HISTOIRE. — Les divers annalistes de ce village l'ont souvent confondu avec Haucourt situé à douze lieues de Cambrai et dont Le Carpentier parle longuement dans son histoire de cette ville. Nous chercherons à éviter cette confusion, malgré le peu de clarté qui existe sur ce sujet dans tous les écrits que nous avons consultés.

On a conservé dans la localité une tradition suivant laquelle la fameuse Frédégonde, femme de Chilpéric, aurait reçu le jour dans le château de son père Brunulphe, seigneur d'Haucourt. Le lieu dit *la Tour*, à l'entrée de ce village, près la route de Cambrai, quelques restes de fossés, une élévation sous laquelle se trouvent des galeries souterraines, et enfin le peu de distance de Vitry où cette cruelle princesse fit assassiner Sigebert, roi d'Austrasie, semblent confirmer cette assertion. Toutefois Le Carpentier ajoute que Landry de la Tour, oncle de Frédégonde, était l'aïeul de saint Aubert, évêque d'Arras et de Cambrai. MM. Harbaville *(Mém. hist.)*, Duthillœul *(Petites hist.)*, Terninck *(Promenades.)*, etc. etc., font naître ce prélat du VIIe siècle à Haucourt en Artois.

Or on voit dans la légende de ce saint et illustre pontife insérée dans le propre des saints, du diocèse d'Arras, qu'il est né sur le territoire de Cambrai (*in agro cameracensi*). Nous ne saurions néanmoins combattre l'opinion de nos savants collégues et prédécesseurs ; car à cette époque, et jusqu'au XIX⁰ siècle, Haucourt faisait partie de la province d'Artois, de la subdélégation d'Arras, relevait du conseil d'Artois, mais appartenait au diocèse de Cambrai.

Le sire d'Haucourt était banneret d'Artois l'an 1025. L'autel du lieu fut accordé au chapitre d'Arras en 1152 par le Pape Eugène III. Cette terre dépendait, en 1426, du domaine d'Oisy. Un de ses seigneurs fut tué en 1415 à la bataille d'Azincourt (Monstrelet).

Jean d'Esnes, seigneur de Wavrechin, donna par acte de l'an 1269, à sa sœur, femme de Jean Sohiers, chevalier, à titre d'augmentation de dot, tout le droit qu'il avait sur 60 mencaudées de terres labourables situées à Haucourt.

Le village d'Haucourt fut un des domaines de la maison de Lille, branche de Furnes. Il passa ensuite à celle de Montigny St-Christophe, qui le possédait en 1560. Gille Denis, d'Arras, député des Etats d'Artois à la cour, l'acheta vers la fin du XVII⁰ siècle. Il appartenait en 1789, à la noble famille de Pronville. Philippe-Dominique de Pronville, seigneur d'Haucourt, capitaine d'infanterie Wallonne, fut élu chevalier par Philippe IV, 31 juillet 1654.

Haucourt fut victime des incursions de l'armée française en 1691. En effet, on retrouve sur le mur latéral de droite de l'église, à la base du clocher, l'inscription suivante grossièrement écrite, mais religieusement conservée : « *L'an 1691, les François étant à Arleux ont brûlé cette église.* » Déjà elle avait été traversée par l'armée de Turenne ; car on lit encore sur la muraille du côté droit de son église cette autre annotation de l'époque : *L'armée de Franche at-ici passée l'an 1638......* et plus loin, « *l'armée de Franche at-ici passée et rapassée 2 fois dans l'an 1711.* »

La source principale de la Sensée est à Haucourt, elle prend naissance dans la propriété de M. Norman François, ancienne résidence de M. de Pronville, seigneur du lieu. Une partie de ce cours d'eau se jetait dans l'Escaut à Bouchain, et l'autre partie formait le canal navigable qui, de Corbehem à Ywui, établit la communication de la Scarpe avec l'Escaut dans l'arrondissement de Cambrai. Par suite du détournement des eaux, rendu nécessaire pour le desséchement et la mise en culture d'une grande superficie de terrains marécageux, plusieurs de ses affluents s'écoulent dans la Scarpe par Sailly, Hamblain et Biache. Le principal courant se dirige par Etaing, l'Ecluse, Palluel, et vient au Bac-Aubencheul former deux branches, dont l'une se dirige vers l'Escaut, et l'autre, canalisée, passe près de Gœulzin dans Flines, et rejoint la Scarpe près de Courcelettes.

SERVINS. — *Servins-les-Haucourt, Serving* est une dépendance du village d'Haucourt. Cette cense appartenait en 1246, au comte d'Oisy ; il en est fait mention dans une charte de 1271. Après avoir été la propriété de l'église St-Géry de Cambrai, et de l'abbaye d'Arrouaise, elle forme de nos jours le domaine de M. Jules Norman ; l'exploitation de cette ferme est très-importante et comporte plus de 160 hectares.

L'auberge, dite l'*Espérance*, est un écart du village d'Haucourt située sur la route d'Arras à Cambrai à l'embranchement du chemin de Bapaume à Douai. Elle reçut la visite des uhlans du 26 décembre 1870 au 3 janvier 1871 et eut à supporter de leur part de nombreuses réquisitions.

HENDECOURT-LES-CAGNICOURT.

HENDECOURT-LES-CAGNICOURT. — *Hennencurtis* (674), *Hennanicurtis* (870), *Hennecourt, Haynecourt, Hendecourt-en-Artois, Hendecourt-le-Brulé.* (*Carte ancienne appartenant à M. Reboul de Veyrac.*)

HISTOIRE. — Ce village est compris dans les possessions de

Saint-Vaast en 674, suivant le diplôme de saint Vindicien ; celui d'Hincmar, 870, l'affecte *ad necessaria fratrum* (Aubert le Mire *Dipl. Belg.*). L'évêque Lambert en conféra l'autel en 1098 au même monastère.

Il y avait autrefois à Hendecourt plusieurs fiefs et seigneuries. L'un d'eux fut acheté par le sieur Després Jean-Baptiste, conseiller au conseil d'Artois et par Marianne Prévost son épouse; à la mort de cette dernière, 30 mai 1740, il passa au sieur Prevost de Wailly, son neveu et son héritier. Plus tard il fut acheté par Du Vinot de Lille, fils puîné du seigneur d'Inchy.

Grincourt était le nom d'une autre seigneurie qui avait titre de *Baronnie de St-Vaast*, et s'étendait à l'extrémité du village du côté de Riencourt. Il y existait une chapelle de dévotion bâtie en 1681 à l'endroit de la jonction des chemins de Fontaine et de Chérisy.

Le Mont d'Hendecourt, situé vers Cagnicourt, renferme de vastes carrières souterraines dans lesquelles on a tiré les grès qui ont servi dans la construction de la tour de l'église de St-Vaast. La famille Blin de Grincourt y possédait une seigneurie qui s'étendait sur le mur de l'église et sur la partie Est du village. On retrouve encore assez souvent dans la rue de Riencourt, appelé *le Brûlé*, à quelques mètres dans le sol, des amas de braises qui semblent rappeler l'incendie qui consuma ce quartier, et le surnom qui lui en est resté. (L'abbé Robitaille. *Ann. du diocèse 1867.)*

Il existait autrefois à Hendecourt un château appelé le château *des Quévalets*, actuellement à usage d'exploitation agricole. La construction du corps-de-logis ne remonte pas au-delà du XVIIIe siècle, mais il est flanqué d'une tourelle hexagone portant la date de 1566. En retour d'équerre de cette tourelle se trouve une des entrées de la propriété ; elle constitue un cintre surmonté de machicoulis, au centre duquel se trouve un écusson qui représentait probablement les armes du propriétaire, mais qu'on ne peut plus distinguer ; au-dessous une légende aujourd'hui illisible, et enfin la date de 1563. Ce château *des Quévalets* a été vendu le 17 février 1754 par Robert-François-Joseph-Estienne

Huvins de Cagnicourt, seigneur d'Inchy-en-Artois, chevalier de l'ordre royal et militaire de S¹-Louis, demeurant à Lille, au sieur Jean-Baptiste Scribe, trisaïeul maternel de M. Augustin Proyart.

Le 17 décembre 1870, des éclaireurs prussiens se firent remettre les fusils de chasse et les armes diverses qu'ils purent trouver et se retirèrent après avoir détruit la boîte aux lettres. Le lendemain et jours suivants jusqu'au 2 janvier, de nombreuses patrouilles sillonnèrent la commune. Le 28, des cuirassiers blancs et un détachement du 33° de ligne vinrent faire une réquisition considérable à Hendecourt. Elle fut chargée sur un chariot et dirigée le soir sur Vaulx-Vraucourt ; mais elle était à peine arrivée à destination, que l'ennemi avait disparu pour ne plus revenir.

MONCHY-LE-PREUX.

MONCHY-LE-PREUX. — *Mont-en-Preu, Mons Petreus, Monciacum Petrosum*. (Titres anciens.) Les auteurs qui ont parlé de ce village, ont varié sur l'étymologie du nom de *Le preux* qu'il porte. Les uns, se basant sur la nature du sol rempli de grès et sur un ancien nom *Monchiacum Petrosum*, Mont-ici-pierreux (P. Ignace), ont déduit de là son origine : d'autres ont voulu voir dans son nom un dérivatif de *Monchy près Rœux*, village situé en effet non loin de Monchy ; enfin, il en est qui veulent dire *Monchy-les-Preux*, à cause d'une léproserie établie autrefois dans ce lieu. Il existe en effet un champ dit de *l'Aumône*, où l'on prétend qu'était bâti cet établissement qui recevait les malades d'Arras et des villages voisins. Quoiqu'il en soit, l'origine de cette localité doit être très-ancienne. On montre encore de nos jours l'emplacement où furent bâtis de splendides châteaux occupés par des Templiers et des chevaliers de Malte. C'est de là, selon divers auteurs, que vient le glorieux titre de *Preux*, que l'on a toujours donné à Monchy.

HISTOIRE. — Ce village était tenu en partie de l'abbaye d'Hasnon qui y possédait des biens nombreux en vertu d'un diplôme de Charles-le-Chauve de 877, et pour l'autre partie, reconnaissait la juridiction de l'évêque d'Arras. L'autel avait été accordé à Godescalque en 1152, par le Pape Eugène III.

A la fin du XIV° siècle et au commencement du XV°, vivait à Monchy-le-Preux, un saint personnage du nom de Jean, dont la profession était de garder les moutons ; son austérité, ses vertus miraculeuses ont laissé de profonds souvenirs dans toute la contrée; un pèlerinage célèbre se pratique chaque année à Monchy-le-Preux, dans le but d'honorer ce bienfaiteur de l'humanité sous le nom de saint Jean le berger. Bien que les honneurs qui lui sont rendus n'aient point été sanctionnés par une canonisation authentique, le silence de l'église est une espèce de reconnaissance tacite du culte qui lui est décerné depuis plusieurs siècles. En un mot, c'est la tradition qui a, en quelque sorte, canonisé Jean. Toutefois, il faut dire qu'un évêque d'Arras, du nom de Pierre, qu'on a tout lieu de croire être Pierre de Ranchicourt, et qui occupa le siége épiscopal de 1463 à 1499, se trouva au lit de mort du saint homme, et, qu'après lui avoir administré les derniers sacrements, il fit sur le champ son éloge devant le peuple qui entourait la maison. Dans une espèce d'oraison funèbre, il déclara que Jean avait été d'une très-sainte conversation, que, par la grâce du Seigneur, il avait mené une vie toute ascétique, et que toujours il avait vécu selon le cœur de Dieu, ajoutant qu'il avait confessé Jean plusieurs fois ; enfin il approuva plusieurs miracles qui avaient été remarqués avant et après la mort du pieux berger.

Les dates précises de la naissance et de la mort de Jean sont inconnues, mais tout porte à croire qu'il naquit dans les dernières années du XIV° siècle et qu'il mourut de 1463 à 1470. Un moine de l'abbaye d'Hasnon, dont le travail a été reproduit depuis par Ferry de Locre, Rayssius, Guillaume Gazet, et les Bollandistes, composa la vie de notre saint en l'an 1500, et à cette époque, dit-il, il existait encore des vieillards qui l'avaient connu et qui furent les témoins oculaires des différentes particularités de sa vie. Ils montraient aussi sa chaumière qui était sur la pente méridionale de la colline près de la route; ils désignaient encore son petit champ et un noyer miraculeux sorti d'une croix que le serviteur de Dieu avait plantée lui-même. Tous les ans, au mois de juillet, la veille de la S¹-Jean, cet arbre était entièrement dépourvu de feuilles, mais le lendemain il apparaissait aux yeux de tous couvert de feuillages et de fruits ; de nombreux pèlerins accouraient de toutes parts, le dépouillaient en mémoire du saint et en emportaient tout l'ornement.comme une précieuse relique. Près de la maison, on voyait encore un grès dans lequel on dit qu'il enfonça le doigt par miracle.

Quant à la sépulture de Jean, il existe à cet égard des renseignements étendus, précis et authentiques. Des vieillards qui vivaient encore il y a quelques années se rappelaient parfaitement avoir vu le mausolée en 1782, année où l'on démolit l'église, qui, remplacée par une autre, fut bientôt démolie à son tour quelque temps après. Le tombeau était placé dans le chœur au pied de l'autel du côté de l'Évangile. Un certain comte nommé Oudard, guéri par les mérites du saint, donna en reconnaissance le marbre qui servit à construire le mausolée ; il était d'une magnificence toute royale et composé d'un double cénotaphe, soutenu à un pied de terre par quatre lions accroupis, placés sur le cénotaphe inférieur et supportant l'autre cénotaphe. On voyait s'élever deux chérubins au milieu des angles supérieurs et se regardant l'un l'autre. Le corps était déposé très-profondément dans un caveau préparé à grands frais, et le chef reposait sous un reliquaire d'argent enfermé au-dessus de l'autel de la chapelle près de son tombeau. Cet autel lui était dédié, et sur la muraille voisine on avait peint un grand nombre de prodiges opérés par le saint personnage.

Le chef de Jean avait la propriété de guérir de la hernie ceux qui invoquaient le bienheureux avec foi.

Un professeur d'histoire à l'académie de Douai, nommé André Hojé, composa quelques vers latins en l'honneur de Jean et de sa vie pastorale, ces vers se trouvent dans la gardienne des saints de Rayssius, nous allons les rapporter.

Tu quoque Monchiacæ, Joannes, incole Petræ,
Sanctorum auxisti numerum, è pastoribus unus,
O gratum cœlo genus, et propè mentibus æquum
Æthereis! queis innocuæ custodia caulæ
Et, procul urbe, pia placuere silentia vitæ.
His unis prælustri offert se luce videndum,
Angelus; et silvis prope rare sub inde relictis
Bethlemum jubet, ac divinum agnoscere verbum,
Et laudes celebrare dei, atque exposcere pacem,
Tu nos, sancte, juva et parili da pace fruisci.

La fête du bienheureux se célèbre le 24 juin à la Nativité de saint Jean-Baptiste; une seconde a lieu également le 29 août, à la décollation du même saint Jean-Baptiste; mais la première est faite avec plus de pompe et de solennité, parce qu'alors, les habitants de la campagne, libres de tout travail, peuvent honorer le saint avec toute la piété possible.

Dans les premiers-jours d'août 1640, l'armée espagnole forte de 30,000 hommes, campa entre Monchy et Rœux. Cette démonstration n'empêcha pas Louis XIII de se rendre maître d'Arras le 9 du même mois. Turenne occupa aussi cette position en août 1654, lorsque les Espagnols tentèrent de reprendre cette ville. (D'Héricourt, *Siéges d'Arras*). Ce village fut occupé, pendant la guerre de la succession d'Espagne, par les armées qui vinrent tour à tour assiéger Douai en 1710 et 1712 et par celles qui venaient à son secours. Quand l'une se retirait, l'autre venait prendre sa place, et c'est alors que fut renversée sans doute, une tour qui se trouvait près d'une ferme nommée *Cense-la-Tour*, qui appartenait aux Dominicains d'Arras.

En 1787, une terrible maladie connue sous le nom de fièvre putride exerça d'effrayants ravages dans la commune de Monchy. En moins de quatre mois quarante-quatre personnes furent enlevées par ce fléau. L'épouvante était dans tous les esprits. Les malades étaient délaissés même par leurs proches; un grand nombre de malades aurait succombé faute de soins, sans le courage et le dévouement de M. Morel (curé de la paroisse, de M. Alexandre

Lefebvre, grand-oncle de M. Florent, de Liévin Olive, aïeul de Guislain Olive, aujourd'hui instituteur à Monchy, et de Procope Delannoy, clerc laïque de la paroisse. Sans se donner de repos ni le jour ni la nuit, ces hommes charitables bravèrent la mort pendant quelques mois, prodiguant leurs soins et leur bourse pour secourir et sauver les plus abandonnés.

Avant 1789, plusieurs seigneuries existaient dans ce village. Les Dominicains en possédaient une appelée la *Ferme de La Tour*. Les évêques d'Arras en avaient une autre dont relevait le presbytère ; mais la principale appartenait à l'abbaye d'Hasnon. (Robitaille. — *Ann. du dioc., 1866.*)

Une fosse au charbon avait été ouverte au bas de Monchy en 1808 ; longtemps abandonnée, elle fut reprise en 1838. Les nouvelles recherches n'eurent aucun succès. (Harbaville, *mém. hist.*)

ARCHÉOLOGIE — L'église qui existait en 1782 et qui contenait le tombeau du bienheureux Jean, étant devenue insuffisante, afin de lui donner plus d'étendue, on résolut de la construire parallèlement à la rue et d'élever au dessus du portail un nouveau clocher. Ces constructions furent terminées en 1783, mais à peine, subsistèrent-elles dix ans. En 1793 l'église fut détruite de fond en comble et le clocher, qui resta seul, servit plus tard aux ingénieurs du gouvernement pour prendre des points géographiques et tracer le méridien. Ce travail fut exécuté en 1821.

Dès 1807, une nouvelle église fut rebâtie ou plutôt un espèce de hangard qu'on ajouta tant bien que mal au magnifique clocher qui servit de chœur, de manière que les sonneurs étaient obligés de venir se placer au pied du tabernacle pour mettre la cloche en branle.

Le 17 mai 1848, son Eminence le cardinal de la Tour d'Auvergne envoya M. Bailly, son vicaire général, présider la cérémonie de la pose de la première pierre de la nouvelle église de Monchy. M. Bernard, architecte à Valenciennes, en a dressé le plan ; c'est une œuvre originale où l'on semble s'être joué des difficultés d'architecture. Ce qui frappe à son aspect, c'est une alliance heureuse de simplicité religieuse et de la majesté monumentale sous ces dômes élégants, sous ces arceaux qui semblent tordus avec effort. Les fenêtres de l'église sont ornées de magnifiques vitraux exécutés avec autant de soins que d'intelligence par M. Martel, de Douai, sur les dessins de M. Charrier. Les deux principaux sujets sont : la Résurrection et l'Assomption ; la plupart des têtes de personnages sont des souvenirs empruntés aux plus belles productions de Michel-Ange et de Raphaël, que l'artiste a étudiées pendant son séjour en Italie.

On y remarque encore plusieurs statues et ornements dus à MM. Carpeau et Debaisieur, mais qui n'en sont pas moins dignes des plus grands éloges ; sans oublier la statue de la Sainte-Vierge, œuvre d'un jeune artiste de Paris, M. Lhariviel, dont les ouvrages exposés plusieurs fois aux salons du Louvre, ont toujours mérité les éloges de tous les vrais connaisseurs.

Nous mentionnerons aussi une chapelle dédiée à Notre-Dame des Grâces, bâtie dans le style du XIII° siècle, d'après les dessins de M. Violet-Leduc.

NOYELLES-SOUS-BELLONNE

NOYELLES-SOUS-BELLONNE. — *Nigella Noella*

HISTOIRE. — Ce n'était, en 1152, qu'une simple dépendance de Bellonne.

L'abbaye de St-Vaast y possédait des rentes en 1233, et l'évêque d'Arras et l'abbaye de Marchiennes en étaient les décimateurs. Le village relevait primitivement de la châtellenie d'Oisy.

La famille de Blondel de Beauregard, originaire du Cambrésis, fut admise aux états d'Artois en 1755, comme seigneur de Noyelles-sous-Bellonne.

ARCHÉOLOGIE. — L'église bâtie en 1651, fut brûlée pendant la guerre de 1710 ; elle a été restaurée en 1803 et 1816.

PELVES.

PELVES. — *Pabula* (1098), sur la rivière de la Scarpe. Selon M. Harbaville, ce village devrait son nom à un monument druidique du genre de ceux qu'on appelle pierres levées ou *Peuleven*.

HISTOIRE. — Pelves dépendait de la juridiction de St-Vaast ; il avait été accordé à l'abbaye par l'évêque Lambert en 1098, donation qui fut confirmée en 1164 par le Pape Alexandre III. En 1654, le Vicomte de Turenne ayant opéré sa jonction avec l'armée du maréchal de la Ferté, se retrancha entre le village de Monchy-le-Preux et la Scarpe. Ce dernier vint se fortifier à Pelves, sur la rive droite de la rivière, en s'appuyant sur les marais de Vitry et de Fampoux. (D'Héricourt, *Sièges d'Arras*.

Il y avait à Pelves plusieurs seigneuries ; l'une d'elles était vicomtière et portait le nom de *Petit-Oisy*, et appartenait au Comte d'Oisy. Lorsque le comté fut confisqué au profit du roi de France, cette seigneurie eut le même sort et fut aliénée sous le règne de Henri IV. Le sieur Des Lyons, maire d'Arras et seigneur de Bavincourt en fit l'acquisition.

Un autre fief faisait partie de la seigneurie de Fampoux et de Rœux, et appartenait aussi au roi de Navarre : il fut vendu à Ambroise, duc de Bournonville. Plus tard, sa fille l'apporta en mariage dans la maison de Noailles.

ARCHÉOLOGIE. — On a trouvé dans les tourbières de Pelves, à une profondeur de six à sept mètres, des ossements d'aurochs, des urnes, amphores, vases de terre et de bronze appartenant à l'époque romaine.

L'église bâtie en 1750, fut démolie pendant la Révolution, et réédifiée en 1803.

PLOUVAIN.

PLOUVAIN. — Situé sur la rive gauche de la Scarpe.

Histoire. — Ce village dépendait de St-Vaast. L'autel en fut accordé à l'abbaye en 1098, par l'évêque Lambert. Quoique peu connu dans l'histoire, ce lieu ne laisse pas que d'être très-ancien : on a trouvé sur le territoire de Plouvain un tombeau remontant aux premiers siècles de l'ère chrétienne.

RÉCOURT.

RÉCOURT. — *Rekurt, Recuria.*

Histoire. — Ce village a donné le nom à une illustre famille issue d'Enguerrand, fils puîné de l'ancienne maison de Coucy, 1180. La famille de Récourt avait sa filiation suivie depuis Guy, sire de Récourt, 1291. (La Chesnaye des Bois, P. Anselme, généal. de la famille de Récourt par A. F. N. de Récourt, seigneur de Bruyères et de Chérest, 1782). *Réné de Belleval.*

Michel de Récourt, fut lieutenant général des armées du roi Philippe de Valois en 1340. Le sire de Récourt était banneret d'Artois au XIIIe siècle ; il relevait du comte d'Oisy en 1246.

La terre de Récourt entra par achat, vers l'an 1400, dans la maison de Lens. (Le Carpentier, *Hist. de Cambrai.*

Gérard de Récourt, fils aîné de Gérard de Récourt, châtelain de Lens, baron de Licques, seigneur de Camblain et de Récourt et de Françoise de Mailly, fut tué à la bataille d'Azincourt en 1415. Il avait servi le duc de Brabant contre le duc Rouge et ses alliés en 1407, et avait suivi le duc de Bourgogne d'Arras à Amiens et Paris, décembre 1409 (R. de Belleval).

Ses successeurs eurent rang dans les familles équestres au temps de Charles-Quint. Charles de Récourt, dit de Lens, fut créé amiral de France, le 6 juin 1418. Philippe IV érigea le 31 juillet 1630, la baronnie de Wissenkerke en faveur de Philippe de Récourt, dit de Licques, colonel d'infanterie wallonne, et en 1671, le comté de Rupellemonde, pour son petit-fils Yves-Marie-Joseph de Récourt de Lens de Licques, maréchal des camps et armées du roi, qui épousa la fille du duc de Grammont, et fut tué au combat de Passenhoven le 15 Avril 1745. Avec lui s'éteignit sa branche. Ferdinand Gillon de Récourt fut page du roi en la grande écurie en 1722.

Les largesses de la famille de la Viefville, et le nom de l'ancien château de Récourt indiquent que la seigneurie du lieu a appartenu aux seigneurs de cette maison, par suite de leur alliance avec les de Mérode alliés eux-mêmes à la famille de Récourt. L'abbaye du Verger conserva longtemps les restes de plusieurs membres de la maison de Récourt.

L'Ancien château dit la *Vief-ville* a été démoli en 1865. Il n'en reste aucune trace.

Le fief de Bernapré appartenait en 1684 au sieur Hardy Charles-Gilles-Martin, seigneur de Récourt, qui reçut des lettres d'anoblissement le 30 juin 1691.

REMY.

REMY. — *Remis.* (*Hist. de St-Vaast 1093*) Selon M. Harbaville, ce village situé près de la Sensée, tirerait son nom du celtique *Re*, rivière, ou de *Remillus*, lieu en pente.

HISTOIRE. — Quoiqu'il en soit, l'existence du village de Remy remonte à une haute antiquité. En effet, on trouve un sieur Virel de Remis cité parmi les chevaliers qui joûtaient au tournoi d'Anchin en 1096. L'évêque Lambert concéda en 1098 l'autel de Remy à l'abbaye de St-Vaast.

Patrimoine ancien des Montgermonde, la terre et le manoir de Remy furent vendus à Robert II, Comte d'Artois en 1268. (Godefroy, *Inv. des Chartres d'Artois*). La propriété en resta au domaine d'Artois jusqu'à la fin de la domination de la maison de Bourgogne. En 1323 la comtesse Mahault donna aux pauvres de Remy un tiers dans cent livres de rentes, dont le surplus avait été assigné par elle aux pauvres d'Arras et de Fampoux (Locrius, *Chron. Belg*).

Un plan portant la date de 1554, et déposé à la chambre des comptes du roi à Lille, nous a fait découvrir l'existence d'un château dit des *Archiducs* et qui aurait appartenu à Albert et Isabelle, souverains de l'Artois. On n'en retrouve aucun vestige de nos jours, mais son ancien emplacement a conservé la dénomination de *Bas-Château*. Il était situé sur la rive gauche de la Sensée, entre cette rivière et la rue qui le séparait du domaine du baron de Remy.

La terre de Remy sortit dans la suite de la famille royale de France. En 1340, nous retrouvons une dame, Anne de Remy, femme de Baudoin d'Annœux, sire de Quintiloire, Parsonval, Remy, etc. etc., Monstrelet cite un sire Pierre de Remy parmi les chevaliers tués à la bataille d'Azincourt en 1415.

A côté du manoir des archiducs s'éleva un autre château

construit par les seigneurs de Pressy. Jean de Pressy, écuyer, seigneur d'Ambrines, Ligny-St-Flochel, était propriétaire de la terre et du château de Remy en 1601. Ils furent vendus en 1668 à d'Aoust, seigneur de Barastre et furent portés en mariage dans la famille de la Torre. Le 14 avril 1730, fut enterré dans le chœur de l'église de Remy, madame Caroline-Hippolyte d'Aoust dame de Remy, femme d'Ernest de la Torre, baron dudit Remy, son mari en premières noces.

La terre de Remy relevait du roi à cause de son château d'Arras. Louis XIV en aliéna une partie dite *La hauteur*, à laquelle il avait attaché des droits honorifiques en la vendant. Pourra, directeur de l'hôpital général militaire établi à Arras de 1708 à 1713, en fit l'acquisition ; il la céda quelques temps après à Delille chirurgien-major de cet hôpital. De longues contestations s'élevèrent entre ce dernier et le comte de La Torre au sujet de ces droits honorifiques. Fatigué de solliciter en vain un jugement définitif, Delille vendit, en 1726, la *hauteur de Remy* au comte et à son épouse. Six ans après, Paul-François-Bouquel, écuyer, seigneur de Warluzel, étant devenu propriétaire de la terre et seigneurie de Remy, la vendit au mois de mai 1732, à Prévost sieur de Wailly. Par suite d'alliances avec la famille d'Aix de Rœux, la seigneurie de Remy appartenait en 1735 à Lamoral François-Eugène, baron d'Aix, admis aux états d'Artois en 1756 et qui devint Mayeur d'Arras et député des Etats de la Province.

Il obtint régulièrement le titre héréditaire de baron par lettres du roi Louis XVI de juillet 1784. Un de ses derniers rejetons épousa la fille de Jérôme Grenet de Marquette, dit marquis de Blérancourt dont il eut le marquis de Le Josne Contay et Madame Albert de Guillebon, propriétaire actuelle du domaine de Remy.

Le 26 décembre 1870, la commune fut traversée par l'armée du Nord après la bataille de Pont-Noyelles.

Quoique enclavé dans le diocèse de Cambrai, Remy a toujours fait partie de celui d'Arras ; le chœur de l'église dépendait de l'abbaye de St-Vaast.

C'est sur le territoire de Remy que se trouve la source dite *La Bronne* dont les eaux grossies par celles du Cojeul vont se jeter dans la Sensée après avoir fait tourner le moulin dit *Delannoy* qui existait déjà en 1554.

Une autre usine appelée *Moulin du roi* faisait partie de l'ancien domaine des archiducs.

ARCHÉOLOGIE. — Le château de Remy bâti en 1529 par les seigneurs de Pressy, fut brûlé deux fois; le dernier de ces incendies remonte à 1640. Le gouverneur d'Arras mécontent du seigneur de Remy qu'il soupçonnait de connivence avec les français, envoya mettre le feu à son château. Cet édifice, plus long que large, est élevé entre cour et jardin, et construit en briques sur une gresserie ayant plus d'un mètre de haut. Il est flanqué de quatre tours de forme ronde, en briques et dont l'intérieur est voûté. Il est situé près de l'église et du cimetière, à mi-côte de la rivière. Il n'y a qu'un étage contenant sept chambres hautes tant dans le corps-de-logis que dans les terres. Une cinquième tour, de même forme que les autres, mais plus haute et détachée du château, renferme l'escalier. Le sommet en est terminé par un pigeonnier où l'on arrive par une échelle.

L'église bâtie en 1560 dans le style ogival du XVIe siècle, renfermait autrefois le tombeau de Charles de Pressy et de Marguerite de Cambrai, dame de Remy, Eterpigny, Tilloy, Dury, etc. etc.... Elle eut beaucoup à souffrir des combats livrés entre les Français et les Espagnols. Suivant la tradition, elle devint la proie des flammes ainsi que le font supposer l'examen à l'intérieur de pierres calcinées, et l'absence de menaux aux fenêtres, qui ont dû être brisées lors du siège d'Arras en 1640. Il y a lieu de croire que le haut des murs fut abattu après la voûte et que la charpente qui porte la date de 1672, a été rétablie avant qu'ils ne fussent relevés; car avec la hauteur actuelle des murs, il parait difficile d'avoir pu reconstruire les voûtes des trois nefs telles que les parties de nervure, venant se perdre dans les colonnes, nous les montre avoir existées. Aussi l'église resta-t-elle, jusqu'en 1831, sans voûte et sans plafond. Les murs de l'abside sont d'une construction postérieure au reste de l'église, et les fenêtres près de l'autel du chœur étaient jadis construites en plein cintre.

Devenue salle de fabrication de salpêtre à l'époque de la Révolution, l'église dut sa conservation, à cette distinction profane. Elle vient d'être complètement restaurée, grâce aux soins de M. Carpentier curé actuel et d'après les conseils de M. le chanoine Van Drival. On y remarque au-dessus de l'autel de la Sainte-Vierge trois statuettes très-anciennes et bien conservées, représentant la Vierge, un ange et St-Blaise. Ce dernier est l'objet d'un pélerinage jadis fort suivi par les malades souffrant d'angine.

RIENCOURT-LES-CAGNICOURT.

RIENGOURT-LES-CAGNICOURT. — *Raincurt. Riecourt. Riencourt-les-Hendecourt.* (Père Ignace.)

HISTOIRE. — Ce village qui n'était qu'un hameau au XI° siècle, dépendait de la juridiction de S¹-Vaast. L'autel en fut néanmoins accordé au chapitre d'Arras, en 1152, par le pape Eugène III. Par suite d'un accord du mois d'août 1246, entre Robert, comte d'Artois, et Mathieu de Montmirel, sire d'Oisy, les bruyères de Riencourt furent déclarées limites de la justice d'Oisy. (*Godefroy, Invent. des chartes d'Artois.*)

La seigneurie de Riencourt était divisée en trois parties qui furent aliénées du domaine royal par Louis XV. La moitié en fut vendue à un sieur Ransart d'Arras. Ce village fut le théâtre d'un fait d'armes remarquable dont nous empruntons le récit au Père Ignace. (*Addition aux mém. Tome II.*)

« On imprima à Paris, en décembre 1650, une relation intitulée *l'Enlèvement fait entre Bapaume et Arras d'un quartier des Espagnols qui a été naguère brûlé,* où deux régiments de cavalerie, trois compagnies franches et une autre du roi d'Espagne ont été entièrement défaites. Le Comte d'Hanape commandant tout le corps avec son lieutenant général et plusieurs autres furent faits prisonniers par le mylord Digby commandant les troupes du roi.

« Informé par les espions que les troupes du roi s'étaient retirées le 12 décembre 1650 à trois lieues de Bapaume et qu'ils s'étaient divisés en trois villages, Lagnicourt, Riencourt et Hendecourt, trois paroisses sur une plaine élevée à la portée du mousquet l'une de l'autre, il se fit conduire par de bons guides, feignant d'être parti de Cambrai pour se rendre au milieu de leur quartier afin de le forcer.

« Mais soit trahison, soit vérité, arrivé sur les lieux, ses guides ne purent jamais reconnaître ni distinguer aucun de ces trois villages, bien qu'ils se fussent approchés tantôt de l'un tantôt de l'autre pour tâcher de découvrir quelques lumières ou feux, ou d'entendre quelques bruits, seuls signaux dont ils pouvaient tirer quelque indice pendant la nuit.

« Ces allées et venues ne produisant aucune découverte, Digby fut contraint d'envoyer un cavalier qui entra à petit bruit dans l'un de ces villages. Il rencontra d'abord une sentinelle à demi endormie, lui demanda sans se faire connaître où était le quartier de la cavalerie espagnole: la sentinelle répondit qu'elle était postée dans le village voisin; il ajouta qu'il n'y avait que le général logé dans celui-ci avec quelques mousquetaires pour sa garde.

« Le cavalier rejoignit son milord à qui il fit part de la découverte. Digby, de crainte qu'en attaquant d'abord la maison où était le général, les autres quartiers ne vinssent lui tomber sur les bras, aima mieux marcher au village prochain, c'était Riencourt ; il y envoya des cavaliers des garnisons d'Arras et de Bapaume, conduits par De Maure, cornette de la compagnie de Bapaume, soutenu par 50 maîtres de la compagnie de Villette, commandée par d'Avet, capitaine, et suivis par cent autres sous les ordres de Flocourt, capitaine au même régiment, pendant qu'il faisait partager le reste de sa cavalerie en 30 escadrons dont il fit environner le village par de la Nau, son aide de camp, et par d'autres officiers, afin d'empêcher les troupes qui y étaient, de se sauver et de s'opposer au secours qui leur eut pu venir du village voisin.

« Il y avait dans Riencourt deux régiments de cavalerie, savoir : celui du comte d'Hannape et celui du chevalier de Villeneuve, trois compagnies franches, qui étaient celles du prince de Ligne, du lieutenant-général Dom Antonio de la Guéva, appelée la compagnie du roi et une autre.

« Les officiers de Maure, d'Avet et Flocourt entrèrent avec leur monde dans ce village si précipitamment qu'en un instant tout le quartier fut mis en feu, le carnage y fut grand, il ne se sauva ni homme ni bêtes, dit la relation, quelques-uns néanmoins se sauvèrent dans l'église et un major nommé Dom Hope d'Obrigon, qui étant fort blessé, se traîna sous les haies où il demeura caché.

« Le comte d'Hannape, maître de camp de cavalerie et commandant le détachement sous le lieutenant général Dom Francisco Pardo, fut fait prisonnier avec le lieutenant de la compagnie de Dom Antonio de la Quëva, un autre lieutenant, deux cornettes et plusieurs autres officiers. Le cornette de la compagnie du roi, ou plutôt des Espagnols que je viens de nommer ayant été le seul préservé du feu dans cette attaque, fut envoyé à Louis XIV. On compte qu'il a péri dans les flammes, car plusieurs maisons de ce village furent brûlées, plus de 300 personnes qui s'y étaient réfugiées.

« Les Français ne firent prisonniers qu'une cinquantaine de soldats parce qu'à leur mine ils en espéraient une bonne rançon. Ils prirent aussi 200 chevaux. Digby ne perdit qu'un seul officier, nommé de Montarbé, lieutenant de la compagnie de Bapaume, lequel ayant été blessé à la première attaque, mourut peu après de sa blessure. »

L'église date de 1777, elle possédait de nombreux revenus avant la révolution. Le clocher avait été bâti en 1550.

A trois cents mètres du village on rencontre une chapelle dédiée à Notre-Dame de Grâce, elle existe de temps immémorial : elle est sans doute le lieu du pélerinage célébré en l'honneur de Notre-Dame des *Vertus* et par altération des *Vertiges*, dont le P. Ignace fait mention dans son dictionnaire.

RŒUX.

RŒUX. — *Ressium, Rœult, Rœulx*, situé sur la rive gauche de la Scarpe.

Histoire. — Ce village n'était, en 1164, qu'un hameau dont l'église avait été donnée à l'évêque d'Arras. Ce dernier en partageait la dîme avec le Prévost de St-Michel et l'abbaye d'Etrun.

Eustache de Rœux fut témoin, en 1176, d'une Charte dans laquelle Baudoin, comte de Hainaut reconnaissait les droits de l'abbaye de St-Vaast d'Arras et de l'église de St-Aycharde dans la ville de Hâspre (*Arch. Gén.* à Lille). En 1243, Richard de Rœux et sa femme Sarah, cédèrent à l'abbaye d'Annay tous leurs droits sur une maison située à Arras.

Rœux et Fampoux, dont il dépendait, faisaient partie au XIIIe siècle, du domaine des princes souverains d'Artois ; il en fut détaché au XVIe en faveur de la famille de Bournonville, dont un membre l'apporta en mariage, en 1671, au maréchal duc de Noailles.

A côté de cette seigneurie, qui appartint plus tard à la famille d'Aix, se trouvait celle de l'évêque d'Arras.

En 1730, on fut obligé de détourner à Rœux le cours de la Scarpe ; en effet, cette rivière, par suite d'un coude existant au bas du village inondait le pays et allongeait la navigation. On fit aussi élever un pont de pierre aux frais des États d'Artois, afin de communiquer plus facilement avec les marais qui se trouvaient de l'autre côté de la rivière.

Le 19 octobre 1834, mourut au château de Rœux, l'honorable M. Leroux du Chatelet (Marie-Philippe-Onuphre-Désiré-Louis), ancien magistrat, deux fois député sous la restauration. Il était né à Arras le 3 février 1763 : homme dévoué aux intérêts de son pays, il n'avait eu d'autre pensée dans sa vie que celle d'être utile.

Le séjour de l'armée du Nord sur les bords de la Scarpe fut

signalé par un triste événement. Dans la nuit du 30 au 31 décembre 1870, le feu dévora le château de Rœux appartenant au général comte de Vauban. Il était occupé par des mobilisés d'une brigade en passage. Les efforts des habitants et des soldats ne purent sauver qu'une partie des meubles. Le château et sa bibliothèque devinrent la proie des flammes.

Rœux eut la visite de quelques éclaireurs prussiens, qui cherchèrent, mais en vain, à couper le chemin de fer du Nord, dont une station existe aux abords du village.

ARCHÉOLOGIE. — L'église ancienne était bâtie au centre de la commune sur l'emplacement de l'ancienne ferme des Warlouzets; elle datait de 1770. Le terrain fut donné par M. Xavier Leroux du Châtelet, écuyer, qui consacra à son érection 20,000 francs, indépendamment des sacrifices faits par les habitants. Vendue en 1793, elle fut rachetée au moyen d'une somme de 60,000 francs dont 40,000 furent donnés par le fondateur, et le reste par les sieurs Hilaire Deloffre et J. B. Delaby. Le presbytère vendu à la même époque et racheté par le principal donataire précité fut donné à la commune par M. Onulphe Leroux du Châtelet, écuyer et alors député. Il ne reste plus de vestiges de l'ancienne église qui se trouvait à 600 mètres environ, à l'Ouest de l'église actuelle. Elle formait le centre d'un hameau qui, s'étant déplacé, a servi à la fondation du village existant. Ce déplacement a été provoqué par la construction d'un pont sur la Scarpe.

L'église de Rœux est de forme basilicale avec transept, c'est-à-dire élargissement du vaisseau entre l'abside et la nef. Les nefs sont de deux proportions; celle du milieu est plus élevée et en rapport exact de hauteur et largeur avec l'abside, elle a deux rangs de colonnes cylindriques; à l'extrémité de chaque petite nef est une chapelle. Les chapiteaux sont de style conique sans ornements et les bases octogones.

L'église est précédée d'une tour faisant saillie à l'Orient; elle est surmontée d'une flèche de bois, couverte en ardoises et terminée par une boule en plomb que surmonte la croix.

Trois portes cintrées, sans chapiteaux ni piliers qui les divisent, ouvrent au centre de chaque nef.

Il y a à l'intérieur au-dessus du porche principal un groupe représentant l'Ange gardien, sculpté en chêne par le célèbre Létoquart; Ce groupe est accompagné de colonnes torses, dans le style de la fin du siècle de Louis XIV et de celui de Louis XV. Les poutres sont cintrées en bois, plafonnées et blanchies ; les arêtes reposent sur une corniche d'ordre ionique. Le tableau du maître-autel représentant le crucifiement comme nature sur toile a été fait sous les yeux et d'après le tableau de Vandyck.

Deux reliquaires placés au mur des deux côtés du maître-autel sont en style du siècle de Louis XV, fond blanc, mêlé de glacis et relevés d'or. Ils renferment des reliques authentiques des S. S. Prosper et Modestes ; des S^{tes} Illuminate et Candide, martyres.

Sur l'emplacement de l'ancienne église et au milieu du cimetière qui l'entourait, une chapelle sous le vocable de sainte Hélène avait été bâtie en 1686 et détruite en 1795. M. Xavier Leroux du Chatelet, après avoir acheté le terrain et les matériaux l'a fait reconstruire en 1803. Sa forme est octogone, ses murs sont en briques et pierres calcaires. Elle est précédée d'un portique soutenu par quatre colonnes en marbre, corniche et base corinthienne, provenant de la chapelle de la Sainte-Vierge dans l'ancienne église de Ste-Croix à Arras. Longtemps la chapelle de Ste-Hélène fut un lieu de pèlerinage suivi par les personnes atteintes de maux de reins. En face de l'entrée de la chapelle, est une pierre tumulaire sur laquelle est gravée une croix ; elle fut placée en 1731 en mémoire d'un curé mort en odeur de sainteté.

On voyait aussi autrefois sur le territoire de Rœux deux croix pélérines dont l'une était placée sur un chemin vicinal appelé communément *Chemin de la Croisette*, qui recouvre à cinq ou six pieds de profondeur l'ancienne voie romaine de Cambrai à Lens passant au pont Verron. (*Renseignements fournis par M. Demory*, février 1845.)

Les tourbières de Rœux recèlent comme leurs voisines bien des débris anciens. On y a découvert une large et belle chaussée qui les traversait du Nord au Sud pendant l'occupation romaine, et qui, assise sur pilotis, et composée de sol des gravois, s'y est conservée, à une profondeur de 2 mètres environ sous le niveau du sol actuel. (Harb., *mém. hist.*)

SAILLY-EN-OSTREVENT.

SAILLY-EN-OSTREVENT. — *Salliacum, in pago Ostrevano* (Olivier de Serres, Sceaux de Bourgogne, charte 1176.), *Sailly-sous-Bellone.*

HISTOIRE. — Selon les titres anciens de l'abbaye de Marchiennes, ce village fut donné à sainte Eusébie par le roi de France son parrain et fit partie de la dotation de ce monastère en 877.

Sailly fut brûlé en grande partie en 1074. L'abbé Allard Ier fit dépouiller alors la châsse de la sainte enrichie d'or, d'argent et de pierreries qui se trouvait dans l'abbaye, et en distribua la valeur aux malheureux incendiés.

Les religieux de Marchiennes avaient à Sailly un gouverneur de leurs biens nommé Etienne. Un de ses parents avait donné toute sa fortune au monastère, puis il s'était fait religieux et y était mort. Etienne prétendit jouir de sa succession; mais un jugement l'en priva. Irrité de cette mesure, il fit à l'abbaye tout le mal possible. A sa mort, quoique chef du village, les moines, en signe de mépris, le firent enterrer dans le cimetière commun.

On craignait à Sailly une nouvelle irruption des pillards, les habitants réclamèrent des secours à Marchiennes et firent beaucoup d'instance pour obtenir le corps de sainte Eusébie, comme préservatif. Les moines accédèrent à cette prière, mais substituèrent au corps de la sainte celui de saint Donat, leur premier abbé. Pendant une procession faite dans le village, des cierges éteints par le vent furent miraculeusement rallumés par une flamme qui s'éleva de la châsse. Ce prodige fit impression à Guillaume d'Ipres, bâtard de Flandres, qui occupait avec ses troupes le château de l'Ecluse ; le pillage cessa et, ajoute l'historien, les ennemis vinrent jusqu'à apporter leur offrande au saint.

Mais après la soumission, saint Donat fut reporté à Marchiennes, suivant les ordres de l'abbé Amand. Les alliés en furent instruits et revinrent aussitôt à Sailly, dont les malheureux habitants furent taillés, dépouillés et oppressés de toute manière. Hugues d'Oisy était alors avoué de Sailly. (Dutilloeul, *Petites histoires*.) La terre de Sailly fut confirmée à l'abbaye de Marchiennes par un diplôme de Baudoin de Lille en 1046, et par un acte de Philippe d'Alsace du 26 avril 1176. La comtesse Jeanne en 1234, Thomas de Savoie en 1239, et la comtesse Marguerite en 1246, confirmèrent aussi la propriété de Sailly à l'abbaye. Le vivier nommé *les Brognes de Sailly*, fut cédé en 1101 par Henri, abbé de St-Vaast, à l'évêque Lambert. Cette cession fut confirmée par le pape Eugène III en 1152.

Les Français, commandés par François de Coligny, seigneur d'Andelot, colonel général de l'infanterie, père du malheureux Lionnel de Coligny, massacré à la St-Barthélemy, pillèrent le village de Sailly le 15 août 1520.

Lors du siége d'Arras de 1640, le maréchal de la Meilleraie établit ses quartiers entre Douai et Cambrai près du village de Sailly. Après son départ, il fut suivi par le général espagnol Lamboi, qui établit son camp au milieu des marais de Sailly; mais le maréchal vint l'attaquer dans ses retranchements. Les Espagnols furent culbutés et remplirent les fossés de leurs morts. Toutefois les Français durent se retirer devant l'artillerie ennemie postée sur les bords de la rivière, emmenant prisonniers 4 cornettes et 4 drapeaux. (D'Héricourt. *Siéges d'Arras*.)

Sailly est situé sur un petit ruisseau du même nom qui séparait l'Ostrevent de l'Artois et par lequel les alliés, durant le siége de Douai en 1710, faisaient couler les eaux de la Scarpe dans la Sensée.

La terre de Sailly avait titre de marquisat ; la coutume du lieu fut rédigée en 1507.

ARCHÉOLOGIE. — C'est à Sailly que se trouvent les fameuses pierres dites *les Sept Bonnettes de Sailly*, nous relaterons ici textuellement l'intéressante description qu'en a faite M. Harbaville dans son mémorial historique.

« Aux confins du territoire, vers le Sud, sur une éminence dont les pentes sont douces et régulières, s'élève un cône tronqué de forme elliptique, ayant environ 120 pas de circuit à la base et 30 au sommet, et 10 pas de rampe, bien gazonné. Au sommet se trouve un cercle druidique formé de six pierres ayant 1 mètre hors de terre, et espacées entr'elles de 2 mètres ; une septième pierre a existé au milieu du cercle à la distance de 2 mètres et demi de chacune des autres. L'excavation qu'elle a laissée a 90 centimètres de profondeur. Ces pierres en grès bruts ont 34 centimètres de largeur. Elles sont grossièrement entaillées dans une partie de leur épaisseur, de manière à former en haut un rebord qui surplombe de 10 à 12 centimètres en dedans du cercle. La pierre du milieu ayant été enlevée depuis un temps immémorial, on dit qu'on en replaça une autre qui disparut la même nuit. Il y a environ quinze ans, on entreprit de fouiller cette butte par le côté, dans l'espérance d'y trouver *des trésors ;* mais force fut d'y renoncer, car la nuit suivante les ouvriers furent *troublés* chez eux par des apparitions, des visions effrayantes, et aucun d'eux ne voulut continuer l'œuvre de profanation. La terre de la butte n'est pas tirée du sol qui l'avoisine; on m'a fait remarquer avec mystère qu'elle n'a aucune analoge avec le terrain qui l'entoure; qu'elle est de la plus mauvaise qualité et a dû être apportée de loin. Le fait est singulier, mais il est réel: et, s'il faut tout dire, le diable passe pour avoir apporté les matériaux du tertre qui supporte les pierres dites les *Sept Bonnettes de Sailly....* Cette appellation est appuyée d'une légende qui a cours dans le pays. On raconte que sept jeunes filles, au mépris des saintes lois du dimanche, avaient l'habitude d'aller danser sur ce monticule pendant les vêpres. En vain le curé avait prodigué les exhortations pour les en détourner, en vain les avait-il menacées des terribles jugements de Dieu, elles ne tinrent compte ni de ses avis, ni de ses menaces. Un jour de dimanche, elles y allèrent donc folâtrer selon leur coutume. Mais tout-à-coup, voilà que leur danse en rond est arrêtée, leurs têtes deviennent raides, leurs bras se collent à leur corps, leurs jambes s'enfoncent profondément dans le sol ; elles étaient changées en pierres.... On accourut, on voulut les arracher de la terre, tout fut inutile. Une autre version dit qu'elles disparurent seulement, et qu'on ficha en terre sept pierres dans la position que chacune des pauvrettes avait occupée. »

L'opinion que les pierres dont il s'agit soient un monument druidique n'est pas admise sans contestation. Quelques antiquaires pensent, avec sire Thomas Philips, que cette butte est un tumulus gallo-celte, renfermant sept tombeaux. D'autres voient dans la position des pierres l'indice que le tertre a été simplement un signal. Il est vrai que dans les siècles reculés, on signalait l'approche de l'ennemi par des feux allumés sur des hauteurs dont plusieurs ont retenu le nom de *Mont du signal;* mais ici, rien ne justifie cette opinion, et le cercle de Sailly paraît au contraire avoir une mystérieuse correspondance avec la colossale *roche d'Epierre* à l'Ecluse, et avec le *dolmen* de Hamel, près d'Arleux.

Au bas de Sailly, se trouvait jadis au milieu du marais un fort en terre environné d'eau, et inabordable de tous côtés. On plaçait sur cette élévation des troupes en temps de guerre, pour être maître des eaux et de la rivière. Ce fort, qui protégeait le château de l'Ecluse, distant à peu près d'une lieue, fut tour-à-tour pris et repris par les alliés. Les Français le perdirent en 1710 ; avant de s'en emparer, la troupe ennemie, composée en grande partie de huguenots campés dans le village, brûla la maison d'école, pilla l'église et enleva les trois cloches.

La pauvreté de St-Omes possédait à Sailly des biens que lui avait donnés l'évêque Cristophe de France.

SAUDEMONT.

SAUDEMONT. — *Salici mons, Sadamonte (1076)*.

HISTOIRE. — Sohier, châtelain de Vermandois, donna la terre de Saudemont à son fils cadet, 1060. (Le Carp .*Hist. de Cambrai*). Guymard de *Sademonte* figure parmi les chevaliers du tournoi d'Anchin, 1096.

Saudemont était tenu du chapitre de St-Amé à Douai en 1099; les manuscrits de l'abbaye de Marchiennes parlent de ce village dès 1115. Ce monastère y possédait des biens considérables dont la propriété lui fut confirmée par un diplôme de Philippe d'Alsace, Comte de Flandre, du 26 mai 1176. Les *masuriers* du lieu lui devaient en outre une rente de blé.

ARCHÉOLOGIE. — La construction de l'église remonte au XIIIe siècle. Avant la révolution, elle appartenait au diocèse de Cambrai. Elle a trois nefs; celle du milieu est voûtée en planches. Les religieux de Marchiennes consacrèrent 3000 écus, en 1771, pour la faire peindre. On y remarque la Ste-Trinité, les quatre Évangélistes, le Prince des Apôtres et St-Jean-Baptiste, cette peinture est bien conservée. Les nefs latérales sont également voûtées et peintes de la même manière. On y a représenté les scènes du martyre de St-Léger, patron de la paroisse et de Ste-Catherine. Le chœur est vaste et reçoit le jour par quatre croisées : le chapitre de St-Amé de Douai était autrefois chargé de son entretien. On remarque au maître-autel une descente de croix fort estimée.

TORTEQUESNE.

TORTEQUESNE. — *Torteken, Tortequenne* (1096).

Histoire. — Ce village était un simple hameau de Flandres et de la châtellenie de Lille, situé au milieu des marais de la Sensée. Le chevalier François de *Torteken* figure au tournoi d'Anchin en 1096.

Au XII° siècle, Tortequesne dépendait du domaine de l'Ecluse et comptait toujours un de ses habitants dans la composition du magistrat de cette localité. On retrouve un sire Jacques de Tortequesne, fils de Robert, allié avec Marie Jeanne de Hainecourt, 1490. (Le Carp. *Hist. de Cambrai*).

Le voisinage du château de l'Ecluse qui renfermait une garnison espagnole fit éprouver bien des désastres au village de Tortequesne. Le 31 octobre 1521, pendant la guerre entre François I°r et Charles-Quint, l'armée française quitta ses cantonnements du comté d'Ostrevent. Un accident signala cette marche précipitée. Le pont de Tortequesne s'écroula pendant la nuit, et les bagages furent précipités dans la rivière de la Sensée. L'ennemi informé de ce désastre, envoya de Douai un détachement pour reconnaître la position des Français, mais la cavalerie du roi, commandée par le comte de Brienne, et le seigneur de Mouy avec 2000 hommes d'infanterie, l'arrêtèrent et le firent rentrer dans la ville. (*Ext. des mém. de Martin et Guillaume de Belloy*).

Il n'y avait à Tortequesne, avant la révolution, qu'une chapelle fondée par les seigneurs de l'Ecluse et qui dépendait du diocèse de Cambrai, elle servait d'église paroissiale à Bellonne, lorsque l'église de cette commune fut détruite par les alliés en 1710. L'église actuelle fut bâtie en 1827, aux frais de la commune et grâce à la générosité de Mme la marquise de la Rianderie.

Archéologie. — Il existe à Tortequesne un bloc de grès, à

peine apparent et qui ne montre hors de terre que 0,40 centimètres de hauteur sur 0,64 centimètres de largeur et 0,25 centimètres d'épaisseur. Il a été recouvert par les remblais de la route de Bapaume à Douai. C'est un monolithe qui a sur son sommet une sculpture représentant une rangée de boules allongées qui s'entourent et semblent les grains d'un chapelet enclavés les uns dans les autres. Selon M. Terninck cette particularité pourrait bien avoir donné à la commune dans laquelle se trouve cette pierre, son nom de Tortequesne ou chêne tordu. Selon le même auteur cette pierre serait un peulven celtique que les Romains auraient revêtu plus tard du nom d'autel des Lares, nom qui lui est resté.

VILLERS-LES-CAGNICOURT.

VILLERS-LES-CAGNICOURT. — *Villarium*.

HISTOIRE. — Ce lieu n'était, en 1246, qu'un petit hameau relevant de la seigneurie d'Oisy. La terre appartenait à la famille Baudain. Foulques-le-Baudain, sieur de Villers, était grand prévôt de Cambrai en 1120. (Le Carp. *Hist. de Cambrai*).

La commune de Villers-les-Cagnicourt fut visitée par l'ennemi le 27 décembre 1870: 70 cavaliers prussiens vinrent enlever les armes de la garde nationale et les fusils des chasseurs.

L'église, qui date de 1600, a 3 nefs séparées du chœur par une balustrade en chêne et fort ancienne. Elle appartenait autrefois au diocèse de Cambrai; elle est aujourd'hui annexe de Cagnicourt.

VIS-EN-ARTOIS.

VIS–EN-ARTOIS. — *Vicus in Artesia, Vi, Viz, Vis-en-Pas-de-Calais*, est situé sur l'ancienne voie romaine d'Arras à Cambrai.

HISTOIRE. — Selon la tradition, la position de ce village aurait été occupée par un fort dans les derniers temps de la domination romaine. On n'en voit aucune trace de nos jours, mais la découverte de monnaies anciennes à l'effigie d'Antonin, d'armes, de poteries, faite au commencement du XIX° siècle, semblent confirmer cette opinion généralement répandue dans la contrée.

L'autel de Vis fut accordé à l'abbaye de Saint-Vaast par l'évêque Lambert en 1098. Ce monastère y possédait une ferme importante et dont les bâtiments considérables ont été convertis, en 1868, en fabrique de sucre. On voyait naguère encore au dessus de la porte d'entrée, une pierre sculptée représentant l'ours de St-Vaast. A la fin du XII° siècle, le seigneur de Vis-en-Artois était baron de Saint-Vaast. Il existe dans l'église une pierre tombale portant cette inscription : *Cy gist le corps de feu Hubert de Lœvacq, vivant mayeur de Vis-en-Artois pour l'abbaye de Saint-Vaast, décédé le 2 juin 1703*.

Le 17 juin 1710, l'armée commandée par le maréchal de Villars, n'ayant pas jugé à propos de risquer de secourir Douai, décampa de la plaine de Lens et traversa la Scarpe le 18. Elle s'établit de manière à occuper 8 à 10 lieues de terrain. Villars plaça la droite à Marquion, la gauche à Monchy-le-Preux, le centre à Vis-en-Artois.

En 1711, il vint de nouveau établir son armée sur les hauteurs de Vis.

En 1790, la terre de Vis-en-Artois rapportait à l'abbaye de Saint-Vaast, 525 rasières de blé, 263 de scourgeon, 263 d'avoine et 1000 gerbées.

Un violent ouragan renversa une grande partie des constructions de cette commune le 18 brumaire an IX.

Lors de l'invasion allemande, Vis fut traversé par un détachement de uhlans qui cherchèrent à couper les fils télégraphiques sur le chemin de fer du nord à la station de Rœux.

La coutume de Vis fut rédigée en 1507.

ARCHÉOLOGIE. — L'église de Vis-en-Artois est vaste et belle, elle a trois nefs. Sa construction semble remonter à l'année 1750; quant au style, et à part les proportions, elle a beaucoup d'analogie avec la cathédrale d'Arras.

Le clocher date de 1672.

VITRY.

VITRY. — *Victriacum, Victoriacum, Vitrei, Vitris, Vitry sur la Scarpe, Vitry-en-Artois*; selon certains auteurs, l'étymologie de ce nom est tirée du celtique *Vyk*, château, manoir, et *ac*, eau, *château au passage de l'eau.*

HISTOIRE. — Vitry, dont la fondation se perd dans la nuit des temps, était situé sur la grande voie qui conduisait de Cambrai à Tournai. Il fut évangélisé vers 360 par St-Martin qui y fonda une église.

Vers 369, dit Gazet dans son histoire de la sainte Manne, la terre étant demeurée longtemps stérile par suite d'une ardente sécheresse, Dieu fit tomber sur Arras et pays circonvoisins *une rosée grasse en forme de laine blanche mêlée de pluie* qui fertilisa le sol de manière à produire une abondante récolte. Selon une tradition locale, Vitry aurait éprouvé les bienfaits de ce don céleste, et on y conserva longtemps quelques parcelles de la sainte Manne qui furent réunies plus tard à celle que l'un des évêques d'Arras y transporta dans la chapelle de Ste Berthe.

Vers la fin du IVᵉ siècle, l'empereur Valentinien fait dresser des forts sur presque tous les cours d'eau un peu importants pour empêcher les barbares et les pirates de pénétrer par eau dans nos contrées. Parmi eux nous voyons s'élever le *Castrum* de Vitry, placé le long de la Scarpe et à proximité de la route de Cambrai à Lens de manière à pouvoir surveiller le parcours des deux voies de communication : cette forteresse était située sur un tertre artificiel à demi-rasé depuis, mais qui a encore 50 mètres de côté ; car il semble avoir été carré autrefois. Sa hauteur actuelle peut être de trois à quatre mètres, un grand fossé l'a entouré ; il renferme, ainsi que les terrains d'alentour, de nombreux débris provenant des constructions qu'on y a faites à diverses époques. Du reste on trouve à Vitry beaucoup de souvenirs romains ; M. Terninck y a recueilli entre autres objets, des médailles d'empereurs, des tuiles à rebord, dont l'une portait cette inscription incomplète ENNGAE, des vases, des fibules, etc., etc. (*Etudes sur l'Atrébatie, tome Iᵉʳ*).

Clodion, lors de la première invasion des Francs en 446, trouva la forteresse dépourvue de garnison et l'occupa. Il y établit l'un des premiers siéges de son empire et y fit construire un château vaste et solidement fortifié qui devint une résidence royale, fréquemment visitée par les princes de la première race.

C'est à Vitry que se perpétra un de ces odieux forfaits qui ensanglantèrent si souvent les marches du trône et dont l'histoire nous a transmis les horribles détails.

Clotaire, fils de Clovis, fondateur de la monarchie, venait de mourir et son empire s'était divisé entre ses quatre fils qui avaient fondé quatre royaumes distincts ; chacun d'eux se trouva bientôt à l'étroit dans ses états et voulut les agrandir au détriment de ses frères. Gontrand, roi d'Orléans et Sigebert d'Austrasie envahirent le royaume de Neustrie appartenant à Chilpéric ; ils s'emparèrent de l'Artois ; Gontrand vint mettre le siége devant Tournai où s'était réfugié le malheureux prince, tandis que Sigebert, pour se faire proclamer roi par les Francs de Neustrie, avait fixé à Vitry le lieu de la réunion générale où il devait être élevé sur le pavois.

C'est avec intelligence que cet endroit avait été choisi. Là, en effet, pouvaient arriver par les grandes voies romaines les Francs de Cambrai et de Térouanne ; de là aussi, afin d'aller attaquer Tournai, on pouvait diriger sur cette cité les forces assaillantes, d'un côté par la route d'Hénin-Liétard et d'Evin, de l'autre, par la route plus abrégée qui côtoyait Douai et Orchies, tandis que le cours de la Scarpe permettait d'envoyer par bateau des provisions et des instruments de siége. (Tailliar. — *Origine des villages du Nord de la France*).

C'en était fait du malheureux Chilpéric, lorsque son épouse, la célèbre Frédégonde, eut recours pour le délivrer à l'un de ces horribles et extrêmes moyens devant lesquels sa cruauté ne recula jamais. En effet, cette princesse fit venir de Térouanne deux soldats qu'elle soudoya. A peine Sigebert venait-il d'être élevé sur le bouclier, que ces émissaires s'approchèrent de lui, feignant de vouloir lui parler et le frappèrent de leurs poignards empoisonnés. Le roi poussa un cri et tomba pour ne plus se relever. Chérigisile, son lieutenant fut tué en voulant arrêter les assassins, et Siégla, Goth d'origine, fut grièvement blessé. (Grégoire de Tours, *Hist. eccl. des Francs*, liv. *IV*, c. *46*.; *Baldéric*, liv. *II, c. 16*.).

Le but de Frédégonde était atteint ; la mort du prince décida son frère à abandonner le siége de Tournai, Chilpéric quitta cette ville et put, avec de nouvelles troupes qu'il leva en Artois, repousser Gontrand dans ses états. Il vint à Vitry et fit enterrer l'empereur Sigebert *sans honneur*, et avec ses habits dans le village de Lambres.

Chilpéric commençait à retrouver un peu de calme et de repos dans son château, lorsque de nouveaux malheurs vinrent l'assaillir. La trahison de son fils, qui, séduit par Brunehaut, épousa la veuve de Sigebert, le meurtre de cet enfant ainsi que de ses deux premières femmes et des trois enfants que la première avait eus pendant son court mariage, soumirent son cœur de père à de terribles épreuves. Frédégonde elle-même vit ses crimes punis; car, peu de jours après, elle perdit ses trois enfants victimes d'une épidémie. Elle en eut bientôt un quatrième qui fut Clotaire II. Inquiète sur sa destinée, alarmée d'ailleurs de l'alliance que Gontrand et Childebert, frères du roi avaient faite contre lui, elle envoya, en 584, son fils à Vitry, pour y être élevé, regardant cette forteresse comme la mieux défendue par la nature, et la plus forte de toutes celles du royaume de Chilpéric. Le jeune prince n'y resta que deux mois; car Chilpéric ayant été assassiné en revenant de la chasse, Clotaire fut proclamé roi et quitta Vitry (Grégoire de Tours).

Il y a quelques années, on découvrit sur le territoire de Vitry, une double tombe à auges creusées dans un même bloc de grès, dans lequel avait été taillées les formes en creux de deux jeunes enfants. Les ossements s'y trouvaient encore, et leurs effigies en relief avaient été figurées sur le couvercle. M. Harbaville pense que ces deux enfants étaient ceux de la reine Brunehaut, morts l'un en 579, l'autre en 580. Selon M. Terninck, il serait plus probable que les corps renfermés dans ces auges étaient ceux des enfants de la malheureuse Andevère, première femme de Chilpéric ou de deux autres victimes de la sanguinaire Frédégonde. Malheureusement cette tombe fut brisée par les ouvriers qui la découvrirent.

Louis le Débonnaire donna à sa fille Gisle, lors de son mariage avec Evrard, comte de Frioul, le fief royal de Vitry. Ce dernier le laissa par testament à son quatrième fils Rodulphe, avec toutes ses dépendances, à l'exception de l'église qui avait été précédemment assignée à l'abbaye de Cysoing. (Mirœus, *Codex donationum*.)

L'ancienneté et l'importance de Vitry lui valurent bien des ruines à déplorer. Les Huns, les Normands et presque tous les peuples qui envahirent l'Artois, vinrent le visiter et le ruinèrent; mais chaque fois il se releva.

Dans les temps modernes, en 1054, l'armée de l'empereur d'Allemagne, Henri II dit le Noir, traversa la Scarpe à Vitry, allant attaquer Baudoin VIII, comte de Flandre.

Peu d'années après, 1070, Richilde devenue veuve par la mort de son époux, Baudoin de Mons, s'empara de la régence du comté au détriment de son beau-frère Robert, désigné par Bauduin lui-même, et accabla ses sujets d'impôts et de vexations. Une révolte générale éclata; Robert fut rappelé et Richilde, réfugiée à Amiens, appela à son aide le roi de France. Philippe I° vint lui-même à la tête d'une grande armée pour rétablir dans ses États cette princesse dont il ignorait la conduite coupable. Il traversa la plaine de Vitry pour se rendre à S¹-Omer, lieu du rendez-vous général. Mais le bon droit triompha et Robert le Frison resta maître du comté de Flandre.

Vitry fut aliéné pour toujours du domaine royal, en 1180, par Philippe-Auguste, qui le donna à l'évêque d'Arras avec tous les biens qui en dépendaient. Cette donation fut confirmée en 1231 par là cour du Parlement.

En 1243, le village fut ravagé par les troupes du comte de Flandre, Ferrand. (d'Héricourt, *Sièges d'Arras*.) Les Flamands ayant secoué le joug des Français et battu leur armée conduite par le comte Robert d'Artois qui, ayant imprudemment engagé ses troupes, avait perdu 20,000 hommes, Philippe-le-Bel résolut d'en tirer vengeance. Voulant éviter des villes à prendre, des marais impraticables à traverser, le roi à la tête de 80,000 hommes de cavalerie vint camper à Vitry et y resta 40 jours, attendant l'occasion favorable de châtier les Flamands.

Pendant la longue guerre du XVII° siècle qui désola notre province et la rendit en partie à la France, plusieurs faits d'armes se passèrent aux environs de Vitry, qui vit plus d'une fois ses campagnes ravagées, ses maisons détruites et son église tellement abîmée qu'on dut la reconstruire en 1663.

En 1654, pendant le siège d'Arras par les Espagnols, Turenne, qui venait au secours de cette ville, envoya ses troupes à Vitry. Un corps d'armée, sous les ordres du maréchal de la Ferté, fort de 9,000 chevaux et de 5,000 fantassins, s'y établit pour empêcher que l'ennemi, maître de Douai, n'envoyât des renforts aux assiégeants. Il ne quitta ce campement qu'après le départ des Espagnols, forcés dans leurs lignes le 24 août par l'armée française.

Mais cette délivrance de la ville d'Arras n'arrêta pas la guerre, et Vitry vit de nouveau son territoire ensanglanté par une lutte, peu importante il est vrai, mais qui ne laissa pas que d'être vive et acharnée. En effet, la garnison de Cambrai avait dépêché vers Douai six hommes de cavalerie commandés par un sous-officier.

Le détachement fut rencontré dans les prairies de Vitry, situées vers Brebières, par une escouade française de même force. Le combat, engagé aussitôt, ne se termina que par la défaite des Espagnols, dont trois furent tués, trois blessés et le chef mis en fuite.

Enfin, en 1710, pendant cette nouvelle guerre qui amena dans l'Artois tant d'armées rivales et qui inonda de sang son territoire, le prince Eugène et le duc de Malborough, à la tête d'une armée de 120,000 hommes, passèrent la Scarpe à Vitry le 22 avril. Le prince Eugène y établit son quartier général, pendant que ses troupes, groupées autour de Douai, en formaient le siége. Il fit construire une ligne de retranchement sur une étendue de plus de deux lieues, jusqu'à Hénin-Liétard. Le 30 mai suivant, l'armée française, commandée par les maréchaux de Villars, de Brunswick et de Montesquieu, traversa aussi la Scarpe à Vitry, dans l'intention d'attirer l'ennemi au combat, et de lui faire lever le siége de Douai. Mais ses tentatives furent inutiles, et elle dut repasser la rivière le 17 juin suivant.

Le 1er mars 1712, le comte d'Albemarle, général hollandais, résolut de tenter une entreprise sur Arras ; il traversa Vitry avec la garnison de Douai et 20,000 travailleurs que lui avait fournis l'armée alliée, campée alors sur les bords de la Scarpe.

Pendant l'invasion allemande de 1870, après la bataille de Pont-Noyelles, le général Faidherbe se porta entre Arras et Douai pour laisser quelques jours de repos à ses troupes et pour attendre dans les positions de la Scarpe qu'il comptait utiliser, l'attaque de l'ennemi. Il vint établir son quartier général à Vitry du 25 au 31 décembre 1870.

Au *Castrum* romain de Vitry, avait succédé une maison royale sous les Mérovingiens, puis un donjon au moyen-âge. Le château situé sur la Scarpe, au-dessus de l'église, et actuellement le long du chemin de Vitry à Biache, fut donné par Philippe-Auguste aux évêques d'Arras. Ces prélats, après l'avoir entretenu pendant quatre siècles environ, ne prirent pas la peine de le réédifier, après qu'il eut été démantelé en 1542, par le duc de Vendôme, qui le fit disparaître avec plusieurs autres forteresses, d'où la garnison impériale faisait de fréquentes sorties en Artois et en Picardie. Ses ruines gigantesques s'écroulèrent les unes après les autres, si bien qu'en 1722 il n'en restait qu'une tour où se trouvait l'escalier. L'Evêque d'Arras Baglion de la Salle la fit jeter bas, et sur les ruines de l'antique résidence des chefs Francs s'édifia une ferme dont il reste à peine quelques traces des murs d'enceinte.

Les chartes de l'abbaye de Cysoing nous font connaître qu'au XII° siècle, il existait à Vitry un couvent de femmes. Il est probable que la maladrerie qui y fut fondée vers la fin du même siècle, tirait son origine de ce couvent. Ses biens étaient mouvants de l'évêché d'Arras. Elle prit fin en 1698 pour se fondre dans l'hôpital St-Jean de cette ville.

L'évêque d'Arras était principal seigneur de Vitry. L'un de ces prélats, Asson, gagna à la cour du roi de France un procès qu'il avait intenté au châtelain de Douai, Walter, qui voulait se soustraire aux droits de vassalité dont il était redevable envers l'évêché en qualité de seigneur de Vitry, dont une partie de sa châtellenie relevait. (*Mss. du P. Ignace, Mém. tome II.*)

A côté de cette seigneurie, il y en avait d'autres moins importantes qui se partageaient le territoire de Vitry. L'une d'elles appartenait, avant le XV° siècle, à la maison de Luxembourg. Jean de Luxembourg, comte de Ligny, qui en était propriétaire, donna à Jeanne de Béthune, sa femme, par acte du 9 septembre 1439, la terre et seigneurie de Vitry, en échange d'autres qui lui provenaient de sa mère Isabeau de Ghistelles. Il mourut en Angleterre en 1540, après avoir pris le parti d'Edouard contre son roi légitime Charles VIII; comme il avait refusé de se rallier avec la France en même temps que Philippe-le-Bon, tous ses biens furent confisqués; sa veuve réclama auprès du roi et obtint de les racheter au prix d'estimation de deux cent mille écus d'or. La clémence de Charles alla plus loin, car il accorda plus tard la remise de cette rançon.

Il existait un autre fief appelé la *Mairie de Vitry* qui formait un revenu considérable. Il avait été donné d'abord à l'abbaye d'Etrun, qui le céda en 1585, au chapitre d'Arras, moyennant

1600 florins, destinés à acheter la ferme de Bronnes. Son siége était dans une maison située sur la place et qui avait chapelle et carcan.. C'était dans ses salons que siégeaient les prévôts, les sept échevins, le procureur d'office et le greffier nommé par l'évêque d'Arras, seigneur du lieu.

Au reste, les dîmes du village se partageaient entre l'évêque d'Arras, le chapitre de Saint-Amé de Douai et l'abbaye de Cisoing.

Le séminaire Moulart à Douai y avait aussi des revenus assez importants et la cathédrale d'Arras prenait sur les biens appartenant aux héritiers Robert Régis, cinquante rasières de blé dont celui-ci l'avait dotée, à charge au chapitre de célébrer un obit et une messe par semaine pour le repos de son âme.

Il existe à Vitry un vaste marais qui s'étend vers Fresnes-les-Montauban. On lit dans une charte de l'an 1201, que Gauthier, châtelain de Douai et maire de Vitry, s'obligea en faveur de l'abbaye de St-Vaast, de ne laisser ouvrir aucun chemin dans le marais de Vitry, depuis Hamblain jusqu'à Fresnes. Une contestation s'éleva, en 1228, entre ce même Gauthier et les religieux de cette abbaye. Ces derniers réclamaient pour leurs tenanciers de Fresnes, Biache et Hamblain, le droit d'usage et de pacage sur le marais. Ils réussirent dans leurs prétentions, et l'on permit en outre aux manants de ces communes de couper à la faux l'herbe nécessaire à la nourriture de leurs bestiaux et à la couverture de leurs maisons, à condition toutefois qu'ils ne pourraient utiliser ou vendre ces herbages en dehors des limites de leur paroisse ; ce ne fut donc qu'un droit d'usage que Gauthier lui accorda. Ces actes prouvent que le marais de Vitry appartenait à la mairie : seulement le maire ou mayeur le tenait en fief de l'évêque d'Arras. Le droit de justice et la seigneurie du marais, constituant la *Mairie de Vitry*, furent vendus le 31 janvier 1410, par la veuve Méhaut de lè Vingne, châtelaine de Douai, aux échevins de cette ville, moyennant 3,200 écus à la couronne. Le 18 décembre de la même année, l'évêque Martin Porée vendit aux mêmes échevins le moulin et le droit de pêche qu'il y possédait. Il reconnut dans le même acte avoir reçu 200 écus d'or à titre de droits seigneuriaux qui lui revenaient, sur la vente de la mairie.

Ce fief fut revendu le 27 août 1423 à Jean de Luxembourg avec la réserve du courant de la Scarpe retenu au profit de la ville de Douai pour la navigation, l'alimentation de ses moulins et l'inondation de ses fortifications. Au commencement du XVIᵉ siècle, Baudouin de Gavre, seigneur d'Inchy, possédait la haute mairie de Vitry, au nom de l'évêque d'Arras. Elle fut vendue à Baudoin Morant, qui la possédait en 1599, sous Mathieu Moulart. L'Evêque de Bonneguise la vendit en dernier lieu, le 10 janvier 1759.

Le marais contenait alors 1200 mesures. Les habitants de Biache, Hamblain et Fresnes y avaient part encore au siècle dernier. Au milieu se trouvait une ferme entourée d'arbres à l'endroit nommé *Canteleux*.

De nos jours Vitry est un bourg se composant de 2500 habitants. Avantageusement situé sur le chemin de fer du Nord qui y a ouvert une station, il renferme plusieurs usines importantes dont l'une d'elles, établie sur la Scarpe et à l'usage de moulin à farine, vient d'être détruite par un violent incendie, dans la nuit du 30 octobre 1872. Le hameau de *Tréhout* est situé entre Vitry et Brebières. Il y existait autrefois une église, mais son importance est bien diminuée : car il ne renfermait alors que deux maisons.

ARCHÉOLOGIE.— L'église de Vitry sous le vocable de St-Martin est grande et belle ; le chœur est bâti en grès et les fenêtres ont la forme ogivale, bien que sa construction, ainsi que celle des chapelles latérales datent de 1663 (1). L'église a trois nefs qui ont été terminées en 1692 : elles sont séparées par des colonnes en grès dont l'une porte la date de 1691. Tout le pourtour est garni de riches boiseries en chêne bien travaillé et décoré de sculptures anciennes dans le style renaissance. La chaire de vérité est construite en chêne et dans le même style. En 1498 on travailla à la construction du clocher. L'évêque Pierre de Ranchicourt fit contribuer tous les

---

(1) Cette date est inscrite sur les murs extérieurs.

habitants aux travaux ; le chapitre lui-même y consacra une partie de ses revenus. La tour, dont les fondations insuffisantes compromettaient la solidité de l'édifice, fut démolie en 1660 et ne fut réédifiée qu'en 1729. Elle est haute et assez élégante, mais dans le style classique. Au-dessus de la porte d'entrée principale de l'église, se trouve la date de 1701.

A. DE CARDEVACQUE.

TABLEAU

DES

ANCIENNES JURIDICTIONS

ECCLÉSIASTIQUE & CIVILE

DE

L'ARRONDISSEMENT ACTUEL D'ARRAS

I^{RE} PARTIE

JURIDICTION ECCLÉSIASTIQUE

L'Evêché d'Arras, avant la Révolution, comprenait la plus grande partie des arrondissements d'Arras et de Béthune, un tiers environ de celui de Saint-Pol, et une commune de l'arrondissement de Saint-Omer. Il s'étendait, en outre, en Flandre et en Hainaut, jusqu'à Valenciennes, où il avait pour limites l'Escaut.

On verra plus loin que l'*arrondissement* actuel d'Arras comprend, outre une partie de cet ancien Evêché, des portions assez considérables des l'ancien diocèse de Cambrai et quelques paroisses de ceux d'Amiens et de Noyon.

L'ancien chapitre d'Arras était composé de quarante chanoines, plus un secrétaire. Il y avait quatre dignités : Le prévôt, le doyen, le chantre et l'écolâtre. Le prévôt, dans les derniers temps, était nommé par le roi ; le doyen et le chantre étaient élus par le chapitre ; l'écolâtre était à la nomination de l'Evêque. Le chapitre avait la collation d'un nombre très-considérable de cures : on en trouvera la liste plus loin.

Les abbayes de divers ordres, ainsi que les collégiales de l'ancien diocèse, se trouvent mentionnées, avec les développement convenables, à chacune des localités où elles se trouvaient.

Le diocèse d'Arras était divisé en deux archidiaconés : celui d'Arras et celui d'Ostrevent.

L'archidiaconé d'Arras comprenait les doyennés d'Arras, Aubigny, La Bassée, Béthune, Croisilles, Houdain, Lens, Pas, lesquels souvent étaient subdivisés en districts.

L'archidiaconé d'Ostrevent comprenait les doyennés de Douai, Hénin-Liétard, Valenciennes, aussi subdivisés en districts.

ÉTAT des paroisses composant l'arrondissement actuel d'Arras, dans leur rapport avec les anciennes divisions ecclésiastiques des diocèses d'Arras, Cambrai, Amiens et Noyon.

PAROISSES.	ANCIEN DIOCÈSE.	ANCIEN DOYENNÉ.	COLLATEURS.
CANTON D'ARRAS (NORD). — *(Doyenné actuel du même nom.)*			
Athies.	Arras.	Hénin-Liétard.	L'abbé de St-Vaast.
Blangy, *sec. de St-Laurent*			
Dainville.	—	Pas.	Le Chapitre d'Arras.
Duisans.	—	Aubigny.	Le gr. chantre de la Cathédrale
Ecurie.	—	Hénin-Liétard.	Le Chapitre d'Arras.
Estrun.	—	Aubigny.	L'abbesse d'Etrun.
Marœuil.	—	—	Cure rég. l'abbé du même lieu.
Roclincourt, *sec. d'Ecurie*			
St-Aubin et Anzin.	—	Arras.	Le doyen de la Cathédrale.
Ste-Catherine.	—	—	Le chapitre d'Arras.
St-Laurent.	—	Croisilles.	L'abbé de St-Vaast.
St-Nicolas.	—	Arras.	Le chapitre d'Arras.
CANTON D'ARRAS (SUD). — *(Doyenné actuel du même nom).*			
Achicourt.	Arras.	Arras.	L'abbé de St-Vaast.
Agny.	—	Pas.	Le chapitre d'Arras.
Beaurains, *sec. de Tilloy*.			
Fampoux.	—	Croisilles.	Le chapitre d'Arras.
Feuchy.	—	—	L'abbé de St-Vaast.
Neuville-Vitasse.	—	—	L'Evêque d'Arras.
Tilloy-les-Mofflaines et Beaurains.	—	—	Le chapitre d'Arras.
Wailly.	—	Pas.	Le chapitre d'Arras.
CANTON DE BAPAUME. — *(Doyenné du même nom).*			
Achiet-le-Grand.	Arras.	Bapaume.	Le chapitre d'Arras.
Achiet-le-Petit.	—	—	L'abbé de St-Vaast.
Avesnes-les-Bapaume.	—	—	L'abbé d'Avesnes.

PAROISSES.	ANCIEN DIOCÈSE.	ANCIEN DOYENNÉ.	COLLATEURS.
Beaucourt (*et Favreuil*).	Cambrai	Beaumetz-l-C.	Le Trés. du chap. de Cambrai.
Bapaume.	Arras.	Bapaume.	L'abbé de St-Nicolas-au-Bois.
Beaulencourt.	—	—	L'abbé d'Arrouaise.
Béhagnies (*Annexe d'Ervillers*).			
Beugniatre.	—	—	L'abbé d'Anchin.
Brefvillers (*annexe de Grévillers*).			
Bihucourt.	—	—	Le chapitre d'Arras.
Favreuil avec Bancourt.	Cambrai	Beaumetz-l-C.	Le Trés. du chap. de Cambrai.
Frémicourt.	—	—	L'abbé d'Honnecourt.
Frévillers (*et Biefvillers*).	Arras.	Bapaume.	L'abbé du Mont St-Quentin.
Le Sart, *annexe d'Eaucourt*.			
Le Transloy.	—	—	L'abbé d'Arrouaise.
Ligny et Tilloy.	—	—	Cure rég. l'abbé d'Eaucourt.
Martinpuich.	—	—	—
Morval.	Noyon.		
Riencourt.	Arras.	Croisilles.	L'abbé de St-Eloi.
Sapignies.	—	Bapaume.	L'abbé de St-Vaast.
Villers-au-Flot.	—	—	L'Evêque d'Arras.
Warlencourt et Eaucourt	—	—	L'abbé d'Eaucourt.

CANTON DE BEAUMETZ-LEZ-LOGES.—(*Doyenné actuel du même nom*).

Adinfer.	Arras.	Pas.	Le personnat du lieu.
Agnez-les-Duisans, *annexe de Duisans*.			
Bailleulmont, *Bailleulval et la Cauchie*.	—	—	L'abbé d'Anchin.
Basseux.	—	—	Le chapitre d'Arras.
Beaumetz-les-Loges.	—	—	Le chapitre d'Arras.
Berles-au-bois, *annexe de Monchy-au-Bois*.			
Berneville *et Warlus*.	—	—	L'abbé de St-Vaast.
Blairville.	—	—	Le personnat d'Adinfer.

PAROISSES.	ANCIEN DIOCÈSE.	ANCIEN DOYENNÉ.	COLLATEURS.
Boiry-Ste-Rictrude.	Arras.	Croisilles.	L'abbé de Marchiennes.
Boiry-St-Martin.	—	—	Le personnat du lieu.
Ficheux.	—	Pas.	Le chapitre d'Arras.
Fosseux *et Barly.*	—	Aubigny.	L'abbé d'Etrun.
Gouves (*annexe de Montenescourt*).			
Gouy-en-Artois.	—	Pas.	Le chapitre d'Arras.
Habarcq.	—	Aubigny.	L'Evêque d'Arras.
Haute-Avesne.	—	—	Le commandeur du dit lieu.
Hendecourt-l-Ransart.	—	Pas.	L'abbé de St-Vaast.
La Cauchie (*annexe de Bailleulmont*).			
La Herlière.	—	Pas.	L'abbé de St-Vaast et l'abbé d'Anchin, alternativement
Mercatel.	—	Croisilles.	L'abbé de St-Vaast.
Monchiet (*annexe de Simencourt*).			
Monchy-au-Bois *et Berles-au-Bois*).	—	Pas.	L'abbé d'Arrouaise.
Montenescourt *et Gouves*	—	Aubigny.	Le chapitre d'Arras.
Ransart.	—	Pas.	Le personnat du lieu.
Rivière.	—	—	Le chapitre d'Arras.
Simencourt *et Monchiet.*	—	—	Le chapitre d'Arras.
Wanquetin.	—	—	Le chapitre d'Arras.
Warlus (*annexe de Berneville*).			

CANTON DE BERTINCOURT. —(*Doyenné actuel d'Havrincourt*).

Barastre.	Cambrai	Beaumetz-l-C.	L'abbé de St-Aubert.
Beaumetz-les-Cambrai *et Louverval.*	—	—	Le chapitre de Cambrai.
Bertincourt.	—	—	L'abbé d'Honnecourt.
Beugny.	—	—	
Bus.	—	—	L'abbé du Mont-St-Quentin.
Haplincourt.	—	—	L'abbé de St-Aubert.
Havrincourt.	—	—	Le chapitre de Cambrai.
Hermies.	—	—	Le chapitre de Cambrai.
Lebucquière.	—	—	Le chapitre de Cambrai.

— 339 —

PAROISSES.	ANCIEN DIOCÈSE.	ANCIEN DOYENNÉ.	COLLATEURS.
Lechelle (annexe d'Itre).	Cambrai	Beaumetz-l-C.	L'abbé d'Honnecourt.
Metz-en-Couture.	—	—	L'abbé d'Anchin.
Morchies.	—	—	Le chapitre de Cambrai.
Neuville-en-Bourjonval (annexe).	—		
Rocquigny.	Arras.	Bapaume.	Cure rég. l'abbé d'Arrouaise.
Ruyaulcourt et Neuvelle	Cambrai	Beaumetz-l-C.	Le chapitre de Cambrai.
Trescault.	—	—	L'abbé d'Anchin.
Vélu.	—	—	L'abbé d'Anchin.

Canton de Croisilles. — (Doyenné actuel du même nom).

Ablainzevelle.	Arras.	Bapaume.	L'abbé d'Arrouaise.
Ayette et Douchy.	—	Croisilles.	Le chapitre d'Arras.
Boiry-Becquerelle.	—	—	Le chapitre d'Arras.
Boisleux-au-Mont.	—	—	Le personnat du lien.
Boisleux-St-Marc.	—	—	Le chapitre d'Arras.
Boyelles.	—	—	Le chapitre d'Arras.
Bucquoy et Essart.	—	Bapaume.	L'abbé d'Arrouaise.
Bullecourt.	—	Croisilles.	L'abbé de St-Eloi.
Chérisy.	—	—	L'Evêque d'Arras.
Courcelles-le-Comte.	—	Bapaume.	Cure rég. l'abbé d'Eaucourt.
Croisilles.	—	Croisilles.	Le chapitre d'Arras.
Douchy-les-Ayette, annexe d'Ayette.			
Ecoust-St-Mein.	—	Croisilles.	Le chapitre d'Arras.
Ervillers et Béhagnies.	—	Bapaume.	L'Evêque d'Arras.
Fontaine-les-Croisilles.	—	Croisilles.	Le chapitre d'Arras.
Gomiecourt.	—	Bapaume.	L'Evêque d'Arras.
Guémappe.	—	Croisilles.	L'Evêque d'Arras.
Hamelincourt.	—	—	Le chapitre d'Arras.
Hénin-sur-Cojeul.	—	—	L'abbé de Ham en Vermandois; cure rég.
Héninel.	—	—	L'abbé d'Anchin.
Mory.	—	Bapaume.	Le chapitre de Cambrai.
Moyenneville.	—	Croisilles.	L'abbé de St-Eloi.
Noreuil.	Cambrai	Beaumetz-l-C.	Le chapitre de St-Géry.

PAROISSES.	ANCIEN DIOCÈSE.	ANCIEN DOYENNÉ.	COLLATEURS.
Saint-Léger.	Arras.	Croisilles.	Le chapitre d'Arras.
St-Martin-s-Cojeul.	—	—	L'Evêque d'Arras.
Vaulx.	Cambrai	Beaumetz-l-C.	Le chapitre de St-Géry.
Wancourt.	Arras.	Croisilles.	L'abbé de St-Aubert de Cambrai.

CANTON DE MARQUION. — *(Doyenné actuel d'Oisy).*

Baralle.	Cambrai	Beaumetz-l-C.	L'abbé d'Anchin.
Bourlon.	—	—	Le chapitre de Cambrai.
Buissy-Baralle.	—	—	L'abbé d'Anchin.
Ecourt-St-Quentin.	—	—	Le chapitre de St-Amé.
Epinoy.	—	Cambrai.	L'abbé d'Anchin.
Graincourt-l-Havrinc.	—	Beaumetz-l-C.	L'abbé de St-Sépulchre.
Inchy.	—	—	L'abbé d'Anchin.
Lagnicourt.	—	—	Le chapitre de St-Géry.
Marquion.	—	—	Le chapitre de St-Géry.
Oisy.	—	Cambrai.	L'abbé d'Anchin.
Palluel.	—	—	L'abbé d'Anchin.
Pronville.	—	Beaumetz-l-C.	L'abbé de St-Aubert.
Quéant.	—	—	L'abbé de St-Aubert.
Rumaulcourt.	—	—	L'abbé d'Anchin.
Sains-l-Marquion.	—	—	Le chapitre de Cambrai.
Sauchy-Cauchy.	—	—	L'abbé d'Anchin.
Sauchy-l'Estrée.	—	—	L'abbé d'Anchin.

CANTON DE PAS. — *(Doyenné actuel du même nom.)*

Amplier *(sec. d'Orville).*	Amiens.	Doullens.	
Bienvillers-au-Bois.	Arras.	Pas.	L'abbé de St-Vaast.
Couin.	Amiens.	Doullens.	Le prieur de Bagneux.
Famechon.	Arras.	Pas.	Le prieur de Pas.
Foncquevillers *et Gommecourt.*	—	—	Le seigneur du lieu.
Gaudiempré *et Grincourt*	—	—	Le prieur de Pas.
Gommecourt, *annexe de Foncquevillers.*			
Graincourt-les-Pas, *annexe de Gaudiempré.*			

PAROISSES.	ANCIEN DIOCÈSE.	ANCIEN DOYENNÉ.	COLLATEURS.
Halloy.	Amiens.	Grandvillers.	L'abbé de St-Lucien de Beauvais.
Hannescamps.	Arras.	Pas.	Le chapitre d'Arras.
Hébuterne.	—	—	Le chapitre d'Arras.
Hénu.	—	—	Le prieur de Pas.
Humbercamp.	—	—	L'abbé d'Auchin.
Orville.	Amiens.	Doullens.	Le chap. de St-Pôl-en-Artois.
Pas.	Arras.	Pas.	Le prieur du lieu.
Pommiers.	—	—	Le chapitre d'Arras.
Puisieux.	—	Bapaume.	L'abbesse d'Avesnes.
Sailly-au-Bois.	—	Pas.	Le chapitre d'Arras.
Saint-Amand.	—	—	Le chapitre d'Arras.
Sarton.	Amiens.	Doullens.	Le prieur du lieu.
Souastre.	Arras.	Pas.	Le chapitre d'Arras.
Thièvres.	Amiens.	Doullens.	L'évêque d'Amiens.
Warlincourt-les-Pas.	Arras.	Pas.	L'abbé de St-Eloi.

CANTON DE VIMY. — *(Doyenné actuel du même nom.)*

Ablain-St-Nazaire.	Arras.	Lens.	Le chapitre d'Arras.
Acheville (*secours de Fresnoy*).			
Acq.	—	Aubigny.	L'abbé de St-Eloi.
Arleux-en-Gohelle.	—	Hénin-Liétard.	L'Evêque d'Arras.
Avion.	—	—	L'Evêque d'Arras.
Bailleul-sir-Berthoult.	—	—	L'abbé de St-Vaast.
Beaumont.	—	—	L'abbé de Blangy, diocèse de Boulogne.
Bois-Bernard.	—	—	Cure rég. l'abbé d'Hénin-Liétard.
Carency.	—	Aubigny.	L'Evêque d'Arras.
Drocourt.	—	Hénin-Liétard	Le chapitre d'Arras.
Ecoivres.	—	Aubigny.	L'abbé de St-Eloi.
Eleu.	—	Hénin-Liétard	L'Evêque d'Arras.
Farbus.	—	—	L'abbé de St-Vaast.
Fresnoy (*et Acheville, secours*).	—	—	Cure rég. l'abbé d'Hénin-Liétard.
Gavrelle.	—	—	L'abbé de St-Vaast.

PAROISSES.	ANCIEN DIOCÈSE.	ANCIEN DOYENNÉ.	COLLATEURS.
Givenchy-en-Gohelle.	Arras.	Hénin-Liétard	Le chapitre d'Arras.
Izel-les-Equerchin.	—	—	L'abbé de St-Vaast.
Méricourt.	—	—	L'Evêque d'Arras.
Mont-St-Eloy.	—	Aubigny.	Cure rég. l'abbé de St-Eloi.
Neuville-St-Vaast.	—	Hénin-Liétard	L'abbé de St-Vaast.
Neuvireuil.	—	—	L'abbé de St-Vaast.
Oppy.	—	—	L'Evêque d'Arras.
Quiéry-la-Motte.	—	—	L'abbé de Blangy, diocèse de Boulogne.
Rouvroy.	—	—	Le chapitre d'Arras.
Souchez.	—	Lens.	Le chapitre d'Arras.
Thélus.	—	Hénin-Liétard	L'abbé de St-Vaast.
Villers-au-Bois.	—	Aubigny.	L'Evêque d'Arras.
Vimy.	—	Hénin-Liétard	L'Evêque d'Arras.
Willerval.	—	—	L'Evêque d'Arras.

CANTON DE VITRY. — *(Doyenné actuel du même nom).*

PAROISSES.	ANCIEN DIOCÈSE.	ANCIEN DOYENNÉ.	COLLATEURS.
Bellone *et Tortequenne.*	Arras.	Douai.	L'Evêque d'Arras.
Biache-St-Vaast.	—	Croisilles.	L'abbé de St-Vaast.
Boiry-Notre-Dame.	—	—	Le chapitre de Cambrai.
Brebières.	—	Douai.	L'Evêque d'Arras.
Cagnicourt.	Cambrai	Beaumetz-l-C.	
Corbehem.	Arras.	Douai.	L'Evêque d'Arras.
Dury.	—	Croisilles.	Le chapitre de Cambrai.
Etaing.	Cambrai	Beaumetz-l-C.	Le chapitre de Cambrai.
Eterpigny.	Arras.	Croisilles.	Le chapitre de Cambrai.
Fresnes-les-Montauban.	—	Hénin-Liétard	L'abbé de St-Vaast.
Gouy-sous-Bellone.	—	Douai.	L'abbé de Marchiennes.
Hamblain-les-Près.	—	Croisilles.	L'abbé de St-Vaast.
Hancourt.	Cambrai	Beaumetz-l-C.	Le chapitre de St-Géry.
Hendecourt-l-Cagnic.	Arras.	Croisilles.	L'abbé de St-Vaast.
Monchy-le-Preux.	—	—	L'Evêque d'Arras.
Noyelles-sous-Bellone.	—	Douai.	L'Evêque d'Arras.
Pelves.	—	Croisilles.	L'abbé de St-Vaast.
Plouvain.	—	—	L'abbé de St-Vaast.
Récourt.	—	Douai.	L'abbé de St-Amand.

PAROISSES.	ANCIEN DIOCÈSE.	ANCIEN DOYENNÉ.	COLLATEURS.
Rémy.	Arras.	Croisilles.	L'abbé de St-Vaast.
Riencourt-les-Cagnic.	—	—	L'abbé de St-Eloi.
Rœux.	—	—	L'Evêque d'Arras.
Sailly-en-Ostrevent.	—	Douai.	L'abbé de Marchiennes,
Saudemont.	Cambrai	Beaumetz-l-C.	Le chapitre de St-Amé.
Tortequesne, *annexe de Bellone*.	—		
Villers-les-Cagnicourt.	—	—	L'abbé d'Anchin.
Vis-en-Artois.	Arras.	Croisilles.	L'abbé de St-Vaast.
Vitry.	—	Hénin-Liétard	Le chapitre d'Arras.

IIᴱ PARTIE

JURIDICTION CIVILE.

Lorsque la France fit la conquête de l'Artois, elle laissa subsister dans le pays tout l'ancien système de juridiction. La capitulation d'Arras de 1640 stipule de la manière la plus formelle le maintien du Conseil d'Artois et de tous les autres tribunaux qui en dépendaient. Rien ne fut donc changé alors, si ce n'est qu'il y eut deux Conseils d'Artois, l'un résidant à Arras pour le pays d'*en deça*, l'autre résidant à Saint-Omer pour le pays d'*au delà*. Celui d'Arras relevait naturellement du parlement de Paris, tandis que celui de Saint-Omer continua à reconnaître la suprématie du grand conseil de Malines. Plus tard, lorsque Louis XIV eut annexé l'Artois tout entier à la couronne, le Conseil d'Artois de Saint-Omer disparut, et l'unité de juridiction, qui avait toujours subsisté dans ce pays, depuis le temps de Charles-Quint, recommença à être en honneur. (E. Lecesne, *Exposé de la législation coutumière de l'Artois*.)

Nous allons d'abord parler du Conseil d'Artois, puis nous donnerons la nomenclature des tribunaux inférieurs qui existaient avant la révolution dans les villes, bourgs et communes de l'arrondissement d'Arras.

CONSEIL D'ARTOIS. — SA COMPÉTENCE GÉNÉRALE, 1741.

Après la funeste séparation de l'Artois d'avec la France, le Parlement de Paris dut cesser de connaître des appels qui étaient interjetés devant lui, avant cette séparation. Aussi Charles-Quint institua par l'ordonnance du 12 mai 1530, le Conseil provincial et supérieur d'Artois : l'installation eut lieu le 18 juin suivant.

La compétence du Conseil d'Artois avait été primitivement réglée par les placards de Charles-Quint des 12 mai et 5 juillet 1530 et 8 juillet 1531. En vertu de ces placards, le Conseil d'Artois connaissait en première instance de toutes les matières et actions personnelles, et en appel, de tous jugements rendus, tant au civil qu'au criminel, par les juges inférieurs de la province. Il statuait en dernier ressort et par arrêt, sur les affaires de grand criminel, celles concernant l'altération des monnaies ou fabrication de fausse monnaie, et sur quelques cas privilégiés à l'égard des ecclésiastiques. Ainsi le Conseil d'Artois était le seul et unique tribunal souverain en matière criminelle dans toute l'étendue de la province. Par un privilége assez singulier, sa juridiction s'étendait jusque sur la ville de Dunkerque, où il avait le droit de faire exécuter des arrêts criminels, quoiqu'il y existât une amirauté.

Les *Committimus*, ce grand abus du pouvoir royal, ne pouvaient jamais entraver le cours de la justice en Artois : il existe à cet égard des actes de notoriété des 28 février 1683 et 25 octobre 1686. Un arrêt notable du Parlement de Paris du 2 juin 1761, rendu après une correspondance fort intéressante entre MM. Joly de Fleury et Briois, reconnait également au Conseil d'Artois le droit de juger tous attroupements, tumultes, injures et menaces faites à un officier public, comme aussi de prononcer à la charge d'une communauté d'habitants des amendes envers le roi et des sauvegardes. Le Conseil d'Artois était même reconnu comme ayant l'interprétation des lois obscures : un placard du 29 juillet 1566, constate que c'est à lui et non au souverain qu'il faut s'adresser pour obtenir cette interprétation.

Le Conseil d'Artois prononçait en dernier ressort sur les affaires civiles jusqu'à deux mille livres en principal ou quatre-vingt livres de rentes, outre les dépens et restitution de fruits relatifs à ces affaires, à quelque somme ou valeur qu'ils montassent. Il pouvait ordonner l'exécution provisionnelle de ses jugements, à la charge de donner caution, pourvu que l'affaire n'excédât pas quatre milles livres en principal, ou cent soixante livres de rentes. Il avait le droit de faire exécuter, nonobstant appel, ses jugements interlocutoires réparables en définitif, ceux rendus en matière de complainte sommaire et provisoire, et même les jugements définitifs en matière réelle, s'ils n'excédaient pas cinq cents livres en capital ou trente livres de rentes. Enfin il jugeait en dernier ressort les affaires relatives à la noblesse et à ses privilèges. Quant au premier ressort, sa compétence était illimitée. On appelait, comme nous l'avons dit, du Conseil d'Artois au grand Conseil de Malines, jusqu'en 1640, et ensuite au Parlement de Paris. En fait de motifs d'arrêts, le Conseil d'Artois n'était même tenu de déférer à aucunes autres injonctions qu'à celles de M. le Chancelier : c'est ce qui avait été reconnu dans une lettre de M. de Lamoignon, du 29 avril 1751, à M. Bataille, procureur-général au Conseil d'Artois.

Les relations des bailliages de la province avec le Conseil d'Artois, furent l'objet d'une contestation qui dura plus de trente ans, et qui ne fut réglée que par les arrêts du Conseil d'Etat des 25 mai 1726 et 13 décembre 1728. Ces arrêts maintiennent les officiers des bailliages dans la qualité d'officiers royaux, mais ils leur défendent de connaître des cas royaux. Ils donnent au Conseil d'Artois le droit d'entretenir seul les lettres de grâce, de rémission et de pardon et les autres lettres pour les crimes commis dans les bailliages, de connaître en première instance de toutes les causes des bénéficiers et des communautés de fondation royale ou qui avaient obtenu des lettres de gardes, même d'apposer les scellés, lors du décès des évêques, des abbés, et des titulaires des autres bénéfices qui étaient à la nomination du roi, de juger aussi en première instance toutes les affaires provenant de l'exécution des contrats pour lesquels les habitants de l'Artois auraient accepté pour juge le Conseil provincial, d'accorder des mises de fait, quand il en serait requis par les parties, d'enregistrer toutes les lettres patentes émanées du grand sceau, enfin de recevoir et d'installer tous les officiers des bailliages. De plus, on lui reconnut le droit de juger en dernier ressort toutes les affaires dont la connaissance appartenait à la Cour des aides, dont les baillis étaient en possession de connaître en Artois.

(E. Lecesne, *Exposé sur la législation coutumière de l'Artois*.)

LISTE dressée en 1741 des personnes, matières, biens et lieux sujets immédiatement à la juridiction du Conseil provincial d'Artois. (Maillard.)

ARRONDISSEMENT D'ARRAS.

1° ECCLÉSIASTIQUES.

Evêque d'Arras. — Cathédrale d'Arras. — Abbaye de St-Vaast. — L'hôpital de St-Jean-en-l'Estrée à Arras. — Tous les ordres religieux établis dans l'arrondissement. — Toutes les commanderies de Malte. — Pensionnats d'Adinfer, — Blairville, — Boisleux-au-Mont, — Boiry-Saint-Martin, — Brebières, — Gavrelle, — Habarcq, — Ransart. — Prévotés de Pas, — Saint-Aubin-les-Bapaume, — Saint-Martin-sur-Cojeul, — Sarton. — Et tous les autres religieux titulaires, séculiers ou réguliers, et couvents, en corps ou en membres, qui par eux-mêmes, ou par les chefs-lieux dont ils dépendent, jouissent du privilège de fondation ou d'amortissement royal absolu, et dont les officiers royaux sont en possession.

2° LAÏQUES.

Les états d'Artois. — Arras. — Arras, la ville et son Echevinage. — Arras, la cité et son Echevinage. — L'élection provinciale d'Artois. — La gouvernance, ou Bailliage d'Arras. — Le Bailliage d'Autie. — La maîtrise des eaux et forêts. — La maréchaussée. — Les mayeur et échevins d'Arras. — La salle épiscopale. — La sous-prévôté du chapitre de la cathédrale d'Arras. — La salle abbatiale, ou Bailliage de Saint-Vaast. — Le siége de Tonlieu. — Le commissaire aux saisies réelles et receveur des consignations. — Le greffier du gros. — Les notaires. — Les huissiers. — Les communes dépendant du Bailliage d'Aubigny-le-Comte. — Les communes dépendant du Bailliage d'Avesne-le-Comte. — Le Bailliage et l'Echevinage de Bapaume. — Les notaires et les huissiers de Bapaume. — Les communes dépendant de la gouvernance de Béthune. — Les communes dépendant du Bailliage de Lens. — Les notaires de Pas.

Ablainzevelle, (abbaye de Bertaucourt). — Agny, (ordre de Malte). — Arleux, (chapitre de Saint-Pierre à Lille). — Berles-au-Bois, (abbaye de Saint-Pierre de Corbie). — (Bertincourt, abbaye de Bertaucourt). — Biefvillers-les-Bapaume, (abbaye de Saint-Quentin. — Boiry-Saint-Martin, (personnat). — Boisleux-au-Mont, (id). — Foncquevillers, (abbaye de Saint-André de Soissons. — Gaudiempré, (ordre de Malte). — Gouves, (id.). — Gavrelles, (personnat). — Habarcq, (id.). — Haute-Avesnes, (ordre de Malte). — Mercatel, (id.). — Monchy-au-Bois, (abbaye d'Arrouaise). — Monchy-le-Preux, (abbaye d'Hasnon). — Pas, (prieuré). — Quiéry-la-Motte, (abbaye de Blangy-sur-Ternoise). — Ransart, (personnat). — Rivière, (abbaye d'Arrouaise). — Saint-Martin-sur-Cojeul, (prieuré). — Sarton, (id.) — Villers-au-Flos. — Wailly, (abbaye d'Arrouaise).

JURIDICTIONS SECONDAIRES.

Les juridictions de l'arrondissement d'Arras ressortissant du Conseil d'Artois, étaient :

1° L'élection provinciale d'Artois, connaissant des cas royaux, en fait d'aides, impositions, et de noblesse seulement.

2° La maitrise particulière des eaux et forêts, connaissant des cas royaux qui étaient de sa compétence dans les bois et les domaines du roi et non ailleurs.

3° La maréchaussée composée de trois lieutenants, d'un assesseur, un procureur du roi, de trois greffiers, trois exempts, et connaissant des cas royaux et prévôtaux tout à la fois et du duel.

4° La gouvernance d'Arras.

Le personnel de ce siège se composait du grand Bailli des ville et gouvernance d'Arras, d'un lieutenant-général, d'un lieutenant particulier, d'un avocat du roi, d'un procureur du roi et d'un greffier. Le grand Bailli n'était que conjurateur; en son absence, c'était le lieutenant-général qui remplissait cette fonction. Quant au lieutenant général et aux autres officiers, ils ne pouvaient faire les fonctions de juges qu'en la seule qualité d'hommes de fief. Ainsi, quand ils n'avaient pas chacun en propriété un fief relevant du château d'Arras, dont ils avaient fait foi et hommage, ils étaient obligés d'en desservir un par commission, d'un autre propriétaire reconnu à homme. Quand il n'y avait pas d'hommes de fief suffisants parmi les officiers permanents, pour rendre les jugements, on était obligé d'évoquer d'autres hommes de fief à tour de rôle, de quinzaine en quinzaine.

La compétence de la gouvernance d'Arras s'étendait sur les causes civiles et criminelles intentées à la conjure du gouverneur et de son lieutenant. Elle recevait la saisine et la dessaisine des terres et héritages qui étaient de sa mouvance; exerçant sa juridiction comme cour féodale du comte d'Artois, elle ne connaissait en principe que des cas de haute justice : mais, par une attribution spéciale, elle jugeait avec le concours d'avocats nommés juges, et du lieutenant de la maréchaussée, de tous les cas dont la maréchaussée était reconnue compétente. « Au reste, la
« gouvernance ou Bailliage d'Arras, avait peu d'exercice dans la
« ville, dit Bultel, car cet exercice se borne seulement à quelques
« fiefs y situés, tenus du château d'Arras; le fort de sa juridiction
« et de son ressort est en dehors de la ville, sur toutes les terres
« tenues du château d'Arras, en fiefs et arrière fiefs. »

La gouvernance d'Arras avait sous elle la gouvernance et advouerie de Béthune, le comté et la sénéchaussée de Saint-Pol, la châtellenie d'Oisy, les baronnies d'Havrincourt, Houdain, Oisy, Barly-Fosseux, et le Bailliage de Lillers. De plus, elle possédait dans la ville deux juridictions seigneuriales, le pouvoir ou fief de Chaulnes, appartenant à l'abbaye de Mont Saint-Eloy, et le pouvoir ou fief de Séchelles, venant de la maison de Melun (1).

(1) (E. Lecesne, *Exposé de la législation coutumière de l'Artois*).

LISTE des localités de l'arrondissement d'Arras faisant autrefois partie de la gouvernance ou Bailliage d'Arras (2).

Arras. — Ablainzevelle. — Achicourt. — Acq. — Acheville. — Athies. — Ayette. — Anzin. — Agny. — Agnez-les-Duisans. — Amplier. — Adinfer. — Arleux. — Bailleul-sir-Berthoud. — Basseux. — Boyelles. — Bailleulval. — Bucquoy. — Boisleux-au-Mont. — Beaurains. — Bailleulmont. — Boiry-Saint-Martin. — Biache-Saint-Vaast. — Boisleux-Saint-Marc. — Bourlon. — Boiry-Sainte-Rictrude. — Berles-au-Bois. — Boiry-Becquerelle. — Bienvillers-au-Bois. — Blairville. — Bois-Bernard. — Berneville. — Buissy-Baralle. — Beaumetz-lez-Loges. — Baralle. — Cagnicourt. — Chérisy. — Dainville. — Douchy-les-Ayette. — Duisans. — Ecourt-Saint-Quentin. — Etrun. — Ecoust-Saint-Mein. — Epinoy. — Eterpigny. — Ecurie. — Eleu dit Lauwette. — Fampoux. — Feuchy. — Foncquevillers. — Fosseux. — Fresnes-les-Montauban. — Fontaines-les-Croisilles. — Ficheux. — Famechon. — Gouy-en-Artois. — Guémappe. — Gommecourt. — Gavrelle. — Gomiecourt. — Guines. — Graincourt-les-Havrincourt. — Gouy-sous-Bellonne. — Habarcq. — Hénin-sur-Cojeul. — Haucourt. — Hendecourt-les-Ransart. — Hannescamps. — Humbercamps. — Havrincourt. — Hamblain-les-Près. — Halloy. — Haute-Avesnes. — Hénu. — Hébuterne. — Héninel. — Inchy. — Laherlière. — La Cauchie. — Marœuil. — Montenescourt. — Marquion. — Mont-Saint-Eloy. — Mercatel. — Monchiet. — Monchy-au-Bois. — Monchy-le-Preux. — Neuville-Vitasse. — Noyelle-sous-Bellonne. — Oisy. — Oppy. — Palluel. — Plouvain. — Pelves. — Pas. — Pommier. — Puisieux. — Quiéry-la-Motte. — Quéant. — Roclincourt. — Ransart. — Rœux. — Remy. — Rumaucourt. — Rivière. — Riencourt-les-Cagnicourt. — Riencourt-les-Bapaume. — Sarton. — Saint-Laurent. — Sailly-au-Bois. — Sauchy-Cauchy. — Sailly-en-Ostrevant. — Sauchy-Lestrée. — Saint-Amand. — Saudemont. — Saint-Aubin.

---

(2) Cette liste a été copiée dans le Manuscrit de l'intendant Bignon, intitulé : *Mémoires sur l'Artois*.

— Simencourt. — Saint-Martin-sur-Cojeul. — Souastre. — Thilloy-les-Mofflaines. — Trescault. — Villers-les-Cagnicourt. — Vis-en-Artois. — Villers-au-Bois. — Vitry. — Wailly. — Warlencourt-les-Pas. — Wancourt. — Wagnonlieu. — Warlus. — Wanquetin.

5° Echevinage d'Arras.

Ce siége avait profité de tous les démembrements qu'avait subi la justice de l'abbaye de Saint-Vaast, qui, au commencement du XVIII°, siècle n'avait d'autre juridiction à Arras que, *le clos de l'abbaye* et quelques autres endroits rigoureusement circonscrits.

La juridiction échevinale d'Arras, se composait d'un mayeur électif et exerçant à vie, de douze Echevins se renouvelant chaque année, savoir : quatre nobles, quatre avocats ou autres gradués, et quatre roturiers ou marchands en gros. La veille de la Toussaint, le gouverneur désignait quatre échevins, les anciens échevins en désignaient quatre autres, et ces huit échevins en choisissaient quatre parmi ceux de l'année précédente. On ne pouvait être échevin plus de deux années consécutives. Il y avait en outre six assesseurs, un conseiller pensionnaire, un procureur du roi syndic, un argentier ou receveur général de la ville, un greffier civil et un greffier criminel, trois commis au greffe civil, un au criminel et plusieurs autres suppots.

En fait de police, le grand Bailli, ou gouverneur d'Arras, était à la tête de l'Echevinage, pour tout ce qui concernait les statuts ou ordonnances. C'est lui qui faisait les fonctions de *partie publique* dans les affaires criminelles. Il y avait aussi un châtelain auprès de l'Echevinage ; c'était l'homme de fief né de la gouvernance d'Arras.

L'Echevinage tenait deux tribunaux ; les *grands plaids*, qui avaient leurs séances tous les lundis dans la salle échevinale, pour les matières personnelles et réelles, et les petits plaids où se jugeaient, par deux Echevins seulement, et sans ministère de procureur, les affaires inférieures à 4 livres. Le vendredi, l'Echevinage avait encore audience pour prononcer sur les actions d'injures et les réclamations en matière de contributions municipales.

Les Echevins avaient droit de haute moyenne et basse justice en matière criminelle (1).

6° L'Echevinage de la cité d'Arras.

Jusqu'à l'édit de réunion de 1749, la cité d'Arras eut son tribunal composé d'un prévôt, d'un lieutenant, de sept Echevins, d'un procureur fiscal et d'un greffier, qui étaient tous à la nomination de l'évêque ; les sept Echevins se renouvelaient chaque année, les autres officiers étaient nommés à vie. Cet Echevinage connaissait, dans les lieux de sa dépendance, des cas de haute justice et de police : il ressortissait immédiatement du siége épiscopal.

7° Le siége abbatial de Saint-Vaast.

Le siége abbatial de Saint-Vaast s'appelait aussi le siége supérieur et du ressort de l'abbaye royale de Saint-Vaast d'Arras. C'était une juridiction seigneuriale et de privilége, à cause de l'amortissement royal et absolu. Sa juridiction fut réduite par l'échevinage. Elle se composait d'un religieux de l'abbaye ayant titre de grand prévôt, et étant chef et conjurateur au civil, d'un grand bailli, conjurateur au criminel, de quatre hommes de fiefs gradués, d'un procureur fiscal et d'un greffier. Ses jugements civils et criminels étaient intitulés en son nom. Son ressort immédiat était au Conseil d'Artois.

L'Abbaye de Saint-Vaast, qui était soumise directement au Saint-Siége, avait en outre une juridiction ecclésiastique, tant sur ses membres que sur quelques autres prêtres habitués des paroisses de son patronat. Cette juridiction se composait d'un promoteur et d'un greffier ; le grand-prieur en était l'official né. Le promoteur se prenait ordinairement parmi les prêtres habitués de la paroisse de la Madeleine. En cas d'appel, les affaires étaient portées devant le métropolitain de Cambrai, comme pour le chapitre d'Arras (2).

LISTE des communes de l'arrondissement d'Arras qui allaient

---

(1) Voir E. Lecesne, *Exposé de la législation coutumière de l'Artois.*
(2) (E. Lecesne, *Exposé de la législation coutumière de l'Artois.*)

immédiatement et pour appel à la salle abbatiale de Saint-Vaast, et de là au Conseil d'Artois.

Achicourt. — Athies. — Anzin. — Agnez-les-Duisans. — Avesnes-les-Bapaume. — Bailleul-sir-Berthouldt. — Beaurains. — Béhagnies. — Beaudimont. — Bellacourt'(Rivière). — Berneville. — Beaumetz-les-Loges. — Bellemote (abbaye de). — Blairville.— Boiry-Saint-Martin.— Boisleux-Saint-Marc.— Blangy-lez-Arras. — Bihucourt. — Brayelle (Saint-Laurent). — Boisleux-au-Mont. — Dainville. — Eterpigny. — Feuchy. — Farbus. — Ficheux. — Fresnes-les-Montauban. — Gavrelle. — Hamelincourt. — Hamblain-les-Près. — Hendecourt-les-Cagnicourt. — Héninel. — Haucourt. — Izel-les-Equerchin. — Mercatel. — Montauban. — Moyenneville. — Neuville–Saint-Vaast. — Neuville-Vitasse. — Neuvirœuil. — Oppy. — Palluel. — Plouvain. — Ransart. — Rivière. — Riencourt-les-Bapaume. — Roclincourt. — Rouvroy. — Saint-Aubin. — Sainte-Catherine.— Saint-Laurent-Blangy. — Saint-Michel. — Simencourt. — Souastre. — Sailly–au-Bois. — Saint-Nicolas. —. Saint-Sauveur-les-Arras. — Sapignies. — Thilloy-les-Mofflaines. — Thélus. — Villers-au-Bois. — Vimy. — Vis-en-Artois.

8° La salle épiscopale d'Arras.

C'était une juridiction supérieure, féodale et de privilége; elle était composée de deux hommes de fiefs gradués, d'un procureur fiscal et d'un greffier. Quand il était nécessaire d'avoir un plus grand nombre de juges, on évoquait autant d'hommes de fief tenus de la crosse épiscopale qu'il convenait. Ce siège avait les mêmes exercices de juridiction que les Baillages et autres cours féodales de l'Artois, et il ressortissait, comme la plupart d'entreeux, immédiatement du Conseil d'Artois (1).

Noms des localités de l'arrondissement d'Arras dépendant en 1740, en tout ou en partie, de la juridiction de la salle épiscopale d'Arras, qui ressortissait au conseil provincial d'Artois.

En totalité : Arras (cité), et Vitry. — En partie : Arleux. —

(1) E. Lecesne, ouvrage précité.

Méricourt. — Avion. — Monchy-le-Preux. — Brebières. — Neuville-Saint-Vaast. — Carency. — Neuville-Vitasse. — Chérisy. — Riencourt-les-Bapaume. — Croisilles. — Le Transloy. — Gomiecourt. — Villers-au-Flos. — Guémappe.

9° La juridiction ecclésiastique de Saint-Vaast composée d'un officier, d'un promoteur et d'un greffier.

10° Le chapitre d'Arras.

Le chapitre d'Arras, qui jouissait du privilége de fondation et d'amortissement royal, et qui ne dépendait pas de l'évêque, avait deux ordres de juridictions : la première s'étendait aux causes des chanoines et suppôts du chapitre ; elle était composée de deux commissaires du chapitre, d'un promoteur et d'un secrétaire ; la seconde s'appliquait aux vassaux et tenanciers du chapitre en première instance, ou par appel des juridictions féodales établies dans les principaux fiefs ; elle était exercée par le prévôt, chef du chapitre, conjurateur au civil, par un sous-prévôt gradué, conjurateur au criminel, par deux hommes de fief gradués, qui en évoquaient d'autres au besoin, par un procureur fiscal et un greffier. Ces deux tribunaux ne connaissaient que des cas de la haute justice, et ils ressortissaient du Conseil d'Artois, savoir le premier pour les causes civiles temporelles, et le second à tous égards (1).

LISTE des villages de l'arrondissement d'Arras soumis à la régale et temporalité du chapitre de l'église cathédrale, à cause de sa dotation royale (2).

Ablain-Saint-Nazaire. — Acq. — Achiet-le-Grand. — Agny. — Basseux. — Boyelles. — Boiry-Becquerelle. — Croisilles. — Douchy-les-Ayette. — Duisans. — Ervillers. — Ecoust-Saint-Mein. — Ecurie. — Fampoux. — Fontaine-les-Croisilles. — Givenchy-en-Gohelle. — Gouy-en-Artois. — Montenescourt. — Roclincourt. — Sainte-Catherine. — Saint-Léger. — Simencourt.

(1) E. Lecesne, ouvrage précité.
(2) Maillart, *Coutumes d'Artois*, 1741.

— Souchez. — Thilloy-les-Mofflaines. — Vis-en-Artois. — Wailly. — Wanquetin. — Warlus.

11° L'officialité d'Arras.

C'était le tribunal de l'évêque jugeant les causes ecclésiastiques; il siégeait dans le palais épiscopal et était composé d'un official, d'un promoteur et d'un greffier : son ressort était à l'archevêché de Cambrai (1).

12° Le siège du pouvoir de Chaulnes à Arras.

13° Le siège du pouvoir de Séchelles à Arras.

14° La vingtaine, ou l'office composé d'un certain nombre de bourgeois choisis pour faire la police sur le grand marché à Arras.

15° Bailliage de Béthune.

Achiet-le-Petit. — Ervillers.

16° Bailliage de Lens.

Avion. — Acheville. — Ablain-Saint-Nazaire. — Arleux-en-Gohelle. — Brebières. — Bois-Bernard. — Beaumont. — Bellonne. — Corbehem. — Carency. — Coin. — Eleu dit Lauwette. — Drocourt. — Fresnoy. — Farbus. — Fresnes-les-Montauban. — Givenchy-en-Gohelle. — Grincourt-les-Pas. — Gaudiempré. — Izel-les-Equerchin. — Méricourt. — Neuville-Saint-Vaast. — Neuvireuil. — Noyelle-sous-Bellone. — Oppy. — Orville. — Boiry. — Sarton. — Saint-Amand. — Souchez. — Thélus. — Thièvres. — Villers-au-Bois. — Vimy. — Willerval. — Warlincourt-les-Pas.

17° Bailliage de Bapaume.

Le Bailliage de Bapaume étendait sa juridiction sur 80 villages ou hameaux, dont la population s'élevait dans le XVIII° siècle, à 21,190 habitants. Il était composé d'un grand bailli qui était chef de la ville, d'un lieutenant-général, d'un procureur du roi, d'un greffier et des hommes de fief. Il était sujet immédiatement au ressort du conseil d'Artois.

(1) E. Lecesne, ouvrage précité.

Liste des communes de l'arrondissement d'Arras, qui dépendaient de l'ancien bailliage de Bapaume.

Achiet-le-Petit. — Achiet-le-Grand. — Avesnes-les-Bapaumé. — Bapaume. — Bancourt. — Barastre. — Beaulencourt. — Béhagnies. — Beaumetz-les-Cambrai. — Bellonne. — Bertincourt. — Beugny. — Beugnâtre. — Biefvillers-les-Bapaume. — Bihucourt. — Bullecourt. — Boisleux-au-Mont. — Boileux-Saint-Marc. — Boursies. — Boiry-Becquerelle. — Boiry-Saint-Martin. — Bus. — Chérisy. — Courcelles-le-Comte. — Croisilles. — Ervillers. — Ecoust-Saint-Mein. — Favreuil. — Frémicourt. — Fontaine-les-Croisilles. — Gomiecourt. — Graincourt-les-Havrincourt. — Grévillers. — Hamelincourt. — Haplincourt. — Havrincourt — Hermies. — Héninel. — Hénin-sur-Cojeul. — Hendecourt-les-Cagnicourt. — Lagnicourt. — Le Bucquière. — Le Sars. — Ligny-Thilloy. — Lechelle. — Le Transloy. — Martinpuich. — Metz-en-Couture. — Moyenneville. — Morchies. — Mory. — Morval. — Noreuil. — Neuville-Bourjonval. — Noyelles-Vion. — Pronville. — Quéant. — Riencourt-les-Bapaume. — Rocquigny. — Riencourt-les-Cagnicourt. — Ruyaulcourt. — Saint-Léger. — Saint-Martin-sur-Cojeul. — Sapignies. — Trescault. — Vaulx-Vraucourt. — Vélu. — Villers-au-Flos. — Warlencourt-les-Eaucourt.

18° Bailliage d'Avesnes-le-Comte.

Fosseux. — Gouy-en-Artois. — Hébuterne. — Wanquetin.

19° Comté et sénéchaussée de Saint-Pol.

Famechon. — Gaudiempré. — Graincourt-les-Pas. — Halloy. Hénu. — Orville. — Pas. — Thièvres.

20° Bailliage d'Aubigny-la-Marche.

Bailleulmont. — Bailleulval. — Duisans. — Gouy-en-Artois. — Habarcq. — Humbercamps. — Pommier.

21° Bailliage d'Aubigny-le-Comte.

Agnez-les-Duisans. — Duisans. — Gouy-en-Artois. — Montenescourt. — Warlus.

22° Bailliage de Bucquoy.

Il ressortissait de la gouvernance d'Arras ; il n'y avait pas d'Echevinage à Bucquoy.

23° Bailliage de la baronnie d'Havrincourt.

Il ressortissait également de la gouvernance d'Arras.

24° Châtellenie d'Oisy.

La châtellenie d'Oisy dépendait de la gouvernance d'Arras, et était composée d'un bailli, d'un lieutenant et d'hommes de fief. Par arrêt du 5 novembre 1768, il fut fait défense au bailli d'Oisy de prendre la qualification de grand bailli attendu qu'Oisy n'était qu'une châtellenie, décorée postérieurement du titre de Comté.

Baralle. — Bourlon. — Buissy. — Courcelles. — Epinoy. — Haucourt. — Marquion. — Noyelles-sous-Bellonne. — Oisy. — Récourt. — Riencourt-les-Cagnicourt. — Rumaucourt. — Sains-les-Marquion. — Sauchy-Cauchy. — Sauchy-Lestrée. —, Saudemont. — Trescault. — Villers-les-Cagnicourt.

25° Châtellenie de Pas.

Elle ressortissait de la maréchaussée de Saint-Pol. L'Echevinage de Pas était composé d'un mayeur et d'échevins nommés chaque année par 40 habitants de Pas qui jouissaient de ce privilége.

26° Châtellenie d'Orville.

Elle dépendait aussi de la sénéchaussée de Saint-Pol. Orville avait un Echevinage dont le ressort était à la châtellenie.

27° Principauté d'Epinoy.

Bellonne. — Neuvireuil. — Willerval.

28° Baronnie d'Inchy.

Son ressort était à la gouvernance d'Arras. Inchy avait un Echevinage ressortissant de la baronnie ; il se composait d'un mayeur et de sept échevins renouvelés tous les 14 mois.

TABLE

DES NOTICES CONTENUES DANS CE VOLUME

Canton de Croisilles, par M. Paul Lecesne . . . . 1 à 136
> Notices sur Ablainzevelle, Ayette, Boiry-Becquerelle, Boisleux-au-Mont, Boisleux-Saint-Marc, Boyelles, Bucquoy, Bullecourt, Chérisy, Courcelles-le-Comte, Croisilles, Douchy-lez-Ayettes, Ecoust-St-Mein, Longastre, Ervillers, Fontaine-lez-Croisilles, Gomiecourt, Guémappe, Hamelincourt, Héninel, Hénin-sur-Cojeul, Mory, Moyenneville, Noreuil, St-Léger, St-Martin-sur-Cojeul, Vaulx-Vraucourt, Vraucourt, Wancourt.

Canton de Marquion, par M. A. Godin . . . . . 137 à 164
> Notices sur Baralle, Buissy, Bourlon, Ecourt-St-Quentin, Epinoy, Graincourt, lnchy, Lagnicourt, Marquion, Oisy, Palluel, Pronville, Quéant, Rumaucourt, Sains-lez-Marquion, Sauchy-Cauchy, Sauchy-Lestrée.

Note sur l'invasion allemande dans le Canton de Marquion, par M. A. de Cardevacque . . . . 164 à 168

Canton de Pas, par M. Cavrois-Lantoine . . . . 169 à 223
> Notices sur Amplier, Bienvillers-au-Bois, Couin, Famechon, Foncquevillers, Gaudiempré, Gommiecourt, Grincourt, Halloy, Hannescamps, Hébuterne, Hénu, Humbercamps, Orville, Pas, Pommier, Puisieux, Sailly-au-Bois, St-Amand, Sarton, Souastre, Thièvres, Warlincourt.

Canton de Vimy, par M. A. Terninck . . . . . 224 à 274
> Notices sur Ablain-St-Nazaire, Acheville, Acq, Arleux-en-Gohelle, Avion, Bailleul-sir-Berthoult, Beaumont,

Bois-Bernard, Carency, Drocourt, Ecoivres, Eleu dit Leauwette, Farbus, Fresnoy, Gavrelle, Givenchy-en-Gohelle, Izel-lez-Equerchin, Méricourt, Mont-St-Eloy, Neuville-St-Vaast, Neuvireuil, Quiéry-la-Motte, Rouvroy, Bétricourt, Souchez, Thélus, Villers-au-Bois, Vimy, Willerval.

Canton de Vitry, par M. A. de Cardevacque . . . . 275 à 332

Notices sur Bellonne, Biache-St-Vaast, Boiry-Notre-Dame, Brebières, Cagnicourt, Corbehem, Dury, Etaing, Eterpigny, Fresnes-les-Montauban, Gouy-sous-Bellonne, Hamblain-lez-Prés, Haucourt, Hendecourt-lez-Cagnicourt, Monchy-le-Preux, Noyelle-sous-Bellonne, Pelves, Plouvain, Récourt, Remy, Riencourt-lez-Cagnicourt, Rœux, Sailly-en-Ostrevent, Saudemont, Tortequesne, Villers-les-Cagnicourt, Vis-en-Artois, Vitry.

Tableau des anciennes juridictions ecclésiastique et civile de l'arrondissement d'Arras :

Première partie, juridiction ecclésiastique. . . . 335 à 346

Deuxième partie, juridiction civile . . . . . . 347 à 358

Arras, typ. Schoutheer, rue des Trois-Visages, 53.

www.ingramcontent.com/pod-product-compliance
Lightning Source LLC
Chambersburg PA
CBHW070849170426
43202CB00012B/2004